福 建 省 社 会 科 学 规 划 项 目 博 士 文 库

基于价值实现和
权利保障的
档案资产论建构研究

ARCHIVES ASSETS THEORY
CONSTRUCTION RESEARCH BASED
ON THE VALUE REALIZATION
AND RIGHT PROTECTION

王小云 ／ 著

社会科学文献出版社
SOCIAL SCIENCES ACADEMIC PRESS (CHINA)

出版说明

为了鼓励福建省青年博士在学术和科研领域勇于进取，积极创新，促进学术水平进一步提高，更好地发挥青年社科人才的作用，进而提升福建省社会科学研究总体实力和发展后劲，经福建省哲学社会科学规划领导小组同意，2016 年继续实施福建省社会科学规划项目博士文库计划，资助出版福建省社会科学类 45 岁以下青年学者的博士论文，推出一批高质量、高水平的社科研究成果。该项目面向全省自由申报，在收到近百部博士论文的基础上，经同行专家学者通讯匿名评审和评审委员会全体会议审议，择优资助出版部分博士论文。

福建省社会科学界联合会拟与社会科学文献出版社继续联手出版博士文库，力争把这一项目打造成为福建省哲学社会科学的特色品牌。

序　言

　　档案文化论、档案价值论、档案记忆论、档案安全论、档案控制论等一系列以档案为核心，探索档案的本质、存在规律、作用和价值，研究有效档案管理理论和方法的成果相继面世，提示着世人：档案不仅是社会存续和发展的重要证据保障体系，而且是人类社会经验和智慧的主要承载体。我国市场经济体制改革已近三十载，在十八届三中全会强调市场在资源配置中发挥决定性作用的背景下，档案与经济建设、市场体制和资源配置又有何交集呢？档案学理论研究者需要回应时代的挑战——不断探索档案在经济领域的价值与作用。《基于价值实现和权利保障的档案资产论建构研究》正是在这种时代背景下问世的一部力作。

　　市场经济崇尚自由竞争，强调法治保障。在信息社会中，知识经济、信息产业、内容产业已初具规模，人们更加注重市场、技术与资源的协调发展，档案学所处的经济社会基础正在发生结构性变化。人类社会对档案价值的认知与实现应顺应这一变化趋势。档案学理论研究也需要直面档案价值实现与社会发展需求之间的矛盾，不断探索发挥档案经济价值与作用的新理念、新路径、新方法，以利于"依法治档"和社会主体的合法权利保障。《基于价值实现和权利保障的档案资产论建构研究》一书对档案权利思想进行了有益的理论探索和阐释。

　　该书澄清了学界关于档案价值研究的历史脉络、认知转型及发展态势，深入阐明了档案的经济价值概念，并深刻认识到：不是档案不具备经济价值，而是对档案经济价值研究缺少恰当的方法和切入点。"资产"的理论或许为我们提供了有益的思路。作者将档案资产正当性的论证作为该书的研究起点，将档案与资产认知的全面性论证作为该书的研究基础，将档案资产研究的科学性论述作为该书的研究目标。

在档案资产论建构过程中，首先厘清了建构前提——资产客体扩张的基本脉络与档案资产的理论审视，其次分析了建构基础——档案价值与档案权利理论的概念内涵、产生机理、外延划分以及运动规律，最后规划了建构内容——档案资产论的建构逻辑、概念内涵、形式特征以及与相关概念的关系。其建构途径遵循两条基本线索，一是档案资产的价值实现，档案资产的实现前提——独立存在，档案资产的实现阶段——价值提升，档案资产的实现方式——形态变化；二是档案资产的权利保障，以法定权利为前提的档案所有权，以应有权利为前提的档案利用权，基于正当利益确认的档案信息开发权，基于损害禁止的档案安全权。始终将价值实现与权利保障作为建构档案资产论的理论支柱，彰显出创新研究意识和前沿问题意识。

当然，理论的建构不能缺乏实践土壤。档案分布极广、所涉机构复杂、价值种类丰富、法律权利芸杂，在涉及档案资产的具体运营之微观层面时，该书将其区分为基于公共价值形态的档案资产运营实践和基于市场价值形态的档案资产运营实践。在涉及档案资产的宏观运营之顶层设计时，该书将其区分为政府机制、市场机制和社会机制在档案资产运营管理中的功能定位、动力机制、介入方式、主要困境和应对策略。始终将档案资产论建构于社会实践的发展变化之中，体现了"理论联系实际"的基本学术素养。

王小云博士于 2011～2015 年在中国人民大学信息资源管理学院研读档案学理论，获得档案学专业管理学博士学位，其间主要研究"档案价值""档案权利""档案利用需求及其变化规律""档案信息资源有效配置"等学术理论问题。在研究过程中，她广泛涉猎了信息管理学、信息经济学、信息伦理学、档案法规学等领域，综合其中的研究成果形成了档案资产论的建构基础和理论支柱，克服了资料缺乏、案例难觅、理论争执等困难，为解决此类学界鲜有涉足的新问题和新理论付出了大量努力。该书是王小云在其博士学位论文的基础上进一步扩充、深化和完善而成的，是她勤勉治学和睿智探索的思想成果，其观点新颖、内容充实、思路清晰、文笔流畅，是近年来档案学基础理论研究中的一部颇具思想深度的劳心之作。

在作者首部学术作品即将付梓之际，仅以此序言相贺，并寄予美好的祝愿。

王英玮
2017 年 6 月

contents
目 录

图表目录

第一章

档案资产引论

档案是资产吗？抑或档案曾经不是，现在可能是资产？抑或有些档案是资产，有些档案不可能成为资产？抑或档案从始至终都不是资产，而只是具有某些资产属性？又或档案只是资产的载体，而不是资产本身？纷纷扰扰，一切尽从档案资产的正当性谈起。

1.1 研究起点：档案资产的正当性

正当性，从法学的本源层面讲，指"法律制度的自我证成，可以理解为政府说服民众的一种商谈模式：民众为什么要服从法律？政府应该需要提出暴力强制之外的合乎理性的论据"①。从法学的某一实践层面讲，如民法领域，其正当性是人们对权利确认的观念，即"一方面，一个正当的行为既不是社会其他成员所要求的行为，也不是社会其他成员所禁止的行为，另一方面是行为人自己可做可不做、并且无论行为人是做或是不做都是不容他人侵犯的行为"②。又如信息法律领域，将正当性与合法性同等看待的情况较多，如"竞争情报中，特别是非公开发表信息收集的正当方式是开展竞争情报活动合法性的重要依据，对维护竞争情报活动合法地位有着现实意义"③。从经济学层面解释，马克思曾经指出"在商品交换领域，

---

① 胡波：《"法的正当性"语义考辨》，《甘肃政法学院学报》2009 年第 7 期，第 22～27 页。
② 张恒山：《财产所有权的正当性依据》，《现代法学》2001 年第 6 期，第 11 页。
③ 李正中、许蕾：《竞争情报行为的正当性与灰色信息收集方式的研究》，《情报学报》2000 年第 2 期，第 74～78 页。

交换双方都只顾自己，使他们连在一起并发生关系的唯一力量，是他们的利己心，是他们的特殊利益，是他们的私人利益"①，在市场经济条件下，市场对资源要素配置起基础性作用，"商品交换的动机是满足自身需要，等价交换既是市场经济的客观规律，又是经济正当性的最好诠释，利己心是人们参与一切经济活动的精神动力"②，即经济学的本源层面将"等价交换"视为正当性的代名词，追求某一资源的价值，此时显得再正当不过。档案资产的正当性，缘起于档案的经济价值，源自档案资源配置，继承于资产观本身的正当性，证成于档案价值理论与档案权利理论。

1.1.1 档案的经济价值理应纳入档案学研究视野

1.1.1.1 档案理论发展脉络显示档案的经济价值更加凸显

李晓辉在阐述信息权利即将成为继信息经济学、信息哲学之后信息时代又一个法学关注的理论焦点时，引用经典——"每一时代的理论思维，从而我们时代的理论思维，都是一种历史的产物，在不同的时代具有非常不同的形式，并因而具有非常不同的内容"③，认为"信息问题凝聚了难以抗拒的时代魅力和理论潜能"④，使得一种理论研究或是一门学科学问难以对信息时代的信息问题视而不见，然而法律研究却较少回应实践性很强的信息权利问题，从而促使她以一个时代的全新视野进入一个理论的全新研究。

20世纪初期是我国史料发现的新时代。随着甲骨档案、敦煌遗书、清朝大内档案以及居延汉简等的重大发现接连问世，档案史料价值的研究更加深入，这使得历史学科内部逐步形成了档案学的分支学科——档案编纂学、档案鉴辨学、历史档案学等，当时档案学理论研究的视野多聚焦于这些"故纸堆"上，时至今日，历史档案仍然被历史学家奉为圭臬，也是源于其历史研究价值。

20世纪30年代末，民国政府机关兴起了"文书整理"运动。在这样

---

① 〔德〕马克思：《资本论》（第1卷），人民出版社，1975，第199页。
② 孙显元：《"向钱看"的经济正当性与道德正当性》，《安徽电气工程职业技术学院学报》2011年第12期，第15~22页。
③ 《马克思恩格斯全集》（第20卷），人民出版社，1971，第382页。
④ 李晓辉：《信息权利研究》，知识产权出版社，2006，第1页。

一个机关文牍主义盛行的时代，档案在机关业务运转、公文办理、职能运作等方面的凭证价值日益凸显。此时诞生了在县、省机关文书工作中提炼出的档案管理经验、办法、理论，并由此诞生了早期的档案学家单士魁、张德泽、傅振伦等，使得档案学的早期研究视野主要集中于档案管理学、文书学等以业务凭证价值为代表的分支学科。时至今日，档案学界关于档案价值的认知以"原始记录性"为根本，部分源于其业务凭证价值。

20世纪60~70年代，苏联在来源概念基础上，创立了"体系化的全宗理论"。20世纪80年代，我国在借鉴苏联模式的基础上逐步形成了成熟的全宗理论体系。该时期的时代背景是现代机关职能活动更加丰富、产生档案的业务门类急剧增加、档案管理技术日益复杂、计划经济仍然占据时代主导地位，档案对于其形成单位、相关单位、利用单位等来说，主要是查考凭据价值，这一时期档案学的研究视野已经扩展至档案利用学、档案馆学、档案事业管理等。

20世纪40年代西方档案学者在文件数量急剧增长的实践背景下提出文件生命周期理论，此时正处于工业革命时代，形成档案的业务门类、职能种类、流程步骤都发生了巨大变化，档案学者对于产生于此的档案的凭证价值研究更加深入和细化，逐步延长至文件的全生命周期，尤其是根据凭证价值在其周期的变化规律逐步提出社会价值概念，这在当时属于挑战时代的观念。正是因为文件生命周期理论，档案学界的研究视野才对凭证价值观察得"无微不至"，并诞生了社会价值观念；21世纪电子文件的逐步兴起，中外档案学者正视了文件生命周期理论所面临的时代挑战并逐步进行了修正，形成了一些颇具影响力的理论观点——连续体理论、后保管理论等，尤其是国际档案界主张档案部门应于电子文件管理系统的设计阶段进行干预和行动，并提出嵌入电子文件管理系统设计的必要功能①，也就意味着在电子文件时代，档案的凭证价值如何保障以及后期的档案社会价值如何发挥，已经被纳入档案学理论研究视野。

21世纪初期，公共档案馆理念逐步深入人心。作为拥有公共档案资源的公共管理事业机构，公共档案馆本身肩负着更好地为全社会提供公共产品和公共服务的使命，加上其典型的时代特征，如"扁平化政府""小政

---

① 冯惠玲、张辑哲：《档案学概论》，中国人民大学出版社，2006，第271页。

府、大社会"的理念盛行，推展开来，档案机构确有必要从传统的行政管制型机构转变为现代的公共服务型单位。以倡导"公共服务"为核心的这一时代特征，正是源于档案的社会价值逐步被政府、学者尤其是普通老百姓发现，民生档案、家庭档案等概念的提出无不是因为档案与普通公众之间的紧密联系以及社会价值的开发利用，至此，档案的社会价值也被全面纳入档案学理论研究视野。

梳理上述时代变迁对档案学理论研究视野的影响历程，意在证明档案学理论如同法学、经济学等众多学科一样，面对打上时代烙印的重大变化，以应用型实践性为标志的档案学科不应选择沉默。2014 年中国共产党十八届三中全会全文公报，延续了十一届三中全会以来在"建立中国特色社会主义市场经济体制"等经济体制改革领域的重大举措，并对"市场作用"提法进行了升级，尤其强调"建设统一开放、竞争有序的市场体系，是使市场在资源配置中起决定性作用的基础"（全会公告）。一直以来，市场经济和经济价值并不是档案学界关注的对象，也几乎从来没有被当作档案价值实现、档案事业实现服务社会功能的可行途径来认识。直到 21 世纪初，作为档案学的上位学科"图书、情报与文献学"（一级学科）研究才有了打破坚冰的尝试，开始将产业化作为本学科一个独立的认识进行研究，并开始关注信息产业、信息资源产业甚至是内容产业、文化产业等以往学科的真空研究地带。在国际学术界，鉴于国家档案管理体制的不同，对档案、文件等专业名词的称谓之间的差异，诸如以公共信息资源、档案公共产品与服务等为主题的研讨引起了世人的关注。尽管如此，档案学理论甚至是信息管理学理论对于市场的研究尤其是对于市场对资源要素配置作用的研究仍然呈现基础理论薄弱、应用理论与方法上营养不足的积弱状态。什么是信息资源？什么是内容资源？什么是档案资源？既然是资源，作为时代烙印的"市场"，能否对档案、信息、内容等进行配置？现行的档案管理体制又如何实现这种配置？在市场对资源要素配置起基础性作用的时代改革背景下，档案经济价值及其实现的研究恰逢其时，但需寻找恰当的方法。

1.1.1.2　档案经济价值的实现及理论发展需借助经济学方法论

目前档案学以及信息资源管理对于市场的研究往往局限在某个特定的领域，在理论层次上缺乏一般性认识。稍显稚嫩的理论研究使得档案学、信息资源管理学等学科面对复杂多变的资源难题踌躇不前，以至于形成了档案学对档案信息资源在市场经济时代配置上的因循守旧，例如，十八大强调的市场在资源配置中的基础性作用，其资源与我们所关心的档案资源、信息资源以及内容资源有何关联？市场如何为档案资源、信息资源的作用发挥和价值体现与升华服务？公共档案资源以及公共档案馆在市场起基础性作用的体制环境中又该如何与市场发展相得益彰？非公共档案资源在市场起基础性作用的体制环境中又该如何借助市场实现价值最大化？与上述问题相伴生的是，档案资源及其服务停留在是否收费的争议与困惑中，档案编纂出版仍然面临着知识产权、档案所有权、档案公布权、档案利用权等产权不明的纠纷与阻扰，人事档案管理领域依旧是人事档案大量沉睡、人才绿色通道与弃档现象频出等乱象丛生。档案人受困于档案资源与市场体制之间，而这两者究竟是要在其中画上一道平行线而老死不相往来，还是在不久的将来有个交叉点，以互联共通的档案学、经济学、管理学认识和系统的制度设计来解决上述问题？

结合市场经济对资源要素配置起基础性作用的时代改革背景，对档案经济价值进行经济学意义的理论分析具有十分重要的时代意义。然而经济价值属性在传统的档案学经典著作的表述中一般为档案以发挥社会价值为主，发挥经济效益为辅，社会效益和经济效益是一主一辅的关系。20 世纪90 年代以来，随着档案信息有偿服务工作的开展，档案部门单纯的社会效益目标发生了重大变化，即由"一元化目标向二元化目标转变"，从"追求社会效益为主隐蔽地实现经济效益目标向要求追求显现经济效益目标转变"[①]，且该属性在现行的档案管理体制中——以公共档案馆和公共档案服务为公众主要接触对象，普通老百姓和档案利用者看不见、摸不着，至于公共档案馆服务的缺位以及应该由市场方式补上的资源流动以及供应，大家更是无从感知。因此，研究档案经济价值及其实现，需要寻找恰当的方法和切入点。笔者认为，将经济学方法论作为档案理论的分析框架具有启发意义，该框架包括视角、参照和分析工具。运用该研究方法的逻辑思路至少可以明确一点：档案价值抑或档案经济价值本身不是问题，而只是在市场经济体制背景下的一种客观存在的现象事实。事实本身无法解释事

---

① 周毅、储伯欣：《市场经济环境下档案部门的行为目标》，《档案与建设》1995 年第 9 期，第 6~8 页。

实，只存在如何描述的问题，不存在理论解释，体制解决的提法更是荒谬，因此需要在档案学理论、信息管理学理论的"资源"中寻找可行且必要的视角、参照和分析工具。如前面的时代烙印梳理分析所说，档案的经济价值已经必然地进入档案学理论研究视野，那么接下来的问题是，以何种视角来观察、描述甚至解决档案领域的"资源"配置问题，并以何种参照和分析工具来分解、剖析和提出相关问题。

1.1.2 资产视角是档案学理论研究的可能途径

1.1.2.1 档案资源有效配置缺少微观层面视角

从已有的档案研究传统来看，档案资源有效配置的研究视角有两个，一是从国家宏观层面的视角切入，以建立多层级的档案行政管理体系和全国性的档案馆网管理体系为目标，以筹建三大体系——档案资源体系、档案利用体系和档案安全体系为实施步骤，属于顶层设计范畴；二是从社会中观层面的视角切入，以建立无差异的档案资源服务体系和公共性的档案馆室制度设计为目标，以实施三大举措——参与政府信息公开、倡导公共档案馆建设和文档一体化流程改造（包括电子文件时代的前端控制）为具体步骤，属于中观设计范畴。

顶层设计解决的是档案资源有效配置的基本原则问题，即要保障三点：社会福利最大化——因为档案资源从文件收集至归档到档案室、档案馆直至大范围的利用乃至全流程的共享，是一个十分复杂、牵涉面广的系统工程，其中涉及的利用需求主体与所有权利益主体之多、波及范围之广、影响程度之深远是前所未有的；需求满足最大化——从档案局馆模式的改革流程中可以看出对其基本性质的描述从来都是将满足利用需求作为必备条件，而且对这项基本性质的文件解读和理论阐释，将档案需求的满足程度、受众群体、收费考量等因素涵盖得越来越全面；公平效率最大化——公平与效率从来都不可能绝对对等，因而导致人们经常讨论公平优先还是效率优先的问题，面对档案资源的有效配置问题，公平意味着档案资源的有效供给和服务在解决地域差异、阶层差异、数字鸿沟等问题时得以发挥作用，效益意味着档案资源的差异供给和服务在处理小众需求、多元需求、市场需求等情况时得以发挥作用。

中层设计解决的是档案资源有效配置的基本措施问题，即为保障上述三点原则，在中观层面已经做出了最大限度的努力。为保障社会福利最大化、需求满足最大化和公平效率最大化，从参与《政府信息公开条例》的制定与实施到呼吁将档案部门作为政府信息公开的实施主体，从国家档案馆网的布局到公共档案馆的性质转变，从只关心档案馆室的管理流程到前端控制思想影响下的文档一体化全流程再造，保障了顶层设计原则下建立起来的资源体系、利用体系和安全体系得以无阶层差异、无地域差异、无贫富差异地惠及全体社会公众。

但是，档案资源的有效配置缺乏微观层面的视角。顶层设计的目标只是被中观设计的基本措施部分地实现了，例如，在社会福利最大化的实现中，将"以档案利用为目标"的基本性质解读并未细化到利用本身的性质——是公益性质的利用还是私人性质的利用抑或商业性质的利用；又如在需求满足最大化的实现中，将"满足需求"仅仅局限于档案机构与档案用户的一对一情形中，并未扩展至档案资源流动链条的全部，而档案外包服务、档案中介服务、档案商业服务等都尚处于争议、尝试中；再如在公平效率最大化的实现中，一直以公平为主、效率为辅，而"公平与效率谁优先"的设计本身并无对错之分，存在对错之分的在于是否在恰当的时机选择谁优先，从新中国成立初期实行计划经济至1978年以来逐渐确立市场经济的改革方向，时至今日确立市场在资源要素配置中的基础性地位之前，"公平为主"的制度选择是合时宜的，以涵盖全国的馆网体系弥补了中西部之间的地域差异，以涵盖全社会的资源体系弥补了阶层差异，以传统档案的逐步数字化渐渐缩小了数字鸿沟，但是，在社会分工越来越细化背景下诞生的小众需求、多元需求，在市场对资源要素的配置作用越发明显背景下形成的市场需求、商业需求，确实被有意无意地忽视了，甚至导致前期为解决公平问题而设计的弥补地域差异、阶层差异和数字鸿沟的努力变得成本越来越高、效率越来越低。

1.1.2.2　*微观层面的资产视角是档案资源有效配置的可能途径*

以"市场在资源要素配置中起基础性作用"为时代背景，从微观层面资产视角切入，是当前档案学理论在解决档案资源有效配置的上述问题时缺失的可能途径。顶层设计好比档案学研究中档案事业体系和档案资源有效配置的大脑和身躯，中观设计和微观设计就是执行大脑命令、驱动身躯前行的两条腿，缺一不可。

档案资产视角的理论预设就是通过对档案价值和档案权利进行有效认知和正当性论证，进而实现档案资产观中所肯定的正当价值和正当利益，并有效阻却非正当性的影响和损失，以此实现档案学关于档案资源有效配置中顶层设计的目标。基于这个核心预设，就档案与资产的研究而言，在经济学视域或者法学视域、管理学视域中能够提出的最核心的问题就是：档案这一对象或是现象中能否蕴含资产所能表征的禀赋？档案资产是否存在？抑或表达为档案价值的有效实现与档案权利的有效保障是否因为资产视角的切入而得到提升呢？如果是，那么在多大意义和程度上能促进这种提升呢？

1.1.3 资产观的正当性是回答档案资产问题的理论参照

在讨论档案资产是否存在的问题时，需要在资产视域中确定一种可行且必要的理论参照，借助某一参照来将档案资产问题做进一步阐释与论证。正如物理学意义上的指南针一样，所谓的参照即能够提供一种研究方向和论证思路的指引，物理学家爱因斯坦所言"理论决定着我们所能观察到的问题"[①]，其意在告诉我们，只有借助理论参照，才能够提高"定位问题的准确度"和"寻找对策的精确度"。回到资产视域中，作为一种探索方向的指引，档案这一客观现象究竟能否包含资产所能表征的禀赋；以及作为定位参照的指引，资产视角的切入能否做到档案价值的有效实现和档案权利的有效保障，便是这种资产观的正当性。

对资产观本身的发展而言，笔者认为至少在四个方面资产客体扩张的趋势十分明显。一是资产客体价值形态的演化，具体为资产客体的价值从生存之用到抽象之用、从需求之用到稀缺之用、从现时之用到预期之用的演化历程。二是资产客体权利形态的变化，具体为资产客体的权利对象从狭义之物到广义之物、从自在之物到人为之物、从自然之物到法律之物的三大转变。三是资产客体的类型从土地、房产等实体资产到企业文化、人力资本、信息、媒体、内容等新型资产的扩展。四是权利客体外在形态从生存物品、实在物品等有形资产扩展至金融衍生品、信息产品、内容产

---

① 转引自〔美〕丹尼尔·贝尔《后工业社会的来临——对社会预测的一项探索》，高铦等译，商务印书馆，1984，第14页。

品、数据库等无形资产，且无形资产涵盖的范围越来越广。

资产观的正当性，一方面说明在回答档案资产问题时要充分尊重资产观客体扩张的趋势，跟上资产观本身的发展潮流，档案资产问题才能继承资产观的正当性；另一方面，研究档案资源领域引入资产观的正当性，正如本书在开始时交代正当性的解释一样，法学和经济学的解释缺一不可。因为档案资源的任一价值认知、实现以及价值主体的利益主张，只有通过法学和经济学正当性的综合衡量，才能取得档案价值之名、行使档案权利之实，即只有经过经济学意义正当性评判的档案资源，方可发挥市场在档案资源要素配置中的基础性作用，同样只有经过法学意义正当性评判的档案资源，方可发挥法制在档案资源要素配置中的监管性作用，即由价值与权利组成的档案资产正当性，才是这样一个参照的两条"腿"。至此，以资产观的正当性为回答档案资产问题的理论参照，存在档案资产这一抽象问题逐渐转化为档案资产是否具有经济学意义上的正当性和法学意义上的正当性的问题，如此转换的目的不在于使问题本身愈加明确细化，而在于潜移默化地告诉我们：迈着"价值"与"权利"两条腿，举着"档案资产"的旗号，才能找到解决实现档案经济价值、更好配置档案资源问题的答案和路径。也许，"价值"与"权利"既是起点，亦是终点，而"档案资产"恰是从一个起点迈向一个更新、更高的终点的答案和路径。

1.1.4　档案价值与权利理论是回答档案资产正当性问题的分析工具

档案价值理论与档案权利理论是回答档案资产正当性问题的分析工具，通过价值转型与认知以及权利的保障与实现，论证档案资产的正当性是笔者的主要目的。

资产的正当性如何考量？首先需要分析的是在何种具体的实践情形中引入以及考量资产的正当性。因为实践情形的变化，决定着思想者回答资产正当性问题的审视与评判，尤其是当这一"实践情形"尚无资产视角时，还必须梳理出思想者回答问题的"前资产"、"中资产"与"后资产"的差异，对于即将迈入市场经济体制的社会而言，在资产的"前"价值审视过程中，对资产的价值认知和价值主体关系的正当性考量极为重要，因为步入"中"乃至"后"价值审视时，从旧有价值到新的资产诞生所蕴含的价值本身转型和价值认知转型，可能为回答经济学意境下资产正当性问题提供有力的帮助;对于正在迈入法治社会的中国而言,在资产的"前"权利审视过程中,对资产的权利主张和利益关系的正当性考量同样重要,因为步入"中"乃至"后"价值审视时,从已有权利到新的权利诞生所蕴含的认知发展变化过程,可能为回答法学意境下资产正当性问题提供有力的帮助。

确立了档案信息资源建设这一实践情形衡量档案资产的正当性,其实需要沿着两条线索进行,一是档案价值的发现、确认以及实现,二是档案权利的发现、确认以及实现,换言之就是一种"正当性"的思维论证推理过程,以价值推理和权利推理的形式来体现。那么回到"档案资产的正当性又如何去衡量"的问题,价值推理以及权利推理组成的资产证成,不刚好可以担纲回答该问题的理论模型或分析工具吗?也许得出这个结论还为时过早,并不足以勾勒出完整的论证路线图,兴奋之余更多的是对此论证过程的思虑。因为现有的档案学理论研究成果强调的是以"历史主义"为灵魂的来源原则与生命周期理论的演变与适用,从"历史主义"出发形成了档案鉴定理论与档案价值理论,以"前端控制"和"后保管"思想完成了电子文件时代对"历史主义"的回归,这也就意味着从"历史主义"到"档案价值"也许有着一套系统的、价值发展意义上的价值实现理论,但仅仅局限于前述的"前"价值认知与实现,"中"与"后"价值认知与实现仍然是一片未知领域。而作为论证线索之二的"档案权利理论"能否从"历史主义"的档案学理论灵魂中找到些许的、启发性的权利认知与发展意义上的权利推理理论呢?答案是否定的,它们只是散落在档案学及其相关学科领域的各个角落,如信息管理学的信息权利也许容纳了用户的档案权利研究,又如档案利用学的用户权利也许涉及了档案公共权利研究,再如信息哲学的价值研究也许蕴含了形而上层面的档案价值推理,等等。从档案学本身、邻近学科,甚至经济学、法学、管理学等多个学科出发,整理、发现和制造出一个工具性的理论模型,除了要证成档案资产的正当性,还要以此模型来系统整理、建构一套行之有效的价值推理和权利推理理论。所以,要达到证成"档案资产"正当性的目的,其逻辑推理过程只能是问题研究与方法研究同时展开,具体过程见图 1 – 1。

无论是档案资产研究问题本身,还是研究该问题的方法工具,都只是逻辑推出的一种可能性的思维路径,而不是一种实在的实践路径,因此这

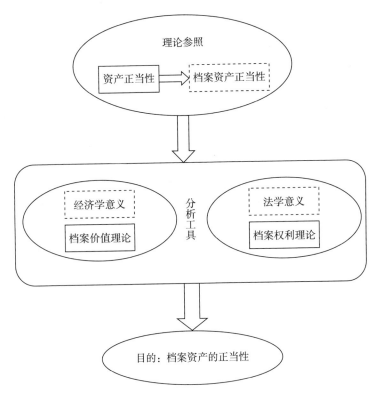

图 1-1 档案资产理论建构逻辑

条路径自然就不可能局限于任何一种单一的走向，也不是在为档案行政管理提供政策指导，更不是在为档案中介机构提供打开市场的方法，而主要是档案思维方面的框架建构，"换只眼睛看档案"也许能够表达本书的初衷。不过，无论是将档案资产解剖作为档案价值与档案权利的实现，还是将档案价值自身与档案权利自身的推理，作为理论问题和研究方法的探索，都不能脱离信息社会与市场经济的大环境，也不能脱离档案学理论诞生以来"历史主义"之魂的恪守与沿革，更不能脱离产生理论之魂的中国档案管理这一实践土壤，所以本书以档案资产为后续研究时，将其作为原则与制度具体落实到实践土壤中，就不得不反思：信息社会与市场经济这一技术与制度的高度融合体成为新的历史背景时，档案资产理论能否适应这一变化？档案资产理论如何适应这一变化？适应了新变化后的档案资产理论，又怎样才能继续向前，抑或是止步不前？我们究竟是会继续固守档案的社会价值、为档案经济价值的发挥蒙上面纱，还是会稍微转身、走向实现档案资产价值的快车道？我们究竟是会让档案资产生存的土壤因为公权的滥用而越发贫瘠，还是会通过私权的合理扩充而越发肥沃？笔者只是力求将档案资产论正当性证成的理论工具既作为观察档案现象的望远镜能够由近及远，让我们在资产观的发展中有所收获、分得其中一杯羹；又能作为探究档案价值与权利的显微镜能够以小见大，从档案价值的认知与转型以及档案权利的保障与实现中发现档案资产的价值与魅力。两个过程同时进行、不分彼此，这也意味着档案资产论研究的序幕才刚刚拉起。

1.2　研究基础：档案与资产认知的全面性

　　档案资产研究的着眼点是档案，对档案进行概念分析是本书研究的背景和基础。以档案学为核心，以哲学、经济学、法学、管理学等学科为基准又如何认识档案这一客观存在，档案在何种意义上和在何种程度上能够引出档案资产概念，即前文所提及的"换只眼睛看档案"，笔者以众多相关学科关于资产观的认知为镜头，将档案学界所熟知的"档案"置于此聚焦模式中，寻求"档案资产摆正自己位置"的方法，而回答上述问题是研究档案资产推理的基本前提。

　　一门学科的学术研究过程有两点至关重要，一是这门学科的逻辑起点，属于抽象层次，需要在研究过程中不断提炼。本书研究至此，初步认为档案与资产之间，由价值与权利相连，寻找到这个交叉点，便是本书的逻辑起点。二是这门学科的目标对象，属于具体层面，模糊不清的目标对象，只会将学术研究引入迷途。本书以分析档案与资产各自的概念为出发点，力图实现档案资产推理研究所要达到的目标，即论证档案价值与档案权利在当前社会经济与技术条件下的正当性，顺势提出实现档案价值和保障档案权利的对策。因此，当务之急，必须界定所要论证的是何种意义上和何种程度上的档案与资产，同时也需要对档案与资产在本体上、结构上和功能上进行阐释。

1.2.1　人类对档案的认知

1.2.1.1　对档案现象的认知

描述当前人类社会对档案现象的认知，必须以档案在社会实践中的表现来阐述，主要表现为三个方面：一是在时间轴上的延伸，以政府信息公开为典型，着重体现在对档案现象的认知已经从后端保管向前端控制转移；二是在内容轴上的延展，以图情档一体化为典型，着重体现在对档案现象的认知已经从档案个体向信息资源群体转移；三是在影响面上的拓展，以档案信息资源在经济社会的贡献力不断增强为典型，着重体现在对档案现象的认知已经从档案的原件价值向内容挖掘转移。考虑到现代社会所形成的档案，与其前身"文件"之间千丝万缕的联系①，在揭示上述三方面的变化之前，有必要对文件与档案之间的关系进行一定程度的阐释。

（1）文件与档案

文件与档案的关系是档案学界一直关注的热点问题，从早期学界认为两者关系紧密②，从注重研究文件转化为研究档案的条件、注重两者的区别③，到21世纪初学界更多关注国外文件和档案概念与我国的对比，如西班牙、法国认为文件自形成或收到之日起就是档案，再如美国认为档案属于文件，且是具有永久保存价值的文件，这样的文件才由国家档案馆接收保管，否则就保存在形成机关、文件中心等。在文档一体化理念深入人心、电子文件快速发展的背景下，学界则更为注重文件与档案的联系，认为以"大档案观"视角来研究文件与档案、电子文件与电子档案更为合适。

笔者认为，厘清文件与档案的内涵与区别是必要的，但重视两者的联系对实践来说或许更有意义。造成上述某种程度上"轻两者之间的联系、重两者之间的区别"的情形，就是从实践领域强行将文件/档案管理流程撕裂开的结果，这并不有助于下文即将提到的对档案价值的全面认知以及

---

① 与历史档案相对应，历史档案由于形成时间久远的缘故，不因为其自身的管理程序或其他原因而影响到其历史记忆、社会记忆的功能；而正在形成的或即将形成的，或形成不久的档案，及当前社会所形成的档案，因为文档管理程序或流程的缘故，形成了文件与档案的区别，因为档案法律与政府信息公开条例的缘故，又有了公开利用在时间区间上的矛盾。

② 档案界通常认为文件转化为档案一般需要具备三个条件：一是已经办理完毕、完成了传达和记述等现行使命的文件才能成为档案；二是对日后实际工作、科学研究和社会实践等具有一定查考利用价值的文件才有必要作为档案保存下来；三是按照一定程序和条理集中保管的文件才能转化为档案。

③ 黄霄羽教授归纳为"文件是档案的前身，档案是文件的归宿；文件是档案的基础，档案是文件的精华；文件是档案的细胞，档案是文件的组合"。参见黄霄羽《系统思维考察下文件与档案的关系》，《浙江档案》2000年第10期，第7~8页。

对档案权利的全面保障。正是源于价值与权利的内在变化及其相对应的外在发现，出现了文件与档案在"时间轴"、"内容轴"以及"影响面"三个方面的变化，使得文件与档案不可分或在实践中难以割裂，而这正是"大档案观"的写照。

（2）档案现象在时间轴上的延伸

学界对于档案概念的界定有几种颇具代表性的观念，其中无一例外地将"原始记录""社会记忆""归档保存""积累物""凭证性"等作为描述其本质及定义的关键词，例如，冯惠玲教授强调档案是在"以往的……"[①] 活动中形成的，覃兆刿教授基于双元价值论强调档案是"……凭证信息"[②]，都是对档案现象在时间属性上的一种认知，即时间轴上的表现是必须首先解决的问题。

来源原则是档案学理论界认知档案现象在时间轴上的第一步，来源原则起源于法国摒弃事由原则后而首次提出的"尊重全宗原则"，形成于德国深受事由原则之害为了摆脱档案管理困境而提出的"登记室原则"，理论论证则由《荷兰手册》实现，布鲁塞尔大会对《荷兰手册》进行了长时间讨论并逐渐普遍认可该手册，英美等国的"组合思想"以及德国的"自由来源原则"对来源原则进行了灵活运用和部分修正，苏联和我国提出的"体系化的全宗理论"则是对来源原则的丰富与发展。来源原则以历史主义为基本思路，尊重档案从诞生到保管乃至未来所经历的时间变化，认为应该从时间轴的源头来认知其形成过程和特点，遵循时间轴的历程来认清档案与其形成者之间的来源联系，并将此联系作为馆藏档案整理的首要依据。

在电子文件时代，来源原则遭受冲击以及后来的"重新发现"，则是档案学理论界认知档案现象在时间轴上的第二步。遭受到的冲击与挑战，主要是因为传统的档案其来源一般是指文件的形成者，是一种实实在在的得以感官体验的对象，即机构或个人。档案在时间轴上所呈现的来源流转，均看得见、摸得着，处于人工可控状态，而电子文件的来源突破了一个实体机关与文件实体唯一对应的人工模式，虚拟的电子空间和便捷的网

---

① 冯惠玲、张辑哲：《档案学概论》，中国人民大学出版社，2006，第6页。
② 覃兆刿：《中国档案事业的传统与现代化——兼论过渡时期的档案思想》，中国档案出版社，2003，第25页。

络通信使得多个机构共同参与并形成一批新的数据成为可能。至此，档案在时间轴上所呈现的来源流转，均是在看不见、摸不着、人工不可控的状态下进行的，那么恪守传统的来源原则还有无必要？戴维·比尔曼与理查德·莱特[1]、特里·库克[2]以及我国部分学者均倡导以"新来源观"来应对这种变化，即由传统的实体来源在时间轴上延展至文件的形成过程、形成背景、形成目的以及结构形式，以元数据这个"信封"将文件这个"内容"封装起来，而虚拟世界对"内容"的生成、运转、处理、存储、检索、传递、利用等任何操作所留下的数据集合均在"信封"上认定为"新来源"予以封装，只能写入与读取，没有修改与删除键。换言之，这种"重新发现"，亦是对时间轴的"重新发现"。

如果说来源原则实现了人类认知档案现象在时间轴上的向前延展，那么生命周期理论[3]以及文件连续体理论[4]所倡导的全过程管理思想以及前端控制思想，则实现了人类认知档案现象在时间轴上的前后延展。往前延展，即以前端控制思想实现了对来源原则的继承与发展，从档案管理视角，对电子文件管理源头进行有效前端控制，使得档案部门职能介入电子文件生命周期的时期比纸质文件更早；往后延展，即以全程管理思想实现了对电子文件的全流程控制，不仅包括前端的需求分析和软件设计阶段，而且包括后续的形成与维护阶段。政府信息公开，则是档案现象在时间轴

---

[1]　两人在加拿大档案工作者协会会刊《档案》上发表论文《来源原则的力量》，呼吁通过了解文件形成者职能和文件格式来提高来源原则检索信息内容的能力，建议档案人员不要局限于对档案主题内容的关注，而应重视对文件形成者和文件格式的研究，通过了解文件形成的背景知识来理解文件的信息内容，从而建立起一种反映机构职能、组织机构以及其他特征的来源索引。参见冯惠玲、张辑哲《档案学概论》，中国人民大学出版社，2006，第250～254页。

[2]　他是新来源观的倡导者，认为电子时代档案来源的概念需要重新考虑、酝酿和定义，这种来源不仅指文件的形成机关，而且包括其形成目的、形成活动、过程、处理程序和职能范围等。参见冯惠玲、张辑哲《档案学概论》，中国人民大学出版社，2006，第255页。

[3]　生命周期理论有三个基本点：一是文件从其形成到效果或永久保存，是一个完整的运动过程；二是由于文件价值形态的变化，这一完整过程可划分为若干阶段；三是文件在每一阶段因其特定的价值形态而与服务对象、保存场所和保管形式之间存在一种内在的对应关系。

[4]　文件连续体理论通过构建一个多维坐标体系来描述文件的运动过程：四个坐标轴——文件保管形式轴、价值表现轴、业务活动轴和形成者轴，从而克服"文件生命周期理论所描述的文件运动过程阶段性太过分明、难以适应电子文件特点"的缺陷，故而将文件运动过程视作一个连续统一体。

前后延展的最好实践案例之一。《中华人民共和国政府信息公开条例》第十八条指出，政府信息公开指"属于主动公开范围的政府信息应该自该政府形成或者变更之日起 20 个工作日内予以公开"，可见属于主动公开的政府信息主要是现行文件，而《档案馆工作通则》将省级及以上档案馆的接收时间定为 20 年，其他单位定为 10 年，也就是说，档案馆以管理具有长远或永久保存价值的档案为主要职责，政府信息公开本不是档案馆的职责，档案馆也本不是政府信息公开的主体。但是通过谭必勇等对我国 31 个省级现行文件服务中心基本情况的统计①，可看出 31 个省份都挂牌成立了查询中心，除了山西、西藏、陕西、新疆外，都建立了现行文件服务中心网站查询系统，大多开放网上查询系统的目录和全文服务。由此可知查询中心是档案部门主动服务的具体表现，是将服务拓展至文件领域以及提升社会影响力的产物。

档案现象在时间轴上的延伸也是国际档案事业发展的主旋律。例如，十五届国际档案大会以"档案、记忆与知识"为主题，我国近些年来以丁华东教授为代表的档案记忆论研究与以张斌教授、青年学者徐拥军为代表的档案知识管理研究就是应对国际趋势发展的最好印证，说明档案从与文件的关系出发，已逐渐拓展至与记忆、与知识的关联。十六届国际档案大会以"档案、治理与发展：绘制未来社会的蓝图"为主题，其重点议题包括强调档案在政治、经济和社会发展中的作用，强调档案与社会建构、社会治理以及社会发展的关联，而文件必然被纳入其中。

那么，基于档案现象在时间轴上的延伸，具体如图 1-2 所示，档案资产的正当性证成，必然从档案馆室的档案管理阶段延伸至档案现象在时间轴上的全程，即文件阶段必然被纳入档案资产的视野中。

图 1-2　基于档案现象的时间延伸

（3）档案现象在内容轴上的拓展

早在 1974 年，联合国教科文组织提出倡导各国建立"国家情报系统"，

---

① 谭必勇、张莹：《欧美国家档案馆参与政府信息公开的路径及其启示》，《档案学通讯》2010 年第 6 期，第 34~37 页。

认为应该涉及"文献、图书馆和档案的服务工作"[①]。这被视作档案、图书、情报一体化在全球范围的必然发展趋势，产生这种趋势源于三点：一是档案、图书与情报在历史来源上相同，孙伟江[②]、王正印[③]、李学军[④]分析了三者在古代的表现形态，指出文字产生之后才有了"情报"，"情报"以结绳等方式记录下来便成了"档案"，"档案"编研汇集传播便形成了"图书"；二是档案、图书与情报在现代特征上相近，虽然现代社会根据三者各自的特点——档案偏重信息资源的原始性、图书偏重信息资源的汇编性以及情报偏重信息资源的时效性——设立了各自的工作部门与管理程序，但是三者的内容在信息性与知识性上是共通的，三者的目的在共享性与服务性上也是共通的；三是用户对档案、图书与情报的信息需求而言，在当前信息社会与信息技术条件下，零散的、个别的、粗糙的信息往往难以让公众满意，而动态的、全面的、精细化的、牵涉多个部门的集成式信息才是最佳服务方式所应呈现的。档案与图书情报这种独立但本质上又相近的关系，决定了应该将其结构功能耦合起来，通过互相沟通、协调、配合、补充等，形成一个资源配置效果上超越三者简单相加的综合系统。这一系统应打破档案与图书、情报在机构上、制度上以及观念上的壁垒，促使各种具有自身特色的信息资源要素在市场经济体制下以自由竞争与冲突合作的方式形成一种竞争性的融合。以档案为核心，档案、图书、情报三者为了各自与彼此的资源价值属性与用户利用权利得到大于各自为政所取得的价值与权利，内容相近、相似、相同但仍然以各自独立性为前提的三者一体化融合，是档案现象在内容轴上延展的第一阶段。

如果说第一阶段的拓展，是以信息源（档案源、图书源、情报源等）的搜集与管理为重点，并逐渐强调利用现代信息技术的信息处理功能和信息管理功能，实现对信息流（如档案工作流程、图书工作流程以及情报工作流程等）的控制，那么到了21世纪，人们发现纯粹的技术手段并不足

---

① 胡丽坤、朱锰钢：《近十年图书、档案、情报一体化研究综述》，《图书馆学刊》2007年第6期，第6~9页。

② 孙伟江、付杰：《档案、图书、情报工作一体化管理的思考》，《兰台世界》2004年第4期，第14页。

③ 王正印：《档案、图书、情报一体化管理初探》，《陕西档案》1998年第3期，第20~22页。

④ 李学军：《试析图书、档案、情报一体化》，《四川图书馆学报》1999年第4期，第23~26页。

以解决现代社会有效控制和利用信息的全部问题，例如，研究、探讨人类文化与数字资产如何得以传世与永久继承的课题，不再是国家自然科学基金信息学部的专属，而是存在于与管理学部的交叉领域，甚至从管理方案和管理思想上来讨论，更具可行性。[①] 我们研究档案现象仅仅局限于与相似、相近、相同的图书、情报之间的融合与延展显然是不够的，必须从传统的信息管理向信息资源管理转变，从"档案等信息源与信息流"只关注信息与系统之间的技术关系，它顾及了档案、图书、情报等信息的高效处理、传播、利用与共享，转变为"档案等信息资源"关注信息与人之间的管理问题，如信息安全问题，包括国家主权层面、个人隐私层面、网络安全层面等；信息利益问题，包括信息成本与信息收益、信息产权等。至此，以"信息资源管理"为代表的档案现象在内容轴上拓展的第二阶段便逐渐形成。这一阶段更加注重人文范畴的档案信息规章、档案信息政策、档案信息法律等，其主要功能是规范档案以及档案信息活动中的人的行为和规定各方面的利益关系，尤其是当代社会经济的发展使得档案等信息成为一种重要的资源，于是就有了是否从经济的角度考虑资源配置的效率与效益问题，抑或是在档案馆、图书馆、情报信息中心等公益性信息管理活动中局部地引入经济手段和经济思维，甚至是以产业的方式全面思考档案等信息资源作为经济资源和市场要素的性质与规律，"资源"是第二阶段的关键词，从"资源"到"产业"，便过渡到了第三阶段。

第一阶段解决的是档案现象与技术之间的问题，第二阶段解决的是档案现象与人之间的问题，而以产业为代表的"信息产业"[②]（或称信息的产业化经营）、"信息资源产业"[③] 等新兴名词进入人们的视野，预示着通过解决人与人之间在档案等资源要素上的诸多问题，达到资源要素优化配置目的，这也标志着第三阶段的来临。具体逻辑关系如图 1 - 3 所示。

---

① 参见刘家真《拯救数字信息——数据安全存储与读取策略研究》，科学出版社，2004，第47页。

② 信息产业是指国民经济活动中与信息产品和信息服务的生产、流通、分配和消费直接有关的相关产业的集合。参见马费成、李纲、查先进《信息资源管理》，武汉大学出版社，2001，第292页。

③ 信息资源产业是指，以信息资源为原料，从事信息形态的产品或服务的生产、加工、传播、提供等活动，并以此创造经济价值的国民经济部门。参见冯惠玲、杨红艳《信息资源产业内涵及其与相关产业的关系探究》，《情报资料工作》2011年第2期，第10~14页。

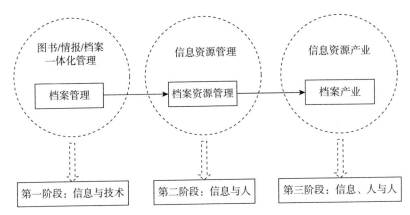

图 1-3　基于档案现象的内容拓展

产业化的发展趋势有个重要的前提——数字化、新媒体等技术大大降低了内容与载体之间的依存关系，也在某种程度上使得人们对于信息（内容与载体的集合体）的关注点逐渐从技术层面转变到内容层面，即产业化的中心注重与"内容"相关联。北美地区甚至在最新的产业分类标准设置中，将传统信息资源的保存基地——档案馆和图书馆划入了内容产业下的信息服务业。① 笔者认为，无论是信息产业还是信息资源产业，或者是在欧美地区兴起的内容产业，其目的在于以"数字化内容"为基础，形成一个起源于"具有知识产权的内容生产"、发展于"内容传播、存储、利用、共享"的产业链，其意义在于组建具有自主知识产权的信息资源，改变"汉语数据库产品及其服务在国际数据库市场上占比过低"的不利局面；其价值在于按照产业的模式进行信息资源开发，并促使相关的传统管理部门——文化管理部门、信息产业管理部门、传媒管理部门等进行合并、重组。从其目的来看，档案部门所收藏的档案信息资源因为其"原始记录性、非同质性以及制度层面的缺陷"② 成为众多信息资源中独具特色的稀

① 参见唐鹏、缪其浩《信息资源建设和内容产业》，《情报学报》2001 年第 8 期，第 395 ~ 401 页。
② 档案的非同质性无须同其他信息资源以共享性和管理作为非同质性的必要前提，而是因为来源原则使得"非同质性"犹如天生一般。制度层面的缺陷是指我国形成了以档案信息资源所有权为核心的制度设计，包括对所有权主体的确定和所有权权利的分割，关于档案信息资源所有权的现行法律制度的缺陷，主要表现在占有权和使用权两项权利上。参见王运彬、郝志军《档案信息资源的稀缺性研究》，《档案学通讯》2012 年第 6 期，第 48 ~ 51 页。

缺性"内容"。如果以足够的智慧解决了法律与制度上关于档案信息资源在知识产权方面的难题，那么这条产业链中档案这个"内容"就是实现上述目的的重要途径；从其意义来看，档案部门所收藏的档案信息资源正是中华民族五千年灿烂文明与优秀文化的历史积淀与最好记忆，而"世界记忆""中国记忆""城市记忆"等由档案部门倡导并积极参与的一个个项目，正是汉语数据库产品中最耀眼的那一颗颗璀璨明珠；从其价值来看，产业化的思路与模式，是档案部门以及档案学界许多年来较为忌讳、讨论较为激烈的话题之一，这也是本书所希冀和论证的目标，即以"资产"搭建起档案这颗"内容"明珠与产业这条光明大道之间的桥梁。

（4）档案现象在影响面上的扩大

档案现象在影响面上的扩大，主要表现在确保国家利益与安全和建构社会记忆两个方面。

一是在捍卫国家利益与维护国家安全上发挥着越来越大的影响力。何为"国家利益"，基于不同视角可以给出不同答案，如政治方面的、军事方面的、经济方面的、社会方面的、文化方面的、历史方面的等，但有着一个共同的诉求——各种领域的需求汇集成国家在逻辑层面上的最低限度的需求，即领土完整安全、经济繁荣稳定、政治独立民主、历史传承有序等。冯惠玲教授基于"国家利益"的视角，论证了档案信息是捍卫其基本武器之一。[1] 任汉中教授基于"国家主权"的视角，论证了档案信息是其基本组成之一。[2] 王运彬副教授基于"国家记忆"的视角，谈到了档案信息是最独特的历史证明。[3] 档案行政管理层基于"文化强国"的战略高度，提出与之相对应的"档案强国"战略，强调了档案信息在构筑"中国梦"方面的综合影响力。[4]

二是在建构社会记忆方面呈现出越来越大的影响力。"社会记忆"理

---

[1] 参见冯惠玲《档案信息资源在国家经济社会发展中的综合贡献力》，《档案学研究》2006年第3期。

[2] 参见任汉中《论档案与国家利益的关系》，《咸宁学院学报》2004年第4期。

[3] 参见王运彬《国有档案信息资源的多元化配置研究》，《档案学通讯》2013年第2期。

[4] 该战略倡导应把"文化置于我国档案事业发展的中心位置，增强创新意识，加强对档案资源、档案利用服务、档案安全、档案专业人才队伍、档案事业发展保障体系建设，不断提升档案事业对国民经济和社会发展的影响力和贡献力"。参见中国档案学会《建设与文化强国相匹配的"档案强国"论文集》，中国文史出版社，2014，第1~2页。

论成果以及"世界记忆工程"在世界各国的流行，近年来也被档案学、图书馆学、博物馆学、历史学等多个学科关注，尤其以档案领域的讨论与行动最为耀眼。21世纪以来，档案学一些论坛①、国际大会②等均将"社会记忆""集体记忆"等作为关注焦点。近年来全国社科规划办资助的国家社科研究项目从青年项目到重点项目都可看到"城市记忆""社会记忆"等关键词。覃兆刿教授基于"国家文化建设"高度，认为档案信息就是重要的"社会/文化健脑"剂。③ 潘连根教授基于"档案原始记录性"的逻辑关系，证成了档案"记忆观"。④ 丁华东教授在其系列成果中指出，从"国家控制"或"政治选择"的视角来看，档案信息是对社会个体或群体施加影响的基本工具，具体表现为：一是正向控制（亦称为建构性控制），即通过主动采集、加工、编纂、供给等合目的的档案信息为主流意识建设、价值观建设服务；二是反向选择，通过销毁档案、封锁档案，甚至篡改档案，达到抹除特定记忆、隔断特定记忆的目的。⑤ 这与覃兆刿教授关于档案目的与功能的解释不谋而合。⑥ 于可行性而言，档案凭借其天生的"原始记录性"及其形成的记忆属性，完全可以承担其承载、传递记忆的功能，这是上述学者们证成了的。

在可行性与最终实现之间，目前于充分必要性来看还存在一定差距。于充分性论证而言，个人、民族、城市、国家等个体记忆与具有相对应程度价值的综合体，方可被"选择"为社会记忆。国有权属与权威保证的出现，实则为"选择"的合目的性方式即以政府收集、整理、鉴定、编研、加工、供给等类似于"全产业链"的配置方式为实现个体记忆转变为社会记忆的充分条件。于必要性论证而言，实现由个体记忆向社会记忆转变这

---

① 中国人民大学首届档案学博士论坛（2001年）的主题设定为"21世纪的社会记忆"。
② 第十五届国际档案大会（2004年）的主题为"档案、记忆与知识"。
③ 参见覃兆刿《档案文化建设是一项社会健脑工程——记忆·档案·文化研究的关系视角》，《浙江档案》2011年第1期，第22～25页。
④ 档案记忆观是指人们对于档案作为社会各项活动的原始记录而具有的建构人类社会记忆的作用和价值基本认识。参见潘连根《论档案的记忆属性——基于社会记忆理论的分析研究》，《浙江档案》2011年第8期，第32～35页。
⑤ 丁华东：《论档案与社会记忆控制》，《档案学通讯》2011年第3期，第4～7页。
⑥ 档案是出于人类合目的的控制的凭证信息，强调了档案从根本上就是一种功能，人们可以借以维护凭证信息的证据力。详见覃兆刿《中国档案事业的传统与现代化——兼论过渡时期的档案思想》，中国档案出版社，2003，第24～27页。

一目标却是难以完成的。因为单份的个体档案有两种情况是难以成为社会记忆的。一是不合当前主流意识形态观念的档案，甚至以相违背的情况出现，极有可能因为某个历史时期的错误的行为①而成为社会记忆的黑洞——社会遗忘，这种情形是由统治阶级的上层建筑及其经济基础所形成的社会"控制"机制所决定的，从根本上来讲，也是由于这份"档案"的价值取向在"控制"机制下出现了问题。二是档案在当前"控制"机制下的价值取向没有问题，但是实现档案价值之上的权利没有得到很好的解决，抑或是在充分尊重个体档案所有者各项权利的前提下，实现档案所有人档案价值所需的档案权利的让渡条件没有充分解决，例如，在筹建侨批档案、申报世界记忆的过程中，遇到难以向散存民间的私人拥有者征集相关档案的问题，这种情形在计划经济时代可以用权威政治手段解决，但在市场经济条件下应该充分尊重"市场在资源要素配置中的基础性作用"规律，征集方式的单一使得诸多侨批档案的价值难以发挥。而"资产"是协调好"价值"与"权利"关系的可行途径，这种转变也是本书所要证成的目的之一。

1.2.1.2 对档案价值的认知

对档案价值的认知，来源于档案管理工作的步骤之一——档案鉴定。档案鉴定主要指通过遴选出有价值的档案提交给档案馆予以保存，或者剔除无保存价值的档案通过相关程序予以销毁。由于档案鉴定环节决定着档案工作下一环节的开展，例如，如继续留存的话，那么是以何种级别留存——短期、长期或永久？这项工作一直以来都是档案管理工作中非常重要且难度较大的一项，其核心和关键就在于鉴别和判定档案的价值，这也是对档案价值认知的第一步。欧美档案学者档案鉴定思想的发展则比较全面地代表了早期对档案价值的认知。德国档案学者奈斯迈尔首次提出"高龄案卷应受到尊重"的著名论断（1901年），一改过去各国销毁古老文件、保留近期文件的错误习惯。由此，基于历史主义思潮、重视历史价值的档案鉴定工作开始确立。英国档案学者詹金逊首次提出"行政官员决定论"的观点（1922年），反对档案人员参与档案价值鉴定，主张由行政官

---

① 如我国秦朝的焚书坑儒、清朝的大规模文字狱，"二战"时期德国对"非德意志文化"典籍的焚毁等；再如对历史档案的封存禁用，即"有历史记录而无历史记忆"。

员自行决定。由此，基于来源原则、尊重原件的原始证据性的鉴定思想开始引起世人关注。波兰学者卡林斯基在上述两位学者基础上，提出应按照档案形成机关及其职能在行政体系中的位置和重要性来确定档案文件的价值及其保管期限（1934 年），以来源原则来决定档案价值鉴定工作标志着鉴定工作的成熟。美国档案学者谢伦伯格提出著名的"文件双重价值论"（1956 年），认为文件档案具有两种不同的价值，一是对来源机构的第一价值，二是对社会组织和公众的第二价值。其理论贡献在于第一次从哲学层面确认了档案价值是档案客体满足利用主体需求关系的价值本质，从而其被誉为"美国档案鉴定理论之父"。

对档案价值的认知，发展于档案管理工作的步骤之一——档案利用。档案利用指保存档案的主要目的在于为形成者、他人、组织、社会公众等提供利用。比较有代表性的档案利用思想仍然继承于谢伦伯格的文件双重价值理论中的社会价值观点，即对档案价值的判断必须根据不同需求主体进行深入细分，尤其是档案进入档案馆的长期甚至永久保存环节之后，对于来源机构而言，其利用频率大大下降，与来源机构的关系日益松散，这时对于来源机构之外的社会公众和组织机构而言，其关系日益紧密、需求开始逐渐提升，于是便诞生了菲斯本等人提出的"利用决定论"[①]；考虑到利用决定论割裂了形成者延续机构记忆、个人记忆的联系，德国学者布姆斯（1970 年）[②]、美国档案学者塞缪尔斯（1985 年）[③]、加拿大档案学者特里·库克（1989 年）[④] 等对其进行了辩证分析，其共同观点是档案利用活动中的价值鉴定应该从广阔的社会视角和社会背景出发，尤其是将档案文件与来源机构的这种本源联系以及由此诞生的档案本质属性与社会发展密切联系

[①] 其核心观点为将历史学家的实际利用和预期利用视为鉴定档案的最重要标准，其代表性主张有：编史工作的最新趋势是判断文件价值的首要标准，鉴定既要考虑文献资源的长远利用，又要考虑学者的潜在需求，了解用户为什么和怎样接近档案将提供鉴定文件的新标准等。参见冯惠玲、张辑哲《档案学概论》，中国人民大学出版社，2006，第 274～275 页。

[②] 提出社会分析与职能鉴定论：档案价值应是社会自身价值的反映，因为档案就是对社会本身的原始记录。

[③] 提出文献战略观点，要求以文件的主题为主要鉴定标准，即以文件形成者来源机构的职能性质来判断档案价值。

[④] 提出宏观鉴定战略，将文件形成者即来源机构的职能拓展到机关职能、业务计划、业务活动、职能活动等表现出来的"宏观联系"。

起来，这是对谢伦伯格第二价值学说的极大丰富和深入细化。

对档案价值的认知，成熟于从"档案提供利用工作"阶段上升到"档案信息资源开发"阶段的过程中。如果说第一阶段的认知是基于一定的时空范围，发现了档案价值时空转换律——随着时空的变化，档案价值不断发生着变化，即档案价值的时效律和扩展律[①]；第二阶段的认知是基于变化的时空范围，发现了档案情报价值递增律——档案情报价值源于档案记录的知识性内容，而且更集中地体现在历史学、社会学研究之中，也即在社会科学、文化方面有着逐渐增大的作用[②]；那么第三阶段则是基于特定的外在条件，发现了档案价值外显条件律——档案价值总是表现为潜在地、内涵式地转化为现实的、外在的形式，同时也必须具备充分的外在条件，如当时的社会制度、社会档案意识、法律法规、档案界的社会意识、档案学科的理论水平、档案管理水平等，而传统的档案提供与利用工作仅仅是在档案价值外显过程中最为初级的方式之一。只有融合了档案信息资源的收集、加工、存储、出版、传递等多个环节，集行政的、公益的、市场的等多个手段的开发利用工作于一体，才能为其价值外显提供多元化的中介桥梁。要搭建这个桥梁必然深入探究档案价值在众多环节的流转方式，而探究的方法可以是经济学的，也可以是管理学或是法学的，抑或是其他的。档案资产论的建构方法之一即从会计学（经济学）核心概念"资产"入手，试图多元化地外显档案价值。

1.2.1.3 对档案权利的认知

法学研究在引入新的权利关系客体过程中，其扩展过程不是随意进行的，因为作为法律权利关系客体的一切东西都需要满足三个最低限度的条件。其一，作为法律权利关系客体，它对相关主体应该是"有用之物"，并需对主体、客体做出相关权利、义务的界定；其二，作为法律权利关系客体，它应该是能够被主体控制的"为我之物"，这是界定法律权利关系的基础；其三，作为法律权利关系客体，从认识层面来说，它应该是可以与主体分离的"自在之物"。[③] 根据档案学既有的研究惯例，档案学界并不

---

① 陈兆祦、和宝荣：《档案管理学基础》，中国人民大学出版社，1986，第87页。

② 傅荣校：《档案鉴定理论与实践透视——基于效益和效率思路的研究》，中国档案出版社，2007，第57页。

③ 转引自张文显《法哲学范畴研究》（修订版），中国政法大学出版社，2001，第107页。

总是将"档案权利"一词作为研究对象和描述客体，因此在梳理学界对于档案权利的认知过程中，笔者发现学界往往可能将其表述为"用户利益""利用者权益""档案所有权""档案公布权"等。但是正如周毅教授在深入剖析信息资源管理全流程的基础上以主体扮演角色的不同将其划分为信息形成者权利、内容持有者权利和用户权利一样①，档案领域对于上述权利的认知也是一个逐步深入和扩展的过程。

对档案权利的认知，初始于机构内部档案室的设立——对于来源机构的权利关系。尤其是从事由原则变革到来源原则，来源机构对于保存于档案室阶段的档案行使着以产权为主体的权利关系，从而改变了之前档案馆以"事由原则割裂档案与形成者之间联系"的做法来分离"档案形成者与内容持有者之间权利关系"的局面。

以权利关系客体最低限度条件律来分析，"有用之物"的对象主体是来源机构，这种有用性即为前文所分析的第一价值，而权利的认知伴随着价值的初步发展刚刚开始；"为我之物"的对象主体是与来源机构关系密切的档案室，或直接设置在机构内部，或附设于平级机构档案馆，或转移至中介机构和文件中心，其"为我"的控制程度都是最高级的；"自在之物"意味着对象客体能独立于人的意志之外，外化为档案形成者的认知、观念、知识的客观表象，而从档案室阶段来看，其在"自在"的性质认定上是没有问题的，因为借助于各种媒介手段和信息技术实现档案信息与产生它的信息源头本身的分离是轻而易举的事情，但是在"自在"的程度认定上存在疑问，即档案室作为档案管理程序中的重要一步，是与来源机构联系最为紧密的，在其"独立于人的意志之外"的说法中，将"人"设定为下级机构、内部机构或是平级机构时，是很难独立的，至少基于行政隶属关系是可以得出这个结论的。

对档案权利的认知，发展于国家各级档案馆的设立——对于来源机构以及档案馆的权利关系。以综合档案馆为例，其基本职责主要包括收集、征集、接收其所属范围内的具有长期或永久保存价值的档案，针对馆藏档案有序、有效率地开展档案利用工作，积极主动地为档案编纂、编史修志

---

① 周毅：《信息资源开放与开发问题研究——基于信息权利全面保护的视域》，科学出版社，2012，第16页。

工作服务等。从档案室阶段到档案馆阶段，实现了"重视档案客体与形成者之间的有用"（即第一价值）向"重视档案客体与来源机构、社会公众之间的有用"（即第一价值和第二价值）的转变。

从权利关系客体分析来看，首先，"有用之物"的关联主体拓展了。档案这一客体作为各级各类机构组织行使职能的原始记录，有用之一便是对于该机构、地区、国家的资治和行政作用；档案这一客体遍及经济、生产、生活等各个领域，有用之二便是对每一个业务领域都可发挥重要的凭证和参考作用；档案这一客体是人类创造的一种宝贵的精神文化财富，有用之三便是为人类社会积累、传播、发展、记录文化发展发挥重要的记忆与传承功能；档案这一客体还是国家、集体、个人实践活动的原始凭证，因其管理程序上的合法性与可靠性，有用之四便是为维护国家、集体、个人合法权益提供法律依据，更能为解决国际斗争、个人纠纷等提供最可靠的武器。

其次，"为我之物"的控制程度降低了。档案馆阶段诞生于档案客体之上的权利主体不再局限于形成者单位，已经由保管者——档案馆为介质拓展到社会各个领域。从行政管理体系的机构关联度来看，档案从档案室阶段过渡到档案馆阶段，来源者机构与保管者单位之间已经不存在紧密的业务指导、行政隶属等关系；对于档案客体的处理权限已经不受来源者机构和档案室影响，档案馆无论是以库房管理的方式对待传统的纸质档案还是以数据库管理的方式对待数字化档案，都可以从程序上和技术上实现档案信息全流程掌控；法律法规制度也为这种掌控进行了时间、空间上相当程度的约束。从档案馆所处档案管理全流程中的地位来看，国家档案局提出"档案资源体系""档案利用体系""档案安全体系"①建设的依托主体便是各级各类档案馆；将"为历史服务"和"为现实服务"的立馆之本深入贯彻其中，意味着档案领域的国家政策方面的相关部门加强了档案客体在该阶段"为我"的程度。

最后，"自在之物"的自在水平提高了。档案馆的一项重要功能便是编史修志，档案文献编纂通过对档案原件的整理、鉴辨、加工、校对、汇编、出版等工作实现了档案一次信息向档案二次信息、三次信息以及综合

---

① 王国振：《对"三个体系"内涵及相互关系的几点认识》，《档案学研究》2010 年第 5 期，第 11～14 页。

性信息的转变，也就意味着档案客体从其信息内容上不再是档案室阶段的仅仅针对原件的保管、整理和利用，而是依靠编纂人员的智慧实现档案信息的重组和优化。档案在二次、三次、综合性信息阶段对于原件和形成者而言，已经达到了更高水平的自在状态。而在数字化等技术支撑下，原件数字化、数字化编研以及数字出版、数字展览等形态更是助推了档案信息与载体的分离、档案信息与持有者的分离、档案信息在不同主体之间（如档案数字化备份完全可以同时存在多个机构）以及不同客体之间（如档案汇编作品夹杂了档案、资料、图书等，政府蓝皮书中的内容也可以来自档案等）都可以"自为之"。

至此，"有用之物""为我之物""自在之物"的条件更加明晰，作为法律权利关系客体的档案以及档案之上的各种权利关系也愈加清楚，这些权利关系与"档案资产"之间有何关联，档案权利与档案资产之间能否相互影响、互为条件，这与资产概念的演进、演化规律及趋势不无关系。

1.2.2　人类对资产的认知

1.2.2.1　人类对资产概念的认知演进

从1949年新中国成立至1978年改革开放，"左倾"思想影响下的经济学界、会计学界乃至整个学界一直回避"资产""资本"等相关术语，从而避免产生"资产阶级""资本主义"等当时带有剥削阶级倾向嫌疑的敏感词，并用"资金""资金运用""资金占用"等名词来代替"资产"。当然，在实际的会计实践工作中，例如，会计报表上还是会显示"固定资产""××资产"等术语栏目。

上述不正常的情形持续到1978年改革开放以后，会计学界很多学者主张按照国际通行术语和实践做法进行改革，提倡"资产"术语的广泛运用。资产概念的权威表达最早来自葛家澍教授1988年出版的《会计学导论》，其提倡应该将资产正式引入会计要素，认为资产是由过去的经济业务发生、由会计主体实际支配或有权支配的经营资金。[①] 吴艳鹏认为为了提高资产概念认知的准确性，从而增强资产概念在会计实践中的指导价值，应对资产概念进行修正，其强调资产的实际控制权限以及认为资产的

---

① 参见葛家澍《会计学导论》，立信会计出版社，1988，第94页。

实质（即带来经济收益的实质）重于形式。① 舒惠好，对资产定义的视角来源于资产应该具备为会计主体创造收益的能力，但是与吴艳鹏有所区别的是，舒惠好更倾向于认为不必对资产实现全部的"实际控制权"，而是更重视控制权中的某项更为实际、实质性的权利，如收益权。② 同年，为了便于企业会计的操作性以及在吸纳外资过程中向国际会计惯例靠拢，《企业会计准则》出台，其认为资产是企业拥有或控制的能以货币计量的经济资源，包括各种财产、债券和其他权利，我国资产概念"经济资源说"③ 由此诞生。随后，经济资源说的核心思想扩展至事业单位，财政部颁布的《事业单位财务规则》中对资产的定义遵循了这一学说就是例证。该规则将资产描述为"事业单位占有或者使用的能以货币计量的经济资源"④，特意强调这种经济资源应该包括"各种财产、债权和其他权利"，其关键点在于资产不再局限于企业，可以拓展至事业单位，甚至个人也将能够增值的财产称为资产，资产的范畴开始广义化，如对"经济资源"的理解不再局限于实物，可以拓展至抽象的权利，只要能带来可行计量的收益即可。2000 年前后，随着企业股份制改革浪潮掀起，对于资产内涵和外延的认知又产生了新的变化，《企业财务会计报告条例》（国务院 2000 年 6 月 21 日发布）和《企业会计制度》⑤ 认为资产是过去的交易、事项形成并由企业拥有或者控制的资源，该资源预期会给企业带来经济利益。该定义一是删除了"能以货币计量"之定语，这为一些新型资产或称之为软资产或称之为无形资产等形态的资产进入资产客体扫清了障碍；二是再次把"经济资源"提法改为"资源"，其实是将"经济资源"的外延扩大，因为能带来预期经济利益的资源如知识产权、商业信誉、重要文件、商业秘密等都是企业的资源，其地位越来越重要，对企业的经济利益有着重大影响。

---

① 资产是被某个特定会计个体实际控制，并可以在未来为他带来经济利益的一切经济资源。参见吴艳鹏《资产计量论》，中国财政经济出版社，1991，第 63 页。
② 资产是主体依法享有收益权的全部积极财产。参见舒惠好、方波《资产要素的法律分析》，《会计研究》1993 年第 3 期，第 17～27 页。
③ 该学说最早由美国会计学会（1957）提出，风靡全球却是在美国会计原则委员会发布的第 4 号报告中指出《企业财务报表所依据的基本概念和基本原则》（1970），定义的关键点在于：经济资源以及可行计量。
④ 干胜道、刘阳、王黎华：《资产定义的演进及其规律》，《经济体制改革》2001 年第 5 期，第 67～69 页。
⑤ 中华人民共和国财政部制定《企业会计制度》，中国财政经济出版社，2001，第 8 页。

　　由于网络公司、新型企业等的兴起以及无形资产无法较好计量等问题更加突出，葛家澍教授于 2005 年再次提出新的资产概念，即资产是特定企业由于交易和事项（包括资本投入或退出的产权交易）以及交易虽未执行但在法律上不可更改的契约而取得或控制、由企业配置和运用、旨在为企业带来未来经济利益（未来现金净流入）的经济资源，认为资产的实质应该是人类赖以生活、生存和发展的经济资源。[①] 覃家琦、齐寅峰于 2007 年从经济学角度进行分析，认为资产是指有用的、稀缺的、具有产权归属的资源，其形态分为人力资产和非人力资产。[②]

　　从国内资产概念来看，资产内涵在会计学界本身存在诸多争议，国外同样如此。面对众多争议，国际会计准则理事会（IASB）和美国财务会计准则委员会（FASB）于 2004 年启动了专门针对确定资产定义的"概念框架联合项目"，并于 2010 年给出新的定义，即资产是主体对其拥有排他性的权利或者其他权益的现时经济资源，该定义对"主体对其拥有排他性的权利或者其他权益"的强调其实是指财产概念中的"产权"概念，对"现时经济资源"的强调是指"财富"概念，该定义明显与经济学、法学对资产的认识一致[③]，因而快速在全球范围获得了广泛认可。

　　IASB 和 FASB 对资产的最新定义与葛家澍教授的定义相比，相同点在于，两者的本质都是"经济资源"，都强调主体的"权利""权益"。不同点在于，一是前者的"主体"比较广泛，不仅仅局限于企业，后者的主体局限于"特定企业"；二是前者定义比较抽象、外延宽广，能涵盖经济学、法学等众多学科对资产的认识，后者定义比较具体、试图以列举方式来说明由于原有资产定义局限而无法解释的社会实践中的新问题，如"交易虽未执行但在法律上不可更改的契约""未来经济利益但应该有未来现金净流入"。

1.2.2.2　人类对资产概念的认知演进规律

　　无论国内外对资产概念的界定经历了多少变革，一般均遵循下列三条

---

①　葛家澍：《资产概念的本质、定义与特征》，《经济学动态》2005 年第 5 期，第 8 ~ 12 页。

②　覃家琦、齐寅峰：《资产与企业资产的经济学分析——兼与葛家澍教授商榷》，《财经科学》2007 年第 7 期，第 96 ~ 103 页。

③　经济学认为资产指能够给机构带来经济效益或利益或价值的经济资源，法学认为资产是特定主体所享有的代表一定经济利益的现时权利。

基本规律。

一是界定资产概念必然围绕着资产主体、资产客体以及主客体关系来展开。从以往的认知来看，资产主体大多以企业等市场经营性单位为主体，逐渐扩展至事业单位等非经营性机构，这也意味着是否以营利为目的不再是唯一衡量因素；资产客体大多界定为经济资源，而在考虑到事业单位等非经营性机构的实际情况和资源拥有状况后，对资产客体又逐渐包括了部分非经济资源或者只是部分具有经济属性的资源，如企业文件、档案、图书等以往并不在资产认知范畴内，但也逐渐以无形资产、信息资产或知识资产的形态出现在企业资产目录上，这种"出现"的理论依据和实践意义也正是本书研究的主要目的；在主客体关系上，大多以"未来利益说""预期收益说"等为代表，强调了资产主体持有资产客体以带来可预见的利益或收益。这一条规律的意义在本书后续研究中为，以档案价值和档案权利构筑的档案资产正当性，均可遵循着主体、客体以及主客体关系来展开。

二是对资产客体具体形态和主客体关系的认定上，逐渐认识到"实质重于形式"原则的重大意义。所谓"实质重于形式"，即一改以往对于"控制权"过于绝对的理解——尤其强调资产所有权作为资产确认的唯一依据，认为具体形态之上的主客体关系也是认知资产客体本身非常重要的工具。如果资产客体之上的权利仅仅所有权一项——意味着主客体关系非常单一，实质与形式是同一的，而现实环境下是资产客体之上的权利早就多样化——使用权、收益权、公布权、处置权、信息开发权、安全权等都随现实环境发生了极大变化——意味着主客体关系日益复杂、形式五花八门，那在理解资产内涵时就应该结合客体以及主客体关系，尤其看重主客体关系中实质性的某项权利，如能带来预期收益的那项权利。此外，对于只具备资产形式而不能为资产主体带来预期经济利益的某些"泡沫资产"，应该运用稳健原则，做好减值准备，如前面提及的无形资产，这也意味着人们对资产的认知不仅做好了对其预期收益的思想准备，而且做好了对其预期贬值的思想准备。

三是资产内涵界定应该遵循时序三要素原则。时序之一——过去，强调"资产确认"应该遵循一般的权责规律，要求权责对等，具体来说即从历史主义出发遵循客观性、历史成本原则，禁止当前以任何理由虚列资产名录；时序之二——现在，要求资产能被企业确认为拥有实际控制权，不论这种控制权包括资产客体的哪一种权利，只要能为其带来预期收益就可以；时序之三——未来，这是界定资产的最终目的所在，也是"过去"和"现在"原则的落脚点，即任何资产都能为资产主体带来预期的未来利益，尤其是经济收益的流入，而其利益是否可行计量，不再是唯一考察因素。

1.2.2.3　当前环境对资产概念认知的冲击及其演化趋势

从上述资产界定的规律来看，资产概念的认知具有三大主要特征，一是资产蕴藏着可期的未来收益，二是资产被其主体实际控制，三是控制的各项权限为已经发生的事项所证实。然而随着知识经济、金融改革、信息技术等外部环境的变化，上述特征似乎均遭受到冲击。

"未来收益"意指能够为资产主体带来原有基础上的部分增加收益。如果这种收益只是从一种形态转化为另一种形态，那就无法体现出资产主体的盈利宗旨。在资产主体的经营、运作及其管理过程中，很多情况都是资产形态之间的变化。如应收款项，资产主体通过行使债权将其回收转变为银行存款，其过程没有经济利益的增加，资产总量仍然保持一致。然而问题的关键也在于此，能够给资产主体带来预期收益的也是这一过程。如销售行为，通过销售将某一物质资产转变为货币资金时利益才真正实现，这也就意味着关注资产概念的"预期可收益特征"还是不够精确，笔者认为应该具体到资产转化过程本身的收益可行性。那么在传统的商务交易活动"一手交钱一手交货"的基本形态下，其转化过程蕴含着"原有资产形态的丧失或转移"带来的"新的资产形态的收益"，这时资产与资产处置或转移行为是捆绑在一起的，所以关注资产概念时不用特意关注其处置或转移行为。然而信息技术条件下信息产品的交易活动发生了巨大变化，从"一手交钱一手交货"转变为"一手交钱一手交权"，这种转化过程蕴含着"原有资产部分权利的让渡（而不是物质形态的丧失或转移）"带来的"新的资产形态的收益"，这时资产与资产处理或转移行为不再一一对应，关注资产概念时必须将资产客体本身与主体对其的处理行为联系起来，方可真正认知资产。

"实际控制"资产涉及更多的是法定权利的概念，存在"拥有""取得"等不同形态的描述。前述资产概念中大多引用狭义的拥有，即指资产物质的实际占有状态，而"取得"意指以何种方式获得资产所有权，其拥有或取得都是法定所有权，即特定主体对该资产依据法律或习惯从其他主体手中取得，从而合法地拥有了所有权。① 然而实际情况是广义的"拥有"现象普遍存在，即控制——对资产物质支配以及相关权益的能力，不一定是完完整整的所有权，而完全可以依照事先协商好的协议、合同等约定，通过购买部分对价资产就可以实现对资产物质的对等的实际使用，其"对等"可以是使用方式的对等、使用期限的对等、赢利范围的对等，从而获得对等的经济收益。例如，特许经营，作为授权方，对资产拥有所有权，一旦许可经营行为发生，就丧失了部分甚至全部控制权，但鉴于许可风险与主体收益在许可时间、区域、领域等范围内并无相关关系，所以其会计在处理时资产计量是以长期应收款项来反映的；而被许可方虽无所有权，但作为实际控制方，以经营该资产的风险为前提并获取相应收益，故其会计在处理时是以自由资产处置。再如物业融资租赁，业主对该物业资产拥有完的所有权，但出租行为一旦发生，便不再拥有控制权，业主在租赁合同期限内的会计处理主要以该期限内的应收款项来反映；而租赁方才是该资产的主要会计主体，其经营管理中获得未来预期收益依赖的是通过租赁购买的部分控制权。金融创新使得越来越多的资产形态得以产生，而这些资产形态往往通过许可经营、融资租赁等方式进行处置。综合而言，关注资产概念，仅仅关注资产客体及其多种形态是不够的，还要关注资产主体与资产客体在何种条件存在何种关联，因为这种条件和关联对资产的"未来预期收益"本质有着直接影响。

"业已发生"对于资产概念的认知，意义在于对历史主义原则的尊重，防止任意虚列资产账目。然而当前金融创新背景下衍生的各种金融工具以及由此诞生的各种金融衍生产品，对"业已发生"的特性造成了冲击。金融衍生产品②其核心实质是未来在约定时间或时间范围内，按照当前约定的方式、价格等进行交易的金融资产的"法律上的合同"③，不再是"已经发生"了的交易或处置所形成的现存收益或预期收益。在此背景下，会计

---

① 黄申：《资产概念的变迁与发展》，《财会月刊》2005 年第 5 期，第 43 ~ 44 页。
② 我国银监会发布的《金融机构衍生产品交易业务管理暂行办法》将衍生产品界定为一种金融合约，其价值取决于一种或多种基础资产或指数；国际金融智库——三十人小组1993 年发布的《衍生品：实务与原则》将衍生交易定义为一种价值取决于基础资产、参数或指数的合同。
③ 刘燕、楼建波：《金融衍生交易的法律解释——以合同为中心》，《法学研究》2012 年第 1期，第 58 ~ 75 页。

在处理时肯定不能无视这种因为合同权利与义务规制的主体经济利益的变动，即便是在未来某个时间才会发生，而"预期的收益"只能推到未来的未来。如此一来，代表未来经济利益的合同及其约定的权利应该确认为资产或者相关形态，使得会计报表真正反映资产主体的经济利益和经营风险，但是这与"业已发生"产生了极大矛盾。

如上所述，对档案资产概念的界定和认知也必然受到资产概念的冲击，对其概念的界定更需重视资产概念的演化趋势。对档案资产而言，"未来收益"或许具有不确定性，"实际控制"方式或许多样、复杂，"业已发生"或许表现不明显，预期收益或许更适用等。

1.3 研究意义：档案资产研究的科学性

1.3.1 研究思路及内容

第一，提出研究假设。基于四点研究前提：档案是资源，档案是财富，档案中有信息，档案中有知识。信息资产和知识资产的确认和推广是档案成为资产的先决条件和先验范例，而档案的"资源""财富"特征使其有可能作为生产要素投入生产经营活动中，为各主体创造价值。

第二，分析档案资产"先天不足"的根本原因。一方面，档案的现实市场价值不明显、产业前景不明朗，但利用档案信息获得直接或间接经济价值的实践活动实实在在大量存在；档案资产市场价值评估难以操作只是技术上的障碍，类似商誉这种无形资产的评估至今没有较好的解决办法，但是商誉的资产性质不容抹杀，事实上，企业资产评估也很难囊括企业所有的资产类型；但是档案资产未被列入资产负债表并不等于档案不是资产，信息资产、知识资产等都未被列入，但其资产性质被广泛认可。另一方面，档案信息资源所有权分割以及占有权、使用权、收益权等权利制度设计的缺陷使档案资产的确认困难重重，甚至表面上似乎"难于成立"，但是信息财产权、图书资产、信息资产、数字资产等先验范例说明了其前景应是光明的。

第三，全方位构建档案资产观理论。第一层次为引论以及总论档案与资产的关系。第二层次为文献研究以及在此基础上提出研究框架，一方面从档案价值理论与档案权利理论分析出发，说明从资产视角进行研究的合理性；另一方面论述资产观客体扩张，说明档案资产论建构的可能性。第三层次为相关理论建构以及在此基础上提出档案资产的概念阐释，详述档案与经济资产、会计资产、法律资产、信息资产、知识资产、公共/社会资产、数字资产的关系，界定档案与资产的边界，档案资产的形态、特征、分类，厘清档案与有形资产、无形资产、固定资产、其他形态资产的关系，从理论层面回答档案资产"是什么"。第四层次为档案资产的价值实现与权利实现，从档案价值的转型与认知到档案权利的保障与实现，具体通过档案的独立存在、价值提升、形态变化，以及从确定档案资产的应有权利到法定权利、对档案资产的利益确认到权利诉求等在理论层面论证档案资产的正当性，即回答"为什么"。第五层次基于不同价值形态以及不同主体的档案资产运营，通过国家、政府、社会档案资产的价值审视以及实现路径研究，主要涉及法律法规和规章制度层面上保障档案资产公有权利的行使及社会公共权益的实现等，回答国家档案资产的顶层设计问题；以及企业或个人档案资产的价值审视以及实现路径，包括企业或个人档案资产评估指标、产权确认措施、核资清算方法、确认步骤、运营方式等，回答组织或个人档案资产的应用设计问题，即回答"怎么做"。如图 1-4 所示。

1.3.2 研究重点及难点

在不少学者看来，档案资产可能至今仍是颇具争议的，因此档案资产的正当性证成成为本书的研究核心，具体包括以资产视角以及资产观的正当性为理论参照，以档案价值理论和档案权利理论为理论模型。档案价值是档案成为资产的灵魂，而以档案价值—档案资源—档案资产的关系贯穿全书，应该特别注重档案资源向资产转化，以及档案信息资源向信息、数字、知识等资产转化所需要的系统的制度安排。档案资产会计的路径选择是档案资产论核心价值的体现。笔者认为，必须遵循资产本身的渐进式会计改革规律，既要保持对资产概念发展路径的依赖，又要从档案价值和权利视角出发不断增强档案资产改革的动力。渐进式档案资产会计改革路径需要先从外围做起，尽量提供全面的档案资产信息并力争在会计报表外披露，这是权宜之计；而逐步做好档案资产与知识资产、信息资产、数字资

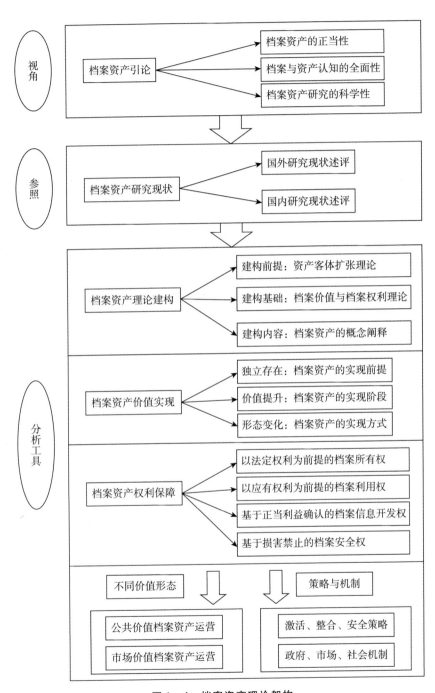

图1-4　档案资产理论架构

产等的融合和集成研究，深入研究档案资产在其框架内的制度设计才是治本之策。档案资源向档案资产的转化，依赖于档案管理部门在法规制度的保障下对国有档案资产进行科学运营，依赖于企业主体、社会组织、个人等对其所有的档案资产在政策激励下进行激活、增值。其中，对国有档案资产而言，应十分重视控制档案资产的运营风险。

但是，档案资产理论研究基础薄弱、实践环境不成熟。一是公共产权的效率问题极其复杂，深入研究公共产权与私有产权的边界、效益、作用机制等问题面临的政策障碍较大。一般来说，档案资产的私有产权安排是有利于提高生产效率的，但我国目前的状况是档案资产的私有产权制度不健全与不完善、所处环境基础设施薄弱等。二是档案资产会计研究的发展与突破需要奠定自己的理论基础，这是档案资产会计营造"容身之地"的重要前提，也是档案资产会计需要突破的最大障碍。例如，档案资产价值评估问题，如何估量企业知识资产、无形资产、信息资产、数字资产等是长期以来困扰财务理论界的一个难题，而档案资产的评估同样如此。现有的共识是企业档案是企业无形资产的载体，是企业资产的依据和凭证，但档案是否可以单独进行评估的问题则比较复杂，目前缺乏成熟的理论和具体的案例。三是以内容产业为基础、产业化开发利用档案资产的市场环境还不成熟。档案资产研究需要多学科的知识，这种产业发展环境和多学科的成熟度是单一学科的研究者很难预料和掌控的，目前来看档案资产研究与图书馆资产、信息资产、知识资产、数字资产等其他相关领域的研究相比稍显不足。但可以从档案信息资源开发、科技信息技术产品开发、科学技术服务、产权交易转让和档案咨询服务等方面来积极推进相关产业建设。

1.3.3 研究创新

对理论建构而言，一是希望为档案信息产业的发展奠定理论基础。深入研究档案资产经过一系列制度设计，包括以开发、加工、编研、提炼等手段进入内容产业，从而实现档案资产的市场价值。二是深化档案价值理论，阐明档案价值与档案资产之间的关系。力求为档案信息资源的稀缺性、有用性等提供理论依据，并为传统档案与电子文件的资产管理提供理论支持，也为传统档案馆和数字档案馆的资产融合提供研究中介。三是深化档案权利理论，论证档案权利与档案资产之间的关系。厘清档案所有权、档案开放权、公布权、利用权等对档案资产的影响，力求揭示档案权利制度设计对实现档案信息资源经济价值的意义。四是希望为政府、企业等各类组织机构的档案管理提供资产管理思路，促进其经济效益和社会效益的提高。

对实践运用而言，一是力求为制定和完善档案资产开发利用的法规和方针政策提供参考，使档案资产开发利用规范化，重点尝试和推进国有档案资产管理办法，完善国有档案资产管理。二是力求为适时推进文件（信息）资产、档案（信息）资产、电子文件（信息）资产、数字档案馆资产等评估的框架构建、政策规范、实践试点等提供支撑，期望提高个人档案资产、企业档案资产、政府档案资产、国家档案资产等的运营效率，促进相关方面的经济发展和社会发展。三是希望切实解决企业在清产核资、产权变更中档案资产不明而引发的困惑，有利于企业产权制度革新和现代企业制度的深化发展。

第二章

档案资产研究现状

资产是会计学术语，是经济学和法学研究对象，在学科融合愈演愈烈的趋势下，"档案"与"资产"如何融合，档案资产理论研究的来龙去脉是研究档案资产的首要问题。

2.1 国外研究现状及述评

2.1.1 国外学者档案资产理论研究

2.1.1.1 从宏观视角阐明档案是国家资产或其他资产

F. Garaba 和 P. Ngulube 指出解放东部和南部非洲地区的斗争是当代历史上的一个重要时代，出于留给后代铭记的缘故，需要精准地捕捉到这一历史事件，档案产生的类型和地位不同也反映出斗争本身的多样性，从 20世纪 50 年代到 90 年代，非洲内外创造的历史纪录需要提供给公众使用，因为它们是宝贵的国家资产。[①]

Lih-Yau Song 和 Ko-Chiu Wu 认为见证国家发展、创造国家智力资产是国家档案馆的使命，倡导利用宏观评价来探讨国家档案学科分类（主要研

---

① F. Garaba, P. Ngulube, "A Framework for An Investigation into the Management of Former National Liberation Movements' Records and Archives by National and Private Archival Institutions in Eastern and Southern Africa," *ESARBICA Journal*: *Journal of the Eastern and Southern Africa Regional Branch of the International Council on Archives* 27 (2008): 147 – 170.

究对象为英国、新西兰、中国）对城市发展的影响。[①]

Information Technology Newsweekly 曾刊文提到："digilibe 的基础是一个动态的仓储管理系统，可以通过集中式的信息政策引擎来识别、捕捉、控制档案信息资产。"[②]

日本学者夏井高人从法律语境中探讨了档案信息资产的存在必要和具体含义。[③]

Mark Bourrie 提出，在所有的国家资产中，档案是最宝贵的，它们是一代又一代的礼物，我们对它们的关心程度标志着我们文明的程度。[④]

安小米等（2017）在 *Journal of Documentation* 期刊中提出，基于框架的知识管理促进国家档案资源的优化利用，这样一个框架可以重新协调知识管理的作用，将保护国家档案资源的价值作为一个国家的知识资产，它可以进行知识管理活动中的沟通，分享国家档案资源的价值，体现社会知识资产的价值。此外，该框架重新配置知识管理文物的链接，增加国家档案资源作为公众知识资产的价值。[⑤]

2.1.1.2 从中观视角强调企业档案是企业资产或应纳入资产管理系统

Harold P. Anderson 以醒目的标题 "Business Archives: A Corporatr Asset" 撰文指出[⑥]，企业档案就是企业资产。他认为旧文件、皮革装订的账目、行政文件等如果按以往的方式被长期放在纸箱或沉睡在文件柜中，真就成了可有可无的，但是如果被集合成磁带、缩微胶卷、光盘或创建在数据库中并在计算机世界自由流动的话，其潜在用途就显现化了，任何公司都会把它们当作无比重要的资产。

---

① Lih-Yau Song, Ko-Chiu Wu, "The Subject Classification of the National Archives in the Urban Development (1949 - 2000): A Macro-Appraisal Analysis," *Journal of Educational Media & Library Sciences* 47: 4 (summer 2010): 459 - 497.

② Digitiliti, Inc., "Digitiliti Announces the Release of Its Breakthrough Information Management and Control Solution-DigiLibe," *Information Technology Newsweekly* (2010): 60 - 65.

③ 〔日〕夏井高人：Information Asset：Implications in Legal Context，《明治大学社会科学研究所纪要》2014 年第 52 期，第 213～241 页。

④ Mark Bourrie, "The War on Brains," *Toronto Star* (Canada, 2015).

⑤ Xiaomi An, et al., "A Knowledge Management Framework for Effective Integration of National Archives Resources in China," *Journal of Documentation* 73: 1 (2017): 18 - 34.

⑥ Harold P. Anderson, "Business Archives: A Corporatr Asset," *American Archivist* 45: 3 (1982): 264 - 266.

G. Bak 和 P. Armstrong 针对加拿大国家图书馆与国家档案馆的联合体，认为衔接两种机构的数字出版物和数字档案记录的无缝长期存取，需要为用户提供单一的搜索引擎访问图书馆、档案馆以及它们的在线收藏①，但是用户需求、图书馆权利、档案馆权利的无缝接入必须厘清权利或控股比例，所以有必要引入一个可以量化或类似于货币化的资产管理系统作为该数字资产库的后台予以使用。

D. L. Hellesen 等在信息资产价值评估以及价值量化方面的研究为这种多信息机构的融合提供了参考。②

Quyen L. Nguyen 基于资产包管理的设计理念③，认为在开放档案信息系统中必须兼顾系统的可扩展性和记录类型的均衡性，将档案信息置于资产包管理之中。

John Ladley 认为信息资产概念在许多公司都没有任何标准的创建和实际的操作，仅仅通过信息和内容管理公司业务而已，因此必须从正式经营的理念出发通过管理程序认识到规划、指导、监督、执行这个实在的信息资产的必要性。④

Analide、F. Silva 和 Cesar 等认为风险评估对于金融机构而言非常重要，尤其是在贷款申请方面，而金融机构收集的档案数据是创造信息资产的根本来源，完全可以开发信用评分机制。⑤ 当然，作为档案数据、信息资产、金融管理、风险评估、信用评级之间的衔接者，一个启发性的算法必须足以很好地解释原始档案数据与前台风险估算之间是如何价值链接的。该文作者的提法也阐明了特定数据（档案）与特定机构之间，这种资产价值属性体现得淋漓尽致。而金融业走在了档案行业的前端，不再纠结于档案与资产的关联，而是要算出档案与资产、档案与信用、档案与风险之间的内

① G. Bak, P. Armstrong, "Points of Convergence: Seamless Long-term Access to Digital Publications and Archival Records at Library and Archives Canada," *Archival Science* 8: 8 (2008): 279 – 293.
② D. L. Hellesen, "Information Asset Value Quantification," Conference Paper, April 2008.
③ Quyen L. Nguyen, *Archival Asset Package Design Concept for an OAIS System* (Roadmap for Digital Preservation Interoperability Framework Workshop, 2010): 1 – 10.
④ J. Ladley, *Making Enterprise Information Management (EIM) Work for Business: A Guide to Understanding Information as an Asset* (Morgan Kaufmann Publishers Inc, 2010): 108 – 119.
⑤ Analide, F. Silva, Cesar, "Information Asset Analysis: Credit Scoring and Credit Suggestion," *International Journal of Electronic Business* 9: 3 (2011): 203 – 218.

在量化关系。

N. Evans 和 J. Price 从我们所熟知的首席信息官（CIO）的作用出发，探讨了信息资产管理能力的重要性。[①] 因为在首席信息官看来，信息和知识作为宝贵的业务资产，必须充分理解管理这些资产的成本和收益，从而发展和维护企业文化，共享隐性和显性知识。

Kathleen Eagle 在 *Digital Archiving* 中撰文指出，多媒体档案在进行档案管理过程中，尤其是归档环节，可以尝试向多媒体资产管理系统进行集成，将这一做法在广播电视单位进行推广尤为重要。[②] 该文在谈及档案资产的相关名词时，强调特定载体形式的档案对特定组织单位的重要性，认为如果仅仅凭普通的文档管理系统或后端档案数据库管理的模式，恐怕不足以体现其重要性，必须前端控制进本组织的资产管理系统。

Gunter Vasold 指出，一个功能配置合理的数字资产管理系统（GAMS），完全可以作为文化遗产档案管理的典型工具或参考策略。[③] 例如，它可以包括基本的 OAIS（英文全称为"Open Archives Information System"，即开放档案信息系统）的管理架构、灵活易变的背景模板、完善的功能定位等，在这样一个系统中，文化遗产、档案管理、数字资产实现了完美的契合与集成。

J. Wheeler 和 K. Benedict 认为应该在地理信息系统中直接引入档案资产管理的概念。[④] 他认为地理空间数据的复杂性和规模化，大大限制了单个供应商的服务能力，必须建立风险可控的长期保存和归档的档案资产管理系统。这些数据或具有重要的历史价值，或具有文化创新的使命，或具有科学价值，或具有商业开发潜质，那么要实现这样一个动态互补的价值

---

① N. Evans, J. Price, "Barriers to the Effective Deployment of Information Assets: An Executive Management Perspective Interdisciplinary," *Journal of Information Knowledge & Management* 7 (2012): 177.

② Kathleen Eagle, "Digital Archiving Practices in Audiovisual Archives: An Exploration of the Use of Media Asset Management Systems in Television Broadcasting Organizations," *Digital Archiving* (2012).

③ Gunter Vasold, *GAMS: More than a Digital Asset Management System Cultural Heritage Creative Tools And Archives* (Cultural Heritage Creative Tools & Archives, 2013): 58-67.

④ J. Wheeler, K. Benedict, "Functional Requirements Specification for Archival Asset Management: Identification and Integration of Essential Properties of Services-Oriented Architectual.," *Journal of Map & Geography Libraries* 11: 2 (2015): 155-179.

创造的动态服务，供应商就必须在设计系统之前将档案管理、资产管理的功能需求同时嵌入其中，方可实现面向服务的体系结构化识别与功能整合。

2.1.1.3　从微观层面具体列举某类档案是资产

Peter B. Hirtel 在 *The American Archivist* 中以"Archives or Assets"为题向人们揭示档案与资产的关系。[①] 他认为档案所有权的性质应该是研究二者关联的突破口，尤其是基于知识产权和公众利益的平衡和考虑该如何设计，从而避免类似于"博物馆因试图垄断、控制自身收藏品"而饱受质疑。档案机构必须为了公共利益而尊重档案的公共资产属性，但是档案实实在在保存在档案部门手里，总是有股力量或冲动把档案视为可以产生预期收入的"收藏品"，但作者认为应该慎重利用这样的力量和冲动。

A. Pujari 和 P. Pai 在文章"Newspaper Archives：a Knowledge Asset"中指出，报纸内容作为一种知识来源，以及时代集团的时代档案如何将印度 166 年的社会政治内容和 43 年的经济商业晴雨表"经济时代"转变为大众易于获得的档案，作为一种知识资产的档案的价值在于将档案的潜力在集团各种风险活动中被召回、研究、重用和重新表达。[②]

Deborah Kaplan 认为对于档案馆或其他档案机构而言，数字资产管理系统的引入只是时间的早晚问题，而如何选择一种合适的数字资产管理系统已迫在眉睫。[③] 考量的因素仍然离不开档案的基本属性，即存储的对象、对象来源、利用方式、最终用户等。

G. Landgraf 在"Library of Congress to Archive Twitter"一文中提到，微博服务 Twitter 决定赠送 Twitter 全部档案，即博客帖子给美国国会图书馆，美国国会图书馆认为 Twitter 的数字档案将是一份研究 20 世纪和 21 世纪当代生活的重要资产。[④]

Alberto Bacchelli、Marco D'Ambros 和 Michele Lanza 认为软件系统演化

---

①　Peter B. Hirtel. ，"Archives or Assets?，" *The American Archivist* 66：2（Fall-Winter，2003）：235 – 247.

②　A. Pujari，P. Pai，"Newspaper Archives：A Knowledge Asset，" *Iaslic* 5：3（2005）：172 – 180.

③　Deborah Kaplan，"Choosing a Digital Asset Management System That's Right for You，" *Journal of Archival Organization* 7：1（2009）：33 – 40.

④　G. Landgraf，"Library of Congress to Archive Twitter，" *American Libraries* 23：2797（2010）：128.

的痕迹遗留在许多不同的存储库中，如配置管理系统、bug 跟踪系统和邮件列表，因此电子邮件档案构成一个宝贵的资产。①

Ernst，Katharina，Hofmann，Rainer 指出档案措施多样性要求的标准化将是唯一的方法，是德国档案工作规范化的价值和需要，它可以保证有价值的档案文化资产不是临时措施、不能任意处理。②

Jerzy Adamczyk 提出教会档案是宗教用品及文化资产，因此需要适当地保护和尊重相应计价规范，这就是教会机构长期保存各种档案的原因，教会当局通过制定必要的立法来保护这种资产。③

村冈正司认为公共档案和档案是政府股票信息、专有技术（无形资产）和社会共同资本，应充分利用来加强国际竞争力，他还提及应充分考虑地方政府的处理方式及具体现实，提高档案管理水平，发挥公共管理的记录和档案等无形资产的作用。④

Lori Neumeier 的研究视角则另辟蹊径，作者从非学术型档案馆的管理视角出发，认为引入数字资产管理系统是非常重要的，⑤ 因为档案行业习惯使用的数字文档管理系统并不足以解决数字材料的内容复杂性问题，尤其是数字材料在载体属性之外的价值问题以及权利分割时显得无能为力。当然他也认识到要在档案行业引入这种行业之外的资产管理系统，取得相应机构的支持和领导的认同尤为重要，而这恰恰是当前缺乏的。

Diana L. H. Chan 和 Edward F. Spodick 认为现在大多数图书馆除了它们的有形资产，还保存着虚拟资产。几乎所有图书馆都有一个吸引人和精心制作的网站，虚拟图书馆为用户提供了数字馆藏的所有格式——电子书、电子期

---

① Alberto Bacchelli, Marco D'Ambros, Michele Lanza, "Are Popular Classes More Defect Prone," in Proceedings of FASE 2010 (13th Conference on Fundamental Approaches to Software Engineering): 59 – 73.

② Ernst, Katharina, Hofmann, Rainer, "Förderung Der Normungsarbeit Für Die Deutschen Archive," *Archivar* (2011): 355.

③ Jerzy Adamczyk, "The Canonical Aspect of Church Archives," *Annals of Juridical Sciences* 3 (2012): 165 – 189.

④ 村岡正司：《公文書管理法への対応に向けた適正な公文書管理のあり方：今後の自治体の文書管理改善の課題とその方策》，《レコード・マネジメント：記録管理学会誌》2012 年，第 39～56 页。

⑤ Lori Neumeier, "The Mess is There: Digital Asset Management System Use in Non-Academic Archival Repositories," *Master's Papers* (2014): 88 – 102.

刊、数据库和多媒体，此外几乎所有的数字化的媒体——文本、图像、音频、视频、多媒体，都成为图书馆的学术资产或档案资产。①

可见，国外档案学者关于档案资产的研究起点较早，笔者查询到最早的资料在 1982 年，大多学者在 2000 年前后认识到了档案资产的意义，具体时间分布见表 2-1，并力图从档案的资产价值，档案资产与图书资产、内容资产、信息资产等的关系，档案纳入资产管理系统的可行性分析等多维视角探讨，注重档案资产在实践活动中如金融活动、部门资产管理系统中的运用。

表 2-1　国外学者档案资产理论研究时间分布②

单位：篇

发表年份	篇数	宏观	中观	微观
1982	1	0	1	0
2003	1	0	0	1
2005	1	0	0	1
2008	2	1	1	0
2009	1	0	0	1
2010	6	2	2	2
2011	2	0	1	1
2012	4	0	2	2
2013	1	0	1	0
2014	2	1	0	1
2015	2	1	1	0
2016	1	0	0	1
2017	1	1	0	0

---

① Diana L. H. Chan, Edward F. Spodick, *Transforming Libraries from Physical to Virtual* (Elsevier Inc., 2016): 103 – 116.

② 表格中数据由笔者根据《社会科学引文索引》（SSCI）数据库、ScienceDirect 综合数据库、ProQuest 学位论文全文库、Emerald（管理学）全文期刊库、万方外文题录数据库整理所得，整理时间为 2017 年 3～5 月。

2.1.2　外国政府、国际组织档案资产管理实践

外国政府、国际组织的档案资产研究以文件资产、电子文件资产的提法为主。

欧美国家中，英国的《信息资产登记》（2000）是英国皇家文书局制定的一套立足于信息资产登记系统的信息资源标识体系，其明确提出电子文件既是社会公共信息资源，也是有价值的机构信息资源与资产，属于资产管理的重要内容；与《信息资产登记》（2000）相对应的具体实施方案《评估信息资产：政府组织机构电子文件的鉴定》（2000）要求每个政府机构都在其网站上设立信息资产登记目录，该目录包括政府以前的文件、新文件、未公布的电子文件等所有的信息资源如数据库、统计数据、研究报告等。英国可以说是商业运营政府文件资产最为成功的，据调查，英国政府每年从公共信息的销售、许可中可以得到大约 3.4 亿英镑的税收，每年政府公共信息的市场价值大约有 5.9 亿英镑。① 加拿大《政府信息管理框架》（2004）及《加拿大信息管理政策》（2007）中提出电子文件应作为国家信息资源和资产来进行管理。②

亚洲国家以新加坡和日本为代表。新加坡《网络信息资源评估标准》（1997）与《电子交易法》（1998）中提出电子文件是重要的业务文件及机构知识资产。日本的《JISC0909-1：2005 - 信息与文献——文件管理》认为文件是机构的资产。③

国际组织以国际标准化组织、国际档案理事会、国际文件管理者和指导者协会、美国商业化文件信息服务业行业协会、欧盟为代表。

国际标准化组织 2001 年出台的 ISO15489④ 文件管理国际标准指出，文件含有的信息是有价值的资源和重要的业务资产，目前 ISO15489 已被英国、澳大利亚、法国、新西兰、葡萄牙、丹麦、西班牙、意大利、瑞典、

---

① E. Mayo, T. Steinberg, "The Power of Information: An Independent Review," 2014 - 09 - 10, http://www.ops.i gov.uk/advice/poi/power-of-information-review: 6 (2007): 22 - 30.

② 冯惠玲、赵国俊：《中国电子文件管理：问题与对策》，中国人民大学出版社，2009，第122 页。

③ 冯惠玲、赵国俊：《中国电子文件管理：问题与对策》，中国人民大学出版社，2009，第122 页。

④ ISO15489-1：2001. Information and Documentation-Records Management Part 1：General.

俄罗斯、乌克兰、韩国、日本等十几个国家采纳为国家标准，被美国、加拿大等国家采纳为引用标准。此后，国际标准化组织以及其信息与文献技术委员会档案/文件管理分技术委员会制定并发布的系列国际标准中，均有直接说明文件是资产的观点。例如，ISO30300（2011）中说明文件是组织或个人作为证据和资产的信息；ISO30301（2011）、ISO30302（2015）、ISO15489（2016）中均强调文件是作为与业务过程相关的证据和业务资产而形成、捕获、管理的，也就是说，文件是形成单位的重要业务资产是国家标准化组织一直以来十分推崇和强调的观点，该组织也一直积极推行和提升文件资产对组织的作用力和影响力。

国际档案理事会（ICA）在 2004 年修订的章程（第 81 条）中提到 ICA 的档案寄存在法国国家档案馆，这些档案是 ICA 的财产，并应提供开放利用，该组织没有直接表明档案是资产，但强调要积极发挥档案"财产"价值。国际文件管理者和指导者协会（ARMA International）的术语手册（*Glossary of Records and Information Management Terms*，April 2007）对文件中心的解释——保存其他组织的文件并以赢利为目的提供有偿服务的文件中心。[①] 美国商业化文件信息服务业行业协会 PRISM 的宣传手册《为什么要外包》详细说明了专业化文件信息服务的价值，主要在于帮助客户降低运营成本、增值文件信息资产和减少由此带来的诉讼风险，从而为客户提供低成本、高效率的文件管理和信息服务[②]，其对会员的承诺之一就是要求"对保管客户信息资产的职责达成共识"。欧盟更是直接估算，欧盟国家以电子文件为主体的政府信息资产约达 4700 亿欧元。[③]

可见，文件作为资产、信息资产或知识资产，抑或是电子文件作为资产、信息资产或知识资产于 2000 年前后在国际上得到广泛认可，并通过制定政策、标准和法规等来确保和促进文件资产价值的广泛实践，取得了可喜的成果。

---

① 黄霄羽：《商业性文件中心产生的理论依据和实践原因》，《北京档案》2010 年第 9 期，第 8~10 页。

② 黄霄羽：《国外商业化文件信息服务业的保障途径》，《中国档案》2011 年第 9 期，第 63~65 页。

③ E. Mayo, T. Steinberg, "The Power of Information: An Independent Review," 2014-09-10, http://www.ops.i gov.uk/advice/poi/power-of-information-review: 6 (2007): 22-30.

2.2　国内研究现状及述评

2.2.1　从数据统计看档案资产论历史脉络

2.2.1.1　国内档案资产直接相关文献统计分析

国内相关研究先从直接研究"档案资产"开始，笔者从中国期刊网数据库、硕博士学位论文数据库等检索 1980 年至今的档案学关于资产理论的文献发现研究主要体现在两个层次，一是对档案"是不是"资产、企业档案"是不是"资产的研究，二是对档案"是什么"资产即档案资产形态的研究，具体见表 2-2、表 2-3。

表 2-2　档案资产观统计①

第一层次：是不是资产		第二层次：是什么资产	
企业档案是资产	邢会洪（1996），贺悦（1997），古宁（1997），王新立（1997），余建华（1997），肖云（1998），刘永（1999/2003），李扬新（2001），刘心海（2003），毛奕（2003），郭素红（2003），刘国华（2003），于晓庆（2011），张世林（2011），崔红（2015），李乐平（2015），闫晓艳（2015），孙智（2015），刘涛（2015），阿木（2015），王秀娥（2015），王丽娜（2015），张海英（2015），王海辉（2015），王辉（2015），杨卫平（2015），田凯、潘莉（2015），高青（2016），张旸（2016），梅杰、宋玉萍（2016），张颖（2016），邓东（2016），马丽（2016），马丽萍（2016），付莹（2016），黄中荣（2016），黄鹏（2016），吴青霞（2016），楼甜甜（2016），陆芹芹（2016），刘萍	档案是无形资产	王世金等（1994），张志强（1996），邢会洪（1996），余建华（1997），朱江（1997），翁元锋（1997），贺真（1997），王遇（1997），王恩汉（1999/2000），郭素红（2003），周毅（2009/2010/2012），洛秀丽（2015），闫晓艳（2015），孙智（2015），王秀娥（2015），郑静（2015），霍春芳（2015），吕圣飞（2015），王辉、聂威、刘芳（2015），刘东平（2015），王瑞博（2015），史跃华（2015），梅尤（2015），周佳宁（2015），高晓霞（2015），钱晓岚（2015），张钠、白立影（2015），唐薇（2015），鄢琼（2015），王玉萍（2015），廖端秀（2015），左宏伟（2015），赵喜民（2015），宋斌玉、肖雯、马中青、崔敏、矫龙（2016），宋景妍（2016），李强（2016），周皓然、欧阳骏（2016），杨希美（2016），何所惧（2016），迟春玉（2016），李霞（2016），黄虹（2016），柳慧超（2016），张敏（2016），李惠勇（2016），杨荷（2016），朱丽（2016），戚雅静（2016），褚凤华、胡梅（2016），张华（2016），韩云惠（2016），胡京

---

① 表 2-2、表 2-3 中数据由笔者根据中国知网 CNKI 数据库、万方-中国学术会议文献数据库、中国国家图书馆网站检索、整理所得，整理时间为 2017 年 3～5 月。

第一层次：是不是资产		第二层次：是什么资产	
企业档案是资产	（2016），贺丽（2016），姚娟（2016），张凤丽（2016），黄韵佳（2016），杨杰（2016），杜颖（2016），高屹（2016）	档案是无形资产	津（2016），胡桂珍（2016），常丽伟（2016），李静波（2016），杨玲（2016），苑静娜（2016），凌金梅（2017），张梅林（2017），沪东中华造船（集团）有限公司党委宣传部（2017）
部分企业档案是资产	马素萍（1997/2008），娄承浩（1997），肖正德（1997），贺真（1997），王恩汉（1999/2000），熊洁（2006），詹灵仙（2008），张晓娟等（2012），何庆芬（2015），付君（2015），吕圣飞（2015），戴佳颖（2015），刘成军（2016），钟文玉（2016），杨秀艳（2017）	档案是固定资产	张世诚（1996），邱绪丕等（1996），王新立（1997），古宁（1997），肖正德（1997），水贇诚（2016）
企业档案不是资产	潘连根（1997），梅先辉（1997），丁华东（1998），金波（1998），宗培岭（1998），白相谦（2000），陈作明（1996/1997/2000），解伟娜（2015）	档案是信息资产	李玉英（1997），薛行祺（1997），冯惠玲、赵国俊（2009），安小米（2010/2012），龙建强（2015），戚颖、倪代川（2016），段如鑫（2016）
国企档案是国有资产	邱绪丕等（1996），叶新疆（1997），田敏生（1997），赵新宇（2015），魏松岩（2015）	档案是知识资产	赵维国（1996），企业档案工作规范（2009），冯惠玲、赵国俊（2009），于晓庆（2011），张晓娟等（2012），安小米（2010/2012），张海英（2015），娄承浩（2015），段莉莉（2015），张伟、朱亚楠、王志娇（2016），徐洁（2016），王瑛子（2016），王静（2016），肖玲（2016），常赛（2016），肖绿绿（2016），许兰（2016），继卫（2017），彭梅（2017），国家档案局经科司调研组（2017）
文件/电子文件是资产	ISO15489，冯惠玲、赵国俊（2009），安小米（2010）	档案是其他形态的资产	李玉英（1997），薛行祺（1997），刘永（1999/2003），袁润等（2013），唐华（2015），田亚萍（2016）

续表

第一层次：是不是资产		第二层次：是什么资产
	具体分析	马素萍（1997/2008），肖正德（1997），肖云（1998），李扬新（2001），刘心海（2003），毛奕（2003），张世林（2011），袁峥（2013），王凤英（2015），袁天骄（2015），昝莹（2016），郭学卫（2016），文秀娟（2016），杨秀艳（2016），颜凤兰（2016），吴春彩（2016）

表 2-3 档案资产观作者单位及文章区间分布

类别	人数	作者单位分布（人）	发表年限
赞成/部分赞成	149	高校27；档案馆/局21；企业54；其他47	1996~2000年27篇；2001~2010年5篇；2011年至今119篇
不赞成	8	高校6；档案馆/局2	1996~2000年9篇；2001年至今1篇

综合表2-2和表2-3可知，第一，1996~2000年是档案资产理论大争论时期，这段时间形成的理论成果多、研究话题集中，篇名中多有"档案资产"字眼，赞成/部分赞成的有27篇，不赞成的有9篇，共计36篇；第二，随后十年，即2001~2010年是档案资产理论沉寂时期，直接相关论文5篇，平均两年一篇；第三，2011年至今为相对活跃期，有119篇。"档案是资产"获得了来自高校、出版社、不同类型企业、企业档案馆、资产管理局、档案局、档案馆、银行、期刊主编等不同行业人的支持以及主要来自高校部分专家的反对。

具体而言，国内档案资产理论主要有四个方面的认识。一是企业档案应该是企业的资产。如古宁[1]认为，国有企业、集体企业、私营企业，不论其企业性质如何，其档案都属于企业资产；张世林[2]认为企业档案是企业资产所有权下所拥有的一类财产，是企业资产的一部分，而企业档案资

---

[1] 古宁：《企业档案资产：改革引出的话题》，《档案与建设》1997年第1期，第17~19页。
[2] 张世林：《档案所有权理论与实践问题研究》，《北京航空航天大学学报》（社会科学版）2011年第5期，第45~52页。

产则是企业档案作为企业财产在经济和法律意义上的表示；于晓庆[1]认为企业档案是能够为企业带来经济利益的、属于企业知识资源的经济资源，企业全部资产中以档案形态存在的那部分资产，可称为企业档案资产；崔红[2]认为企业档案是生产经营、管理活动和企业研发的真实记录，是企业有形资产的记录、凭证和无形资产的承载、组成，是企业合法权益的维护者；李乐平[3]认为企业档案是国家极其重要的档案资源，是企业生存发展的核心资源和重要资产；闫晓艳[4]认为企业档案作为一种信息资源，是企业生产、技术、科研和经营等活动的真实记录，同时作为与企业同步发展的无形资产，在企业管理等方面发挥着重要的作用；王丽娜[5]认为企业档案已经成为企业信息资源和资产的重要组成部分，是企业建设、运营、发展的重要记录，对于企业的发展建设起着至关重要的作用；高青[6]认为档案把人类社会的过去和未来紧密联系在一起，企业档案真实记录了企业改革发展的历程，准确反映了国有资产保值增值情况，是企业生存和发展的核心资源和重要资产，也是国有资产的重要组成部分，企业档案以资产为纽带，在文化传承、服务中心、防控风险、维护权益等方面发挥了重要作用，为企业加快结构调整，管理提升、转型升级等提供了强有力的支撑；马丽[7]认为档案是指记载企业发展活动的文字以及其他媒体形成的资料，是企业的重要资产和宝贵资源，所有有价值的档案整理归档，可以保证整个企业原始资料的完整性、历史性和可追溯性，档案不仅可以成为领导和各部门的参谋助手，而且可以提高公司的工作效率和工作质量；陆芹芹[8]认为档案是企业从事生产、经营、管理活动中形成的具有宝贵价值的资料，是企业发展过程中不可替代的资产财富，做好道路运输企业的基础档

---

① 于晓庆：《谈谈有关档案资产的几个问题》，《档案学通讯》2011 年第 4 期，第 91 ~ 94 页。

② 崔红：《做好企业档案工作的思考》，《山东档案》2015 年第 5 期，第 59 ~ 60、74 页。

③ 李乐平：《企业档案如何突破现有瓶颈》，《海南档案》2015 年第 1 期，第 16 ~ 18 页。

④ 闫晓艳：《探讨与研究企业档案管理体制与模式的重要意义》，《机电兵船档案》2015 年第 3 期，第 35 ~ 36 页。

⑤ 王丽娜：《企业数字化档案管理浅析》，《档案天地》2015 年第 13 期，第 9 ~ 11 页。

⑥ 高青：《浅谈企业档案与民生的作用》，《中国管理信息化》2016 年第 23 期，第 184 ~ 185 页。

⑦ 马丽：《简论强化档案管理的有效对策》，《科研》2016 年第 7 期，第 256 页。

⑧ 陆芹芹：《关于道路运输档案管理的几点思考》，《中国道路运输》2016 年第 8 期，第 77 ~ 78 页。

案管理工作尤为重要；张凤丽[1]认为股份制企业档案是记录和反映股份制企业各项活动和历史面貌的第一手资料，是企业资产的重要组成部分；黄韵佳[2]认为企业档案是对企业在经营活动过程中所形成的各种具有保存价值的信息和资料所进行的记录和保管，属于企业资产的重要组成，是企业健康发展的重要依据。

二是部分企业档案是企业资产。如娄承浩[3]认为技术型的无形资产档案和非技术型的无形资产档案才是企业资产。肖正德[4]认为类似人事档案、企业经营管理类档案、党政群工作档案等利用价值难以用货币计量的，不是企业资产，而经济价值高、容易计量的档案才是企业资产。马素萍[5]认为有实体形态的档案是企业有形资产的组成部分，无实体形态的档案是企业无形资产的组成部分，即企业档案不具有独立的资产性，应与档案所记载的对象共同构成资产。刘成军[6]认为企业信用档案对于企业来说是至关重要的资产，如何更好地整理和应用企业信用档案，对于企业的发展将起到至关重要的作用。杨秀艳[7]认为实体档案在企业档案资源中占据了较大比例，是企业的重要资产。

三是关于企业资产的具体形态。其一认为企业档案属于企业无形资产，王世金等[8]认为由于企业档案反映了企业经营信息、技术成果等，其应属于无形资产；更多学者认为属于企业档案资产的部分是无形资产，如翁元锋[9]认为企业档案中的商业秘密、技术、工艺等是无形资产的一种形式，朱江[10]认为企业档案中只有与企业无形资产相对应的那部分档案如配

---

① 张凤丽：《做好股份制企业档案工作的几点思考》，《兰台内外》2016年第4期，第45页。

② 黄韵佳：《完善供水企业档案管理 促进供水事业的健康发展》，《决策与信息》2016年第2期，第195页。

③ 娄承浩：《科技档案工作要加强法规建设和法律监督》，《上海档案》1997年第1期，第18~20页。

④ 肖正德：《关于企业档案资产性质的若干思考》，《档案与建设》1997年第3期，第34~37页。

⑤ 马素萍：《关于国有企业档案资产及其特性探讨》，《档案与建设》1997年第6期，第19~21页。

⑥ 刘成军：《浅析企业信用档案管理》，《林业科技情报》2016年第3期，第106~107页。

⑦ 杨秀艳：《电力企业实体档案安全管控实践》，《中国档案》2017年第3期，第58~59页。

⑧ 王世金、袁从仕：《要树立企业档案资产观念》，《中国档案》1994年第2期，第12~13页。

⑨ 翁元锋：《企业档案资产的归属与评估》，《档案与建设》1997年第4期，第30~32页。

⑩ 朱江：《企业档案与无形资产》，《档案与建设》1997年第5期，第19~20页。

方、图纸等才是企业无形资产，贺真①认为企业科技档案具有典型的无形资产特征。郑静②认为高校自成立以来，拥有大量的文字、图片等资料，这些资料是高校的无形资产，也是高校宝贵的财富。刘东平③认为境外国有企业档案不仅记录了境外国有企业筹建、发展等活动的过程，而且积淀了企业经营管理的经验和企业文化，是企业长远发展的基础资源和无形资产，是维护企业合法权益、减少国际纠纷的重要法律凭证。周佳宁④认为企业档案以文字、图表、声像、实物等诸多载体形式储存，是企业的无形资产，是企业决策的科学依据。鄢琼⑤认为档案是企业各项工作的原始记录，是传承企业经营活动的重要无形资产，随着科学技术和信息技术的发展和进步，现代企业档案管理要做到与时代同步发展，就必须在强化责任意识的基础上创新理念、模式和方法。宋景妍⑥认为档案作为一种信息资源，是企业生产、科研和经营等活动的真实记录和一项基础性工作，更是一家企业的无形资产，在企业管理等各方面积极地发挥应有的作用。周皓然、欧阳骏⑦认为档案作为宝贵的信息资源，是企业的无形资产，在企业的生产、经营和科研活动中具有不可替代的作用。何所惧⑧认为企业档案是企业记忆的重要载体，是企业在其生产、经营活动过程中所形成的具有保存价值的各类档案资料，是企业的无形资产，是企业发展、壮大的重要依据和原始记录，也是企业文化和企业软实力的重要组成部分。朱丽⑨认为企业档案是在企业研发、生产、经营和管理活动等生命周期中直接形成的具有保存价值的各种形式的企业文件，支撑着企业的发展，是企业管理

① 贺真：《科技档案资产化管理初探》，《档案学研究》1996年增刊，第56~57页。
② 郑静：《高校档案改革创新》，《办公室业务》2015年第21期，第62页。
③ 刘东平：《境外国有企业档案监管工作体制与模式探略》，《机电兵船档案》2015年第6期，第26~29页。
④ 周佳宁：《探索企业档案管理工作的新思路》，《企业改革与管理》2015年第5期，第131~132页。
⑤ 鄢琼：《浅谈档案管理在现代企业管理中的创新》，《经营管理者》2015年第24期，第295页。
⑥ 宋景妍：《关于做好企业档案工作的重要意义》，《大陆桥视野》2016年第14期，第26页。
⑦ 周皓然、欧阳骏：《现代企业档案信息化之路探索》，《档案与建设》2016年第1期，第85~86页。
⑧ 何所惧：《企业档案管理模式及对策研究》，《兰台内外》2016年第5期，第56页。
⑨ 朱丽：《企业档案管理发展趋势及对策研究》，《兰台内外》2016年第3期，第30~31页。

的基础，也是企业的无形资产，具有一定的历史记录性、信息资源性和法律凭证性特征。胡京津①认为企业档案一方面是企业发展历程的真实写照，另一方面是企业的一种重要的无形资产，它包含了企业文化、创新精神等。常丽伟②认为档案是在单位发展的过程中，对各种技术创新、会议记录以及各项重要工作进行的记录，其全面而真实地反映了单位的历史进程，是单位的无形资产。杨玲③认为在企业发展过程中，档案是一种十分重要的知识资源，是与企业同步发展的重要无形资产。其二认为企业档案是固定资产，如古宁④认为企业档案具有占有一定资产和人力而形成的实物形态，是企业不可替代的、实实在在存在的固定资产；水赟诚⑤认为船机档案是施工企业设备档案的重要组成部分，也是企业的"无形"固定资产。其三，张晓娟等⑥认为仅仅以会计学意义上的资产及资产管理概念是很难全面反映企业档案的资产价值的，而从"知识资产"视角看待企业档案资产，有利于档案资产价值的发挥。其四，安小米⑦认为将电子文件置于信息资产与知识资产视角，有利于实现电子文件资产管理、发挥电子文件资产价值。

四是企业档案不是资产。如陈作明⑧认为企业档案中，有的只是企业资产的凭证，有的只是企业无形资产的介质，但是企业资产的凭证或是介质，都不等同于资产本身；梅先辉⑨将会计学资产的定义一一比对之后认为从资产确认的准则来看，企业档案不是经济资源，没有稀缺性，也不能直接创造经济效益，更无法以货币计量，所以企业档案不是资产。金

① 胡京津：《浅析民营企业档案管理信息化建设》，《档案天地》2016年第5期，第53～55页。
② 常丽伟：《新形势下事业单位档案管理的改革》，《决策与信息》（下旬刊）2016年第1期，第171页。
③ 杨玲：《知识管理背景下的企业档案管理模式》，《卷宗》2016年第10期。
④ 古宁：《企业档案资产：改革引出的话题》，《档案与建设》1997年第1期，第17～19页。
⑤ 水赟诚：《新时期企业船机档案的全过程管理》，《机电兵船档案》2016年第5期，第9～11页。
⑥ 张晓娟、马瑜、左田原、黄兰：《知识经济时代的企业档案管理——一种知识资产观》，《档案学通讯》2012年第4期，第76～79页。
⑦ 安小米：《电子文件资产管理：概念、动议与原则》，《档案学研究》2010年第3期，第17～21页。
⑧ 陈作明：《"档案资产评估"再研究 兼论"档案使用权"评估》，《中国档案》1997年第5期，第19～21页。
⑨ 梅先辉：《对企业档案"资产性质"的质疑》，《档案学研究》1997年第3期，第58～61页。

波①认为档案材料不具有会计学上的独立的成本价值，企业档案中包含的信息只具有使用价值或哲学意义上的价值，不等同于会计学中的现时价格，他认同档案是企业的一项资源（信息资源、经济资源），也是企业的文化财富，但认为档案与资产是一种平等、并存的关系，都是企业的财产或财富；企业档案没有资产评估上价值的意义，但它记录了企业经济活动的过程和结果，反映了资产的来源、运用和管理，是资产评估的第一手依据性材料，对防止国有资产流失起重要作用，但这无法说明企业档案就是企业资产。潘连根②认为企业档案与企业资产关系紧密，认为企业档案是企业无形资产的重要载体，也是企业资产的依据，但没有成熟的理论、具体案例来说明档案是资产。解伟娜③认为企业档案不是企业资产，从档案学研究角度来说，企业档案在企业日常运作中发挥着重要的作用，它是企业各项经济活动的历史记录，是企业进行资产评估的依据和凭证，档案是不是资产不重要，重要的是要让档案在企业管理体制改革中得到重视，让企业认识到并足够重视档案在企业中的重要作用，从而避免档案流失或归属不明的情况。

另外，图书馆学也有倡导将文档视为图书馆资产的。例如，黄水清、朱晓欢④认为数字图书馆的资产可分为五大类，即数据文档资产、各种软件资产、人员资产、网络服务/办公服务等服务资产、物理设备资产。黄华⑤认为图书馆的无形资产包括网络使用权、知识产权、特许经营权等各项权利，还有软件开发水平、图书馆馆誉、图书馆文化、图书馆人才、馆员与读者良好的关系等。

从档案资产理论发展的三个时期、档案资产理论认知的四个方面及图书馆的影响来看，档案资产理论表现出从"是或者不是"向"应该是"再

① 金波：《在企业资产评估中如何客观认识企业档案的价值》，《档案学研究》1998年第1期，第52~55页。
② 潘连根：《"企业档案资产评估"质疑》，《档案与建设》1997年第10期，第23~25页。
③ 解伟娜：《企业档案资产问题研究的现状及反思》，《兰台世界》2015年第8期，第10~11页。
④ 黄水清、朱晓欢：《基于ISO27001的数字图书馆信息资产风险评估》，《图书情报工作》2006年第11期，第79~82页。
⑤ 黄华：《利用无形资产提升图书馆核心竞争能力的探讨》，《图书馆》2010年第6期，第106~108页。

向"是资产、是信息资产、是知识资产"的走向和演变规律。

　　比较有意思的是，早在 1989 年，阿迪①在其非常著名的文章《档案文化意识：理性的呼唤——纪念"五四"运动七十周年的思考》中就提出档案历史文化财物的属性已然被忘却了。到最近几年冯惠玲教授在多篇文章中的多次呼吁，如"电子文件应该被视为电子政务、电子商务和其他各类电子化业务的基本工具，是机构的重要信息资产"（2009）。"作为资产的文件和档案，最有价值的工作并不在于对其进行有序的物理保管，而是在于对其进行充分的开发利用，使之真正实现社会效益以及产生经济价值"（2009）②。"我国绝大部分单位和个人没有认识到，电子文件是一个机构乃至国家不可再生的信息资源，是极具价值的信息资产与知识资产"（2009）。"我国没有一条规章制度明确规定，应该对文件进行资产登记、清查"（2009）。③"传统信息资源开发利用机构如政府机构、公共档案馆、图书馆等尽管存在着信息产权、公共服务性质等障碍，但都借助网络、数字技术积极地向产业形态延伸"（2011）④。她更是强调"中国记忆"资源库在文化、教育、艺术、商业等方面具有非常广的扩展价值（2012）⑤，再到有关政策的推广。⑥

　　由此可见，文件或档案作为信息资产或知识资产的脉络越发清晰，推进档案资产理论研究和促进档案资产管理工作是时代赋予的任务。可惜的是，在国外学者广泛认可档案资产、倡导档案资产的实践运营以及国外政

---

① 该文指出：在一种缺少外在超越原则的功利思想和"左"的环境中，"服务"的含义是相当狭隘的，无论在怎样的一种政治气候中，也无论是什么样的社会经济形势，档案工作均能做出迅速的反应——"为其服务"。与此同时，我们对档案的本来面目——一种历史文化财物却渐渐地淡漠了。参见阿迪《档案文化意识：理性的呼唤——纪念"五四"运动七十周年的思考》，《档案与建设》1989 年第 2 期，第 14 ~ 17 页。

② 冯惠玲、赵国俊：《中国电子文件管理：问题与对策》，中国人民大学出版社，2009，前言。

③ 冯惠玲、赵国俊：《中国电子文件管理：问题与对策》，中国人民大学出版社，2009，第 76 页。

④ 冯惠玲、侯卫真：《信息资源产业的基本特征与要素研究》，《图书情报工作》2011 年第 5 期，第 11 ~ 14、36 页。

⑤ 冯惠玲：《档案记忆观、资源观与"中国记忆"数字资源建设》，《档案学通讯》2012 年第 3 期，第 4 ~ 8 页。

⑥ 中共中央办公厅和国务院办公厅《关于加强信息资源开发利用工作的若干意见》（2004）提出，要"推进政务信息资源的资产管理工作"，"完善信息资产评估工作"。

府机构、国际组织等从事档案资产实践运营活动时,我国尚处于档案是不是资产的大争论时期,还未进入档案资产的实践运营。

2.2.1.2　国内档案资产相关领域文献分析

国内与档案资产有关的相关领域研究,笔者认为体现在图书馆资产、信息资产、知识资产、数字资产方面,笔者通过中国期刊网数据库,通过"篇名"检索所有文献类别,剔除部分与主题无关的文献后,得出以下数据,具体见表2-4。

表 2-4　档案资产相关研究情况

单位:篇

时期 ＼ 类别	档案资产	信息资产	知识资产	数字资产
1996~2000 年大争论时期	36	8	26	2
2001~2010 年沉寂时期	5	77	86	51
2011 年至今活跃期	50	27	36	36
合计	91	112	148	89

与档案资产研究不同的是,信息资产、知识资产、数字资产的研究在档案资产研究沉寂时期渐成热点,在近几年的研究更为活跃。

于信息资产而言,李晓辉[1]认为信息资产是给信息赋予资产的含义,在法律中则表述为"信息财产权",这在信息时代是完全有必要的。左军等[2]认为信息是一项资产,它促使买卖双方的交易过程不断趋向合理,信息资产更是网络公司的主要资产之一,具体表现为两个类别,一是权利型信息资产,诸如专利、商标、版权等知识产权,专营权,通过合同、政府授权等方式获得的权利,各种信息资源数据库权、数字化权等;二是关系型信息资产,诸如客户信息、配货网络、网络经营成本等。另外,就资产形态而言,信息资产属于无形资产,与实物资产区别较大,一是信息资产价值的发挥与成本投入关系不明显,而与市场需求直接相关,即投入高不一定收益大,要充分满足用户需求后才能获得高收益;二是信息资产根据稀缺程度往往获得远超于预期的高收益,但其预期收益具有高度不确定

---

①　李晓辉:《信息权利研究》,知识产权出版社,2006,第47页。
②　左军、杨建梅:《论信息资产》,《改革与战略》2000 年第 5 期,第 27~30 页。

性，往往伴有高风险；三是实物资产投入生产、发生消耗之后，其资产价值发生转移，其价值本身不会增加，而信息资产会因为使用而不断产生新的信息资产、实现价值增值；四是信息资产价值发挥的时间点要求较高、时效性明显；五是信息资产可重复利用、自我增值的能力较强，具有边际成本递减效应，实践中往往表现为信息资产利用越多、增值越多，单位原始投入信息资产的成本反而越低。周毅①（2009）认为政府信息资产，在本质上是政府信息资源的"资产化"，由于政府信息中存在财产利益即经济利益，也存在人身利益，因此政府信息资产是一种生产要素和经济资源，但政府信息资产表现为权利性资产，具有"公共产权"特性，其资产形态既有一般物质资产的特征，也具有信息资源和无形资产的特征。

于知识资产而言，相子国②认为知识资产是现代经济学和管理学对生产要素不断扩展其内涵而赋予文化、教育、管理、技术、信息等知识资本以"资产"的含义，体现在会计核算中，生产要素分别表现为流动资产、固定资产、土地使用权、技术资产、人力资产、文化资产、信息资产等，并认为流动资产、固定资产、土地使用权三项构成实物资产，技术资产、人力资产、文化资产、信息资产四项构成知识资产，并认为可以通过将知识资本理论融入会计权益理论、分步促进知识资产会计创新以及构建知识资产会计理论及实务的新框架来实现知识资产会计核算。高洁等③认为知识资产是知识资源的转化形式，主要包括人力型、制度型、技术型、文化型、关系型五大类知识资产。

于数字资产而言，徐全华④认为数字资产应该是以电子数据形式存在的一种知识产权，包括计算机软件、信息产品、多媒体产品、数据库群以及电子出版物等。其中，出版发行和数字传媒是数字资产的主要研究领域；就资产形态而言，其属于一种比较特殊的无形资产，具有数量上可以无限、生产过程看不见、没有存货形态、成本递减、销售方式多样等特

---

① 周毅：《政府信息资产及其运营策略研究》，《情报理论与实践》2009年第6期，第18~21页。
② 参见相子国《知识资产会计核算初探》，《财会通讯》（学术版）2004年第10期，第43~45页。
③ 高洁、蒋冲、向显湖：《企业知识资产及其战略体系构建——基于财务的视角》，《财经科学》2013年第6期，第71~79页。
④ 徐全华：《试论数字资产》，《广西会计》2002年第6期，第10~11页。

征，但又与无形资产不完全等同。因为数字资产开发的主要目的是通过销售而获利，能带来直接收益，而很多无形资产诸如某些权利、某项技术等的拥有不是直接为了销售，其带来的收益是间接的。袁润等[1]认为狭义的高校数字资产是高校信息资源中有知识价值、档案价值的那部分知识资源和档案资源的数字化内容，广义的则包括高校的多媒体资源、软件资源、各种硬件系统和后台管理软件等。

可见，不管是文件资产、档案资产也好，抑或是文件/档案是信息资产、知识资产、数字资产也罢，至少，档案与资产之间的关联必然进入档案学研究视野。档案资产与信息资产、知识资产、数字资产的内涵有何差异、关系如何、如何融合等问题尚需深入研究。

2.2.2　从理论辩驳看档案资产论认知转型

自 1996 年我国进行大规模国有企业改革开始，关于档案是不是资产的国内第一次大争论从 1996 年延续到 2000 年，以潘连根、梅先辉、陈作明、丁华东、金波、宗培岭等为代表的绝大部分来自高校的反对者在学界引起了不小影响。笔者认为，某一时期形成的观点应与当时的时代充分对应，用十几年后即 2017 年的观点来否定以前的观点是不甚合理和科学的。笔者厘清大争论时期主要的反对档案是资产的观点，目的在于明晰现在的观点，以期帮助公众认识到档案资产理论在现时代的意义。

潘连根教授认为把"资产"这一有特定含义的词理解成一般意义上的"财产"造成了"档案是资产"的观点，并认为企业档案不是经济资源，不能产生直接的经济效益，或者即使能产生间接的经济效益也难以用货币计量，从而得出企业档案既不是国有资产也不是企业资产的结论。[2] 梅先辉教授的观点与潘连根教授比较一致，主要基于企业档案不是经济资源、没有稀缺性、不能直接创造经济效益也无法以货币计量等理由认为档案不是资产。[3] 笔者认为，第一，档案是财产与档案是资产的确是两回事，但是档案是财产或者说档案的"财产"特征是档案能成为资产的必要前提，

---

① 袁润、梁爽、王正兴：《高校数字资产过程管理研究》，《图书馆学研究》2013 年第 1 期，第 68～72 页。

② 潘连根：《"企业档案资产评估"质疑》，《档案与建设》1997 年第 10 期，第 23～25 页。

③ 梅先辉：《对企业档案"资产性质"的质疑》，《档案学研究》1997 年第 3 期，第 58～61 页。

这种割裂两者的联系的方法是不可取的，仅仅从二者的区别中得出档案不是资产的结论是不甚科学的，找出两者的联系更有意义。第二，不仅企业档案而且档案本身就是一种经济资源在现今已经获得了冯惠玲教授、王英玮教授、周毅教授、金波教授等的广泛认可，王运彬副教授在之前发表的有关档案资源配置的文章中从理论上论证了档案的经济资源特征及档案信息资源的稀缺性。① 第三，档案的经济效益难以用货币计量，不等于没法计量，或者说不能因为难以计量、没法计量来判定档案不是资产，至少目前看来企业档案能否直接创造经济效益以及能否以货币计量与档案能否成为资产不是一一对应的关系，换句话说，能直接创造经济效益、能直接以货币计量的，成为资产的可能性增加，但最终也不一定有必要成为资产；能直接创造经济效益、不能以货币计量，或者不能直接创造经济效益、能以货币计量的也有可能成为资产。现今很多资产比如商誉、数据库权利等都难以计量，但是资产。诸多资产很重要但难以计量在会计学领域本身也是难点问题。

陈作明教授认为企业档案与资产无法等同的理由主要有三点，一是资产的所有权具有排他性，档案的所有权没有排他性；二是资产的价值与档案的价值种类差别大，并不一一对应；三是档案必须是原始的内容和原始的载体，而无形资产无此要求。② 另外，他认为一方面为了避免与各种无形资产的评估发生重复所以不能评估档案实体，另一方面档案实体的产权不能自由变动而资产评估的目的主要是在产权变动中做到公平合理，因此档案是不能进行资产评估的。③ 笔者认为，第一，档案也好，资产也罢，两者的所有权都具有排他性（所有权不具有排他性，也不符合法律常识，因为所有权本身就是排他性的一项权利，笔者注），只是"排他"的程度得看具体内容，不能将此作为二者的区别，如国有资产与个人资产的排他性是有区别的，有形资产与无形资产的排他性也是有区别的，知识产权的排他性也是复杂多元的。第二，资产价值与档案价值一样，是多元的，只

① 王运彬、郝志军：《档案信息资源的稀缺性研究》，《档案学通讯》2012 年第 6 期，第 48 ~ 51 页。
② 其认为资产的价值是单一的，就只是经济价值，档案的价值是多元的，除了经济价值之外，还有政治、文化、军事价值等。参见陈作明《论档案》，《档案学研究》2000 年第 3 期，第 6 ~ 11 页。
③ 陈作明：《"档案资产评估"再研究——兼论"档案使用权"评估》，《中国档案》1997 年第 5 期，第 19 ~ 21 页。

是资产的经济价值十分明显而已，不能就此认定资产只有经济价值。第三，无形资产不要求内容的原始性，并不代表具有原始记录性的档案就不能成为资产，档案的原始记录性并不构成档案成为资产的冲突，相反能成为构成资产的特性条件，是档案成为经济资源的基础。第四，档案实体能否成为无形资产或者档案实体成为何种形态的档案资产，这需要在实际利用中根据档案内容进行细分，理论上凭空划分没有意义，承载资产内容的档案实体只要成为资产肯定可以进行评估，这与成为无形资产的档案资产不能评估实体没有必然联系。第五，资产评估的目的有很多，比如资源的合理配置和流动、资金的合理控制、企业价值评估等，追求的目标是公平合理，但是是否为了产权变动则不一定，再者，"档案实体的产权不能自由变动"在现有环境下是不成立的，实践中有大量案例存在，有将所有权直接转让的，如个人所有的档案捐献给档案馆，其所有权也一并赋予档案馆；有将所有权部分让渡的，如企业将所属档案外包给中介机构管理，将所有权中的收益权部分让渡给中介机构，以实现企业和中介机构的双赢。实际上，所有权的内涵十分丰富，具体包括占有权、使用权、收益权、处分权等，这些权利可以全部或部分让渡。

丁华东教授认为企业档案经济效益的实质是档案信息的收益，企业档案信息的经济效益与企业资产经济效益相似但性质不同，只有当企业资产档案记录的资产灭失后，企业档案的收益才表现为档案信息的收益。此外，即使是记录资产信息的档案，也应区别企业究竟是在利用档案信息还是在利用其资产；也就是说丁教授主要是基于档案与资产经济效益的差异，得出了档案不是资产的判断。① 为什么档案信息的经济效益与资产的经济效益是完全不同质的，为什么档案信息的经济效益不属于档案本身的经济效益，这是笔者难以理解的。档案作为信息家族的一员，其信息有其特殊性，但也具有信息的一般特征，所以撇开信息的一般特征以及信息是资产的大环境谈档案也是不合理的。另外在企业档案利用实践中，如果总是要区别企业是在利用档案实体或档案信息抑或是企业资产也是不太现实

---

① 丁教授认为对企业档案经济效益实质的认识不当，即没有正确区分档案信息与资产是两种不同性质的经济效益，才造成了档案是资产的判断。参见丁华东《企业档案经济效益的实质及其相关问题》，《中国档案》2002年第4期，第25～27页。

的，厘清档案信息的经济效益与资产的经济效益之间的耦合关系，促进企业档案经济价值最大化才更有利于企业档案信息的传播与发展。

金波教授基于档案所具有的哲学意义上的使用价值与会计学中资产的现时价值不能等同的特点，否认了档案是资产的判断。[①] 笔者认为，第一，档案材料的成本以及现时价格都可以在具体的交易甚至交流活动中确定和计量，这属于档案成为资产的"技术"层面的问题，如综合档案馆去国外举办各种档案展览，报关时必须对每件档案进行估价，而"如何估价"等"技术"问题，笔者相信随着资产计量方法的完善、档案资产理论研究的深入以及具体实践活动的推动会得到较好解决。第二，金波教授认同的档案是经济资源的观点恰恰是理论上档案成为资产的核心要素，即档案是经济资源，也恰恰是档案具有这样或那样的作用使得档案能成为资产。第三，档案与资产的关系，比如说档案反映了资产的来源、是资产评估的依据性材料等，与档案是不是资产其实没有必然联系，档案是不是资产的核心要素在于档案与"经济资源"及"产权"的关系而非档案具体记录内容与资产形态的关系，另外即使档案与资产是平等的、共存的，并不表示两者不能交叉、融合。

宗培岭教授同样认可档案是经济资源，但是认为企业档案不能以货币计量，只是用于核查国有资产的一种凭证，其自身并不存在资产意义上的保值增值性。[②] 笔者认为，档案的"凭证"价值是档案是经济资源的具体表现，它是不是国有资产的凭证与档案是不是资产没有对应性，只要是档案，其"凭证"特性就是必然的。另外，资产运营的基本目标之一就是保值增值，这也是档案资产运营的目标，但不良资产运营后反而贬值的案例不胜枚举，例如，以档案为基础，开发档案信息产品、档案文化产品等也是档案资产运营的方式之一，目的也在于及时发挥档案价值、实现档案信息的保值增值，所以说档案不存在资产意义上的保值增值性，笔者是不赞同的。

在笔者一一辩驳了"档案不是资产"的代表观点之后，与此同时，关

---

① 金波：《在企业资产评估中如何客观认识企业档案的价值》，《档案学研究》1998 年第 1 期，第 52～55 页。
② 宗培岭：《企业档案的非资产性与企业档案工作的资产管理性》，《上海档案》1998 年第 2 期，第 7～9 页。

于国有企业档案是国家的重要资产，应进入资产评估范围以防止国有资产流失以及企业档案是资产、档案是资产的研究则更多，再扩展到档案的资产形态研究如档案是固定资产、无形资产等以及档案的资产特性如档案是信息资产、政府资产、知识资产等，总的来说，来自高校、出版社、不同类型企业、企业档案馆、资产管理局、档案局、档案馆、银行、期刊主编等不同行业的人大多持肯定意见。持论者大多认为档案资产有特殊性，它也许不是一种可以用会计手段进行单独核算的资产；它具有模糊性、非独立性、依附性等特点；对档案资产是否纳入评估体系应该以动态的现实条件为依托，而不能以此就说明档案不能成为资产等。笔者认为，上述有的研究者关于档案资产观的立论也许比较薄弱，分析也许不够全面、深入，但是为档案资产理论的第一次大争论做出了较大贡献，其讨论从"档案是不是资产"的理论层次逐渐过渡到"档案是什么资产"的资产形态的具体操作层次。

总之，这一时期双方都有有影响力的代表作，但最终都因为档案资产理论没有引起国内会计学、经济学、信息学、知识管理学、政府信息资源管理学等相关学科领域甚至国外相关领域的联动反应而不了了之。

2.2.3 从应用领域看档案资产论发展态势

2.2.3.1 档案资产论从"争论"向"确定"至"形态"的扩展

档案资产论的研究范畴从"是不是"资产，向"档案作为资产"至"档案、文件等作为信息资产、知识资产"等形态研究扩展。档案资产观在沉寂了大约五年之后，从2009年开始在电子文件资产观的盛行之势中逐渐明朗。冯惠玲、赵国俊于2009年在《中国电子文件管理：问题与对策》一书中多次提到"作为电子化业务平整性信息的电子文件，是机构乃至国家不可再生的信息资源，是极具价值的信息资产与知识资产"。[①]"应该将电子文件纳入信息资产范围，也应该按照资产管理办法，对电子文件进行注册、登记、清点、核算、审计等。"[②]"电子文件是电子政务、电子商务

---

① 冯惠玲、赵国俊：《中国电子文件管理：问题与对策》，中国人民大学出版社，2009，第26页。
② 冯惠玲、赵国俊：《中国电子文件管理：问题与对策》，中国人民大学出版社，2009，第76页。

的基本工具，是机构的重要信息资产。"① 安小米在 2010 年明确提出了文件资产、电子文件资产概念，也系统介绍了 ISO15489 对文件资产性质的认定。② 国家档案局局长杨冬权 2012 年在上海空间电源研究院视察工作时也表明"档案已经成为企业的一项重要资产，能发挥重要的价值和作用"。兵器工业档案馆馆长刘左 2012 年指出，"中央企业档案，特别是军事工业中的中央企业档案，是国家资产和国防建设的重要资源；档案是企业的资产和资源"。③

　　档案资产理论在"档案资产形态"扩展之势中越发深入。对于档案资产到底属于何种形态的资产，在第一次大争论时期由于国有企业改革，需要集中在档案是固定资产、无形资产等讨论中，在近几年由于信息社会、知识社会发展，集中在档案是信息资产、知识资产等讨论中。笔者认为，档案资产形态划分需要在实际应用中加以分析才有意义，如果硬是要划分首先要看划分标准，再厘清资产形态类别，这是科学认识档案资产形态的基础，此部分笔者会在后文详细论述。

　　2.2.3.2　档案资产论从"转型"向"实施"至"运营"的强化

　　档案资产论研究自"社会效益向经济效益转型"开始。档案资产的应用是非常不充分的，学界对其研究大多集中在科技档案以及档案经济学中，其中尤以中国档案出版社 1994 年的《开发利用科技档案所创经济效益计算方法》④ 以及 1996 年的《论档案与生产力的关系》⑤ 为代表。《开发利用科技档案所创经济效益计算方法》从开发利用科技档案所创经济效益的理论与实践研究开始，通过计算原则的确定得出了具体可行的计算公式，然后将此公式应用到实例中去检验，最后提出了公式具体应用的注意事项以及加强开发利用科技档案创经济效益工作的管理措施，是

---

① 冯惠玲、赵国俊：《中国电子文件管理：问题与对策》，中国人民大学出版社，2009，前言。
② 安小米：《电子文件资产管理：概念、动议与原则》，《档案学研究》2010 年第 3 期，第 17～21 页。
③ 刘左：《为企业提供主动优质服务是实现档案强国战略的重要途径》，《中国档案报》2012 年 7 月 16 日，总第 2332 期第 1 版，http：//www.zgdazxw.com.cn/NewsView.asp？ID＝19339. ［2015－4－4］。
④ 国家档案局经科司、沈阳市档案局编《开发利用科技档案所创经济效益计算方法》，中国档案出版社，1994，第 25 页。
⑤ 石浒泷等：《论档案与生产力的关系》，中国档案出版社，1996，第 47 页。

定量研究科技档案创造经济效益的有益尝试，是档案创造经济价值的直接证明，对档案资产化定量研究有较强的借鉴意义。《论档案与生产力的关系》论述了档案与物质形态生产力的关系、与科学技术（知识形态生产力）的关系、与生产管理的关系、与发展与保护生产力的关系，得出了"档案之所以在生产力系统运行中发挥重要的作用，就因为它本身是含有社会和自然科学技术信息的有价值的资源，是提高生产、组织效率、管理效率和实现经济效益的工具"的结论。只是，档案与生产力要素的关系及其在生产力系统中的作用，具有"潜在性"和"条件性"特点，"从生产力经济学的角度来看，管理档案的实质，就是管理和保护生产力"，"档案工作者必须开发档案信息资源，使档案全方位地用于经济建设主战场"。中国档案出版社早期出版的两本著作是希望档案由社会效益向经济效益转型的有益尝试，是希望积极发挥档案经济价值的表现，代表了档案人的良好愿景。

档案资产论实施以档案文化产品为先导。杨冬权在 2012 年全国档案工作者年会上的讲话中提出"要把档案转化为文化产品"，认为"档案部门在档案文化产品建设中大有可为"。这说明档案部门是可以制作大量受欢迎的产品的，我们既要强调档案文化产品凸显的社会效益，也不能忽视其带来的经济效益；既要发挥档案在政治、军事、文化等方面的价值，也要适时发挥档案作为国家资产、社会资产的经济价值。

档案资产论研究效果以"政府信息资源资产运营"为典范。如果说档案学界关于档案是不是资产以及是什么资产的争论一直持续至近几年才逐渐明朗，且档案资产理论大多以理论建构为主、实际利用较少的话，那么作为档案信息资源几乎最重要的来源——"政府信息资源"，关于其资产运作的研究则较早提上议事日程。夏义堃在 2005 年提出多元化的政府信息管理模式——资产运作或许才是公共信息资源管理的可行方式。[①] 刘渊指出，以市场化方式盘活庞大的政府信息资源，以资产运作的方式拉动巨大

---

① 原文指出，公共信息资源管理应是以政府为主导、以社会化和市场化为主体、以公众满意度为宗旨的多元化参与格局。政府行政型信息资源管理模式、市场经营型信息资源管理模式以及社会自发式信息资源管理模式有机结合，相互交织，功能互补，所达到的均衡才是公共信息资源管理的最佳选择。参见夏义堃《公共信息资源管理的多元化视角》，《图书情报知识》2005 年第 2 期，第 20～24 页。

的政府信息消费市场是必要的。① 周毅教授 2011 年明确指出政府信息资源可以作为资产，只是这种转型需要以制度安排为前提。② 政府信息资源对经济、社会发展的贡献力正日益显现，但信息资产规划显然被忽视了，因此政府信息投入与风险控制机制、政府信息资产运营机制等均需进行重新规划，而政府信息资产运营机制规划是为了保证在政府信息资产安全的前提下，能够实现政府信息资产的增值。他于 2012 年再次强调从理念、理论上实现转型的重要性，③ 认为政府信息应实现从"资源管理"到"资产运营"的理念转变，即政府信息不仅应发挥服务于政府管理与决策的作用，而且应发挥其作为一种资产的可能作用，通过科学运作实现政府信息资源的"资产化"，使其能够成为有关主体谋取经济利益的凭借。

以政府电子文件为核心的政府信息资源的资产运作已经从理论迈向实践，而档案资产观仍在摸索之中，跟上档案前端控制对象——文件的发展脚步，不要让档案"沉睡"，既是信息资源管理领域对档案学的新要求，更是档案学科自身科学发展的必经之路。

但从 20 世纪末至今，档案经济效益的发挥始终不理想，究竟该如何实现，也许，该寻找别的出路。随着知识经济、市场经济的纵深发展，王英玮教授更是一语道破，他认为："可以把文档信息资源看作一种'效益'资源，一种不可或缺的战略资源。虽然拥有文档信息资源很重要，但通过有效的'经营'管理来实现文档信息资源的社会价值则更为重要。我们不能成为文档信息'经营'方面的'守财奴'，而应该成为文档信息资源开发利用的'生力军'。"④ 那么，应该怎样"经营"呢？笔者认为，按照档案资产的理念进行管理才是完成"经营"、实现档案资源合理流通和配置的有效方式，而这所有的一切，需从档案资产理论建构开始。

---

① 参见刘渊《政府公共信息资源开发利用市场化战略选择》，《信息化建设》2005 年第 9 期，第 20~23 页。

② 周毅：《转型中的政府信息资源规划：现状与构想》，《情报资料工作》2011 年第 4 期，第 64~68 页。

③ 参见周毅《政府信息资源管理研究的视域及其主题深化》，《情报资料工作》2012 年第 4 期，第 46~52 页。

④ 王英玮：《知识经济时代档案部门生存与发展策略》，中国人民大学出版社，2011，第 70 页。

第三章

档案资产理论建构

档案资产的正当性证成，首先必须继承"资产"的正当性，主要表现为资产客体（又称为"资产之物""资产物质客体"）的扩张。

3.1 建构前提：资产客体扩张理论与 档案"资产"审视

以历史主义的眼光来看，无论是资产价值的审视及实现还是资产权利的确认及保障，资产观的客体都经历了一个扩张的过程。虽然资产之物与资产本身不是同一概念，但是两者关系极为紧密。现代资产概念蕴含着以"资产之物"为基础的可能的未来利益，且是被主体实际拥有或控制，证明获得所有权或控制权的交易或事项已经发生，强调的是属于特定主体的能带来收益的权利以及权利关系的综合，如动产、不动产、债权等；而且民法意义上的"物"，作为民事权利客体之一，能够满足人们的需要是其基本特征，而能为人所实际控制或支配也是必要条件。"物"的概念可以是一种物理学意义上的实在之物，也可以是哲学意义上的客观之物，还可以是一种法律意义上的抽象之物，本书所阐释的资产客体之物，应当遵循后者的解释。这种物质客体概念伴随着人类历史的现代化进程，又因金融创新、知识经济和信息社会等外部环境的改变而呈现扩张的趋势，这种趋势其实并不意味着资产价值审视的基本性质以及资产权利保护的基本目标发生了变化，而是某些具体的资产所指向的客体自身性质的区别，即新的客体进入了资产领域。综合政府间组织、国内外学者的观点，其认为资产的核心是（未来的）经济价值或经济收益，当然这种"经济收益的预期"之可行性并不产生"带来经济利益的增加"之必然性。遵循这一逻辑，在分析资产客体的性质时，就需要探寻价值客体在经济学意义上以及权利客体在法律意义上的转变规律，而无论是价值客体还是权利客体的转变，都外显为客体形式的扩张。

3.1.1　资产客体扩张之一：从生存价值到预期价值

经济学家对资产本质属性进行描述时，第一点便强调"资产的核心是经济利益"，即任一主体拥有或控制资产的目的在于其经济价值，并以此实现其最终的赢利目的；会计学研究虽然着重于"控制或拥有"资产客体，并试图说明会计主体对该资产拥有权利，但最终目的仍然是"支配其中的经济利益"，以此制作的各种会计系统都以反映会计主体所有的经济利益为总之，否则不会纳入会计报表；法学关于资产的研究目的在于保护合法权利，但是着眼点仍然回到了法定权利中的经济利益部分，宗旨仍旧停留在所有人控制或拥有经济利益上。这种对资产价值客体的经济价值或经济利益属性的认知，并不是一开始就有的，而是伴随着三个转变。

3.1.1.1　价值客体从生存之用到抽象之用

（1）档案的"生存之用"

生存是人们对某一客体价值的第一判断，因为生存之用也是最为基本的价值判断，正因为如此，所以它就构成了资产客体价值最初的组成因素。当然这个最初的组成因素，可以是得到满足的第一需要，也可以是满足这种需要的活动和工具，甚至是这种满足引起了新的需要，[①] 而且这个最初的组成因素至今仍旧如此。马斯洛人类需求理论研究表明，生存价值或生存需求仍旧在所有需求中占据第一位置。尽管人类形成早期存在着所有财产、物品、资产归集体、公社、族群公有，但这种做法毕竟只是一种

---

① 理查德·派普斯认为，我们首先应当确定一切人类生存的第一个前提也就是一切历史的第一个前提，这个前提就是：人们为了能够"创造历史"，必须能够生活。但为了生活，首先就需要衣食住行以及其他物品。因此第一个历史活动就是生产满足这些需要的原料，即生产物质生活本身。同时这也是人们仅仅为了能够生活就必须每日每时都要进行的一种历史活动，即一切历史的基本条件。因此任何历史的第一件事情就是必须注意上述基本事实的全部意义和全部范围，并给予应有的重视。转引自〔美〕理查德·派普斯：《财产论》，蒋琳琦译，科学出版社，2003，第90页。

信仰。人类学家的最新研究表明"人类历史上从未存在过极为原始因而对所有权形式一无所知的社会",任一人类时代依赖何种物质来维持生存、生活或满足其他方面的需要,他们都意欲将其纳入自己所有范畴。范畴形式可以是个人物品、个人财产等,人迹所到之处皆为财产。"为"既可以理解为"为了",也可以理解为"是",因为这种意义上的财产作为任何社会形式建构的基石,无论是研究西方古代法律的专家还是今天的法学家都一致认为"我有权利占有我用于维持生计所需要的一切物品……任何人都是如此"。① 因而生存利益具有了无论何时何地均应得到保护的普遍的价值。至此,资产价值的客体第一个或最初是为了"生存之用"。

"生存之用"还伴生了一个从"团体占有"向"个人持有"的演变过程。生存价值的思考基点变得与"私人"具有更直接确定的关系,从而形成了效率更高的机制。例如,对于土地的占有和支配,只有个人持有土地之后,他享有了绝对的排他的控制权,以此推广开来整个社会才能形成以"个人完全占有土地"为基础的占压倒性优势的绝对所有权思想或观念。如此一来,"资产"之客体演变得与"私人"关系更为密切、明确,客体的生存价值便由私人来随意决定。既可以为了维持生物人在生理上的生存,也可以为了维持社会人在精神上的生存,甚至于人在主观感受上的幸福不幸福也在某种程度上决定于此。亚里士多德早在公元前 300 多年就说过"某一事物被认为是你自己的事情,这在情感上就发生了巨大的作用"。② 如果这一事物之于价值主体的重要性达到了一定程度,其生存价值的意义甚至会超过纯粹的财产或个人资产。犹太哲学家西美尔在 19 世纪就以土地之于农民的意义为例,"土地意味着从事价值活动的可能性"③,说明了生存之用、生命意义所蕴含的资产价值,是维系家庭纽带、社会结构、国家运转最有力的因素。"以土地之于农民"的例子来说明档案的资产价值或档案资产的价值或许还有些牵强,但这里至少可以证明土地凭证之档案所证明的社会关系是维系农民家庭的基石,即农民会极为小心地将这份档案收藏,那么以此推广开来,何以来维系社会、维系国家呢?

---

① 转引自〔爱尔兰〕J. P. 凯利:《西方法律思想简史》,王笑红、汪庆华译,法律出版社,2002,第 221 页。

② 〔古希腊〕亚里士多德:《政治学》,吴寿彭译,商务印书馆,1965,第 55 页。

③ 〔德〕西美尔:《货币哲学》,陈戎女等译,华夏出版社,2002,第 318 页。

以上的价值逻辑思维延续至现代社会，对资产的生存价值研究着眼点从确定的"私人"关系，转变为更为确定的"私人"群体，而反映这一转变最明显的例子便是公共物品。"公共"一词可以从多个人、一个集体到一个国家，国家其实也不过是由多数家庭成员和共同财产组成的一个团体而已，即仍然脱离不掉"私人群体"特征，只是范围有大有小，公共物品与私人之间的关联纽带变长、关联环节变多而已。以环境为例，原始社会的环境仅仅局限于居住人周边的范围，个人可以控制或改变，而现代社会的环境已经扩大至地球村的每个角落，"环境"这个公共物品与地球村村民的关联已经相当复杂，甚至是碳排放机制也与新兴交易物品相关而成为关联环节之一。这意味着资产价值客体范畴变大，无论对于私人个体的生存还是对于私人群体的生存都应囊括其中，因而体现生存价值的资产观在现代社会也就自然而然地延伸了。正如前文所述，如果"环境"是自然人的身体生存需求，那么"记忆"便是社会人的精神生存需求。"城市记忆""国家记忆""世界记忆"等也是维系社会运转、延续国家历史、支撑人类前行的基石。至此，档案生存价值的认知、开发与利用已经从私人个体扩大至私人群体，但是这种认知、开发与利用是以占有状态为前提的。

（2）档案的"抽象之用"

如果土地的占有状态仅仅是农民种田为了得到粮食、国家租赁土地为了税收那么简单，那么资产价值客体的生存价值就早已终结。但是现代商品社会崇尚的"交换"精神却使生存价值得到了最大的自由扩展，即如果占有资产价值的客体能够转移以换取其他更多种类的资产客体而满足多元化的需求的话，那么资产价值的认知、开发与利用就必须突破资源的自然使用价值的释放，通过现代化的信息技术和复杂的制度设计实现抽象的使用价值的更多层分割与更多重利用，同样知识资产、信息资产、档案资产的利用也应遵循这样的机制。

"使用价值"进入我们的视野，意味着档案能够作为资产的自在之物在观念层面开始向有用之物转变，即从原始"占有"之事实向实现"占有"之目的的转变，是从着眼于"占有"状态向注重"利用"方式转变的关键。只有发现信息、知识、档案有了使用价值，才是真正意义上的以人对物的意志支配实现人与物的统一、物在人之间的共享。王英玮教授早在 1998 年经过全面论证后提出档案具有价值和使用价值的属性，档案价值揭示的是档案的社会属性，即揭示的是档案价值的创造者同其他社会成员之间的相互关系；档案的使用价值揭示的是档案信息的有用性等。① 以这样的统一和共享为基础，人对物尤其是信息这类性质的物质的支配与控制，才走出了传统的有限范围。单一内容的实体性支配，人与物、人与人、物与物之间不再囿于一一对应的经验式支配，而是开始形成抽象性对应。法律意义上的"非物质的"占有开始出现，"原始的占有"成为历史。

物权的形成，便开启一段对物的效用和价值不断挖掘的过程，即物的效用不再停留在直接与物主对应的层面上，而是以使用价值为目的，通过对物的价值不断进行分割或是在分割中发现、开发和挖掘新的价值。这种新的价值不与物主直接对应，而是与使用价值相对应，这其实便是梁慧星教授描述的物权的价值化。②

在这样一场价值化的运动中，人们对于所有物完全占为己有的绝对权利和绝对状态改变为相对权利和相对状态，对于物之效用的认知、发掘效率不断提高，而使用价值便通过分割而有选择性地让渡出去，从而形成用益物权以取得使用价值。

价值化运动也是一场资产所有权观念的变迁。从明确所有、为我所有，到但求所用、不求所有的观念变迁③，是商品经济下价值到权利所创设的重要基础。以此基础，循着非物质形态的信息类资产发展方向，更应该崇尚注重利用效率、追求使用价值，不过内容产业的发展才刚刚起步，档案资源在物权的价值化运动中只是看客而已（因为我国国有档案的所有权仍旧停留在明确所有、为我所有的阶段，笔者在第五章会详细分析，笔

---

① 王英玮：《再析档案的价值问题——兼与田炳珍同志商榷》，《北京档案》1998 年第 8 期，第 18 ~ 20 页。

② 物权尤其是所有权，其本来的目的只是实现对动产、不动产的现实支配，由所有权人自为占有、使用、收益。因此，本来的物权属于对物现实支配的实体权。随着市场经济的发展，为充分发挥财产的价值，所有人不必亲自占有、使用、收益，而将所有权的内容予以分化，将物之使用价值交由他人支配，即由他人占有、使用、收益，而自己收取租金。此为用益物权制度的发展。为满足市场经济对资金的需求，复将物之使用价值交由他人支配，即不转移占有而将财产设定担保物权，借以从金融机构获取融资。于是，物权由本来注重对标的物的现实支配的实体权，演变为注重收取代价或获取融资的价值权，此为物权的价值化趋势。参见梁慧星、陈华彬《物权法》，法律出版社，1997，第 5 页。

③ 陆小华：《信息财产权——民法视角中的新财富保护模式》，法律出版社，2009，第 173 页。

者注）。

　　档案或档案资产从对于人类的生存价值到（抽象的）使用价值，不是我们可为不可为的选择性问题，而是一种必然性趋势。强调市场对资源（包括内容资源、信息资源、知识资源、档案资源等）配置的基础性作用，其精髓就是提高利用效率，必然性趋势加上政策导向，实现价值客体的转变便成为必须攻克的难题之一。

3.1.1.2　价值客体从需求之用到稀缺之用

（1）档案的"需求之用"

　　需求之用，是资产价值客体的基本构成，也是价值化运动的必然结果。从前文所述的从生存之实用到抽象之使用的转变来看，实现这种转变，恰巧更需要通过或利用市场上的流通。① 因为市场是利用或需求的聚集体，以这个聚集体为平台，人们根据自己的需求评估、赋予、交换、获取同一有用物以获取各种价值即资产物的需求价值。它不因"评估、赋予、交换、获取"是否实际发生受影响，只因需求聚集体这个市场存在而存在。正因为如此，市场不仅聚集需求，也是一个发现价值、交换价值并最终实现价值的完美平台，这个平台有资源——需求汇集，也有机制——市场交换。

　　毕竟，需求之用只是反映了资产与人们之间的关系，反映了人们对于同一有用物之自我需求满足水平的感受和预期。陆小华教授将其解释为"需求价值是主观的和个别化的"，因为作为一种主观认定的结果，可以是个别用户或资产拥有者的主观认定，也可以是以市场为代表的用户聚集体通过价格机制来不断地主观认定和发现，但是这种主观认定不是随意的，总是与一定的时间、空间、环境、条件等相互关联，从而形成了客观价值论与主观价值论的新的统一。② "不受环境或人类估价或行为影响的价值"通过满足需求使得有用性客观化，人们对有用性满足水平的感受与预期，通过赋予价值、借助交换或进入需求聚集体的市场以评估或检验，使得需求价值客观化。如果将眼光投向新型的资产类型，例如信息资产、知识资

---

① 赵廉慧：《财产权的概念——从契约的视角分析》，知识产权出版社，2005，第93页。

② 客观价值论认为物品固有一种不受环境或人类估价或行为影响的价值；主观价值论认为由于特定产品在不同环境中对不同人的需求所提供的满足不同，因而价值是主观的和个别化的，它取决于产品在特定情况下的效用和稀缺程度。参见赵廉慧《财产权的概念——从契约的视角分析》，知识产权出版社，2005，第93~94页。

产，以及本书所要证成的档案资产，其价值的体现显得愈加明显。它们的价值与需求密切相关，甚至因需求而出现、改变、满足与创新。比如通过改变和创新档案的形成来源——前端控制，以保证档案合乎需求、满足需求。其实，本书所讲的档案资产观，从某种意义上讲就是注重需求价值的资产观，是一种体现资产价值对象扩张至档案等新兴物的资产观。毕竟，"价值"一词是从人们对待满足其需求的外界物质的关系中产生的。①

如果对档案资产价值讨论仅仅停留在需求价值层面，档案学界以往的研究成果，如公共档案服务、档案信息资源建设、档案价值论、档案鉴定理论大多从主体、客体以及主客体关系等方面进行了颇为成熟的研究，本书引出资产观视角似乎没有必要，但是需求价值仍然只是处理了物与人的关系，"站在人与人之间看待物"的视角是缺少的，即缺少了从需求价值认知向稀缺价值认知的转变。

（2）档案的"稀缺价值"

稀缺价值，首先是基于该资源的有用性，或者为有用性的特殊体现；其次基于该资源在供求关系上的反映，萨缪尔森形容稀缺为这样一种状态，即"相对于需求，物品总是有限的"②；故而稀缺价值是以有用性为基础、以需求聚集体的市场为实现途径而形成的超额部分价值，李嘉图教授总结为"具有效用的商品，获取其交换价值的来源，是稀缺性加上商品本身所需的劳动量"。③陆小华教授直接将稀缺价值作为财产价值的特殊构成，将其称为"价值增值器"。如果仅仅以需求价值处理资源与人的关系，那么这种价值增值器就无法体现，但是人与人之间的需求是多变的甚至是无限的，有限的资源如果没有价值增值器，人们直接获取资源的秩序和规则将会变得无序与低效。正是因为如此，稀少或稀缺形成了资产价值的必要组成部分，人类才需要产生专门研究人类行为以及如何将有限资源或稀缺资源在人类之间进行有效配置的科学——经济学。

稀缺价值的存在与发现，促使人们在资源配置的各个领域都在寻求更高的效率。经济学始终贯穿着稀缺与效率，就如法学的价值标准始终标榜

① 《马克思恩格斯全集》（第19卷），人民出版社，1963，第406页，转引自陆小华《信息财产权——民法视角中的新财富保护模式》，法律出版社，2009，第177页。
② 〔美〕萨缪尔森、诺德豪斯：《经济学》（第17版），萧洁译，华夏出版社，2005，第2页。
③ 〔英〕大卫·李嘉图：《政治经济学及赋税原理》，周洁译，华夏出版社，2005，第2页。

着效率与正义。需要指出的是，不同历史时期对于何种资源的稀缺性的理解是有差异的，公众对于稀缺性的敏感度也是受其他因素影响的。石油、黄金等矿产类资源的稀缺性是显而易见的，接近于"绝对稀缺"状态的此类资源不在本书讨论之列，而"相对稀缺"尤其是通过管理制度的介入、法律权利的创设而形成的"法定稀缺"才是信息、知识、档案等类型资源的稀缺指向。例如，从经济学意义上看档案资源，其稀缺性最直接的体现就是非同质性。从理论上讲，档案资源天生具备共享性，因为彼此的共享不会产生类似于"苹果因为共享而彼此均受影响"的后果，所以此类资源一旦形成并对社会公开，便丧失了再次生产、重复生产的必要。只要在既定时空范围内，档案资源的管理工作十分合理、协调且有效的情况下，那么档案资源就是不同质的。从实践上讲，档案管理中档案的形成均是由当时当地当事人直接使用的文件转化而来，并非事后需求而再度形成，这种转化通过印章、签字等各种标记组合印证了这种非同质性。如果档案资源在社会上或市场上无可替代，那么档案资源几乎可以被视为接近垄断的信息资源，而它的主要保存机构——综合档案馆几乎垄断了该类资源的供给①，对档案资源或档案资产的价值认知已经从需求价值开始向稀缺价值转变。不过，要真正实现这种转变，还需借助外部条件——市场，因为只有市场才是配置资源最有效且能起基础性作用的需求聚集体，才是从需求价值到稀缺价值转变的增值器。

3.1.1.3 价值客体从现时之用到预期之用

时间因素是资产的基本构成要素之一，是资产价值运动的存在形式和观察维度，因为资产作为客观实在都必然处在一定的时间范围内，所以时间有了成为影响资产客体价值的关键因素的可能性。促使可能性变成现实的趋势是因为资产价值客体的用途，实现了资产从现时之用到预期之用的转变。

（1）档案的"现时之用"

债权制度的出现，预示着这种转变初现端倪。实体物质资产时代，资产客体天然带有时间属性，随着时间的流逝，任何实体物质都会发生自然

---

① 王运彬、郝志军：《档案信息资源的稀缺性研究》，《档案学通讯》2012年第6期，第48～51页。

而然不可逆转的变质、损毁或消亡，那么也就意味着资产拥有者在其存续期间为了发挥其价值，必然内生性地产生更有效率利用资产的冲动，从而形成一种观念基础，即一味占有不如更加有效率地使用。"更加有效率地使用"可以固定发生在占有者身上，也可以不加固定地发生在占有者身上，或占有者以债权、期权等方式转移出去发生在最能发挥资产使用效率的利用者身上。类似于人力能够以计划经济时代的方式在一个岗位上固守一生，其也能够以市场经济时代的方式实现人才流动、人尽其才，两相对比，孰优孰劣自然分明。如此一来，资产价值客体以"从现时之用向预期之用"的转变，实现了时间维度上资产创造与价值增加。因为占有者在转移、让渡的过程中收获的是货币。从价值运动角度说，货币体现了"债"这一概念的进一步抽象化，是价值实现方式进一步分离和细化的结果。通过交换出去某种具体的合意的资产客体获取货币这种一般等价物，等于换得了在其他时间、空间再去交换的权利，因为货币实现了原本资产客体价值的时空延伸。

当然，实物资产可以因为客体在时间维度上的不可逆转而变质受损，可以因其他方面的原因如供求变化而出现储值功能。到了信息时代，信息、知识、档案信息这种资产客体的时间特性或观察它们的时间维度发生了变化。如果以资产客体本身为观察对象，那么这种变化非常强烈。因为有些无形资产，时间越久、价值越大，如纳入世界记忆遗产名录的侨批档案。有些无形资产，越是及时获取，价值越大，如市场交易信息。还有些无形资产，过了某个时间点，商业价值变成了公益价值，如作家的创作、技术员的发明专利等。这种以时间维度视角来研究资产特性的理论大多出自信息资源管理学界，档案学界的文件生命周期理论、文件连续体理论、前端控制思想等均强调及时、适时、实时发挥档案价值的重要性，这与资产观的现时之用不谋而合。

（2）档案的"预期之用"

上述以资产客体本身为观察对象时，其时间维度变化十分明显。如果以资产客体拥有者为观察对象，这种变化就有些奇妙。因为拥有者拥有实物或是无形物，都是可以通过转移或让渡来获取一般等价物的。前一过程丧失了实物，后一过程并未丧失无形物，这一差异的存在便是产生奇妙的源泉，它究竟是更加促进这种转移或让渡，还是阻碍了呢？知识产权就是对这种奇妙的时间性特征所做的立法平衡，选择一个恰当的时间点，资产客体权利人能够得到足够的创造、创作或创新的回报，而社会公众也能在客体价值存续时间范围内有效利用，维持两者的平衡。

　　奇妙的第二个地方在于，前文讲述从生存之用到抽象之用、从需求之用到稀缺之用两种转变时，都是从资产客体转变之后再扩展至档案资源，而此处从现时之用到预期之用的转变，却是档案资源的某种天生特质。"第一价值到第二价值""凭证价值到情报价值""工具价值到信息价值"等档案学价值理念无一不说明这个道理。那是不是意味着档案资源与资产观扩展之后的"资产"之间画上了等号呢，或者是档案资源因为这一特性能够包容扩展了的资产观呢？表面形式上似乎如此，但实质上绝对不是。因为这种天然的转变，是在重视客体价值运动、相对轻视客体权利保护的前提下做出的。例如，在人事档案管理中，档案随着当事人的流动而流动，但是时有人事档案发生篡改、泄露而当事人不知的情况发生，一方面是我国现行法律对于国家拥有的个人档案信息、隐私信息并不主张财产权利，导致损害该权利的行为成本非常低；另一方面是人事档案管理流程注重了人事档案对于所在单位的价值联系，却间接忽视了当事人对于其档案的相应权利，包括部分所有权（一般认为人事档案所有权属于国家或者建设单位等而不属于个人，笔者认为人事档案因为与个人有很大关系，所以人事档案主体即当事人至少应该享有部分所有权、更改信息等部分处分权、知情权等）、知情权、处分权等相关或交叉的权利。

　　于是解答这个奇妙之处的症结出现了，资产因为从现时之用到预期之用的价值转变而不断扩展，而档案资源却因为从现时之用到预期之用的价值转变并不必然被资产观所包容，前者关心的是价值主体，后者关心的是价值客体，那么该如何以扩展了的资产观包容档案资源呢？一是要把着眼点始终放在价值主体上，尤其是最初的所有者，因为现时与预期都是由他来判断和选择，只有他做出了转让占有资产的现时之用以换取货币而获取预期之用的行为，这个占有资产与其他用户的价值联系才从潜在转为现实而真正发挥出来，而激发转让或让渡的原动力是关键。二是要把关键点放在如何转让或让渡上，即所有者让渡其占有资产的什么权利方面，应该是我们研究解决的重点。因为档案资源中几乎最具价值的档案信息资源作为可以无损复制的无形物质，不同于以往的实物资产——转让过程中可以

"一手交钱一手交货",而是"货"本身被同时占有,变成"一手交钱一手交权",即价值转让出去获取资产的某些权利。所以资产权利客体的转变与资产价值客体的转变总是形影不离。

3.1.2 资产客体扩张之二:从狭义物之权利到法律物之权利

法学研究揭示了以经济利益之权利来体现对资产价值的认同规律。然而,资产的"法定权利"指向,或者说对"权利"的要求,并不是一开始就有的,而是伴随着三个转变而逐渐形成的,并逐渐对权利形成了极大的依赖。

3.1.2.1 权利客体从狭义之物到广义之物

"资产"概念首先解决的是"物"的概念,通过对"物"的确认和计量,来实现预期经济收益的功能,然而,是"何物"能被确认呢?民法所称的物①,既体现了物理属性,又都是哲学意义上的物质,这样一种改变,开启了世人对资产权利客体从狭义之物到广义之物的转变。

古罗马社会所认识的物,即为外在物质实体,并以此作为法律条文中资产权利客体的统称,然而如此根深蒂固的狭义的客体观念却早在古罗马时期就开始演变推测,这种狭义的物或物质的界定功能早期被区分为可动的人类本身与动产、不动产。随着社会生产力的发展和生产关系的不断变革,公众对何物有价值的看法和范畴不再保守和局限,尤其是对能带来经济意义或经济收益的资产的看法和范畴不断扩大,与此对应的是,保障其经济意义或经济收益的对应的法律精神层面的资产概念的内涵也不断拓展,换言之,法律权利资产客体的界定之"物"的内涵也在变化发展着。

当然,与狭义之物对应的便是广义之物。罗马法又把物分为"有体物"与"无体物",有体物主要是指能触摸到的物,如土地、生产工具、衣服等,无体物是不能触摸到的物,如继承权、用益权等。至此,广义之物在罗马人心目中是可以这样界定的,不再仅仅局限于实体物,但也不是实体物的全部,即与人对应的,可以为人占有、支配、控制的客体。我们可以这样理解,从狭义之物到广义之物,并非范围扩大、种类增多这么简

---

① 民法上的物是指存在人身之外,能够满足人们的需要而又能为人所实际控制或支配的物质客体。

单，其精髓在于人类控制、支配的方式改变。

表面上看，权利客体范围在扩大、种类在增多，但实质上仍然依赖于人们控制与支配的可行性，例如，徐涤宇先生认为自然界存在的一切东西都可冠以物的名称，但只有那些具有能为人们谋得固有的和排他性之利益这一性质，且处于其所有权之下的物，才能被赋予财产或资产的名称，①因此，太阳及各种天体、空气和风是物，但在徐涤宇先生看来不是权利意义上的"广义之物"，风的确不能排他性地使用，但是假设某地某时限范围内的风能开发被设定了准入门槛与开发权利，这时再讨论风是不是物、是不是资产已不重要，重要的是，"物"的内涵在此时此刻的设定比讨论外延的概括来得更有实质意义，因为法定权利的介入改变了这种认识，使其更为明确地指向了"权利的标的"，注重物所包含的财富因素而非物本身。至此，剥去了"物"的"外在实体"之外衣，而指向权利的标的，抽象出"人为干涉"之实质，土地是有形之物也是资产的重要类目，但是荒滩戈壁、南极冰原就不一定是，因为没有任何人享有其权利。所以，从狭义到广义的物之扩展历程，在于人类控制、支配的目的和能力在改变，毫无意义地占有某物，不在本书讨论之列，关键在于具有了财富因素的"权利的标的"，直至从狭义之物到广义之物的转变动力——财富因素浮出水面，那么随之而来的改变都将在我们的预期之中。这是否也说明，尽管公共档案馆对国有档案的占有能发挥凭证、记忆、管理、工具等诸多效应，但从经济利益角度来说，至少我们应该努力规避"无意义地占有档案"的现状，当然这种改变必须在维护国家利益、公共利益的前提之下。

1804年《法国民法典》②、1896年《德国民法典》③先后证明了这一扩展态势，我国"市场化改革"方针的确立及发展使得这一态势在国内得到证明，因此档案之所以未被档案学界冠以资产之名，未从权利客体的视角来分析是主要原因之一。一旦发现物从狭义的与人对应的实体扩展至法

① 徐涤宇：《历史地、体系地认识物权法》，《法学》2002年第4期，第45~47页。
② 《法国民法典》第516条规定：财产或为动产，或为不动产。第526条规定：不动产的用益权、地役权、土地使用权，旨在请求返还不动产的诉权。参见陆小华《信息财产权——民法视角中的新财富保护模式》，法律出版社，2009，第36页。
③ 《德国民法典》第90条规定：本法所称之物，为有体物。但《德国民事诉讼法》第265条指出，物包括有体物与无体物，甚至包括权利，即为广义上的物。参见王峰《物的历史变迁及物权债权二元结构》，博士学位论文，2005，第39页。

律层面的客体，以法之名的物可以包容更多的"拟制物"，那么档案是不是资产就已不再重要，档案成为资产不仅在于有没有经济学意义上预期收益的经济属性，更在于法律有没有设定"专属"档案的权利，以权利之名保障利益之实，方为本书研究档案资产的目标指向。显然，这种"专属"档案的法律权利可散见于以《档案法》为主体的专门法律条款之中，而本书的任务就是将散发了权利精神但四处分散的权利规定凝聚在一起，达到保障利益尤其是经济利益的效果。

3.1.2.2 权利客体从自在之物到人为之物

正如前文所述，资产是一个历史性概念，我们观察资产范畴不断扩展的历史轨迹，实际上就是新的资产接二连三地进入公众视野的历程，换句话说，就是人们使新的资产客体之权利诉求陆续进入法律这一高度人为化的历史范畴中。根本原因是原社会的经济形态不断在变化，人们在不断进步的生产力基础上不断再发明、使用新的生产资料，而且这些新的物质、关系、资源越发占据更加重要的地位，这也必然催生出新的利益以及利益之上的权利诉求，从而使得资产权利客体实现从自在之物到人为之物的转变，影响、改变了公众在该领域的法律思维。这种"人为"化的趋势，其重要特征便是人们所主张的资产之物的天然成分越来越低，而"人工"或"加工产品"的色彩越来越浓厚，而且这种人为之产物在资产中所占比例也大幅度提高。当然，其"人为"色彩是多样化的，可以是体力劳动，如各种加工、制造、工艺产品，也可以是脑力劳动的结果，如各种图书、资料、档案，甚至还可以是精神的产物，如企业文化、品牌价值等。简言之，从自然存在之物到人为加工之物的转变，资产权利客体扩展中的这种"产品化"指向贯穿始终，愈加明显地指向人为之客体，愈加明显地指向客体之上蕴含的权利。

古代社会，农业以及相关的畜牧业等作为社会的基础，土地被视为主要的财富，而对土地进行劳作、耕种的各种生产工具也被视为财富的主要形式之一，因而务必在各国法律上予以充分的确认和保护，甚至"土地处分权"的保护成为古罗马私法的核心革命。当然，土地作为大自然的馈赠，是一种不可再生资源，也是本书所指向的自在之物中较高的"物"或物质，与此同时，与土地相伴生的生产、生活劳动形成了一些具有人为加工色彩的物质，在某种程度上这也得到了古罗马法律的确认和保护。

随着资本主义商品经济的兴起,"交换主义"理念下同物质产品可以自由交换的"标的物"种类越来越丰富,如体力劳动之物、脑力劳动之物、精神产品以至于劳动本身、货币本身都可以交换,甚至还有商誉、知识产权、合同权、债券和股票等,尤其是随着信息产业的兴起,信息经济、信息技术条件下大量形成的无形之物,已经深深地打上了"人为"烙印,这样一个烙印不仅意味着人为之物的资产被人们凭借各种信息技术完全控制,重要的是人们发现控制人为之物的资产的外壳(尤其是无形资产,如信息资产、知识资产)已不再具有实质性意义,能带来效益和价值的反而是控制外壳之上的各种权利,以权利之名行价值(或效益)之实。不过稍显复杂的是,"权利之名"需要复杂的法律制度设计,还需要遵循当前和未来的信息技术的发展水平。例如,人们一旦在技术上彻底突破电子文件难以永久保存与难以确认原始凭证性的瓶颈,那么档案馆仍然寄希望于以控制纸质档案原件来发挥档案价值最大化的做法,只能是"美好"的愿望而已,意味着他们永远守着用处不大的故纸堆,而故纸堆的电子版本在电子信息世界里自由地流动着、有序地使用着、高效地加工着,新的价值日新月异地被发掘出来,故纸堆的守护者们却茫然不知。

档案这种不同于图书、资料、情报等其他信息的"人为之物",何尝不是处于资产权利客体从自在之物向人为之物转变的历史潮流之中。纸质时代,人们看重的是载体与内容、符号合而为一的原始凭证或控制价值,是一种"因物质而生价值"的逻辑;而电子时代,人们发现内容与符号、载体的可分离、可复制等特性,长期保存的目的不再局限于此物之长存,更看重于物之内容的长存与传播利用,看重的是内容尤其是内容散发出来的由"工具的控制"与"信息的有效"组成的权利综合体①,体现的则是另外一种逻辑——"因权利而生价值"。

再次回到古代社会,"工具的控制"加上"信息的有效"这一权利综合体,往往蕴藏着在政治层面上的权利,即使是与土地或农业生产实践相关、间接闪烁着经济意义上的权利,也仅受制于商品经济过于落后的实际

---

① 与档案双元价值属性相对应,档案事业现代化应该以体现"档案社会责任感"和"服务社会公众"为观念要件,即档案事业现代化是对档案作为方式的社会工具价值和档案作为记录实体的文献信息价值的综合发挥。参见覃兆刿《中国档案事业的传统与现代化——兼论过渡时期的档案思想》,中国档案出版社,2003,第193~194页。

情况，人们对于这种"权利综合体"的交换或交易讳莫如深，档案之物质也好，档案之权利也罢，对其价值的主张或权利的形式都有着极其严格的限制；而现代信息社会，"工具的控制"色彩早已从单一的政治因素扩展至社会生产生活实践的方方面面，"信息的有效"也因为电子信息技术的广泛使用使得控制档案之物之外形，不如行使档案信息之权利，那么如此一来，"更新换代"了的控制工具与信息的有效之权利综合体，完全可以在交换经济时代——市场对资源要素的配置起基础性作用，透过市场机制以资产权利保障为名，以经济价值的有效发挥为动力，实现档案资产的全新管理与运作，这必须以档案资产的正当性证成为前提，必须解决档案成为资产、成为市场配置的资源对象的一系列法律、制度、观念、理论上的难题。

3.1.2.3　权利客体从自然之物到法律之物

资产权利客体之物，正如前文所述，已然是一个法律抽象的概念，但是资产本身是有形存在的古老思想观念，长期地实实在在地影响着人们的思维模式，这种影响显见于资产之物的"客观实在"的易见性之于人们的思维，又显见于传统法学思维对普通人的作用。故此，人们容易把民法中的"物"与资产、财产等名词一一对应甚至等同起来，但只有当"人们把资产视为某种物，但与此同时并不一定把物与资产对应"时，或许方为资产在存在形态上的拓展和法律层面的规制提供了可能性。

存在形态上的拓展，尤其是当"权利"的概念被抽象出来时，预示着人们对"人与物"之间关系的认知逐渐走向成熟，而不是仅仅局限于古罗马时期"人、物、讼"的三分结构以及以无体物的概念掩盖当时对于"权利"认知的盲区。不过，无论是古罗马人发明"无体物"的目的还是现代人抽象出"权利"的目的，都存在着惊人的相似，甚至可以说他们的理解是相同的，就是注重可感觉、可支配的物的经济价值，也就是说罗马法此举虽未有现代意义上的资产所有权解释，但所要调整的社会关系都存在着共同的指向。

法律层面的规制，用法权的语言表达，物法包括所有可用货币加以估算的权利，[1]　这种权利伴随着从自在状态的资产到法律规制的资产的转变，

---

[1]　〔英〕巴里·尼古拉斯：《罗马法概论》，黄风译，法律出版社，2000，第100页。

进一步被认知和发掘出来，意味着对与人对应的物的资产属性被进一步认识和升华了，而且使得"存在形态上的拓展"的模糊状态变得愈加清晰、指向愈加明确，尤其是早期限于生产力水平而违背人们充分认知的抽象实在之物可以成为法律层面的物或资产。

沿着上述两种拓展思维路径，到了信息社会，信息成为当代社会最重要的研究对象、战略资源，在生产力、生产资料等各个方面扮演着至关重要的角色。如果深入挖掘信息、知识、图书、档案等这些"物"存在形态上的意义以及法律规制的作用的话，我们只是继续停留在"人为之物"水平的经济意义的财富上，显然是不够的，而以法律意义上的资产或财产或"物"来保障具备经济意义上的信息类物质的市场价值的发挥，才是合时宜之举。

两条路径也许殊途同归，因为作为存在形态上的有形也好，无形也罢，都不是资产（无形还是有形）的本质特征，都仅仅是外在之形。权利之实才使得权利客体中所包含的经济利益能够为人们拥有、控制和支配，以法律确认和保障的权利才是包括了经济意义在内的资产的本质属性。

不仅仅局限于经济学建立的资产概念，实现权利客体从自然之物到法律之物的转变，还可以解决一些现实问题。例如，黄申论证了资产未必能够给企业带来经济利益的增加，认为反例不胜枚举，例如，债券回报的结果只是增加了企业现金流或银行存款，并没有带来经济利益，通过"债转股"也没有给企业带来经济利益流入，而仅仅是一种资产转变为另一种资产罢了。所以，从这个意义上来说，档案资产的证成，也许只需说明档案的经济利益属性以及相应的权利保障即可，至于档案成为资产究竟能获得多大的经济利益甚至某些档案资产并没有带来经济利益的增加，就属于另外一个层面的事情了，也就是说，通过说明档案的经济效益不明显而反对档案是资产的观点是站不住脚的。

3.1.3　资产观客体扩张之三：客体形式的变化

3.1.3.1　客体形式从实体资产向新型资产的分散性

资产计量对象以实体资产为主，源于会计的主要目的。会计学中将资源定义为一切可被人类开发和利用的客观存在，具有使用价值，能为人类所开发和利用。财富表示具有价值的东西，不仅指物质上的，还包括精神上的。资产则是所有者拥有或控制的，能以货币计量并能为其提供未来经济利益的经济资源。资源是可以被开发和利用的财富，而资产是被拥有和控制的并且能为所有者带来收益的资源。人们发明会计，并借助信息技术设置复杂的会计信息系统，目的在于以此去完成实测、精算该组织拥有多少资源以及相关的义务、权利及变更情形，从而确认企业究竟持有多少财富、资产以及运作态势，而不是通过估计、估算给出一个模糊数值，所以披露资产状况的会计报表信息必须尽量"原生态"地记录一切财富变化。在会计的认知中，怎样反映这种变化却必须运用历史的眼光。葛家澍认为会计的基本职能在于反映企业的真实经济情况，可靠地记录并报告经济活动的历史。①

为实现会计的基本职能，在实际工作中使用会计财务报告对外提供的反映财务状况和经营成果等的信息，编制财务报告的目的是为报表使用者提供对经济决策有用的财务状况、经营成果和财务状况变动的会计信息，其中财务报表是财务报告的主要部分，主要通过数字和表格体现，而财务报告则提供了更多其他形式的信息。基于会计是"可靠地记录并报告经济活动的历史"，那么组织对外报告或披露的事项往往不等于财务报告中"披露"的会计信息，更不等于财务报表中"确认"的会计信息或资产项目，所以把某一组织的财务报告作为资产的信息凭证是可行的。财务报告中的财物报表提供的是业已确认之事实事项，是对企业财务报表各种要素及其变更预期尽可能地确切呈现，处于主要地位；其他报告/附注主要运用估计、估算、测算或者借助模型的计算，与"业已确认"相比，其多来自披露，所以处于从属地位。两者相辅相成、缺一不可。传统的经济学或会计学理论认为两者的分界线在于究竟是"确定"还是"估计"。

需要指出的是，这种情形正随着资产客体指向性分散的变化特征而发生改变，这种分散性主要体现为新型资产的介入。由于信息经济、知识经济时代企业经营管理活动中现行财务会计信息系统囊括的资源要素范围不断拓宽，尤其是产生了传统会计核算体系下难以确认、计量、表述的经济资源要素，如上市公司、新型科技公司等经济资源、各种信息资产、知识资产等。如此一来，会计理论界以及企业界甚至政府部门对于财务会计信

---

① 葛家澍:《财务会计的本质、特点及其边界》,《会计研究》2003 年第 3 期, 第 3~8 页。

息体系尤其是财务报表事项的设置以及逻辑关系的确认的不满情绪日益加重，或者说财务会计信息系统开发中因为软件需求的源头变化使得业已开发出来的系统面临严峻的挑战和越来越多的质疑。

资产定义一再被重新审核则是应对挑战和质疑的反应。例如，我国2001年1月1起施行的《企业财务会计报告条例》第9条在重新界定资产定义时，删除了"能以货币计量"的定语，这为一些新型资产或称为软资产或称为无形资产等形态的资产进入资产客体范畴扫清了障碍，再次把"经济资源"的称谓改为"资源"，笔者认为这并不是要改变资产经济资源的本质，而是将"经济资源"的外延扩大，因为能带来预期经济利益的资源，并不意味着此时此刻也是经济资源，尤其是知识产权、商业信誉、重要文件、商业秘密等，都是企业的资源，其地位越来越重要，对企业的经济利益有着重大影响。

进入资产定义新内容中的资产要素，与传统概念上的无形资产有着较为接近的地方，但不是同一事项。虽然两者同样不具有实物形态，且仍然以权利的不同程度获取而被企业长期持有，但关键之处在于，在确认、计量、发布、出售、获利、转让等方式上具有很大的差异。一些学者将其称为软资产，本书此处统一界定为新型资产。这些资产客体指向当然没有一个亘古不变的对象，而是呈现分散的趋势，人力资源最早被纳入，专利技术紧随其后，之后便是信息资源、知识资源，以及这些统称之下的具体表象，如知识产权、房产档案、技术档案等。需要指出的是，这些要素之前亦可能被会计科目列入无形资产，或者列入某些固定资产的附属物件。但是现在随着信息时代到来，这些要素的含义、特征、价值、权利，必须给予重新认识，因为它们的外在形态都趋于无形，内在的价值形态、实现方式、获利能力、经济利润的回报都发生了巨大变化，甚至是载体本身、物件本身回报的许多倍。

既然新型资产能够共同创造财富，带来资产定义所强调的"预期经济收入"，（传统）工业经济形态下形成的会计体系又不能适应新的经济发展要求，那么必须重视资产指向分散的发展态势，将档案资产、档案信息资产、档案知识资产等新型资产纳入资产观领域。

3.1.3.2 客体形式从确定有形到涵盖无形的内生性

如果指向性分散是源于知识经济时代越来越多的经济要素或潜在的经

济要素进入了企业可控资产范畴，那么进入之后，传统计量方法的局限以及变革，则为指向性分散提供了变化的土壤和条件，即资产客体扩张的内生性体现出从确定的有形资产到涵盖无形资产的发展态势。

（1）传统计量方法及计量模式的局限

一般说来，完整的计量模式应该包括计量的对象、属性以及尺度。首先要恰当准确地反映某项资产的价值，需要考虑这项资产（计量对象）的特性。其次应该确定适合怎样的计量属性，然后根据所选择的计量属性确定应该使用的计量尺度，即货币的量度单位（名义货币或不变购买力货币单位）。具体来说，由于不同的资产有不同的特性，如有形资产或无形资产、货币性资产或非货币资产、金融资产或非金融资产等，在计量属性的选择上就会有所区别，如对有形的固定资产一般采用历史成本法，对无形资产一般选择现值或公允价值法；在计量尺度的选择上则应充分考虑计量期间的通货膨胀因素，如在物价基本稳定的情况下，可以选择名义货币。因此，应根据需要选择不同的计量模式。

传统的资产计量模式各有优缺点，主要是在"历史成本与现行成本""名义货币与一般购买力货币"之间的选择上做出平衡。即使考虑比较均衡的计量模式，如前文所述仍然存在至少三个方面的矛盾。一是财务报告信息面向过去与决策者利用信息面向未来的矛盾；二是过去的确定性经济活动与未来不确定性的经济活动的矛盾；三是某些资产的价值变化，尤其是无形资产难以变现导致无法被确认与必须反映组织真实经济情况的矛盾。

如此计量的方式，也必然带来两个局限。一是无形资产实际上没有被完整地记录为现实的经济事项或资产要素。因为投入价值作为计量基础是无法反映无形资产现值的，导致无形资产要么被低估，要么根本没有进入报表事项。二是在经济运行剧烈波动、物价持续变化的环境下，资产登记之日的历史成本早已不能如实反映市场真实情况，抑或是在会计核算技术环境显著变化的情况下，披露历史交易信息与决策者面向未来不确定性的相关性日益降低。网络技术下诞生的与未来关系密切的经济事项或资产形态，如衍生金融工具、信息技术资产、内容产业要素等，在计量中不予考量的话，必然会大大削弱会计信息的实用价值，进而无法真实完整地反映企业资产状况，因此会计计量专家呼吁此类改革势在必行。[①]

笔者认为，表面上看上述矛盾、局限主要体现为无形资产信息的揭示与披露不够，可能源于现行的会计运行模式的制约，尤其是会计科目与会计报表事项设置不科学，没有反映经济环境和技术环境的变化等。究其深层次原因，发现"权利"之上的理解与维护也许才是关键症结所在。因为事项设置不合理也是源于工业经济时代的"物质资产至上"的企业产权制度，而现代经济环境下源于权利或者"权利至上"衍生出来的专利权、商标权、著作权、特许权、土地使用权等，都对企业自身经营有着极为重要的作用，甚至是组织最主要的资产之一，但是在现行会计模式下以资产负债表或者会计科目的形式反映出来的只占有极小的比例。因此，一方面要尽量消除传统确认与计量方法的局限带来的不利影响，另一方面要加大力度研究与"权利"相关的无形资产的计量。

（2）无形资产计量基础受到挑战

资产计量基础有两种情形，一是以投入价值为基础，二是以产出价值为基础。工业经济的长期发展历史和传统的经济学理论证明，投入价值是以获得、创造资产时实际付出的成本为基础的，这个基础有着明显的获得感和可验证性。而企业的物质条件的数量和条件的认定、计量当然是用会计来准确、真实、完整地记录其投入价值，占比很小的无形资产为了保持与有形资产计量标准和基础的统一，也是采用投入价值为基础，即按照即时取得成本来核算入账，这样一种基础和导向在资源消耗型经济社会作为会计的计量基础没有什么问题。

但是到了信息社会、知识经济时代，有形资产的占比日益下降，无形资产对于企业经营发展却发挥愈加重要的作用。如何对其进行科学合理的确认、计量，是这类型企业准确记录财务状况、经营成果、资产管理等亟待解决的问题。

此时的情形变得更加复杂，有些无形资产可能因为从外购入而有着明确的投入价值。但源于自身管理、经营、加工过程的价值提升、再造、发现后，其所能够创造出来的经济价值可能远远大于起初的投入价值。例

---

① 原文为"改进历史成本计量属性，建立能更好地昭示未来的计量属性势在必然"。参见岳彦芳《网络时代会计确认与计量的改变》，《中央财经大学学报》2000 年第 12 期，第 51~54 页。

如，房地产档案管理部门将其档案外包给企业特许经营，提供房地产登记查询服务，并收取一定费用。暂不考虑这一行为是否违反国家关于公共服务免费预购的政策规定，换个角度看，企业通过特许经营权的获得，起初只是这些档案原件的"堆积"（这里用"堆积"一词，意在表明转接过来的档案可能没有进行最基本的整理、编目、数字化、数据库录入等信息化、知识化、系统化工作），但是经过企业自身的后续"努力"，方可提供便捷的登记查询服务。此时假设该企业涉及产权变更、交易，如果仅仅以投入价值来反映该企业的资产进行买卖，该企业恐怕怎么也不会答应，问题的症结在于体现该企业主要资产的如房地产档案特许经营权、已建成的房地产信息数据库等市值很难在现有计量体系中体现。

还有一些无形资产，被经济学家称为"自创无形资产"，由于取得时与后期创造的经济利益并无直接对应关系，或者说因为"无法准确区分收益性支出与资本性支出的原则"而难以界定其投入价值。例如，核电行业档案管理并没有准确的、成型的外在资产购入，其档案管理经验、档案数字化管理系统、档案管理流程以及在其之上形成的大批档案在取得时难以直接对应管理。如果依据传统的会计核算要区分收益性支出与资本性支出的原则，则无法套用"以投入价值"为基础的传统体系。如果档案继续"沉睡"在库房之中，那么隐性价值无法转化为显性价值，而价值尤其是经济价值无法凸显的话，档案就无法被称为"自创无形资产"。但是前述条件一旦实现，即使是在实现的可能性大大提升的情形下，有必要从理论上为档案成为"资产"或"无形资产"或"新型资产"或"自创资产"的一员提供支持。

一旦实现了从以"投入价值"为基础向以"产出价值"为基础的转变，那么传统会计理论中无形资产计量范围的扩大便变得"指日可待"。各种无形资产之所以逐渐被视作组织的重要资产，是因为它们使得组织拥有它们的物质形态、虚拟信息和某些权利，也使得组织具备了某种程度上的竞争能力，尤其体现在经济利益上的预期收益方面，其范围或内容会急剧扩大。

（3）无形资产的界定和计量成为必然趋势

在传统会计实务中，担心计量的精确性、客观性和稳健性，将无形资产局限于专利权、土地使用权、商业信誉等少数几项类别的做法显然已不符合知识经济时代的发展要求。服务性品牌企业、内容产业企业、信息类品牌经营企业等在现实条件下急切需要经由专业机构评估，将更广、更新的无形资产纳入计量范畴之中，尤其需要改革。①

这种趋势将带来两个方面的变化。一是内容的丰富。一方面是无形资产的种类会更加多样化。如在绿色经济倡导下，环境管理体系认证、绿色食品标志使用权越来越受到公众追捧；在标准化管理热潮下，ISO9000 质量体系认证也逐渐扩展至文件管理、档案管理、信息管理、业务流程等内容产业领域。可以预见的是，专利权、商标权、土地使用权、商业信誉等传统无形资产将更加重要，而一些新的项目、种类如档案信息也会逐渐进入无形资产范畴。另一方面是同一类型的无形资产也会随着信息技术的不断升级、经济环境的不断改善、网络平台的不断健全而不断发展和完善。如前些年关于网络信息存档，尤其是对重要网页信息存档的争议一直见诸报刊；近两年在网络支付平台逐渐成熟、电商服务理念逐渐深入人心、网络秩序治理初见成效的情况下，无论是互联网企业自身还是信息长期保存机构，在信息遴选机制成熟的前提下将重要网络信息保存下来为社会留存重要资产将显得越发重要。二是比例的增加。在传统制造业向知识经济转型过程中，产品制造由劳动密集、技术密集向知识密集型转变。产品中的知识附加值或者完全以知识形态出现的无形产品、无形资产价值备受关注，甚至对一些数据公司、信息服务企业、公共服务部门来说，无形资产会处于主体支配性地位。

还有一点需要指出的是，前文所述的"自创性"无形资产更是这种趋势中具有代表性的一种，尤其是在与数据服务、内容产业、档案外包、档案中介等关键词联系起来时。因为对既有档案原件、数据来源等一次文献进行研究、开发，无论是以国家财政拨款的形式还是以企业自主投入的方式，都存在着成功与失败的可能。尤其是对于后者而言，这些支出能否带来经济效益尚且难以预测，所以现行会计制度基于谨慎原则建议把此类无形资产的研发费用全部设置为"费用"，而非"资本"化。对于传统的专利权、土地使用权等无形资产，这种设置并无多少消极影响，但把此类

---

① 原文为"改进现行的财务会计模式，促进无形资产信息披露；放宽现行的会计确认标准，改进单一的货币计量模式"。参见董必荣《无形资产信息披露不足的产权渊源》，《生产力研究》2007 年第 2 期，第 56～57、61 页。

"自创性"无形资产的研发费用如此对待是非常不利于此类企业从事信息增值服务的投入的，主要原因有两个。

一是对于档案信息实现从一次档案信息、二次档案信息到三次档案信息、综合性文献的信息增值服务、档案信息加工服务等的递进和转变，政府部门完成了原始数据积累工作，保证了数据的真实、完整，但是关于此后的类似于"产业链"的加工模式，企业对于市场上的小众需求、个性服务、有偿服务有着更为敏捷的嗅觉，投入模式更趋于灵活，将后端工作转包给企业来做是未来的一种趋势。但是这种研发项目耗时长、耗资不明确，即使研发之后市场反应良好，此类无形资产也只能以专利申请过程中产生的费用入账，但不包括研发过程中的巨额费用。如此一来便无法真实反映"自创性"无形资产的成本，极易造成此类企业的资产被严重低估，从根本上说就是违背了会计核算的客观性原则。

二是收益性支出与资本性支出的划分不合理极易影响企业的长期投入与管理创新。因为此类"自创性"无形资产带来的价值和效益都是长远的，其研发费用固然属于资本性支出，但是在会计实务中大多以收益性支出对待，并以当期利润的形式进行考核，从而显得全部费用的"研发费用"越高，当期利润就越低，极大影响了企业在管理、技术上中长期的创新投入。即便是有一定的创新投入，也在当期结束时全部转结，之后的会计信息披露就难以再现企业在研发过程中的进度以及投入情况。此类情形一旦发生在档案外包服务的行业中时，我们会发现服务公司对于转接过来的档案整理水平、数据更新频率、服务界面友好程度、收费服务水平等长期保持在同一起跑线上，并没有因为软件更新、技术更新换代、用户拥挤程度等而提升自身业务能力。原因之一就在于在资产确认时会计实务往往以收益性支出对待资本性支出，这给了企业不投入、不作为很好的借口。

公允价值的出现似乎给无形资产的计量带来了曙光，其计量实际上实现了对无形资产价值的发现。但需注意的是，无形资产公允价值计量需要相对完善的公允价值计量准则、规范的职业操守和客观的职业判断，其计量范围恰当与否、估值技术完善与否、准则设计是否详细具体、计量的过程和方法有无充分披露、会计人员是否有相应的水平和能力等，都会影响公允价值计量的准确性，无形资产计量会是长期难题。

总之，无论是以历史主义眼光还是以现实主义情形，资产客体扩张是一个自然而然的过程。档案进入资产的视野，或者说档案资产经历了农业经济、工业经济到知识经济的巨变已经有必要从价值和权利两方面来探寻其作为资产如何来体现经济学（包括会计学）意义上的、法学意义上的或其他学科意义上的转变；来探寻知识经济环境下，创新能力成为资本以及信息、知识也产品化、商品化、资产化的今天，档案在资产理论与会计实务中是如何被人为确定和具体指向的。抑或是档案成为资产之后，对其计量既脱离不了传统计量方法的束缚，也需随着无形资产公允价值计量方法的发展而变革。也就是说，档案"资产"审视，必须全方位跟上资产客体扩张的趋势。

3.2　建构基础：档案价值与档案权利理论

3.2.1　档案价值理论

档案资产理论虽然不是致力于形成一种基于资源自身价值认知及实现的管理规范，但是致力于解决这种管理规范中物与物、物与人、人与人的问题。问题的最终解决也必须以档案的价值为基础，而档案价值理论正是以档案价值现象、本质及其运动规律为研究对象的档案学基础理论。因而档案资产理论的正当性证成，必须以档案资源本身价值的转型与认知为起点之一。本部分以档案资产正当性论证和所要解决的问题为出发点，整合了张斌教授[1]、傅荣校教授[2]、冯惠玲教授、张辑哲教授[3]等学者的观点，认为可将档案价值理论在内涵界定、产生机理、外延拓展、转化机理（运

---

① 张斌教授认为，该理论涵盖三部分内容，一是档案价值本体论，二是档案价值认识论，三是档案价值实现论。参见张斌《档案价值论》，中央文献出版社，2000，第3页。

② 傅荣校教授认为，该理论应该解决四方面问题，一是档案价值的认知和理解问题，二是从文件价值探究档案价值的产生机理，三是档案价值外延的划分基础与表现，四是现行文件向档案转化过程中的价值变异及其规律。参见傅荣校《档案鉴定理论与实践透视——基于效益和效率思路的研究》，中国档案出版社，2007，第1~60页。

③ 冯惠玲教授、张辑哲教授在档案学核心教材《档案学概论》中将内容分为"档案的价值与作用概述""档案的价值形态""档案的作用""实现档案价值的规律与条件"四部分。参见冯惠玲、张辑哲《档案学概论》（第二版），中国人民大学出版社，2006，第46~67页。

动规律）四个方面的贡献作为本书研究的理论基础。

3.2.1.1 档案价值的概念内涵

档案价值的概念内涵属于档案本体论认知范畴，主要研究档案价值的本质特点及存在形式。从档案价值根源上追溯形成了下列四种代表性观点。一是档案价值客体决定论，主流观点认为无论外在需求如何变化，档案自身"记录状况"决定其价值。二是档案价值主体决定论，主流观点认为利用者所需要的档案的内容、状态、程度、水平等决定档案的价值。三是社会实践决定论或劳动价值决定论，代表观点认为档案价值其实凝结于人类所设置的"系列管理实践"活动中。四是档案价值的主客体关系论，学界对该论点的侧重点有所不同，或强调档案客体的主导地位，或侧重于档案主体主导二者关系，或认为并不明显向主客体任一方倾斜，如认为"档案价值是客体对特定主体的凭证和参考""档案对主体的特定作用"等就是综合看待主客体的关系和地位的典型。

上述四种观点都有其内在合理性，考虑到四种观点之间的相关继承、否定之否定的关系，笔者认为档案价值研究框架主客体之间的联系必不可少，在设定了这种认识的参考模型和基本思路之后，以某种社会实践为认识工具或认识中介，方可最终彻底一探档案价值内涵的究竟。所以综合前述观点，笔者认为对概念内涵的理解应该坚持达到三个指向，具体如图 3 - 1。

图 3 - 1　档案价值内涵关系

第一，以档案价值主客体关系直接指向客体的本质属性——原始记录性，以此作为探究档案价值体现和作用发挥的前提，即客体在主客体关系中扮演的角色与地位。

第二，以档案价值主客体关系直接指向主体的主要需求——证据价值与情报价值（或称为第一价值与第二价值），尤其是在不同的需求阶段，主体在主客体关系中扮演的角色与地位。

第三，以上述两点为基础，进而指向档案价值的产生机理、外延拓展以及转化机理，当然档案价值主客体关系的基本框架必须贯穿始终。

3.2.1.2 档案价值的产生机理

（1）档案客体自身属性

"原始记录性"是档案价值形成的最重要的物质基础，其属性可细分为三点。

首先，这种属性是其本身固有的，具有客观性，并非他物和他人强加的，这种客观性可以从与档案相关的事物的关联中体现出来。如档案与形成机构的联系，与某种社会实践活动的联系，与其他类型记录材料的联系等。同时，这种与生俱来的属性，并未因为后天管理的失误而受到损失，虽然在来源原则确立之前，事由原则的确对"客观性联系"造成了人为的破坏，尤其是破坏了档案与形成机构之间的原始联系，从而影响到在利用活动中无法建立起与其对应的社会实践活动的关联，使得档案与其他类型记录材料的区分度不再明显，但是来源原则的确立以及电子文件时代的重新发现，在管理原则、管理流程、管理技术等多个方面保障了这种固有的属性得以存在和延续下去。

其次，这种原始性的程度是最可信赖的。虽然有些不是档案的事物①也能或隐或现地表现"原始记录"的特性，但笔者仔细研究发现，一些依据档案编纂出版的二次信息、三次信息等不仅包含了原始信息，而且源于档案，即"原始记录"特性被"档案"最完整地继承。此外，依据档案编纂出版的二次信息、三次信息之所以被公众信赖也与其依据的档案信息的原始记录性密切相关。

最后，其"原始记录"特性可以加工、开发、转移到其他类型的信息资源中，而自身的原始性能并未受到损失，以此作为加工、开发与传递的信息产品及服务，同时也会部分继承档案的原始记录性，并通过与其他类型信息资源的整合，达到各种信息之间交相辉映的效果。其他类型信息资源因与档案这种原始记录性的结合，也会增强其自身的可靠性和可信度，这在当今网络世界信息爆炸时代是难能可贵的，而档案与其他类型信息资

---

① 例如，因为作为获取政府机关、企事业单位、团体组织及个人的原始记录的途径，档案并不是唯一的，这些部门的文稿、书稿可以是档案，以此成型的文章、图书、报刊却不是档案，这些单位制作视频节目的脚本、场记、母片、播发稿等记录物是档案，以此成型的多媒体电视产品却不是档案，甚至不是档案的事物也有助于了解这些单位的职能活动。

源的结合，会增强原始记录信息的可传播性、可理解性和可利用程度，即原始记录性可以固有，也可以某种方式实现共享，从而实现自身价值的延伸与传递。

（2）利用主体自身需求

不同的用户主体，来自不同的阶层、民族、政党、社团、区域等，因其自身利益的差异和对档案价值认识的不同，那么也就相对应存在着对不同档案的价值需求。当然，其价值之所以会表现出各种各样的形式，根源在于人的实践活动及其发展需求，这种需求体现在两个层面。

第一个层面是档案的使用价值即为人类的有用性，在"使用"中不会因为"磨损"而逐步消失。第二个层面是这种使用价值具有稀缺性，或相对于人的需求，稀缺是必然的，或因为档案的非同质性，稀缺是天然的，或凭借法规制度对档案供给的垄断，稀缺是人为的。

（3）档案客体主体化

人作用于档案客体，主要是指人们通过具体的管理实践、认识手段、行为方式等，从物质载体、信息内容、记录形式方面去创建、管理档案，从而让其制作、处理和管理都能循着满足自身需求的轨道发展，这一过程中，档案自然而然地发展成客体对象，但这种"自然而然"又深深地带上了主体所赋予的"主体化"特征，这便是"客体主体化"，即人们按照自己的习惯和思维对档案的形成施加影响，主要表现在三个方面。

首先是档案客体内容的主体化，人们的利用需求是利用档案的内在驱动，然而人们的需求也具有多个层次，会因为社会全方面的发展呈现立体化、多元化发展趋势，如普遍性档案用户需求，其量大类多，几乎遍及社会所有实践部门，处于立体化底部；专业性档案用户需求，主要涉及各个行业系统，其要求数据翔实、内容丰富和系统完整，处于立体化中部；创新性档案用户需求，主要涉及知识、技术和管理创新，以档案为创新的驱动、来源和基础，处于立体化的塔尖。[①] 这些需求的产生、变化和发展也使人们对档案属性的规制与认定施加影响。

其次是档案客体形式的主体化，基于档案"原始记录性"的官方认

---

① 参见王运彬《基于客观环境的档案用户需求变化规律研究》，《档案学通讯》2010年第3期，第28~31页。

可，为了保障这种认可一直延续下去，人们也需要设计出各种方法对客体形式施加影响。在纸质档案时代，印章、签名等技术手段，归档—档案室—档案馆等管理手段足以从形式上保障其原始记录性。而到了信息社会，因为技术全方面的进步呈现的网络化趋势，馆藏数字化建设、信息化建设、档案网站建设等也对服务方式、档案质量等提出了更高的要求，尤其在这种背景下如何对原始记录性施加影响备受学界关注，于是"前端控制"思想诞生。客体形式拓展至预先确定的标准格式或编辑模板，数据库系统记载的档案形成、修改和批准时间及版本，档案流转过程中的元数据等都是客体形式主体化的产物，而"双套制"的一直存在，则表明人们为了达到保障原始记录性的目的，不惜增加管理程序和管理成本，其主体化的痕迹更是表露无遗。

最后是档案客体效益的主体化，效益是客体作用于主体的具体结果，但是为了实现预先设想的社会效益或经济效益，并且这种预想通过历史实践检验变成了"已经"和"现实"的客观形态，这里只不过是将客观形态前移至档案的形成前端。例如，在设定档案馆性质为"为社会主义现代化服务的事业单位"时，肯定将社会效益的实现施加于有待于形成的档案之中，将档案的凭证价值发挥到极致，这时以原件服务为典型；又如可能因为经济全方面的改革呈现市场化趋势，档案机构存储的档案信息资源也可以为市场经济建设服务，甚至能够以内容产业的资源要素身份进入信息市场，同样肯定会将经济效益的实现施加于有待于形成的档案之中，将档案的情报价值发挥到极致，这时便以档案信息资源开发为典型。

（4）档案主体客体化

马克思主义唯物史观认为人或主体并不是抽象的主观存在，而是社会中客观存在的，其需求的层次、技术条件、经济状况等其实是客观存在的，何种经济条件下的需求，都与主体本身所处的社会条件和实践水平相关联，简言之，人的社会实践从某种程度上规制着需求的内容与形式。档案需求主体虽然从外在形式上表现为用户的主观愿望和利用需求，但其实质内容是存在于客观世界中的复杂现象，必然深受外在环境的影响和制约。这种影响、制约甚至是决定性的，恰恰是通过反映客观世界、记录原始情景的档案去影响、限制、改变和作用于人们。

基于价值实现和权利保障的档案资产论建构研究

（5）档案主客体中介

人类丰富多彩的社会实践产生了丰富多彩的档案，赋予了档案各式各样的内容和属性，为档案价值的形成奠定了客观基础，同时，社会实践是一个不断发展、变化、拓展和深化的过程，需要继承、吸取、借鉴和发扬前人的经验和教训，而作为经验和教训的积累——档案必然成为这一过程的有机组成部分，成为与后来人的需求相吻合的客体。这是档案客体作用于主体的中介表现形式，当然中介并不会自然而然地促使档案价值从潜在转化为现实，而务必深入剖析档案价值的外延以及中介的内在机理，方可实现档案客体为主体所用的目的。

3.2.1.3 档案价值的外延划分

档案价值可以从不同的视角进行区分和认知，其目的在于在明确档案价值层次、种类的基础上，为档案价值的最终转化和实现铺平道路。

第一，第一价值和第二价值。前者是相对于形成者而言的，后者是形成者之外的价值，即对社会的有用性。进行价值划分的目的在于明显地揭示出档案的不同运动状态以及相对应的价值形态，从而以相对应的档案室和档案馆管理阶段来保障这种价值的转化，并以相应的档案工作制度、档案法规制度、档案职业道德以及档案工作标准来有序地实现这种价值的转化。

第二，证据价值和情报价值。证据价值是指档案在脱离现行期以后[①]，作为形成机关组织的职能、关系、活动、结构、程序、结果等凭证的有用性，情报价值是指因为档案记录着数据、事实、知识和经验等而具备的这种可靠的、普遍的、广泛的、可资参考的特性。

第三，现行价值和非现行价值。这一对价值外延的区分，与第一价值和第二价值的区分有些相似，但不完全相同。现行价值是指档案正处在其内容所指的职能活动期间内，对其形成者的价值；非现行价值是指档案已经脱离内容所指的职能活动，对其形成者和社会的价值（包括第一价值和第二价值），这一外延划分的区分点是依据内容与职能活动的关系，而国

---

① 谢伦伯格所代表的欧美国家认为证据价值还包括现行期以内，对于那个政府机关的机构组织和职能运行的证据。参见傅荣校《档案鉴定理论与实践透视——基于效益和效率思路的研究》，中国档案出版社，2007，第15页。

外学者在依据单份文件内容针对的活动是否结束来进行定性判断的基础上，提出量化结论①。

第四，短暂性价值和永久性价值。短暂性价值的提法在学界并不普遍，主要指短期有用性，而永久性价值一般又称为永久性保存价值，是指因其在学术研究、科学研究、社会其他用途方面的价值很大，故而证明为有必要由政府相关机构进行永久保存的价值。两者之间的区分标准一般都比较明确，我国使用的档案保管期限表就是确定两者的法规性文件。

第五，隐性价值和显性价值。隐性价值又称潜在价值，只是表明档案客体对用户主体的需求会发生什么作用而进行的一种可能性判断，是一种预测和估计，当前是一种尚未显现出来的状态；显性价值又称直接价值，表明档案客体因为用户主体的利用行为而直接显现出来的价值关系和效益状态。区分两者的意义在于，某种条件的变化，可能影响着某些隐性价值的档案无法实现其价值，也有可能导致某些隐性价值完全消失，也有可能部分实现了档案的某些隐性价值，因而促进隐性价值转化为显性价值就显得十分必要。

3.2.1.4 档案价值的运动规律

档案界关于档案价值的运动规律研究已经进行了较为充分的探讨，从 20 世纪的陈智为、邓绍兴教授②，至 20 世纪与 21 世纪交替时期的陈忠海教授③、张斌教授④、樊肖祥先生⑤，再至近期冯惠玲教授、张辑哲

---

① 即利用率越高，文件的现行价值越大，当利用率低——一般为 5% ~ 10% 时，就标志着文件由现行保管而转变为其他场所的非现行保管了。Patricia E. Wallace, *Records Management: Intergrated Information System*（1987）：86。

② 陈智为、邓绍兴教授归纳为：档案价值扩展律、档案价值时效律、档案机密程度递减律、档案科学文化作用递增律、档案价值实现条件律。参见陈智为、邓绍兴《新编档案管理学》，中国人民大学出版社，1986，第 87 ~ 12 页。

③ 陈忠海教授归纳为：档案价值转换定律、凭证价值守恒定律、档案总价值守恒定律。参见陈忠海《档案鉴定的理论与实践》，中国档案出版社，1999，第 71 页。

④ 张斌教授归纳为：时间对档案价值实现的双向影响规律、档案价值实现的社会性递增规律、档案价值实现的环境或条件律。参见张斌《档案价值论》，中央文献出版社，2000，第 145 页。

⑤ 樊肖祥先生归纳为：档案价值本源固本性、衍生振动性、增幅衰减性、断裂回溯性。参见樊肖祥《略论档案价值变化的特性及其规律》，《档案学研究》2002 年第 5 期，第 3 ~ 5、13 页。

教授[①]、傅荣校教授[②]，王英玮教授[③]等多位学者先后提出了自己非常具有启示意义的观点。本书在综合前辈研究的基础上，考虑到本书的研究目的在于通过分析档案价值的实现与档案权利的保障来论证档案资产的正当性，故而将档案价值的运动规律归纳为认知规律、转变规律与实现规律。

（1）档案价值的认知规律

认知规律是关于人类对与档案价值客体的观念反映的研究。当人们深入探索档案价值时，会常常困惑于对档案价值的认识与对档案事实的认识有着较大的差距，种种关于档案价值认识的争论由此诞生。对于档案事实行为，需要回答档案的本质、属性、源流、现象等档案"是什么"的问题，而对于档案价值认知，则需要回答档案的作用、形态、效用、意义等档案"为什么"的问题，前者只就档案事物本身进行解答，而后者必须就档案与主体之间的关系进行解答，即为了什么目的、意义等，这种基于主客体关系的档案价值认知规律主要表现为三点。

一是从认知到评价。认知是指档案客体的有关信息被主体的感官所接受和认识，例如，房产交易档案的顺利查询给交易双方留下了"房地产档案对于市场交易行为是有帮助的"的印象，普通市民参观档案馆看到清朝疆域地图留下了"历史（地图）档案对于印证领土纠纷是强有力的证据"的认识，这种认知是档案从业人员、社会普通大众、国家政权机构等主体关于档案价值认识的首要途径和基本形式，而科学认知档案价值则需要通过评价环节，如档案鉴定工作中设定了各种操作标准以及鉴定的模式、内容、流程和理论，其目的在于通过对档案价值的数据收集、观察、分析、抽象与概括，提取对档案价值本质属性和运动规律的认知。

二是从感性到理性。感性认知档案价值是主体获取档案价值信息的第一步，这种感觉可以是主体对客体存在的个别印象、个别属性，如客体所记载的人物、时间、地点、材质等，可以是主体对客体涉及主体的初级感

---

① 冯惠玲、张辑哲教授归纳为：档案价值的扩展律、档案价值的时效律、实现档案价值的条件。参见冯惠玲、张辑哲《档案学概论》（第二版），中国人民大学出版社，2006，第58~64页。

② 傅荣校教授归纳为：档案价值时空转变律、档案情报价值递增律、档案价值外显条件律。参见傅荣校《档案鉴定理论与实践透视——基于效益和效率思路的研究》，中国档案出版社，2007，第57~62页。

③ 参见王英玮、史习人《档案价值相对论》，《档案学研究》2013年第2期，第4~8页。

觉，如档案馆对用户的档案意识和利用行为、馆员的社会意识和技术水平等的某些印象等，它是认识主体的意识和档案价值的客体的一对一连接，直接记录下关于档案价值客体的一手信息，完成了档案价值认知的第一步。对档案价值的感觉、知觉与表现的认同属于感性认识，对档案价值的判断、推理等属于理性认识。例如，概念的提出，可以根据文件运动阶段提出第一价值和第二价值，可以根据哲学理论提出价值主体、客体，可以根据作用领域提出凭证价值和情报价值等，而判断的做出，可以是档案的凭证或参考意义做出，至于推理的进行，需要根据已有的概念和事实判断，得出合乎逻辑的结论；例如，确立保管期限表则是在价值三段论的基础上推理而来的，再如根据档案经济价值的判断，结合市场经济体制改革的条件，推理出"档案资源能否以档案资产的形态、在市场对档案资源要素的配置中起基础性作用"呢？这需要本书充分借助演绎式和归纳式推理来论证。

三是以实践为中介。主体完成对档案客体的认知，不是简单直接的二元关系，而是在两者关系中时刻夹杂着中介：职能实践或管理实践或利用实践。实践产生档案，各种档案管理流程规制着原汁原味的档案，各类档案利用活动发挥了档案的各种用途。因此，档案价值的认知因为利用活动所使用的各种理论、语言、数据库和检索工具等促成了档案价值的实现。而人类的实践领域越丰富、实践手段越先进、实践理论越发达，主体认知档案价值客体的能力就越强。

（2）档案价值的转变规律

转变规律是人类基于发展变化的眼光总结档案价值的客观存在状态之间关系的必然趋势。这种转变遵循两种规律。

第一种是档案价值与时间、空间有着密切的关联。与时空之间的密切联系，主要指档案对社会的有用性在一定时间和一定空间内是有价值的，而超过或不在这个时空限制内则降低、丧失或影响了价值，其最直接的表现形式是以文件生命周期的各个运动阶段的价值变化为代表。这种时空联系，即便是到了档案馆的利用阶段，档案与利用需求之间仍然存在着时效性和空间对应性，而且不同类型档案的这种对应还存在着差异，从而提醒着我们在理论工作和实践工作中要把握好两个度的问题：一是在档案第一价值向第二价值转变过程中，我们要适度地以合适的时间点将档案转移到合适的保存空间，即将机关很少查考利用的而具有永久保存价值的档案移交给档案馆；二是在档案第二价值自身形态的转变中，我们要适度地以合适的时间点在合适的利用场合将档案提供给利用者，以防错失了最佳时机。

第二种是价值是可以扩展的。档案价值是可以扩大和发展的，且遵循着一定的规律。傅荣校教授认为"从总体上说，档案的证据价值是趋小的，但另一种价值形态是递增的，那就是档案的情报价值"①，但笔者认为用"趋小"来形容证据价值值得商榷，而用"扩展"或者"转移"的说法更为贴切。其一是因为证据价值在任何时候都是对特定对象或事物做出的证明，这种证明可以在形成阶段证明，可以在档案馆保存阶段证明，甚至可以在编纂出版物中证明，抑或是在网络数据库中证明，这种证明力是一直存在的，只不过证明力的程度有所差异。其二是证据价值是一种组合或综合体现，而不是孤立呈现的，即形成阶段或档案馆保存的原件是一种证明力，以编纂作品或数据库形式呈现的副本也是一种证明力，前者为后者提供依据，后者扩大和发展前者的影响力，两者之间的关系用"交相辉映"来形容较为恰当。而对于情报价值则用"扩展"也好，用"递增"也罢，差别不大，都意寓于档案的情报参考作用从形成机关扩展到全社会，而机密程度的降低则为这种扩展提供了法律依据。此外，新的档案利用工作（包括原件凭证利用、编纂加工、数字出版等）追加了新的"劳动"于档案之中，这也为档案情报价值的递增尤其是情报经济价值的显现提供了实践条件，正如周毅教授所言，如何来考虑档案部门的经济指标，档案工作人员的劳动成果应采取怎样的服务形式，档案学或档案经济学是应该研究一些经济指标、经济服务或经济效益的。② 由此，扩展是可以实现的，但得看"劳动成果"和"服务形式"等。

（3）档案价值的实现规律

档案没有在合适的条件以合适的时间点提供给利用者，其价值都只能是潜在的、内蕴式的，甚至丧失了的。对于这种条件的认识，档案学界有着不同的看法。冯惠玲教授与傅荣校教授均认可"社会环境或社会制度、

---

① 傅荣校：《档案鉴定理论与实践透视——基于效益和效率思路的研究》，中国档案出版社，2007，第 59 页。
② 周毅、朱祥林：《档案经济学初探》，《山西档案》1989 年第 1 期，第 30～31 页。

社会档案意识、档案管理水平"三条件，也有认可"社会制度、档案利用实践、档案意识和档案管理水平"四条件的，张斌教授认可"社会制度、法律法规、国家方针政策、战争、国家和民族历史传统、社会文明程度、档案管理水平、档案学理论研究水平、档案工作者素质等"影响因素，上述看法以列举的方法阐述实现档案价值的条件，并无不妥之处，而本书以为档案价值的实现规律除了列举各种条件之外，更重要的是结合当前社会的政治实际、经济实际、技术实际等，从档案资源自身与档案用户需求之间的矛盾运动出发，创造出适合档案价值实现的各种条件，实现资源与需求的交汇，这种条件从根本上说就是档案利用实践，就形式上而言是结合各种实际情况对档案利用实践进行创新，包括基础理论、应用理论和实践工作。笔者认为档案资产的正当性证成属于"档案利用实践创新"中的基础理论层面，而档案资产的运营和管理属于"档案利用实践创新"中的应用理论和实践工作两方面。

　　档案价值论为档案信息资源的开发与引入"资产"概念提供依据。首先，从档案价值的认识规律上看，当引入档案资产的概念时，我们认为档案是资产，并且档案可以作为资产为其主体获取经济效益，这时对档案的认知发生了转变，档案的利用主体认为档案是可以获利的资产，而对其价值的评价也发生了改变，档案评价中经济效益的地位会得到大幅度提高。而在认识规律中从感性到理性的转变，也恰好支持了资产概念的引入。当社会对档案有了获利获益的感性认识，自然会对其重视，并且视其为重要的开发利用资源。认识规律中的实践角度，则更体现了资产视角的重要性。传统观念要投入实践中去，必然需要一座桥梁，而资产概念的引入就是档案理论与实践之间的桥梁。其次，资产在档案价值的转变规律中，体现了档案从一种资源经过了时间、空间等条件的转化变为资产这一过程，档案价值发生了扩展，从对形成者而言的资料到资源、资产，再到对社会而言的可获取的资源。最后，从档案价值的实现规律看，解决档案利用需求矛盾，更好地提供利用，必然要打开利用渠道、拓宽利用领域。资产的流动性与其所有权的保障，对于提供利用者和需求用户而言，都是实现档案利用价值的一种可行方式。

　　总之，把握档案价值的概念内涵、明晰档案价值的产生机理、厘清档案价值的外延边界以及尊重档案价值的运动规律，是及时、准确、深度地发掘、有效益地开发档案价值的基础，也是利用档案价值进行档案资产正当性论证的基础。

3.2.2 档案权利理论

档案权利的提法在档案学界出现较少，更多的是采纳"档案所有权""档案著作权""利用档案的权利""利用档案自由权""档案公布权""档案编研权""档案用户知情权"等词，但是档案权利的研究在学界是多年来受关注的热门话题之一，如关于"档案公布权的废止问题""档案所有权规范之间的冲突问题""档案所有权主体的构成问题""档案所有权权利的转移问题"等。档案权利相关问题的解决以及档案权利的全面保护是从档案资源到档案资产的重要前提，因而档案资产正当性的证成，必须以档案资源及其相关主体的权利的实现与保障为起点之一。

迄今在我国有关法律法规中档案利用等权利并未被确认，档案用户利用档案的权利只能从相关法律法规中推导出来，它尚未成为一种法律权利，仍然至多只是一种应有或事实上的权利，因此在探讨档案权利相关理论时，应该如何处理与档案法等相关法律之间的关系，如何处理与临近法如《知识产权法》《保密法》《著作权法》等的关系，尤其是处理类似于"信息立法领域存在的究竟是以信息权利还是以信息义务作为其基本价值导向"的争论①，是面临的首要问题，即探讨档案权利的内涵、产生机理及构成内容就显得十分必要。除此之外，档案权利理论还需研究档案权利的产生、从档案全程管理视角确定档案权利的构成与内容以及档案权利的全面保护等与档案资产正当性证成的关系。

3.2.2.1 档案权利的概念内涵

明晰档案权利的概念内涵，首先要解释其上位类——权利本身的内涵，权利表示其主体依法行使的权力和享有的利益，亦是国家赋予某个主体的许可，是"义务"的对称，并且权利的主体是广泛的，不仅仅是个别个体享有的。权利是对某种可达到条件的要求，这种条件是一个人、集体

---

① 从当前我国信息领域立法实践和具体成果来看，《档案法》《政府信息公开条例》《图书馆法》（草案）等体现了以信息义务规定为中心的立法价值导向。参见周毅《以信息权利保护为中心的信息立法价值导向探讨——对我国信息立法若干文本的初步解读》，《中国图书馆学报》2010年第1期，第93~99页。

或社会为更好地生活所必需的，是主体获取合法利益的正当方式。因此可推及档案权利的概念，档案权利是指有关主体在不同角色条件下享有的以特定档案为客体对象的权利类型，这种条件包括档案管理活动中形成、收集、鉴定、编纂、拥有、发布、利用档案的情形，不同角色可以是档案形成者，也可以是档案保管者，还可以是档案利用者，特定档案这一客体对象可以是一次档案信息，也可以是二次档案信息或三次档案信息等，权利类型是由多项子权利构成的一个完整的权利体系。具体如图 3-2。

$$档案权利 \approx 主体角色 + 条件 + 特定档案 + 权利类型$$

图 3-2 档案权利内涵关系

档案权利理论是将档案权利作为法律权利来进行研究的。法律权利即法定权利，是由法律所确定的权利。[①] 与法律权利对应的是道德权利，道德权利是独立于法律权利的存在，并且是确认法律权利的基石，但道德权利本身并没有强制执行力，因而我们需要将道德层面或伦理意义上的应有权利、事实权利上升为法律权利，才能在制度上获得系统保障的权利形式，实现权利主体意志与国家意志的统一，故而本书所构建的档案权利理论体系应该以法律权利为核心和目的。但是，鉴于法律权利是由应有权利、事实权利转化而来，法律来源于自然权利，是人与生俱来的"天赋人权"，道德权利虽不是国家强制执行的，但法律权利根植于道德权利，即根植于自然权利，档案权利也应该回到根本上来讨论。在探究档案权利时要对应有的自然权利、事实权利、道德权利进行考量，例如，伴随着社会信息化、民主化进程的不断推进，诸如隐私、产权、安全、获取等伦理问题越发重要，这就给构建和发展档案权利规范提供了参考体系和发展空间。在以档案法为核心的法律体系中，忽视普通公众主体应该享有的应有档案（或档案信息）权利或事实档案（或档案信息）权利的现象比较普遍，社会公众档案权利的应有权利和事实权利偏弱，档案法内部以及与相关法律权利相互冲突的现象较为明显，因而有必要将档案法律权利、应有权利、事实权利结合起来系统看待档案权利的产生机理、厘清档案权利的

---

① 在特定的法域中具有合法性效力，其行权行为对相关义务方具有约束力的权利形态。参见李晓辉《信息权利研究》，知识产权出版社，2006，第 33 页。

基本构成。

3.2.2.2 档案权利的产生机理

权利本身的产生机理，由权利的内涵可知，当个人、集体或社会需要为其获取合法利益取得依据时，权利主体之间就必须形成统一的约定，主体有获取利益的权利和不得阻止他人获取其合法利益的义务，此时权利就产生了。档案权利作为一种权利的集合，代表一种权利类型，同样是档案权利主体为获取合法利益而产生的，大多表现为松散型，且以较为宏观或开放的结构出现，例如，档案产权的作用是对各个具体权利概念——档案占有权、档案利用权、档案公布权、档案收益权、档案处分权等，在制度安排上做一个一致的价值取向或利益安排——以义务导向为价值取舍，还是以权利保护为价值取舍。档案权利和权利一样来源于人本身应有的自然权利，有与档案权利相对的义务，这也表明档案权利的产生是以制度安排（从应有权利、事实权利到法律权利）为始，进而完成理论概念的制度化与实践化。

构建档案权利类型需要对具有某些共同特征的具体权利进行归纳总结，尤其是发现这些具体权利概念的共同的典型因素，并建立这些典型因素之间的关联和找寻因素背后隐藏的价值线索。当然，各种具体权利类型都是由不同的实践部门界定的，这也间接带来一些解释上的便利，即同样一个权利概念可以在不同的具体权利类型框架下进行阐释。这种基于不同目的而存在的多元解释并举的情形，彼此之间并不产生矛盾，而且在特定的法律传统框架下和法律解释体系中反而形成一定的关联以衔接各种解释，甚至构建一个从微观、中观到宏观层面的解释体系下的档案权利制度来保障档案价值的实现。

无论哪一种档案权利类型，都必须处理和分析与其对应客体之间的关系，因为档案权利作为一种理论层面的权利类型，必须对档案占有权、档案使用权、档案收益权、档案处分权、档案公布权、档案利用权、档案保管权，以及著作权、隐私权、知识产权中与档案相关的部分权利提供一种基于新的权利客体（档案）的解释，当然这种权利客体早已有之，只是解释是新的而已。新的解释既要梳理出确立档案为权利客体载体的历史脉络，也要体现出确立档案为权利客体对于激励新形势下档案资产管理、档案资源配置、档案内容产业发展的意义。故而，来自任一部门法律的档案权利都应该在价值理念上解决档案现象本身的结构性矛盾以及信息社会、信息技术、信息产业的结构性冲突，通过档案权利的适当安排和制度设计达到档案价值充分实现、有效实现、深度实现的目的和效果，即档案服务足够便捷而不失原始真实性、档案信息足够充盈而不过滥、档案加工足够活跃而又富有激励、政策空间足够宽广而能够恰当处理公权与私权的关系，形成档案权利的核心在于确定特定的档案权利客体（应该充分考虑到无论是档案学界还是社会各界，对于"档案"一词的理解和使用均存在泛化现象），并通过一定的方式，即一系列的档案管理流程、一些权利让渡与出售来实现档案价值。

3.2.2.3　档案权利的构成内容

档案权利由权利主体、权利客体和权利内容三部分构成。

《民法通则》第 73 条、第 74 条、第 75 条规定，我国的财产所有权分为三类，即全民所有权、集体所有权和个人所有权；《档案法》以此确认我国档案所有权存在国家所有、集体所有和公民个人所有三种。也有学者认为"集体所有"用于我国当前的市场经济体制改革背景下无法准确涵盖国家与个人所有权形式之外的形式，故认为将档案归纳为国家所有档案和非国家所有档案更为合理。[①]

权利客体是权利概念指向的对象，正如前文所分析的那样，档案资源作为信息社会的核心信息资源，因其有用性、非同质性以及制度缺陷所导致的稀缺性完全可称为"有用之物"；因其能够完全纳入主体的全管理流程之下可称为"为我之物"；因其能够以信息流动的方式实现与主体认知与控制的不同程度的分离而可称为"自在之物"。

权利内容是权利主体在法律授权范围内，以自己或他人的作为或不作为方式实现权利的过程。关于档案权利的内容，学界有不同的看法，站在档案的视角看档案法律对档案权利内容的理解，或站在法律的视角看档案法律对档案权利内容的规制，比如关于档案所有权的理解，前者认为可以以档案实体、档案内容、档案版权为划分依据，后者则认为权利内容的确

[①] 胡红霞认为，集体经济组织极不稳定，导致集体所有档案也不稳定，在实际工作中很难区分集体所有经济和私营经济，而二分法能排除所有制形式变动对档案所有权的影响；同时集体所有、个人所有的档案其所有权人具有较大的自主权，在占有、使用、收益和处分档案时，两者相近，档案的管理和利用应以尊重所有权人的意愿为主。参见胡红霞《档案所有权分类探析》，《山西档案》2010 年第 2 期，第 25～28 页。

定必须通过确定主体对客体所享有的权利，以此来确认和保护主体在财产上所体现的意志以及实现其利益的法律可能性。① 学界大多一致支持后者的观点，在解释某项具体的权利类型内容时，本书也持相同观点，但是从各种具体权利类型上升为权利概念再分析其权利内容时，就档案现象和档案领域的实际情况来分析其权利主体应该享有的权利内容时，似乎站在档案的角度看法律更为恰当一些。

信息资源管理领域权利研究专家周毅教授基于信息资源管理全流程视角来划分和认识信息权利的构成与内容②，笔者认为，档案管理虽不同于信息资源管理全流程，但是同样作为信息管理的分支之一，档案学领域的基础理论来源原则、生命周期理论、鉴定理论无一不是注重全程管理，此"全程"与彼"全流程"在程序上并无实质性的差异，而且档案作为重要的信息资源，也有必要参与信息资源管理的全流程。所以笔者认为，以档案信息资源管理的全流程——确认档案权利构成和内容完全有必要，这也是一个"社会确认"的过程，因为此时的档案权利尚未上升到法律层面，可能是法规、制度、规章、职业道德或是职业素养，在档案领域和档案学界通过长时间的积淀、总结、研究和升华，概括出一些为职业精英、学术权威、普罗大众共同认可和接受并潜移默化执行着的档案伦理权利内容，从而以非正式的方式约束着该领域的从业者。当然这一过程具有不确定性和长期性，与地域、民族、职业等有着千丝万缕的联系，而且伴随着信息社会化和社会信息化进程的加快以及经济活动和信息技术的日新月异，与此联系紧密的权利内容、内容边界也处于变化之中，例如，经济体制改革、国有企业改革导致档案所有权权利主体日趋复杂、权利内容转移难题丛生、所有权权利规范之间冲突严重等，又如《档案法》中档案开发的解

---

① 张世林：《档案所有权理论与实践问题研究》，《北京航空航天大学学报》（社会科学版）2011年第9期，第45~52页。
② 周毅教授认为信息权利的具体内容，可以划分为信息资源方主体拥有的信息所有权、信息财产权和信息安全权等权利内容；信息管理方拥有的信息存征与捕获权、信息管理权、信息公布与开发权、信息开放决定权、信息加工处理权、有限的知识产权和信息服务权等权利内容；信息用户拥有的信息知情权与获取权、隐私权、信息传播自由权、信息使用与获益权、个人信息修改权、信息消费质量保障权、对信息的再开发权等权利内容。参见周毅《基于信息权利全面保护的档案学理论研究取向与学科构建》，《浙江档案》2008年第12期，第15~18页。

释条款与《政府信息公开条例》中信息公开的解释条款之间，都存在着主体之间、客体之间、内容之间的摩擦、交叉、冲突情形。因此，研究这些边界、冲突、摩擦从而确认社会认同度更高的档案伦理权利，也是学界的重要任务之一，这也是本书档案资产正当性证成的必经路径。

除了"社会确认"过程，第二个任务便是将学界达成广泛共识的基本的、普遍的档案应有权利、事实权利、伦理权利转化为档案法律权利，以法律的手段确认该权利，明确档案法律权利取得的条件、与权利对称的档案义务以及具体的权利内容和权利保障措施等。相比较于前一过程，这一"法律确认"过程具有确定性和稳定性。但是由于信息领域、档案领域关于权利内容的法律确认一般是通过相邻、相关、相近的立法来完成的，虽然也有专门的《档案法》，但是档案权利的内容并不止于《档案法》，所以造成档案权利并没有在一部完整的法律规定中予以清晰表述且绝大多数通过法律推定得出的情形，这样一来，"法律确认"应该包括修订和完善《档案法》中关于档案权利的条款，制定一部统一的《信息法》来统摄政府信息、档案法律、知识产权、保密法规等，以此来进行系统的档案权利甚至是信息权利的法律确认和法律保护。

档案权利的明确是档案资产正当性的保障，资产本身的存在基于权责的明确，那么档案能够被看作一种资产，在于档案能够被权责分明地利用而为其所有者创造收益。档案权利的法律支撑缺失，在权责不明确的情况下，档案的所有者、利用者和受益者尚且没有得到社会确认和法律确认，档案信息资源的利用和收益也就无从谈起，只有在档案权利的主体、客体与权利内容完备的情况下，档案资产才能真正具有合法性和正当性，因此对档案权利充分讨论并使其完备是档案资产化的基本保障。

总之，把握档案权利的概念内涵、明晰档案权利的产生机理以及档案权利的构成内容，是确保档案价值得以全面实现的必要基础，也是档案资产正当性证成的必要前提。

3.3　建构内容：档案资产的概念阐释

3.3.1　档案资产理论的建构逻辑

价值理论作为经济学理论中成熟的范畴，为档案资产的正当性证成提供了合适的视角。档案价值理论也一直是档案理论中非常具有研究意义和研究深度的理论，为档案内涵的确定以及档案价值的认知转变，为从档案价值到档案资产的逻辑转变提供了基础。

权利理论作为法学理论中最成熟的范畴，为档案资产的正当性证成提供了恰当的视角。档案概念是档案权利推理的基点，档案权利概念则设定了档案权利推理的目标，为档案以及档案权利的认识提供了从档案权利推理到档案资产认知的基础。通过对档案权利的概念内涵、档案权利的产生机理以及档案权利的构成内容进行分析，从而借助档案权利保障档案资产运营。

通过推理来建构档案资产理论主要体现在权利推理方面，其推理过程通过"演绎式"和"归纳式"来完成。

成功的演绎式权利推理是从"正当"到"正当"的过程，第一个"正当"是前提，在研究中表现为法定权利或应有权利——为人类一般的"善"设定的"正当"。第二个"正当"是结论，是对法定权利在逻辑上的拓展和对应有权利在"正当"上的继承。本书研究以《档案法》以及《档案法实施办法》为演绎式推理的核心。在以法定权利为前提的档案所有权推理中，从《档案法》以及《档案法实施办法》中的法定权利——以档案所有权为基础，从其具体权利如占有权、使用权、收益权、处分权中推理出档案资产应该享有或者有利于档案资产发展的权利。在以应有权利为前提的档案利用权推理中，厘清国有档案的使用权（主要由档案馆等机构行使）与社会公众利用权之间的关系，推导出社会公众应该具有档案利用权，这是档案资产能够运营的基础。

归纳式推理一方面通过阐述档案以及档案信息存在着诸多正当利益，逐渐归纳出除了档案馆等部门具有档案信息开发权之外，其他主体如企业、个人等也应该具有自身所有的档案信息开发权以及国有档案中公开档案的档案信息开发权。另一方面主要分析档案的结构性矛盾以及档案信息损害现象、档案损害的体现，归纳出档案安全权，此安全权既包括档案载体的安全，也包括档案信息的安全；既包括国有档案信息不被其他组织、个人非法获取，也包括私有档案信息不被非法占有、获取。进而说明档案馆不仅要对档案资产进行分级分类保管，确保档案信息的安全，其他组织和个人也要合理使用档案及档案信息，确保档案资产价值的最大化。

不管是通过档案价值的转型与认知以及档案权利的保障与实现来论证

档案资产的正当性，还是通过"演绎""归纳"等方法完成推理，档案资产概念既是沟通档案价值、档案权利与档案资产的桥梁，也是档案资产价值实现与档案资产权利保障的前提，更是档案资产运营管理的基础。

3.3.2 档案资产的概念内涵

资产是会计学的核心概念，与经济学、法学等联系紧密，其定义也经历了多次发展，如成小云、任咏川将其归纳为成本观、未来经济利益观、权利观和经济资源观。①

如前文笔者对国内外资产主要定义的梳理所述，实际上无论国内外资产定义历经几多变革，都与社会实践发展紧密相关。现今资产定义的界定多由于信息经济、知识经济时代企业经营管理活动中现行财务会计信息系统囊括的资源要素范围不断拓宽，产生了传统会计核算体系下难以确认、计量、表述的经济资源要素，如上市公司、新型科技公司等经济资源，信息、知识、资料、图书、档案等新型资产形式。如此一来，会计理论界以及企业界甚至政府部门对于财务会计信息体系尤其是财务报表事项的设置以及逻辑关系确认的不满情绪日益加重，或者说财务会计信息系统开发中软件需求的源头变化使得业已开发出来的系统遇到了挑战和越来越多的质疑。

矛盾主要体现在三个方面，一是财务报告信息面向过去与决策者利用信息面向未来的矛盾；二是过去经济活动的确定性与未来经济活动不确定性的矛盾；三是某些资产的价值变化，尤其是无形资产难以变现的缘故导致无法被确认与必须反映组织真实经济情况的矛盾。

笔者认为，档案资产的内涵应该充分考虑经济学、法学和会计学资产的定义以及深入理解资产定义过程中的三个矛盾。由此笔者认为，档案资产应该是档案信息资源的对象化（对象到特定法律关系主体）和会计化（符合会计定义标准）②，在本质上是档案信息资源的"资产化"，即赋予档案信息资源以"资产"的含义，具体指主体对档案拥有排他性的权利或

---

① 成小云、任咏川：《IASB/FASB 概念框架联合项目中的资产概念研究述评》，《会计研究》2010 年第 5 期，第 25~29 页。
② 本书档案的定义基于"大档案观"，即将文件、电子文件包括在内。

者其他权益的经济资源。其内涵包括以下内容。

（1）档案资产的本质是档案是经济资源

档案资产是一种生产要素和经济资源，能给相关主体带来经济利益。具体而言，档案资产可以减少或消除相关主体的管理风险，减少不确定性的发生，节约成本。然而，档案"作为生产要素和经济资源"的观点是否科学，如果科学，其程度、方式、表现如何，还需要通过"档案价值"来全面、深入地说明，因此详细分析档案资产的价值实现从而论证档案资产的正当性是十分必要的。另需说明的是，说档案是经济资源，并不否认档案是文化资源、管理资源、社会记忆资源等。

（2）档案资产通过"产权"在法律中的认定

产权是所有权的法律形态。① 我国档案的布局十分复杂，档案所有权的归属要在实际应用中加以具体分析，如政府机构的档案信息资源为国家所有，公共档案馆绝大部分档案为国家所有（如个人、社会组织等捐赠的档案是不是国家所有要看捐赠合同的具体规定，有的明确规定档案馆只有保管权、使用权，而无收益权、处分权等）、企业档案/家庭档案等归企业/个人所有等。因此详细分析档案资产的权利保障从而论证档案资产的正当性也就显得十分必要。

（3）档案资产会计化通过"资产"的确认而确认（符合会计定义标准）

资产的确认在一定程度上需要资产的价值可以计量，一些学者反对档案资产说很大程度是基于档案资产难于计量，一方面档案资产难以计量不代表不能计量，另一方面档案资产的计量应紧跟资产计量方法的发展而发展，应充分尊重档案资产的特征以及档案资产的形态，如果仅仅为了符合会计计量标准而离开资产生存环境和现实条件，那很多资产可能就不复存在了，这只会走上形式主义道路。

3.3.3　档案资产的特征

（1）非物质性

非物质性指档案资产中的档案信息，无论是传统类型档案还是电子文

---

① 我国《物权法》第 39 条规定所有权是"所有权人对自己的不动产或者动产，依法享有占有、使用、收益和处分的权利"。

件均需要借助物质载体才能呈现，但是档案信息又可以独立于物质载体，即也可与物质载体相分离，只要分离的过程是"可信的"，分离后的档案信息的本质特征依然不变，这样档案资产可以在很大范围内自由流通，使档案资产容易出现"搭便车"行为，同时也使得档案资产的测量变得更加复杂。

（2）非排他性或高共享性

档案资产具有高度的可共享性，可以被不同的所有者和利用者反复使用，即对档案信息的利用不存在竞争关系，档案资产的获得不以所有者的失去为代价，这使得对档案资产消费收益的全面计量变得更加困难。这种特性与信息资产等资产形态有着共性，却也存在自身独特之处。

（3）时效性

一般而言，实物资产只要"实体"没有损坏，它能够在较长时间内保持应有的价值，实物资产的价值通过摊销或折旧的形式进行转移或者改变，而档案资产的时效性规律决定了档案资产给特定主体带来经济效益的时间不会很长，应该通过系列的制度安排使档案资产的价值在最为合适的时间发挥出来，以便合理地运营档案资产。

（4）累积性

累积性指档案资产在数量上会不断增加，其数量递增的趋势是长期的、可持续的，另外档案资产的质量随着档案资产对社会需求满足程度的深入会不断提升，档案信息在此过程中不断增值的趋势也是长期的、可持续的。档案资产在数量和质量上的发展使得档案资产往往会因为后续的使用和成本补偿而产生新的档案资产，这种增值效应对不同主体的差别常常是很大的，这也增加了档案资产准确计量的难度，甚至很多时候要定量核算都是十分困难的。

（5）高附加值

高附加值一方面指档案资产不仅仅具有经济价值，还兼有参考咨询价值、社会记忆价值、集体记忆价值、管理凭证价值、文化价值等，均能给相关主体带来收益；另一方面上述价值如果被相关主体及时发挥，往往会产生巨大的甚至难以估量的收益。

（6）高依附性

高依附性指虽然档案资产的附加值特点明显，但是档案资产价值的发挥需要诸多条件，如对相关档案权利路径的依赖、需要有关主体具有较强的资产运营意识和资产运营能力、档案资产收益方案的合理分配等，这使得档案资产的获利能力实则很难预先加以确定，往往需要和有形资产、某些实物资产加以配合才能创造经济效益。

（7）复杂性

档案资产是一种权利型资产，就其管理流程看，涉及档案资产形成者、创建者、保管者等；权利权限涉及形成责任权、处理权、保管权、归属权、公布权、利用权等多种形式；单就档案资产所有权而言，应该说档案资产的主要构成来源于公共档案馆、政府机构等，其所有权体现为这些主体代表公众行使"公共产权"，这种产权主体的分散性往往意味着其在事实上的缺位，容易导致属于公众的如档案利用权、加工权等得不到充分保障，从而使档案资产的运营容易变得无效、复杂。

3.3.4 档案资产的形态

关于档案资产的形态，档案学界众说纷纭、莫衷一是，具体统计见表3－1。

表3－1 档案界关于档案资产形态相关研究统计[①]

档案是无形资产	余建华（1997），王世金等（1994），朱江（1997），翁元锋（1997），贺真（1997），王遇（1997），王恩汉（1999/2000），张志强（1996），邢会洪（1996），郭素红（2003），周毅（2009/2010/2012），洛秀丽（2015），闫晓艳（2015），孙智（2015），王秀娥（2015），郑静（2015），霍春芳（2015），吕圣飞（2015），王辉、聂威、刘芳（2015），刘东平（2015），王瑞博（2015），史跃华（2015），梅尤（2015），周佳宁（2015），高晓霞（2015），钱晓岚（2015），张钠、白立影（2015），唐薇（2015），鄢琼（2015），王玉萍（2015），廖端秀（2015），左宏伟（2015），赵喜民（2015），宋斌玉、肖雯、马中青、崔敏、矫龙（2016），宋景妍（2016），李强（2016），周皓然、欧阳骏（2016），杨希美（2016），何所惧（2016），迟春玉（2016），李霞（2016），黄虹（2016），柳慧超（2016），张敏（2016），李惠勇（2016），杨荷（2016），朱丽（2016），戚雅静（2016），褚凤华、胡梅（2016），张华（2016），韩云惠（2016），胡京津（2016），胡桂珍（2016），常丽伟（2016），李静波（2016），杨玲（2016），苑静娜（2016），凌金梅（2017），张梅林（2017），沪东中华造船（集团）有限公司党委宣传部（2017）

① 表格中数据由笔者根据中国知网CNKI系列数据库、万方—中国学术会议文献数据库、中国国家图书馆网站检索、整理所得，整理时间为2017年3～5月。

档案是 固定资产	王新立（1997），古宁（1997），肖正德（1997），张世诚（1996），邱绪丕等（1996），水簪诚（2016）
档案是 信息资产	李玉英（1997），薛行祺（1997），胡苏等（2006），冯惠玲、赵国俊（2009），安小米（2010/2012），龙建强（2015），戚颖、倪代川（2016），段如鑫（2016）
档案是 知识资产	赵维国（1996），企业档案工作规范（2009），于晓庆（2011），张晓娟等（2012），冯惠玲、赵国俊（2009），于晓庆（2011），张晓娟等（2012），安小米（2010/2012），张海英（2015），娄承浩（2015），段莉莉（2015），张伟、朱亚楠、王志娇（2016），徐洁（2016），王瑛子（2016），王静（2016），肖玲（2016），常赛（2016），肖绿绿（2016），许兰（2016），继卫（2017），彭梅（2017），国家档案局经科司调研组（2017）
档案是 其他形态 的资产	刘永（1999/2003），李玉英（1997），薛行祺（1997），袁润等（2013），唐华（2015），田亚萍（2016）
具体分析 档案资产 形态	马素萍（1997/2008），肖正德（1997），肖云（1998），李扬新（2001），刘心海（2003），毛奕（2003），张世林（2011），袁峥（2013），王凤英（2015），袁天骄（2015），昝莹（2016），郭学卫（2016），文秀娟（2016），杨秀艳（2016），颜凤兰（2016），吴春彩（2016）

    同时，除了对档案资产的形态争论较多之外，与档案资产形态相近的，还有政府信息资产、电子文件资产、文档资产的资产形态等论述。如周毅认为信息资源是无形资产，政府信息资源应属于典型的无形资产。[1]胡苏、贾云洁转引英国标准协会制定的信息安全管理体系标准BS7799，该标准认为信息是一种资产，常见的信息资产应该包括文档。[2] 安小米认为电子文件是一种信息资产和知识资产。[3] 袁润等认为高校信息资源中有知识价值、档案价值的那一部分知识资源和档案资源的数字化内容属于高校数字资产。[4]

    可见，要厘清档案资产的资产形态，必须先认清资产的形态以及资产

---

[1] 周毅：《政府信息资产及其运营策略研究》，《情报理论与实践》2009年第6期，第18~21页。

[2] 胡苏、贾云洁：《网络经济环境下信息资产的价值计量》，《财会月刊》2006年第2期，第4~5页。

[3] 安小米：《电子文件资产管理：概念、动议与原则》，《档案学研究》2010年第3期，第17~21页。

[4] 袁润、梁爽、王正兴：《高校数字资产过程管理研究》，《图书馆学研究》2013年第1期，第68~72页。

形态的分类，这是科学认识档案资产形态的基础。一般而言，从流动性角度看，资产有流动资产与非流动资产之分，如果档案资产是能够在一年及以内变现的资产，这部分档案就属于流动资产，否则就属于非流动资产，对绝大部分档案而言，其应属于后者。从资产未来现金流量是否固定角度看，资产可分为货币性资产与非货币性资产，档案资产应属于后者。从金融工具中合同权利与义务关系角度看，资产可分为金融资产和非金融资产，金融资产是由金融工具中的合同权利形成的资产，档案资产应属于后者。从资产在生产经营中的地位角度看，资产有经营性资产和闲置性资产之分，一般而言无形资产属于前者，闲置性资产也是暂时闲置随时用于交易，档案资产现有的状况是大多闲置，但应努力向经营性资产转化。从是否具有实物形态角度看，资产有有形资产和无形资产之分。笔者认为，档案资产主要是因为其信息的经济资源属性而成为资产的，应属于无形资产。

会计学界一直把有形资产和无形资产并列作为资产的一级分类。覃家琦、齐寅峰从经济学角度进行分析，认为资产是指有用的、稀缺的、具有产权归属的资源，其形态分为人力资产和非人力资产。具体资产形态分类见图3-3和图3-4。① 个人资产分为人力资产和非人力资产，人力资产指劳动力（体力和脑力，脑力包括知识和能力），非人力资产包括实物资产和虚拟资产，虚拟资产又包括金融资产、无形资产和经营性虚拟资产，金融资产又包括金融资产、准金融资产（经营性应收项目），无形资产又包

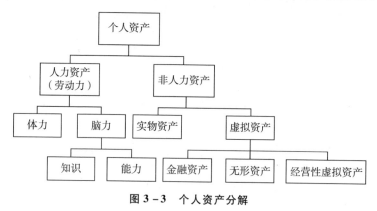

图3-3　个人资产分解

① 覃家琦、齐寅峰：《资产与企业资产的经济学分析——兼与葛家澍教授商榷》，《财经科学》2007年第7期，第96～103页。

括会计类无形资产和管理类无形资产。从其分类中，可见档案资产属于无形资产。

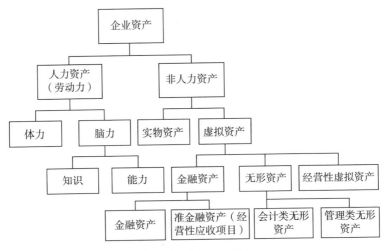

图 3 - 4 企业资产分解

相子国（2006）将资产分为实物资产和知识资产，流动资产、固定资产和土地使用权构成实物资产；技术资产、人力资产、文化资产、信息资产构成知识资产。[①] 从其分类中，可见档案资产属于信息资产和知识资产。蒋衔武（2002）将无形资产分为智力、人力、管理和市场四种。[②] 秦江萍等（2003）将无形资产分为市场型资产、智力成果型资产、应用型资产、方法型资产、基础型资产、商誉和其他资产，从相关学者的研究中，可以看出档案资产散见于其无形资产的类别中，即档案资产可能是管理型、市场型、基础型、应用型等。

3.3.5 档案资产与相关概念

档案资产的特征只有在与相近对象、相关对象的比较过程中才能分辨得更为清晰，例如，档案资产与无形资产、档案资产与信息资产、档案资

---

① 相子国：《知识资产会计面临的障碍与路径选择》，《财会通讯》（学术版）2006 年第 3 期，第 97～99 页。
② 蒋衔武：《知识经济下企业无形资产基本特征的哲学思索》，《山东社会科学》2002 年第 2 期，第 44～46 页。

产与知识资产、档案资产与内容资产，从而指导接下来的档案资产理论，尤其是在价值实现和权利保障基础上的档案资产运营如何从无形资产、信息资产、知识资产、内容资产管理中汲取必要的养分而又不失自身的特性。

（1）档案资产与无形资产

无形资产的研究源自资产在信息时代的扩张和影响力，尤其是资产表现形态的诸多变化，引起了众多学科对无形资产的研究。鉴于本学科立足于图书、情报与档案管理的一级学科，以及档案馆与图书馆、博物馆的相近关系，从图书部门的无形资产、博物单位的无形资产以及档案部门的无形资产研究切入，来探讨档案资产与无形资产的关联性。

在无形资产的界定上，诸多学科大多将其表述为由特定主体控制的，对生产、经营、管理等持续发挥作用并带来经济利益的一切无形的经济资源。与有形资产相比较，基本性质并无多大差异，关键在于形态的变化使得该资产类型的价值在使用过程中逐步转移到产品（或服务）中，为所有者和使用者同时带来直接或间接的经济利益。早期的无形资产研究大多聚焦于专利权、著作权、版权、特许经营权、经营策略、商誉、非专利技术等，后来扩展至某一主体在产品质量、服务品质、商标、信息、赢利能力等方面的综合。

图书馆学认为图书馆现有的评估体系最为缺乏的就是无形指标，即没有注重馆藏藏书保障率、读者满足率、网络资源使用权限、文献利用率和资源使用权等无形资产的评价，造成的后果就是无法真正检验和获知图书馆服务质量，故而着力于图书馆的无形资产研究[1]，尤其是将为了确定图书馆社会效益、经济效益而进行的资产及资源的价值评估，如馆藏资源的学科覆盖率、网络资源权限的价值和使用价值、员工知识水平与岗位契合度、办馆效率与馆誉、数据库建设水平与软件自身开发能力、图书馆知识管理系统等纳入无形资产管理的要素指标中去综合考量，从而保障图书馆的无形资产开发、加工与利用，实现图书馆资源的优化配置。

如果把档案部门与图书部门收藏对象的差异撇开，那么就无形资产的内涵和外延而言，两者是具备高度相似性的，同时研究方法和研究结论也

---

① 黄华、肖剑平、徐享王：《无形资产：图书馆评估不容忽视的价值指标体系》，《图书馆工作与研究》2012 年第 7 期，第 45~48 页。

具备高度的借鉴性。其一，无形资产的构成成分是偶然、多元的。图书与档案部门所形成的服务品质、馆藏声誉、资源构成等一些成果属于创造性劳动成果，但是这些成果不同于工厂的流水线作业所形成的规范化、模式化的标准形态，成果的出现时间也好，服务质量也罢，还是数据库形成的加工单位与自有软件的需求分析等，都是随机的、偶然的，也是具有关联的，通常表现为政府财政投入与单位多次浪费之后、初步完美规划与多次失败之后取得的，企业将某种产品投入市场中，前期的研发费用是精确计算也容易折算到后期成型产品的价格中去的，而图书、档案部门失败的损失、代价难以预计、计量，造成前期做无形资产的开发费用预算缺乏针对性。其二，无形资产量化难度较大。既然预算难以量化，或者说资产价值具有弱对应性，也就造成了图书与档案部门无形资产的内涵超出了它外在形式的意义，其成本核算顶多只有象征意义而已，换句话说，关于图书与档案部门的资产管理，"重视"容易而"操作"困难。其三，无形资产的增值性与贬值性兼具。增值，表现为收益能力强，有效使用时间和保持期长，对使用者而言效益贡献大，评估值高，而且可以有条件地共享、交换以及共通收益等。但是随着技术的进步、信息的更新、管理的改进，集成程度更高、更贴近用户需求、价格优势更为明显的无形资产的产生，也会导致原有无形资产的被替代、贬值甚至淘汰。这与《政府信息公开条例》和《档案法》关于公布时间点的矛盾非常相似，一份文件已经被政府公开，其档案却被档案部门保密了若干年，我们可以批评法律与制度的冲突，也可以质疑保密制度的落伍，但根本在于价值审视上出了问题，没有考虑到增值与贬值是同时进行的，一份公开且重要的文件纳入档案部门的资产范畴，档案部门如果借助已有的提供利用体系最大限度地服务于社会，便是增值的开端，但是仅仅于此，长此以往，也是贬值的开始，必须将文件数字化集成到档案数据库产品与服务中去，若干年后，社会公众也好、市场用户也罢，看到的是关联性产品、综合性服务、智能型数据，方可实现该份文件的资产价值升值。其四，无形资产的价值构成具有特殊性。图书馆、档案馆都是复杂脑力劳动的聚集地，凝结在无形资产自身中的劳动比较大，再加上此类生产的产品和服务具有非同质性即无法批量生产，此次的专题数据库可能是一批历史学家探索完成的，下一次的专题数据库却是一批志愿者的集中劳动完成的，仅仅套用马克思劳动价值理论中抽象价值成分的时间长短来衡量是行不通的，必须具体问题具体分析。这也意味着档案学界已有的借鉴劳动价值理论推导出的档案商品价值是需要改进的，也说明此类无形资产的价值计量不能照搬、照抄企业资产计量的那一套方法。

博物馆学认为文物的有形资产价值容易为世人所理解和被社会所利用，但是无形资产刚好相反，因为其表现形式诸如成分结构、制作工艺工序和设备条件、时空特性和制作者、效用前期传递经过、智能效用的发挥、失效后信息的传递等是无法直接观测和捕捉的，这恰巧是文物无形资产的价值所在。如长沙马王堆蝉翼纱的制作工艺和材料配方，以及埋葬地底下上千年不朽不烂所给予现代人的提示、意义或效益是巨大的。① 博物馆一般将馆内资产分为两部分，一是社会通行的无形资产，如知识产权、工作人员的知识和技能、合同、契约、广告、场地租赁权、馆名、馆标等，这些无形资产一般借鉴通行的评估方法进行衡量；二是专有的无形资产，倡导既要看到文物有形资产部分，也要看到无形资产部分，而且后者的份额要大于前者，由实体价值（40%份额）、无形价值（40%份额）、需求价值（20%份额）构成。

该细分方式值得档案资产研究借鉴。其一，实体价值部分。博物馆学界将器物公用名称、质料和质地、形制样式、制作工艺、完成程度以及存世量分列量化指标，用于划分文物等有形资产价值的数值。档案馆等收藏单位同样也收藏了类似于此类物质的实物档案，其资产价值的划分完全可以借鉴该思路，信息化时代重点考虑档案数字化之后的信息资产价值，前数字化时期的实体或实物部分仍然具备很大份额的资产价值，后期在细分档案资产价值构成时不应忽视。其二，无形价值部分。博物馆学界将年代标识、功能效用、作用与影响、存储条件、传递过程、社会属性分列为无形资产价值量化指标，这些指标如果放置于文物形成与保存的时空及程序中观察，其实就是博物馆学的来源原则细化及量化。换言之，我们研究和衡量档案资产价值，这种无形成分也要纳入其中，例如，来源原则所尊崇的高龄档案应受到额外尊重，即可在资产价值的构成中量化记录年代久远程度与价值份额的关系，又如其管理存放的地方、条件有无独特稀奇之

---

① 肖贵洞：《博物馆无形资产的评估与流失》，《中国博物馆》1998年第4期，第53~57页。

处，再如此份档案与何重要事件和著名人物有何联系、联系程度如何等，这些均可与资产价值份额建立联系。其三，社会需求价值。知名度、博物馆利用率与社会利用率、索求占有欲等，其划分的思路就是研究需求价值之于资产价值构成的比例及意义，参考意义在于需求在档案研究中大多为定性研究，而将其放置于资产视角下时，定量研究显得很有必要。可以根据专家访谈和用户访谈的方法，以及在借鉴博物馆学研究成果的基础上，划分档案价值。如知名度占15%，自身利用率占35%，社会利用率占35%，索求占有欲占15%。

（2）档案资产与信息资产

关于信息资产的界定，信息资产是组织所控制的、能够带来经济利益的一切资产。基于资产的定义，信息具有价值，信息是经过加工的数据，有一定的背景与应用条件，因而对使用信息的主体是有用的。信息资源转化为信息资产，在于信息资源的拥有者获得了信息的收益权，此时即符合了资产的定义。[①] 根据前文对资产的阐释，对于某一主体来讲，能够带来收益的任何东西都是一种资产，信息对某一主体而言有助于其当下和未来获得收益，因此信息也是一种资产，在信息管理学界，其被定为信息资产。

根据经济学中的生产力要素理论，工业经济时代的生产要素包括劳动工具、劳动力和劳动对象，这些生产要素对生产活动的开展起重要作用，因此在工业经济时代被看作资产，并且备受重视。进入信息经济时代，生产要素不断扩展和更新，尤其取决于科学技术、经济信息等要素，信息在生产要素中的地位与作用进一步强化。当某一主体占有、管理、运用的信息资源参与该组织的生产、运作、管理活动并起着越来越重要的作用时，信息成为该组织资产的各项条件就具备了，这时其无疑就成为信息资产。

关于信息资产评估，主要有成本法、收益法和市场法三种方式。由于信息资产具有显著的个性化特性，在寻找相同案例参照时较为困难，因此信息资产评估多采用成本法和收益法。[②] 成本法之中又包括三种方法：重置成本法，将信息资产生产年份时的价值换算为当前的价值；原始成本

---

① 王红艳、陈伟达：《信息资产的界定与评估方法研究》，《东南大学学报》（哲学社会科学版）2001年第2期，第66~68页。

② 胡书：《信息资产管理》，《电子工艺技术》2008年第4期，第238~241页。

法，将信息资产在获取、维护更新中实际的支出资本进行计价的方法；机会成本法，用一个最优方案淘汰另一个次优方案。收益法分为两种情况：一种是信息资产的收益有限，即在几年或几次之内能获得收益的折现；另一种是信息资产的收益无限，要根据各年的折现系数来计算。

信息资产作为信息时代产生的新资产，其内涵必然符合企业或政府资产的一些基本特征，同时也存在一些个性特征，而这些特征与档案资产存在着千丝万缕的联系。

信息资产具有非物质性，或称为非实物形态。信息资产以信息的各种形态呈现，而呈现的过程虽然不能完全脱离物质载体，但与物质载体并不存在必然对应关系，即相对独立性。或者说信息资产的使用价值以物质载体呈现或被转化出来，或者说信息资产的核心在于信息内容而非物质载体，特别是在网络环境下，信息资产的内容可以在物质载体之间自由流转，但资产价值是相对稳定的。

信息资产具有非消耗性，这来源于信息资产的非物质性，非消耗性作为非物质性的表现，指信息资产在生产、利用、转移、消费等过程中表现为在不同物质载体之间的自由流转，且无论怎样转移都不会对信息资产形成根本性的消耗。或者说信息资产原有的使用价值或效用也不会失去，当然这并不意味着信息资产永恒存在，而是除非更为先进、更为综合、更为贴近需求的同源信息资产的出现相对或变相降低甚至直接替代原有信息资产，否则原有信息资产就无法因为使用而灭失。

考虑到档案与信息，类似于部分与整体的隶属关系，信息作为档案的上位类，信息资产的非物质性或非消耗性也被档案资产继承，但表现为一些特性。在从纸质时代进入数字时代之前，档案并未脱离物质载体的束缚，对档案的保存、管理、利用都意味着对物质载体的部分消耗，而这种消耗也连带影响着物质载体之上的内容。如果消耗到一定的破损甚至毁灭程度，那么无论是载体还是载体之上的信息符号，还是符号所代表的内容，都会随之破损或毁灭。进入数字时代，纸质档案的数字化实现了档案信息与档案载体的分离，从而信息资产的非物质性或非消耗性得以被档案资产所继承。值得注意的是，即便是继承，也只是部分继承、变相继承。第一，档案数字化从未整体实现。笔者在调研全国各省市档案馆网站介绍时发现一般都规划了数字化的比例和进展，考虑到数字化之后的长期保存问题，不可能实现 100% 的全盘数字化。而对于某一单位、企业或机构而言，保存的档案一般是形态各异，所以说档案资产如具备非物质性或非消耗性，那也是半物质性或部分消耗性，且要具体问题具体分析。第二，数字化之后的档案，从保存备查、证据考究、注重原件之上的来源联系看，纸质档案原件与数字化版本之间的联系不可能被完全切割。对于同一份档案资产而言，其信息内容可能因为数字化加工、编辑、集成为具有附加值的增值产品，是非物质性的，而载体原件可能因为保存备查需要长期保存在档案馆库房的实体空间，是物质性的，如此一来，非物质性或非消耗性变得更加复杂。

物物交换时代，资产出售者以产品使用价值换取价值，购买者在获取使用价值的同时放弃价值。信息时代的交换行为，信息资产持有者与购买者之间不存在上述失去与获得的情况，前者传递信息却未失去它们，后者获得信息资产并不以前者的失去为前提，信息资产可以被反复交换和利用。档案资产与信息资产在这里具有共通之处。随着市场经济体制的完善和政府在市场中的作用日益成熟，这种共享性或非排他性不是无限制的，而是在受限范围之内，如知识产权保护领域下的信息资产具备特定条件下一定程度的非排他性。

说到受限范围或者特定条件，档案资产与信息资产在共享性或非排他性上的差异便体现出来，一是谁来限制的差异。信息资产自有信息权利来对信息资产的开发、管理、运行和收益进行规范，档案资产自有档案权利来对档案资产的权利主体、收益主体、运行行为进行规范。信息权利包含了信息产权或信息财产权、信息伦理、知情权与表达自由权、信息环境权、信息安全权、信息隐私权等，构建信息资产理论的目的在于为信息的预期收益保驾护航，而档案权利包含在档案所有权、档案公布权、著作权、档案利用权等中，构建档案资产理论的目的在于为档案的预期收益保驾护航，干预或保驾的法律条文是不一样的。二是限制难度的差异。信息资产产生于信息世界、流通于信息世界，虽然因为平台、技术、标准的差异形成了一些信息孤岛而阻碍了信息的流通，但是这种障碍相比较于档案共享的难度而言，却是小得多，因为档案只需一个步骤的障碍即在数字化方面不作为，便可以轻而易举地阻断档案原件信息持有者与他人的沟通。同理，也正是因为这种差异，在资产运作方面必须充分发挥多方主体的优势，例如，档案资产可以分为原件形态和数字形态，原件形态的档案资产考虑到其凭证性、公共价值的发挥，完全可以由政府作为运作主体，而关于数字形态的档案资产，政府天生的非营利性、创新滞后性完全可以通过制度设定让位于市场，由逐利本质的企业来完成深加工、开发与推广。

根据上述信息资产与档案资产之间的相似性，在档案资产评估与计量中，可以参照和借鉴信息资产的评估方法，例如，重置成本法，档案在不同年代和时期具有不同的价值，在转化为资产时，也要考虑不同年代的档案形成管理成本，以及其中包含的信息随着时间而变化，其价值评估也要随之变化。原始成本法于档案资产评估而言，可借鉴的价值更为基础，即直接考虑档案资产的获取、维护更新的成本，但这种方法缺乏一定的灵活性，在市场价格浮动、档案资产内容贬值的情况下，不能全面地估计其价值。机会成本法，运用于档案资产评估，可以根据具体案例中档案资产存在与不存在两种情况产生的价值差来评估档案资产价值，用减法来计算档案资产所产生的收益。而用收益法来评估档案资产，对我们评价档案资产价值的收益时效有较大帮助。档案与信息都具有一定的时效性，而档案的时效性则更为特别，体现为目前收益小，但未来收益不可预测，所以在评估档案资产价值的过程中，要比信息资产更加注重对长远价值、未来长时间收益的评估。

（3）档案资产与知识资产

知识资产是将技术、人力、文化、信息等知识资源赋予资本的含义，知识能够作为一种经济资源，被生产与交换，为其所属主体创造未来收益而成为知识资产。知识资产属于一种无形资产，国内外关于知识资产的定义各不相同，但概念之中的知识都体现出创新性、稀缺性、收益性和垄断性等特点。[1]

关于知识转化为资产的前提条件，作为知识资产的知识与我们一般所指的知识不同，知识资产能够带来经济效益，而一般的知识只是一种资源。知识转化为知识资产的前提条件是知识雇用劳动，促使知识运动，将知识资产中的价值通过自身劳动给知识资产所有者带来收益，通过知识资

---

① 贾银芳、刘国武、王弈军：《知识资本研究》，《财会通讯》（综合版）2004 年第 22 期，第 63 ~ 67 页。

产的运动实现其价值的增值，总之，只有被拥有或控制的、能够雇用劳动的知识才能转化为资产。

知识转化为知识资产的外部条件包括社会条件、技术条件和市场条件。社会条件体现为在知识经济时代，知识可以从生产要素中独立出来，作为独立的资产投入生产经营，成为创造财富收益的工具。技术条件体现为信息技术的发展，通过新技术让知识能够作为资源在全球范围内配置流通。市场条件体现为商品经济高度发达，但知识市场尚未完全形成。

知识转化为资产的具体条件，第一要实现知识权利与义务的法制化，用法律来约束知识资产的所有者、经营者的权限，使产权明晰。第二要建立知识市场配置机制，利用市场供求、竞争实现知识资产作为商品的价值计量。第三要明确知识循环中的权责，使之制度化、价值化。第四要形成知识与其他生产要素的配置机制，实现知识运动和增值。

以企业知识资产为例，知识转化为资产，指企业通过其所控制的知识，为企业的发展提供知识方面的支持，并因此获得经济收益，此时知识成为企业的核心竞争优势，成为企业获取利益的一项资本。同样地，档案作为一种资源，可以通过提供信息、知识、证据、经验等方面的支持，使企业获得收益。[①] 知识资产与档案资产在转化方式上，在提供支持方面比较相似，所以从知识资产的视角来看企业档案资产，两者之间有共同的部分，也有不同的特征。

基于知识资产与档案资产的相关性、相似性，知识资产的转化条件为档案转化为资产提供了思路。首先，在转化前提上，知识资产需要形成可雇用劳动的被控制知识，那么档案在转化为资产的前提上，同样需要将现存的档案资源，通过雇用劳动实现其价值的增值，使之能够为组织所用。其次，在外部条件上，档案资产和知识资产具有较大的相似程度，都需要依托于信息时代背景，并且需要属于档案资产市场。最后，在具体条件上，档案资产同样需要明确产权，形成档案资产的配置机制，在运作过程中需要同其他资产一样，具有分明的权责关系，也需要同其他资产配合，实现从档案到档案资产的转化。

---

① 张晓娟、马瑜、左田原等：《知识经济时代的企业档案管理——一种知识资产观》，《档案学通讯》2012年第4期，第76～79页。

在知识资产与档案资产的共享性方面，两者存在相似之处，但由于档案资产的特殊性，依然存在一些差异。对于某一主体、组织、机构而言，其知识资产包括它所拥有的信息资源以及员工和用户具有的知识。前者与信息资产并无差异，关键是后者，如业务知识、员工知识、供应链知识、用户知识、系统知识等。知识管理的目的之一便是隐性知识的显性化，将隐性知识变成共享的或非排他性的，让其中的价值呈现或实现；而知识资产管理的目的之一就是在显性化的过程中能创造收益，不仅要把隐性知识挖掘出来，还要让其在价值呈现过程中保障各方合理权益。将知识冠以"资产"之名，根本原因在于告诉世人：知识是可以共享的，但必须尊重知识产权，以权利和价值的转让来尊重知识。档案管理的目的之一，在于以档案编纂等工作来形成二次、三次文献，挖掘其中的隐性价值，或者将员工、用户、供应等行为的隐性信息"沉淀"为显性信息，从而实现档案的价值或使价值呈现；而档案资产运营的目的之一就是保障"沉淀""挖掘"之类的行为能够创造收益，或社会价值或经济价值，同时还要尊重和保障涉事各方的合理权益。换言之，将档案冠以"资产"之名，在分析"共享"这一特性时，根本原因也是阐述这个事实：档案的开放、利用、公布等共享是档案事业的根本使命，但是必须尊重涉事档案各方的权益，尤其是以档案为经济活动要素时，必须综合考虑档案的价值和权利，无论是政府档案资产的运作还是企业档案资产的运作，均应如此。

档案之中存在具有知识性的档案，就不得不提到档案资产的时效性，但是还需具体问题具体分析，即将档案资产分为原件形态、数字形态、知识形态等，其时效性是存在显著差异的。原件形态的档案资产，如政府积累的海量级的档案原始文件，其价值的认知、发挥和实现是漫长的和不确定的，其权利保障所跨越的时间是久远的；数字形态的档案资产，如档案馆业已数字化的大量原件，以数据库的形态保存、以网络检索的方式呈现，其价值的认知、发挥和实现是短暂的和及时的，其权利保障所跨越的时间是法律规定年限内的；知识形态的档案资产，此类档案资产与知识资产具有较大相似性，继承了知识资产的许多特性，如员工业务能力知识的档案化记载、员工技术能力知识的数据库记录等，以知识库的形态保存、以人工智能的方式推送，其价值的认知、发挥和实现是稍纵即逝的，但也可能是人类智慧积累的结晶单元之一。档案资产在时效性上表现出来的差异性，提醒着我们在认知、发挥和实现档案的价值以及这一过程中保障各方权益时，应该充分考虑时间效应，例如，档案资产的运营阶段规划问题，应该充分考虑谁最能发挥时间效应的自身优势，从而科学选择档案资产的运营主体。

关于知识资产的计量与定价，分为三种基本模式：成本加成模式，即知识资产的价值等于知识生产成本和生产者利润；价值模式，即根据消费者支付意愿定价；博弈论模式，在信息不对称的情况下知识生产者和消费者讨价还价。[①] 比较特殊的是，知识资产包括服务模式与用品模式，即知识资产作为一种服务方式内容或作为一种产品、用品来实现其经济价值。在作为服务方式定价时，知识资产往往呈现价格浮动大的特性，因此知识资产的相关研究建议，定价时使用基础价格，再根据具体情况定价。而作为产品时，知识资产定价又引入"集体效用"的概念，即知识在一个团体中的效用是大于个人的，但由于效用模糊，定价较为困难，因此直接将知识产品作为一个共用品来定价。

知识交易的特性决定了其价格呈现根据消费者效用概率分布的特点，基于效用的定价分析，才能体现知识资产的特性和经济价值。档案资产的计量与定价，也同样具有基于效用的特点，档案往往因为需求不同，在每个案例中的价格都会产生较大的差异。根据知识资产的定价示范，档案资产也能够基于效用定价，并且在作为服务方式时，档案资产也需要制定基础价格，也可以作为共用品定价发挥其集体效用。

（4）档案资产与内容资产

对于内容资产的界定，一般是指特定领域、特定组织或特定主体，通常表述为××内容资产，国内关于此领域的研究大多集中于电视媒体行业的内容资产中，将其界定为广播电视制作单位通过制作、购买、交换、联合摄制、赠予等形式拥有或控制的能带来当下或未来经济利益的节目资料。[②]

媒体学界认为库存节目资料向内容资产的转化并不是随意的，而是要满足四个基本条件。一是数字化，要么对已有其他载体形式存储的节目进

---

①　周波：《知识交易及其定价研究》，博士学位论文，复旦大学，2006，第78页。

②　吴丰军：《电视内容资产的经济学分析》，《现代传播》（中国传媒大学学报）2008年第6期，第86~89页。

行数字化加工存储，并且可以精确定位、组织、检索、集成库存节目内容，使得节目资料具有为本单位的节目制作、生产和外来用户提供边界服务的能力；要么对于正在形成的或将要形成的节目资料按照统一的标准，例如，运用同样的数字技术标准，对节目资料的内容按照节目层—片段层—场景层—镜头层进行标准化编目、著录、标引加工处理。二是版权清晰，内容资产对于广播电视主体来讲本质上是受法律保护的知识权利或知识权益。无论是何种形式的节目资料，各种版权归属必须清晰，其受益权或收益权才具有合法性或受法律保护。然而对于局限于特定行业特定主体的电视内容资产，版权构成也是极为复杂的，目前的电视节目制作行情，有外购节目的，可能一次性买断，可能购买部分权利，自制节目即便是拥有完全版权，但限于当前法律和体制，也可能只拥有部分权利，最关键的是电视媒体行业的版权管理意识和权利转让观念薄弱、实践经验极其缺乏，使得大量节目资料的版权状况模糊不清。三是价值评估，内容资产作为电视媒体行业可以辨识的无形资产，是其最重要的财富，但是价值计量和评估仍然面临诸多难题，长期游离于会计报表之外，造成电视媒体单位内容资产的价值长期模糊不清，乃至于一些电视台至今未盘清自家家底，如不能衡量，便无法管理，也就影响了后期的市场开发与兼并等形式的资本运作。四是市场体系，内容资产只有通过金融市场售卖或者具备售卖的可行性，才能带来现金流的收入。对于广播电视行业来讲，内容作为一种准公共商品或准公共物品，是可以在不同时间、地域，以不同渠道和不同的产品或服务形式进行多次售卖的。

上述四种转化条件，无疑为档案资产研究提供了思路，档案资产并不等同于档案，否则档案资产论将会沦落为文字游戏，而是有着相应的条件，尤其是如果我们将档案资产的研究目光聚焦于广播电视单位的档案管理或者是档案资产运作，那么档案资产与内容资产的相似性与关联性便会有着惊人的重合度，内容资产的转化条件研究为从档案到档案资产的转变提供了线索。第一，数字化依然是档案资产得以脱离物质载体束缚的必要条件，而且数字化不仅仅局限于将纸质档案的载体形式转化成数字形式那么简单，而是要对数字化之后的档案进行标准化的著录标引，形成集成化的数据库产品，提供查找便捷、编辑方便的检索服务，这给接下来的档案资产价值实现研究提供了参考。第二，版权清晰或者说权利明晰是档案资产得以受到法律保护的必要条件，档案行业业已形成了以《档案法》为核心的基本法律体系，对档案所有权、档案开发权、档案利用权、档案公布权等相应法律权利有了较为明晰的规定，只不过这种规定大多局限于公共利益维护的视角，而基于经济利益或商业性质的档案开发利用中的权利转让，在现有档案法律体系中较少提及。内容资产的版权研究也是一个薄弱环节，关于权利方面，档案资产与内容资产都存在不足，电视媒体行业十分重视此领域的财产权等权利研究，可以预见在不久的将来，随着数字化技术的普及，无论是电视媒体行业还是其他行业，数字内容的版权问题终将得到解决，档案行业也不例外，无论是档案馆的数字库存还是各行业的数字档案库存，所以这也促使着本课题接下来的研究将档案资产的权利保障放在与价值实现同等重要的位置上。第三，价值评估的问题。关于这一点，档案资产研究与内容资产研究并无太多的共通之处，唯一相同的就是双方都在致力于此类问题的解决，内容资产的评估，即便是局限于特定行业和特定主体，行业协会似乎也难以给出评估的参考标准，档案的评估有着较为成熟的价值鉴定理论和实践标准，但档案资产的价值评估，能够在多大程度上借鉴还须深入研究。第四，市场体系的建立和培育。我国内容资产市场虽远未成熟，内容资产经济效益的发挥还不理想，内容资产的融合、联合开发、引入与产出等尚处于探索之中，但相较于档案资产而言，有太多经验值得学习和借鉴。

第四章
档案资产的价值实现

档案资产的价值实现，档案或档案资源具有稀缺价值是必要前提，这种价值具有收益的可能。也就是说，从档案资源到档案资产的过程，必须是收益实现的过程。在这种过程中，档案信息的独立存在是实现前提，而档案信息的独立存在是通过档案载体与档案信息的可以分离从而完成数据化表达，档案信息加工使得档案价值的独立性不断提升，档案成为生产方式、生活方式以及各种权利关系的重要利益载体而实现的。这种过程，必然伴随着档案从作为工具价值的实现向档案通过价格方式变革而生产大量产品阶段过渡，而随之培育以档案信息形态、档案知识形态存在的大量档案产品的产业发展之路，这既是档案资源成为档案资产的标准，也是档案资产化的路径。这种过程，通过档案文化产品的先验范例和档案内容产品的成功予以说明。

4.1 独立存在：档案资产的实现前提

档案是由信息内容、信息符号与信息载体组成的综合体。鉴于信息符号既可以与原始载体捆绑在一起表达最原始的信息内容，也可以在信息社会借助各种信息技术条件脱离原始载体在信息空间任意流转，而前提之一是流转并不以损失原始记录性为代价，所以信息符号只是起到了联结信息内容与信息载体的桥梁作用，而且信息符号本身在一定程度上也是信息内容的代名词，只是需要借助一个扮演信息解释系统的人脑或电脑，故而本书研究档案资产的独立存在，只要厘清档案信息与档案载体之间的关系足矣。而档案信息与档案载体的分离，在多大程度上可以分离，在什么条件下可以分离，分离之后对档案价值的彰显构成何种影响，这将是使具有资产属性的档案信息能够独立表达并单独交换，以提升价值、实现价值的关键步骤。

　　档案在人类历史发展的长河之中完成了内容与载体的完美结合，也同时完成了信息内容与人类主体的分离，或称之为档案逐渐独立于人之外而存在。虽然档案信息可以被阅读的人所获知，但它不只是固定存在于某个人的头脑中而影响、阻碍其他人获知，如此一来，档案或档案信息不以人脑中的信息、某个人的意志之形态存在于主观世界，而是脱离了主体之主观世界沉淀于与之对应的载体之上形成客观独立的事物。同时需要指出的是，也正是载体的介入与唯一性表达，使得档案在人类历史发展中扮演着重要的角色、发挥着重大的作用，甚至于现代科学技术尤其是信息技术在发明之前，这种"捆绑"式仍然是档案价值实现、相应权利保障的基础。而信息社会、信息技术、知识经济这些新时代、新技术、新市场的来临，改变了我们对"捆绑"式档案价值实现方式的认知。一味的"捆绑"，不仅意味着档案信息无法借助先进的数字技术以信息社会公认的电脑符号得以数据化表达（在本书中，数字化表达主要指通过数字化技术，将档案信息用计算机才能理解的符号表达出来；数据化表达主要指以人类所能理解的方式表达出来，笔者注），也无法搭乘便捷的网络快车与信息社会众多的其他信息加工聚合，更无法借助成熟的市场经济体系与信息市场上的其他资源进行交换。简言之，档案必须第二次分离：与载体分离（这种分离，指档案信息可以脱离原始载体，可以借助不同载体得以表现，但是不论何时，档案信息的表达均要借助载体，这正如笔者在第三章分析档案资产的特征时强调的一样，以下内容笔者阐述档案载体与档案信息的分离时均表达这样的含义，不再重复强调，笔者注），以信息技术为基础实现数据化，以市场交换为规则实现资源化，以权利保障为手段实现资产化。作为一种生活方式、生产方式、生存方式的基本元素，档案从来有之，只不过这一次分离，换了一种方式，更强调了档案信息之独立存在，不再聚焦于原先"捆绑"式的那个档案，我们研究的利益"载体"（此载体非彼载体）聚焦于分离之后的档案信息内容，从而也影响着档案价值认知、价值提升、价值实现方式的变革。

4.1.1　载体与信息的分离使得独立表达成为常态

　　档案经历数字化加工得以以数据化的方式独立表达，从而实现了信息内容与人类主体、档案信息与档案载体的分离，两次分离的结果最终实现了档案信息的独立存在，并且这种存在成为信息时代的常态，而不必过度纠结于为维护"原始记录性"本质特征去反对档案信息的独立表达或档案信息对载体的脱离，电子文件的大量存在就是例证。独立表达，历经两个阶段，一是档案内容以符号化方式表达，以人类符号系统（如图形、文字、字母、数字等）表达出来，同时借助解释系统（如字词典、翻译系统等工具书）和传递方式（如造纸术、印刷术等）为人们所接收、再现、理解，此时意味着人类能够以自身所熟悉的表现手法、传播方式来处理内容信息、再现内容信息从而实现对内容信息的支配。二是档案内容以二进制代码表达，完成档案信息与档案载体的分离。第一个阶段是通过管理措施保障档案内容的独特性，并在法律意义上独立存在，例如，可以作为呈堂证供的法律证据，但仅通过管理措施以屏蔽数字空间入口，独立性只是被动存在，一旦有了成熟的技术保障，数字化、网络化之后的档案内容才真正算是法律意义上完美的独立存在。

4.1.1.1 通过数据化表达，实现档案信息的确定性

首先，无论是信息技术发明之前的"符号化表达"还是借助信息技术实现"数字化表达"，无一例外地证明档案信息的存在是一种客观存在，而且是确定的，这种客观存在的档案信息已经为人类发展历史长河所证明对人类社会具有重要意义。其次，这种"确定性"还表现在档案内容本身，通过一定的传递渠道被他人获取之后以符号解释系统还原出原来的信息内涵，跨越古今时空的传递，也许需要一本类似于康熙字典式的工具书来保证"确定性"，而穿越信息网络的传递，则需要的是一个配套的信息系统。最后，这种"确定性"表现为档案内容的表达方式与传播手段。表达方式的确定性可以降低人类获悉档案内容的理解成本，那些失传的古代遗书以及世界四大古文字系统除了中国文字之外的古巴比伦、古埃及、古印度文字正是其理解起来费劲甚至无法理解所致。[①] 传播手段的确定性可以极大提升档案内容在稳定渠道、更大范围内进行传播，而传播质量与速

---

① 也有理解为：文字是传承文明的载体，世界已知的四大古文字体系中，古埃及的象形文字、古巴比伦的楔形文字和印第安人的玛雅文字，因为跟不上语言的发展，都已失传。参见刘家真《文献遗产保护》，高等教育出版社，2005，第15页。

度范围互不影响。以图形，如岩画、图腾、结绳等符号系统来进行档案内容信息的数据化表达，是实现"确定性"的开始，而以文字系统表达信息则是"确定性"的成熟。正是因为有了文字系统，人类文明才得以涌现和传承，但是文字系统表达和传播的内容不确定性仍然存在，毕竟世界上还有9000多种语言，即便是世界最流行的英语与使用人口最多的中文之间还是需要翻译系统，毕竟毫无间隙的翻译只存在于理论上。所以以数字编码、二进制形式表达信息才是实现"确定性"的完美形式，因为计算机世界所使用的数学语言、程序语言在人类社会是完全通用的，以世界通用的符号系统表达出来才是真正客观和明确的。

确定性对于彰显档案信息的价值、进入资产客体指向、纳入法律权利客体保障范畴来说是一贯相承的。法律上首先明确"进入法律领域的信息必须是可确定的"[①]，档案进入法庭作为呈堂证供，这是毫无疑问的，但是必须与载体捆绑起来的原件具有的这种证据力，在内容与载体分离之后是否仍然有效呢？法律专家也指出，难以确定、无法反复使用的信息，其证据价值会大打折扣。会计实务经验也表明，难以确定、无法反复使用的信息，无法纳入资产名录。同时，进入信息时代，其"确定性"必须尽可能是"完美形式"阶段，而不仅仅是"成熟"阶段，因为这个时代的学者已经把数据化表达与信息的认定关联起来，甚至认定信息的本质应该是可以数字化编码的。[②]

无论是站在会计实务的视角还是回到法律意义上，我们所理解的档案信息数据化表达，是否真正实现了"确定性"，或者说真正确认甚至增强了这种客观存在，还有赖于确认数据化表达、传播等一系列手段是否可控。如果没有可靠的数字签名、安全证书、数字水印、数字长期保存等技术，流落于网络空间的档案信息就与一般的网页信息无异，既不会被当作数字资产（因为价值湮灭），更不会给予法律权利（因为法律调整范围的信息，其编码解码过程应是人类所能控制，并能够解释和再现的）[③]，所以我们在强调档案载体与档案内容的两次分离的重要性时，也时刻关注着避

---

① 陆小华：《信息财产权——民法视角中的新财富保护模式》，法律出版社，2009，第277页。
② 〔美〕卡尔·夏皮罗、哈尔·瓦里安：《信息规则：网络经济的策略指导》，张帆译，中国人民大学出版社，2000，第2页。
③ 李晓辉：《信息权利研究》，知识产权出版社，2006，第21页。

免因为毫无规划的档案数字化加工、编码解码、信息传播所导致的档案信息无形化困境（例如，近些年大量上马的档案数字化工程，在缺乏成熟的数字迁移技术、长期保存技术前提下，数字化档案越多，只会给后续的管理、利用带来诸如再次转录、频繁数字化的麻烦，增加成本投入）。数字化分离应该是有助于档案信息在网络时代的特色传承，而不是无异于其他信息、消逝于信息海洋，必须使得档案信息在范围、内容、形式上的确定性成为可能，其价值的确认与提升、权利的确认与保障才能成为现实，即"确定"之后的独立存在成为必然。

4.1.1.2 通过数据化表达，实现档案信息的独立存在

从档案形成的历史来看，其信息内容最初以文字、图形等符号固定在载体之上，从某种程度上讲，这也是档案信息独立存在的一种确定形式，例如，我们不能否定甲骨档案固定了一些象形文字以表达某些概念。但在今天来看，这种独立存在是非常初级的，因为信息技术的飞速发展，使软硬件设备将档案信息以电子手段、二进制代码表达、记录、转移、传播、复制、利用，以前那种初级的确定（或称之为物理上的固定、捆绑更为合适）已经被信息技术取代为档案信息内容与档案载体的可分离（可以理解为逻辑上的控制），甚至于《联合国国际贸易法委员会电子商业示范法》第 2 条将"信息载体"解释为信息系统，即生成、发送、接收、存储或用其他方法处理数据电子文件的一个系统，这种对载体的理解或许有些颠覆我们的传统观念，但确实反映出在信息技术日新月异的背景下电子文件长期保存的关键早已突破了介质载体的束缚，以至于可以用电子数据表达档案信息内容、以数字载体为存储介质、以网络空间传递档案信息内容，从而实现其内容在任意载体之间的复制、转移和利用，而不必拘泥于物理控制时代的限制，即为了发送、接收和利用信息还得依赖于物理载体。

简言之，这样一种脱离载体介质束缚的独立存在才是"确定性"基础上的必然趋势，无论是法律专家所认为的这种独立存在是通过信息可以反复使用、反复调取来"确立"的[1]，还是信息专家所认为的通过信息法的"确立"指向信息反复调取的属性[2]，都无一例外地将独立存在指向为"可

---

[1] 陆小华：《信息财产权——民法视角中的新财富保护模式》，法律出版社，2009，第 278 页。

[2] 齐爱民：《论信息财产的法律概念和特征》，《知识产权》2008 年第 2 期，第 23～27 页。

以反复调取使用"，本书并不否定档案保存在纸质等传统介质上可以反复调阅的特性，但是这种反复调阅受制于物理控制、时空限制、管理手续规定等，无法体现信息时代特色，无法在更大范围内实现其价值，因此其独立存在是有待于提升的，而提升的前提之一便是数据化。

4.1.1.3　通过数据化表达，实现档案信息的可以交换性

如果数据化是确定性和独立存在的前提，那么目的之一便是增强档案信息的可以交换性。档案内容信息借助于各种数字化手段所实现的数据化表达，实则起到的是一种"中转"或"转化"的作用，因为"可以交换性"蕴含着两层含义，一是无损交换，物质交换中卖出苹果买进粮食不是无损交换，信息时代信息交换只会拥有更多信息，这才是无损交换。受制于纸质介质的档案信息内容在理论上无法无损交换，在法律上国有档案也无法成为商品进行交换，而载体从物理介质转移到信息系统时，至少理论上是可以与普通网络信息一样实现无损交换的。二是市场交换，即无损交换的同时夹杂着利益的交换与价值的实现，如果能厘清相应的档案权利与利益，无疑会极大地增强档案内容信息"可以交换"的特性。

此外，"可以交换"特性一旦激发出来，还会有意外的收获。因为"交换"激发了"人类将越来越多的未知信息从天然状态之中挖掘出来和再现出来，运用各种可能的有形载体将它们表述出来"的动力[1]，将越来越多的隐性知识显性化，或是将档案中的显性知识与隐性信息融合、聚合、整合为"交换性"更好或是更易"交换"的新的信息内容，即激发了挖掘、再现、提升档案信息内容价值的积极性。而这一过程要完美实现，人们必须保证自己能够在一般意义上控制或支配这些或有形或无形或兼而有之的信息内容，并能保证借助信息系统所做的信息编码使各种信息内容有了客观化的形式，而且客观形态呈现在社会上时有着明显的需求（不管是公共需求还是市场需求）。如果催生了公共需求，那么社会公众肯定要求公共服务部门提供更多、更优质的档案信息或档案服务；如果催生了市场需求，那么社会公众肯定要求政府或者公共服务部门以市场采购、业务外包等形式提供更丰富、更小众、更具特性的档案信息或档案服务。一言以蔽之，"可以交换性"不能吃档案"原始记录性"这一老本，而是要将

---

① 李晓辉：《信息权利研究》，知识产权出版社，2006，第31页。

"老本"借助信息技术焕发出新的光彩。

4.1.2 档案信息加工使得独立性与价值提升

档案管理流程中历来重视信息加工，而以档案文献编纂、档案信息资源开发等为主题的文献研究以及相关的工作，从来都是档案管理的重要步骤之一。但是信息时代或者互联网时代的档案文献编纂工作、档案信息资源开发状况并不令人满意，原因之一便是这个时代更加强调资源的整合，更加注重不同资源形态之间的聚合。档案只是信息众多形态中的一种，在纸质介质时代可以凭借原始记录性独善其身，但是在信息时代原始记录性既要保持独善其身的优良传统，又要搭乘网络时代的便捷快车，那么仅仅囿于档案自身小范围内的编纂加工、资源开发就显得与时代步伐不那么合拍。信息专家在谈到信息产品的价值提升时，不约而同地用到一个关键词——集合，或者类似的词语，如整合、耦合、集成、聚合等，其主要内涵强调通过精心挑选、分析、归类，发现、发掘、强化不同信息之间的关联性，将这些信息集成、聚合、整合成类别清晰、关系明确的信息集合体。这种新常态的档案信息加工，意在实现档案信息的独立性和档案价值的进一步提升。需要指明的是，融合档案原始内容的新信息集合体，或许更容易使人担忧。因为淹没于信息海洋的档案内容更难以保障其信息的独立性，价值提升就更不用提了，笔者认为这种担心有一定的合理性，但是要用辩证的眼光去看待这对矛盾，而且这种矛盾并不是不可调和的。其一，本书所述的独立性，意在强调档案信息脱离了原载体的束缚，脱离了主体的束缚；其二，越是集合程度高的信息，其独立存在的程度越是易于通过信息系统和互联网传播，从而扩大档案原始内容信息在信息海洋中与其他信息的关联度，越是勇于介入互联互通的信息世界，才越是有可能体现出档案信息在各种信息集合中的原始价值和独特魅力。

4.1.2.1 独立而不孤立，融入信息大家庭供给服务

档案学界对于"档案是不是商品""档案能不能成为商品"类似的争论不绝于耳，本书无意参与这样的争论，但是档案资产论的论述又不能完全回避此类问题，因此以"档案信息加工"或"档案信息集合"为视角，即从"档案这一个体"到"档案融入信息群体"的转变来看待"商品论""经济价值""市场价值"等论点时，有了截然不同的发现。

信息社会最显著的特征之一，便是信息技术的飞速发展产生了海量数据。为了正确对待和利用这样一种新型原料和新型产品，有必要对自然状态的原生信息进行选择、加工等处理，从而形成具有一定价值的信息产品，即加工所形成的不同程度的信息集合是信息社会最重要的价值凸显手段，因为加工之后的信息集合以及在网络空间的再次流动，对普通公众也好、对专业信息用户也好，其影响力、需求程度、利用价值，与以往游兵散勇状态下的原生信息是截然不同的。一旦认识到这种差异，我们再回到上述争论，就会发现此类争论的意义非常有限，以传统文档流程之归档为界形成的档案，探讨其能否成为商品就显得意义不大，但是档案如果成了活跃的资源要素，能够灵活地融入信息大家庭参与重新选择、聚合加工与集成整合的话，我们完全可以认为"加工"赋予档案信息新的价值，与农产品加工、制造业加工可以增加附加值一样，符合了产品所谓含有人类劳动、包含"额头上的汗"的特征。① Peter B. Hirtle 在其著名文章 "Archives or Assets" 中的重要观点就是积极提倡档案馆通过提供高水平的附加值服务来促销档案资产。② "加工"一则注重对信息"原料"的选择，实际上是对诸多信息的重新排序，二则注重根据高质量的选择结果，整合按照一定需求、规则排列组合的信息原料，并根据市场法则与市场需求进行服务供给。前者必然存在一些被选掉的信息，档案界也许存在这种顾虑：历史的原因导致档案对于介质的依赖由来已久，与互联网的信息世界也许格格不入，那么信息资源的洗牌、整合是否会无视档案呢？这种担心笔者认为有一定道理，但是不积极融入，一直故步自封，最终被洗牌的可能性会更大，带来的危害更重。所以面对信息潮的波涛汹涌之势，唯有迎难而上，积极参与档案信息集合过程，和谐地融入信息大家庭，才能满足多方需求。

4.1.2.2　集合而不混淆，处理好档案数据库相应权利

与传统的档案信息加工最终形成的各种汇编成果形式不同的是，以信息系统为介质、数据化为表达方式的档案信息集合，其信息加工必然呈现为以数据库方式容纳档案信息，这将更有利于集中体现、发现、提升并交

① 陆小华：《信息财产权——民法视角中的新财富保护模式》，法律出版社，2009，第280页。
② Peter B. Hirtle, "Archives or Assets?" *American Archivist* 66：2 (Fall-Winter, 2003)：235-247.

133

换档案信息的使用价值。

数据库对档案信息资源开发利用而言，并不是一个新鲜事物，其起初被视作纯粹的信息科技专业名词，但从当前数据库开发技术的成熟度以及与内容产业的融合程度来看，数据库更应理解为基于数据库技术而形成的数据汇集或信息集合体，其实质就是信息按照内在逻辑规则、用户目的而汇集、加工的结果。如何看待档案信息与数据库技术结合所形成的这一新事物，并采取何种方式进行保护，这其中体现了对档案信息数据库实质认识的深化。

传统的利用数据库技术所形成的档案专题数据库、档案人名数据库、地方志数据库等并不少见，但是一般将其视作汇编作品来加以认知和保护，即认为是从纸质的汇编转移到信息系统之中而已，理由很简单，即认为"只要编辑者在汇编时花费了劳动，就可以获得版权"[1]。美国的"费斯特"案件对什么是最低限度的创造性做了规定，其实就是强调只要信息是原创的、新颖的，都有可能得到保护。[2] 即使这样，数据库的保护依然存在疑问，因为该案件的言下之意其实是数据库由于缺乏创造性而难以受到知识产权的保护。随着21世纪之后数据库类的信息产品越来越受到用户的关注和青睐，如在线使用的互联网金融信息产品、文献信息数据库等，一种新的对非原创性数据库独立的权利保护需求应运而生，例如，欧盟的《数据库法律保护指令》，该指令通过严格限制对数据库的使用来保障数据库建设者的权利，防止没有被授权的用户对数据库中的内容进行摘录等。[3]姑且不考虑这是否会对用户的权利造成损害，该指令中的解释所奉行的理念不再将数据库视作一个独立的整体，而是使用类似双轨制的做法，即数据库结构仍然以著作权形式保护，而数据库之中的内容集合却以单独立法的形式保护。再如，冯惠玲教授在积极倡导的"中国记忆"数字资源库的构建中，认为档案资源是一种经过历史沉淀的最基本、最稳定、最深层的

---

[1] 郑万青：《全球化条件下的知识产权与人权》，知识产权出版社，2006，第196页。

[2] Stephen Maurer：《欧洲数据库实验》，New Scientist（2001-10-27）：789。

[3] 其中"摘录"被定义为永久或一时地将所有或基本部分数据库内容以任何形式或手段转移到另一媒体上，"再使用"被定义为通过发行复制品或出租、联机等其他形式传播，使公众能够获得全部或部分数据库内容。参见郑万青《全球化条件下的知识产权与人权》，知识产权出版社，2006，第196页。

要素，该资源库具有很强的拓展功能，能够形成多种衍生产品，获得文化、商业等方面的扩展价值。[①] 因此，只注重原创信息来源的权利，或者将原创信息与汇编加工的成果混为一谈，已经行不通。必须既保护原创性权利，又保护非原创性的数据库内容，从法律上对这种档案信息内容集合加工的价值给予确认。因为档案信息的"编纂""汇编"等工作真实地体现了著作权，但被编纂或汇编的档案原件信息内容具有独特价值。今后一旦档案信息数据库产品面向市场，其中的市场价值组成应该结构化为档案内容→档案信息加工后的内容→数据库组装形成的档案内容，越往后所呈现的产品形态越是复杂，实则为信息产品流水线式的内容产业链，或称之为"信息流"。不过对于传统的档案文献，档案管理领域有比较丰富成熟的开发经验，而数字资源的开发前景更为广阔，对此我们的想象力、能力和努力还不够。

4.1.2.3 自由而不随意，把握好档案信息流内在驱动

产品形态复杂，意味着其加工形式必定是动态的、连续进行的，不仅表明这股"信息流"的运动状态，更强调档案信息经历各个加工环节之后所传递的方式，即档案信息分布于网络信息空间可以自由流动，究竟是在线实时调阅，或是进一步的交换、交易，或者连续的集合式加工，或者这些步骤同步进行，这完全是可以灵活决定的。如果将这组活动方式置于现代经济活动之中去观察，我们会发现档案信息以信息系统和网络平台为依托，从时间和空间上向同一个方向运动，同时为分散的用户接收和利用，而产品并没有脱离所有者的实际控制，控制与"可行交换""可行交易""授权使用"等完全可以并行不悖，即达到一种完美的无损利用状态——利用者数量、利用频率、利用次数增加却不增加供应成本，使得档案这一资产真正实现信息产品的独立存在性，除了前文提及的档案信息内容脱离主体的束缚、脱离载体的束缚，还要使加工与利用档案信息内容的方式、方法"自由"起来。

连续"自由"地进行档案信息内容产品的集成式加工，并不意味着选材的随意或是交换的偶然，必须以内在动力驱使其不间断提供所需的专业

---

① 冯惠玲：《档案记忆观、资源观与"中国记忆"数字资源建设》，《档案学通讯》2012年第3期，第4~8页。

信息产品。也许一些在线数据库或综合性信息系统提供的金融信息产品能给出一些启示，例如，彭博集团提供的各种信息产品，能够满足高端信息用户需求，而用户也愿意付出更高费用，因为专业信息产品体现了更高的价值。诚然独立的档案部门没有足够的能力供应这样的信息产品，但是他们的"汇集一定数量的证券信息＋简便易学的应用软件＝用户获取有意义的信息"模式，是不是意味着一个简便易学的档案专题数据库配备一个检索系统平台，也可以被视作优良资产运作的典范呢？因为用户一旦发现获取档案信息内容的过程变得简单、加工之后的档案信息内容变得更加有用，"档案服务是否应该收费"之类的问题将毫无意义，"发掘档案需求、满足用户需求、换取自身利益"将成为专门机构"内在驱动"的最好诠释，它们不再停留于管好原件和凭证服务等传统业务，而是对档案信息进行数据化——建构数据库、录入数据并配以检索系统，借助客户端实时呈现"档案信息流"，供用户根据需求进一步再查看、再选择、再接收和再加工。移动互联时代档案信息加工变得双向与互动、多边与灵活，整合和增值在不经意间已经实现。

当然，对档案信息"流"的理解分两种情况。其一，为使得机构或系统能正常运转需要进行有效管理，而管理必然伴随着对相应业务文件、档案信息的控制与处理，任一环节的衔接出了问题都会影响整个机构的运转，所以其中的档案信息"流"阻塞不得。但是其表现形式实则借助管理流程或物"流"形式体现，例如，商场新推出的农产品信息追溯系统，该农产品的选种、施肥、生产、出货、运输等信息都与管理之中的物质一一对应，这是一种独立存在性很差的信息"流"。其二，专业机构对档案信息的选择与集合所呈现的档案信息或档案服务产品，在传递过程中体现为一种非实物化的方式，这才是真正意义上的信息流。只有加大此信息流的范围、频率、速度，其被用户接纳、利用的可能性才会越大，价值在频繁的利用中体现出来之后，才能真正体现出档案这一重要资产的影响力。没有被用户发现或认识，档案信息价值只能被掩盖；没有流动起来的档案信息，即使有价值，那样自身影响力也会受到限制；没有被传播、推送出去的档案信息，其影响力可能永远局限在"原始"状态。所以，流动起来的档案信息，其生命力才得以彰显，也只有流动起来的档案信息，才会借助强大的网络化传播手段逐渐汇集为一股结构化、集成化的信息聚集体，远远胜过那些孤独的、碎片式的档案信息个体。

4.1.3　档案信息独立存在成为利益载体

具备确定性和独立存在之后，意义并未止步不前。作为独立存在，档案信息的地位不仅借助信息技术实现了与主体、载体的脱离，更重要的是在当前经济社会形态下，信息与生产要素、生存要素，与物质、能源一起成为人类活动必需的资源之一，即信息资源。从一种客观存在，到社会的经济要素、文化要素，其对人的生存、发展等一切活动产生着越来越大的影响，从对国家利益的捍卫者到人类文明长存的记忆库，从文化强国的忠实见证到内容产业的核心要素，无一不体现出档案信息作为利益载体的价值水平。其实，社会信息化，就是档案信息成为现代经济生活中一种重要资源要素或价值利益载体的集中体现。

4.1.3.1　生产方式—利益载体—信息化

生产方式—利益载体—信息化，即生产方式决定着档案信息这种利益载体必然伴随着信息化的过程。在农业与工业文明时期，信息也是自始至终存在和被频繁利用的，只不过这种存在和利用因与相应生产生活紧密捆绑，所以并不具有独立性和确定性，也远远未达到社会重要资源及核心要素的地步。因此，"信息化"成为笔者阐述上述利益载体的重要背景之一。"信息化"到"信息经济"的飞速发展与档案信息资源这一利益载体的关系变得紧密起来，因为这一时期从强调信息技术等硬件的技术产业化逐渐转向强调信息资源等"软件"的内容产业化，强调的是以信息资源的重新发现与有效配置为起点，而且对信息化作为一种生产方式深入社会方方面面的认识还在不断深化。

首先，信息化仅仅从技术层面上来讲，就是信息技术在社会各个领域的推广应用过程，各行各业与信息技术的契合程度也决定着本行业的未来趋势和发展潜力。例如，电子政务的应用造成政府结构扁平化发展趋势，电子商务的应用催生了电商等一批新兴行业。其次，信息化从资源层面上来讲，强调信息化即指必须注重档案信息资源的"有效"开发与"针对"利用，要提升档案信息资源的增值能力和知识集成能力。例如，电子文件的推广促成了业务流程重组与档案信息共享，期刊数据库、知识库的应用催生了文献共享、知识共享，移动互联网更是催生了以信息增值服务为核心业务的行业。再次，信息化从产业层面来看，信息化更是信息产业发展、成长和壮大的过程，从产业结构调整和经济结构优化来看，信息化扮演了重要角色，各种产品的信息含量显著提高、各种服务的信息比重显著增加、各种消费的信息附加值显著提升、各种经济活动中信息经济比重不断攀升等。具体从档案信息作为现在经济社会的重要利益载体来看，最为直接的就是加强档案在信息资源产业或内容产业之中的影响力。最后，信息化从社会层面来看，其实就是档案及相关信息活动的范围、规模、价值、影响力等从业务部门到档案管理部门再到社会逐步提升以及作用逐渐增大的过程，最常见的就是学术界普遍认识到信息已经比肩物质与能源之于人类社会发展的重要性。

不同层面的认识深化，体现了档案信息能够在多个层面成为影响社会生产力的利益载体，不同层面的参与递进，也表明了档案信息作为资源要素的水平在不断提高，独立存在的地位逐渐提高，其价值不断涌现出新的形态或以新的方式来实现。

4.1.3.2 生存方式—利益载体—资源化

生存方式—利益载体—资源化，即生存方式决定着档案信息这种利益载体必然伴随着资源化的过程。不同历史阶段，人类生存所依赖的主要资源有着巨大差别。原始社会人类能生存的关键是依靠强壮的体力优势获取食物，尔后人类文明不断进步，生存的物质基础逐渐依靠生产资料的占有，例如，游牧民族依赖丰美的草场和牲畜的数量，农业文明最为看重的是土地的占有，工业文明时代"资源"的内涵进一步丰富，土地、矿产、能源等越发重要，到了信息社会，影响人们生存更为深远的是信息资源，反映在权属要求上，便是知识产权法的诞生。同时，这种生存的意义，不仅于个人甚至于组织、机构、企业、政府乃至国家来说，早已上升到国家战略、国家利益、国家软实力的高度。

资源化的形态以及对社会影响的深入程度，取决于档案信息与信息科技的契合程度以及档案信息资源独立存在的地位提升程度。因为人们的生存环境、生存方式、生存基础依赖于信息科技的发展，对于国家而言，关键信息有捍卫国家利益、传承人类记忆的档案信息资源，对于机构而言，关键信息有记录机构业务管理、保存机构长期记忆的档案信息资源，对于个人而言，关键信息有关键物证、房产证明、婚姻证明等信息资源，这些核心信息资源对国家、组织、个人而言，是否能够获取、控制、自由利用等，已经成为他们生存能力高低的重要体现。信息社会在不同领域的专家看来，都可以给出不同的认识和解读，但是从生存的视角来看，档案信息资源能够影响国家、机构、个人的信息化生存方式，形象地阐释了作为利益载体的档案信息流如果没有进入家门口，那么就无法过上现代意义上的良好生活；从深层次上说，没有足够的档案信息资源进行交换，在这个社会恐怕是毫无自由甚至是寸步难行的，特别是随着资源化生存方式的深入，这种体验将会变得越发深刻。

4.1.3.3　价值与权利之间的关系——利益载体

价值与权利之间的关系——利益载体，即价值与权利之间的关系能否妥善处理影响着档案信息这种利益载体。无论是基于生产方式而言还是基于生存方式而言，档案信息是有着严格的内涵界定和外延范围的，并不同于信息资源管理学家所指的"信息"那样，所以在理顺了技术—资源—产业—社会的生产方式发展思路下档案信息的可为之处，在发掘出物质—能源—信息的生存方式改变历程下档案信息的价值方向之后，其既然是利益载体，那肯定夹杂着价值的实现与权利的保护，两者关系处理得妥当，可以实现双赢，万一处理不当，就将面临双输的局面。

处理好两者之间的关系，需要从以下三个方面探究。

首先，消费结构。现代社会经济条件下，人们的消费既有对物质产品的消费，也有对精神产品的消费，在物质产品已经比以往更加丰富且人们已获得相应满足感的情况下，人们越来越注重精神产品的生产和消费，这也就意味着消费结构逐渐向精神产品尤其是信息产品、内容产品靠拢，而且小众化、个性化、高端性的信息产品，即便收费偏高，仍不乏用户青睐。精神产品所能提供的主要是关于某一主题的信息汇集和信息流动，如果是从市场调研的目的出发，也许会发现公众的档案需求可能为休闲目的，利用档案情愿付出一定费用，获取档案不再局限于原件，阅览档案时希望与图书、期刊、其他各类信息资源一样有个类似"图书馆酒店"的好去处。所以，价值与权利的关系，首先需要把价值来自哪里搞清楚。档案原件、单个档案信息固然有其自身无法替代的价值。但是，面对现代复杂的信息消费结构，规模化、集成化的档案信息资源以及有的放矢的个性化、小众化、高端性的档案信息才是档案更大价值的体现所在，而这种更大价值一直得不到"实现"，所以，换种方式——资产方式的运营才是价值实现的正确道路和方向。

其次，档案融入信息生产的过程与程度以及档案信息对信息消费的影响。既然消费需求摆在眼前，那么以信息资源为生产原料和内容的产品，将档案信息纳入"对自然状态下原生信息进行系列选择和集合处理、进行多重分析和连续加工，从而形成更具价值的内容产品"的内容产业链之中。如此一来，也许会颠覆人们对档案的印象，即档案不再是躺在寂静的档案馆，而是"改头换面"——其"行头"不再是一份孤零零的原件（笔者认为从信息社会的整体性和流动性来看，档案原件如果不建立起与相关信息的关联性，其实就是离散状态下的原生信息），而是经过选择（被收录、被编辑、被整合等一系列信息流）之后成为更具影响力的信息集合体，这个产业链背后，加工者通过市场需求的调查、用户意图的发掘、人们消费习惯的摸索进行挑选和处理信息原料（档案也包括其中）。而"加工"的程序不可能像食品加工流水线那样毫无主观意识，需要根据加工者自己积累的知识经验进行思考、判断和工作。此外，信息消费不同于物质消费，前者可以在一定程度上影响、制约、激发人们的行为，而主导人们行为的思维却在很大程度上来自信息产品，即信息消费情景中的人不具备完全自主性，档案信息消费的数量、质量与档案用户心理变化程度往往是错综复杂的关系，信息消费在某种程度上左右着用户的思维与行为，但如何左右以及左右的程度不确定性特征明显。所以，信息消费中不仅用户是处于弱势的一方，而且信息原料（包括档案）自身的权益也是较为薄弱的，既要保证档案的价值以一种合适的方式来实现，或公益服务或市场服务或兼而有之，又要保障权益在档案信息加工的各个链接方中都得到充分保障，价值与权利的和谐程度对作为利益载体的档案信息有着十分重要的影响。

最后，人们自身的信息素养与消费的关系。信息消费不同于物质消费，后者在面对一栋房子、一顿美食、一趟旅游时，每个人都可以无差异地进行体验和消费，但是前者的情景完全变了，正如前文所提及的那样，信息时代的生存方式变了，"信息化"生存——具备足够的信息获取、利用能力成为必要，这也是信息消费的必要前提。凡是信息消费的客户端，不管是个人也好，组织、政府也罢，都需要拥有基本的信息素养和信息能力。人们经常感叹互联网时代一些传统龙头企业不再辉煌，而一些领先者凭借对互联网时代的敏锐嗅觉和适应能力不断创造着新的传奇，企业如此，个人何尝不是如此，缺乏基本的信息素养和信息技能，也许不能正常工作，也许甚至连正常生活也会变得困难，变得与这个时代格格不入，正如维纳所说的那样，所谓有效地生活就是拥有足够的信息来生活。[①] 档案信息既反映社会公众一生的生活轨迹，也是企业、组织、集体、国家、民族的记忆，所以信息产业或者内容产业的发展，不能没有档案信息的参与，要提升个人、企业、组织、集体、国家、整个民族的档案信息素养，促进其与档案信息消费的关系，不从全面提升档案价值与保障档案权利的角度去权衡，恐怕很难成功。

4.2 价值提升：档案资产的实现阶段

档案资产的实现，其实就是档案的资产化，其资产化的过程已经且必然也必将经历一个较长的历史时期。从"已经"发生的历史进程来看，档案价值提升已经成为业界的共识，因为长期以来，档案一直扮演着凭证工具、管理工具乃至资源配置工具的角色，以"工具"的视角来看待档案，将是资产化的重要基础；从"必然"发生的当下来看，档案价值认知的转型正在被学界所关注，因为档案价值在社会范围内被广泛发掘、认知之后必然吸引、激发更多的主体尤其是市场主体以更为丰富、多元的方式参与到档案信息资源产品或服务中来，以"产品"的眼光来检验其价值，这是资产化的重要步骤；从"必将"发生的未来趋势来看，档案价值实现的关键在于融入"以市场作为资源配置基础"的市场经济业态之中，以"产业"的胸怀来评价其价值，将是档案资产化的重要标准。

4.2.1 工具化阶段：工具价值实现是档案资产价值提升基础

工具化，是指某种因素作为人类劳动手段的延伸，从而提高劳动效率和生产力水平，例如，猿学会使用工具，从而实现了向人类的转变，而铁器的发明和运用促使着人类农业文明的出现，到了信息化社会，信息逐渐

---

① 〔美〕维纳：《人有人的用处——控制论与社会》，陈步译，商务印书馆，1989，第9页。

演化为重要的生产工具、生活工具、生存工具,即"工具化"。① 作为信息家族成员中独具特色的一员,档案或档案信息的工具化,有着类似的一面,即档案信息资源在捍卫国家利益等政治活动中、维护人类记忆等社会活动中、参与内容产业等经济活动中扮演着重要角色,也有着独特的一面,即各种角色的参与,并不以经济效益为目的参与交易或是博弈,而是依赖凭证性与管理性的工具综合体,来彰显其资产价值的独特光辉。

4.2.1.1 凭证之工具价值的实现

凭证性来源于档案信息"原始记录性"特征,也是档案与情报、文献、图书、网络信息等其他信息的本质区别所在,正因为如此,档案才能真实地再现历史原貌。其独有的凭证作用是档案信息价值独立于甚至优于其他文献信息资源的关键之处,故而将档案视为资产的第一要务便是想方设法将其优势体现出来。然而,不得不承认一点,凭证之工具价值的认知的确来源于原始性,但是如果仅仅局限于此,就会带来"价值实现"上的困惑。因为凭证价值的发挥先天性地受制于时间范围、空间范围、用户范围等多个因素,正如前文所提及的非独立存在的方式——与纸质载体的捆绑、与归档程序的捆绑,必然导致关于凭证价值的档案利用次数少、实效差、地域限制等特点。正如一些学者所说的那样,对于大部分档案而言,无论我们如何重视和宣传,无论我们采取怎样的开发措施,利用率都是不可能显著提升的。② 笔者觉得这句话换种方式表述可能更为恰当,因为如果单就原始记录性来发挥档案的凭证价值,效率肯定低下,而换种视角才有可能提升和更好地发挥档案的凭证价值,其实就是如何看待"原始记录性"成为问题的关键。如果"原始记录性"仅仅是指档案原件与所记录事件、对象之间的原始联系,那么凭证价值的发挥就必须一对一地、具体地、恰到好处地与原始事件、对象、关系人等建立联系,这是凭证价值发挥的主要方式、基础方面;但是如果把"原始记录性"放到广阔的国家利益视角、社会记忆视角、文化传承视角中来看,我们便会发现,"凭证"

---

① 工具化是指信息在政治、经济生活中逐渐成为实现目的的重要手段和关键因素,不仅成为实现交易目的的主要手段、有效配置资源的关键、博弈的关键因素,而且成为生存基础。参见陆小华《信息财产权——民法视角中的新财富保护模式》,法律出版社,2009,第291页。

② 刘东斌:《档案利用和档案价值的反思》,《档案管理》2004年第1期,第7页。

之工具价值的认知与实现一下变得明朗起来，其应用方向的变化极大凸显了档案价值。

将"原始记录性"置于国家利益捍卫的视角中来看，档案无疑是国家的重要资产。^①关于档案在捍卫国家利益方面的作用，笔者引用的大量学者观点，在前面已经阐述，在此笔者通过一些案例来进一步说明。例如，中国第一历史档案馆鞠德源研究员、福建师范大学谢必震教授在证明钓鱼岛自古以来就是中国领土的过程中，最有说服力的便是引证了大量翔实、无可辩驳的档案史实；福建省档案馆2014年举办的一系列钓鱼岛主权档案展览；辽宁省档案馆公布的南满洲铁道株式会社调查部记载南京大屠杀情况的日文档案；等等，类似的例子不胜枚举，无一例外地以档案的原始记录性在国家利益受到争议和影响的时候，击碎敌人的谎言和诡辩。因为国家利益在变现形式上体现为社会生产方式、国家政体形态、领土领海领空等内生变量的综合体，但是全球化、信息化背景下的国家利益的内涵早已从内生变量扩展至国际社会相互依赖、相互摩擦、相互影响程度更高，外生变量地位显著提高甚至影响高于内生变量的新常态。如果是在内生变量占据国家利益主导的时代，档案的原始记录性也许发挥的空间有限，顶多局限于一国内部，但是在外生变量越来越复杂且占据国家利益主导的时代，仅仅管好自家事、捍卫好自家门的利益已经完全不够，此时此刻档案的原始记录性在地理测绘及领土领海争端、自然资源争议、证据保留与历史纠纷等充满变数的外生变量中发挥关键的作用，只有拔出"插入鞘中的剑"^②，给敌人以致命一击，才能充分维护国家利益外生变量的最大化。

将"原始记录性"置于社会记忆维护的视角中来看，档案无疑是人类重要的资产。档案学界关于将档案纳入世界记忆工程、国家记忆名片、民族记忆、城市记忆等的研究，在近些年来已然成为大家关注的焦点。作为档案人自身来讲，所整理和管理的档案能够申报何种等级的记忆名录非常

---

① 我国的国有资产一般划分为企业经营性国有资产、行政事业单位国有资产和自然资源性国有资产。行政事业单位国有资产是用于政府公共管理和社会事业发展、提供公共产品或准公共产品的资产，它不以经营为目的，公共性、非经营性、公益性是其基本特点，一般不参与市场经济活动。参见王彪《我国行政事业单位国有资产管理研究的几个问题》，《中国行政管理》2009年第5期，第107~110页。

② 古代西方君主将档案比喻成"插入鞘中的剑"。参见冯惠玲《档案信息资源在国家经济社会发展中的综合贡献力》，《档案学研究》2006年第3期，第13~16页。

重要，因为这在一定程度上决定着自身的工作业绩。本书无意于讨论档案与这些记忆工程之间的关系，因为这是被学界证明了的东西；也无意于介绍帮助业务部门提高申报更高等级记忆工程的经验与方法，因为从更广义的财富定义中理解，城市的财富也是国家的财富，更是世界的财富，而且记忆等级之间的差距，一方面是因为内在价值的内生差距，另一方面也是因为后天管理对内在价值的影响所造成的外生差距，与保管的整体性、申报的技巧性等外生因素有着很大的关系。在这里，笔者想重点谈谈"口述档案"这种原始记录性非常独特的档案，从社会记忆维护的视角来看，将其纳入资产管理的意义。说其独特，原因在于它有着很强的依赖性，依赖于后天的记录者对原始口述材料的记录、整理与传播，而不是与传统文书档案一样——与事件本身、人物本身、机构本身时时刻刻"跟随着"；两者唯一的相同之处，便是文书档案有一个重要的关口——"归档"，而口述档案也有一个重要的关口——"记录"，即或录音或录像或手写或转述等。

口述档案的管理从传统的方式来看，其实与文书档案、科技档案并无太大差异，其管理机构是档案馆，由该机构来提供利用之便。但是从近年来倍受大家关注的"纪录片"的拍摄来看，笔者认为口述档案如果仅仅局限于档案馆的部门管理和利用，肯定缺乏广阔的商业眼光和社会视角。纪录片不同于商业电影，近几年借助网络媒体和电视频道得到广泛传播，其拍摄手法着重于还原事件、人物、事务等的本来面貌，而且随着拍摄技术的不断提高，其更加注重拍摄对象的细节，如《穹顶之下》《第三极》等。画面唯美、分辨率高等优势有助于纪录片的传播，但是笔者认为关键还是在对真相的把握与构思上，此刻我们是否会思考：纪录片以还原真相为己任，在商业社会里大行其道，而口述档案之类的记录是否也同样应该有此重任呢？为何我们与商业运作似乎渐行渐远呢？笔者的研究生在2015年上半年对福州最古老的城区上下杭的拆迁情况以及上下杭的口述档案进行了较为深入广泛的调研，她们在调研一些高龄老人的上下杭记忆时，经常以我们传统的思维去询问对方"是否保存有一些珍贵的照片、资料、粮票"之类的问题，其实她们也受到传统档案思维的桎梏，这些老人带着学生走进一些年代久远、破旧不堪的巷子，看到一些断壁残垣的庭院，介绍一些残破不堪的对联，讲述一些反反复复的故事，而这时我们已经获取到了"档案"，这比老人家房产档案保存得是否完好、社保资料是否留存重要得多。闽粤两省联合申报的"侨批档案"，其实就是华侨为了生存远涉重洋时与家人的书信、经济往来的汇票等。笔者写到这里，读者也许以为保存于福建省、广东省或泉州市档案馆的侨批档案，其整体性、价值性都毋庸置疑，但是与纪录片式的商业开发形式的记忆传承又有何联系呢？笔者认为，与其坐拥资料翔实、价值不菲、整体性好的侨批档案，不如更进一步将侨批档案联系紧密的涉事人员、关联事件与原始记录之侨批档案整合起来，通过拍摄还原当时当事的情景，此时再请读者比较：留存于档案馆的纸质形式的侨批档案，与以侨批档案为基础拍摄的纪录片，谁更能维护社会记忆呢？答案不言而喻，问题的关键是，谁有权利利用这些侨批档案拍摄纪录片？如果是代表国家行使档案所有权的档案馆才有这个权利，那档案馆有没有足够的动力去拍摄？抑或是档案馆主导的拍摄能否达到商业开发的这种效果和影响力？……一切都还在未知中（关于这些疑问，笔者会在第六章详细论述，笔者注）。

将"原始记录性"置于文化传承创新的视角来看，档案无疑是社会的重要资产。王英玮教授在阐述档案文化论时，重点解释了档案的文化本质①，并详细论证了档案与文化现象之间、与文化积淀之间、与文化遗产之间的紧密关系，得出了档案具有"与生俱来"的"天然"的文化本质、具有丰富的文化内涵和突出的文化品格的结论，档案也顺其自然地成为社会文化传承、文化发明与创新的重要源泉。

但是也要注意到这样一种观点，即档案的保存主要是为了后代对其的利用②，这种观点在实践部门是占有一席之地的，与档案的利用率明显低于其他同类型文献资源，如图书、情报、资料、期刊等，存在密切的关联，或者说互为因果的关系。笔者认为此观点有着深厚的现实主义土壤，却存在着视角或眼光的局限，即只看到了部分档案尤其是历史档案在传承文化方面的功效，而忽视了在文化发明、文化创新方面的功能，而且档案作为一种文化存在物，其工作者综合了历史经验的研究、现实社会需求的调查、未来社会需求的科学预测，才将综合各种"结晶"的档案挑选和留

---

① 王英玮教授认为，档案其实是一种文化现象，是各个时代的社会存在与发展的文明记录，而且它们本身也是人类通过有意识的创造性劳动，逐步记录和保存下来的。王英玮：《档案文化论》，中国人民大学出版社，1998，第60页。

② 归吉官：《论档案信息资源的正确估价》，《云南档案》2009年第7期，第3~4页。

存下来，那么这样一个储蓄了文化、传播了文化和繁荣了文化的"蓄水池"，如果只是凝固于库房之中若干年之后才来利用，不仅"蓄水池"本身可能陷入"流水不腐"的困境，而且也可能面临干涸的危险。文化的传承在本质上是社会活动原始记录的传承，形式上却是各种知识形态的传承，在各种传承之中不断被创新。那么由传承到创新，也许经历许久，例如，坐拥历史档案却坐等别人上门查阅，因为觉得今人不会利用、后人才会利用；也许充满温情，例如，将档案的文化属性与人们日益增长的文化需求相联系，谈到传承文化需求、追根寻脉需求、获取知识需求、文化休闲需求时，冯惠玲教授援引"连战在北京大学演讲后，北京大学赠送其母亲赵兰坤女士曾经在燕京大学学习的学籍档案和照片档案复印件"予以说明，"连战夫人追忆大陆之中说到，婆婆在 96 岁高龄看到她年轻时的照片，遥想当年，她必定也有诗一般的少女情怀"①；也许充满活力，例如，将档案的知识内涵看作文化创新、知识创新、科技创新的必要条件，因为任一新的突破都必须以充分占有该领域的原有信息和科技成果为基本前提，而以科技档案、学术档案为储备来源的地区性、行业性、国家全局的知识创新体系和信息资源平台必将发挥重要作用，而且档案作为知识、信息的载体，当各种档案信息资源通过开发等被集成、渗透到各种生产力要素、各个产业链环节中时，档案信息资源就从一种"潜在"的工具或生产力转为"现实"的生产力，这就为现阶段文化强国建设背景下的文化产品的极大丰富和人民文化需求的极大满足提供了巨大活力。

　　将档案视为国家、人类以及社会重要的资产，自不待言，但仅仅因为传承而将其闲置起来将是巨大的浪费，积极发挥档案作为凭证之工具价值，盘活这笔庞大的资产，任重而道远。

　　4.2.1.2　管理之工具价值的实现

　　管理性同样来自档案信息的原始记录性，既可以理解为档案在组织机构、公司企业、个人群体等管理活动中发挥着不可或缺的独特作用，即档案作为管理的必要要素，为各种管理流程服务；也可以理解为档案（管理）活动作为众多管理门类、管理种类之一，也可以为其他管理活动提供

---

① 冯惠玲：《档案信息资源在国家经济社会发展中的综合贡献力》，《档案学研究》2006 年
　　第 3 期，第 13～16 页。

独特的服务。档案的管理属性（即本书所指的管理之工具价值）已然逐渐被社会、市场、公众所认可，这才促使了档案用户市场需求的存在，例如，机构改革于产权流动时期需要提供档案鉴定、整理和寄存服务等。

将"原始记录性"置于组织、团体或个人管理的视角中，档案无疑是其重要的资产。人作为管理主体①，在整合资源过程中会遇到两大类问题，一是程序性管理或称为一般管理，二是非程序性管理或称为例外管理。第一类管理如政府机构的文件管理，依次为文件分类、文件编制与批准、文件编号、文件发放和领用、文件归档与销毁等；公司企业的项目管理，依次为项目启动、计划、实施、收尾、维护、管理等；档案管理属于此类型。针对此类性质的管理活动，管理主体只需要按照既定程序、制度、规范等投放以及配置资源，就像是流水线作业一样，熟练的工人、成熟的技术、合格的原料、规范的加工一系列流程下来，资源即可按照预设的目标分配、加工、配置等，那么档案（或档案管理）就是伴随着各项流程下来所形成的原始记录，这样的原始记录如何服务于这些管理活动呢？笔者认为有三个阶段。

一是传统纸质档案管理时期。例如，一般意义上的项目启动是在招投标结束、合同签订之后，那么招投标、签订合同等必然形成至关重要的招投标档案以及合同档案，项目实施前制定任务书，用以规定工作内容、工程进度、质量标准、项目范围等，档案跟所涉人、涉事、涉物之间是一种近乎捆绑式的服务，服务的纵坐标，就是一个等级分明的权力金字塔，塔顶的管理人员以"等级链"控制整个组织，上层决策、中层管理、基层执行，服务的横坐标则是链条中的"直线组织"或部门职能，一个部门负责一个流程或一个工作，完成一个流程形成一批档案，再进入下一个流程。近乎捆绑式的服务，使得我们在看待档案的资产价值时，有时眼光变得很狭隘，往往认为一个流程的档案也许就只是这个流程的资产，或者说，捆绑式服务形式的纸质档案在发挥其资产价值时必然受限于档案实体。

二是双套制档案管理时期（或称为双轨制）。双套制是指纸质和电子

---

① 管理是有效整合组织内有限资源，以实现组织既定目标和责任的动态创造性活动，那么毫无疑问的是这一活动的出发者是负有组织重任的人。参见芮明杰《走向21世纪的管理学》，《管理科学学报》1998年第12期，第32~37页。

两种版本的文件同步随业务流程运转，或者说文件运转完结后需要有纸质档案和电子档案两种版本予以归档。① 此时，档案与所涉人、涉事、涉物之间变成一种松散式的服务，因为人、事、物都不必再去额外"操心"纸质档案的形成与规范问题（或者说纸质档案并不是进入下一环节的必要步骤），某一项目从上层决策、中层管理直至基层执行，业务都是在电子环境下有条不紊地推进，纸质档案真正成了"附属物"。业务人员的档案意识好一点，可能伴随业务本身的进展保管好档案；业务人员的档案意识差一点，可能伴随着业务的终结，"事后"形成、保管档案，当然，这一附属物仍然是必不可少的，只是这一阶段电子文件的长期保存或证据价值的确定还有待完善。接近松散式的服务，使得我们在看待档案的资产价值时，眼光可能稍微开阔一点，因为一个项目（不再局限某一流程）、一个组织的档案都是其重要的资产，但是这个资产的价值似乎正在降低，因为"不再捆绑式的记录与服务"使得人们认为"档案事后形成也行，甚至事后不形成也行，等到电子环境下缺少某个记录时临时补救也行"，我们在给企业管理者灌输档案是重要资产时，对方也许变得不屑一顾。因此，两个方面的改变显得非常重要：其一是组织机构从科层制变得扁平化；其二是电子文件的长期保存及证据性得到解决。

三是电子文件管理时期。一般的电子文件管理方法着眼于"应该如何管理电子文件"，笔者所指的"电子文件管理时期"侧重于各种风险的安全预防与成熟管理阶段，而不是风险频发的粗放式管理阶段。据相关课题组调研发现，电子文件管理不当造成的损失有基本损失，例如，常见的质量缺损——失真、泄密、不准确、不完整、不可用、不关联等情况；有连带损失②，例如，历史文化方面会因其造成"记忆丢失"或"历史空白"，政治方面会因为电子文件泄密造成政务活动效率降低、政府公众形象受损，经济方面会因为电子文件不完整、证据性受损而导致谈判失利、诉讼

---

① 尽管双套制与双轨制的称谓之间有差异，学界认为前者偏重于静态下同一内容的电子文件与纸质档案的并存，后者偏重于动态下同一业务的电子平台与手工环境的并行，但笔者认为其认识上的差异并不矛盾，只是认识的视角不同而已，在本书语境下，更偏重于动态的运行之理解。参见李兵《对电子文件"双套制"归档含义的理解——同一份文件的两种版本与两个部分》，《中国档案》2011年第9期，第32~33页。

② 连带损失是指因电子文件质量缺损而引起的其他损失。参见冯惠玲等《电子文件风险管理》，中国人民大学出版社，2008，第6页。

失败，进而影响国家经济利益等。一旦这些问题有了成熟的应对措施和管理方案，双套制档案管理时期将彻底进入电子文件管理时期，此时将带来两个变化。一个是电子文件管理系统独立运行时不再需要纸质档案以及纸质档案管理的附属管理措施；另一个是现代信息技术的发展尤其是信息管理系统的出现减少了组织的管理层次，形成了一条最短的信息链。例如，对于企业管理中的销售而言，销售渠道的直营变成现实、渠道短宽化[①]；对于政府管理中的服务来讲，服务路径直接面向公众，"全通道式沟通"（即管理的路径和通道不断缩小，宽度和幅度却不断扩大）变成现实。如此一来，档案与所涉人、涉事、涉物之间变成一种智能化的服务，原始记录的特性不仅体现在电子文件及其管理程序之中，更为核心的是体现在电子文件管理系统中。此时的"档案"不仅以"后保管"保证着后端数据的原始记录性，而且以"前端控制"保证着业务全程运行数据的实时性与原始性，对于企业而言，经营业绩依赖于它；对于政府而言，服务质量依赖于它；对于个人来讲，工作的顺利开展依赖于它，如此一项关键的"管理之工具"，其资产价值自不待言。

可见，档案作为管理之工具，从传统的纸质管理到双套制管理再到电子文件管理，社会、组织、个人对其"工具"价值的依赖程度不断加深，对档案作为资产的认知度也不断提升。

4.2.2 产品化阶段：加工方式变革是档案资产价值提升关键

在传统的档案事业管理体制中，并未发现"产品化"或类似的表述，这是因为档案信息提供及其服务，从来都是以档案馆等事业单位为主来供应的，在其效益的衡量中首先考虑的是社会效益，同时兼顾经济效益，而且在其价值的认知和实现过程中始终强调"原始记录性"，所以提供的服务多以原件查证等相关内容为主体，较少考虑以"产品化"方式供给，更不用说通过一些标准化、规模化的加工流程，提供更为多元、更为复杂、更适应个性需求尤其是市场需求的产品。当然档案文献编纂工作也能根据

[①] 例如，随着信息技术的发展，现代网络技术和功能强大的营销管理软件能够对众多经销商反馈的大量信息进行快速同步处理，并能通过因特网将企业的信息集群式传递给经销商。

时政形势实时提供一些专题展览或信息服务，但其性质仍然是以政治性和社会性为主，较少考虑经济性，服务对象的主体较为单一，内容的呈现形式较为固定，所以距离多元、复杂的需求尤其是"市场需求"的要求相去甚远。但是以现有的档案事业管理体制下的编纂方式和服务主体，来使大量沉睡的档案价值苏醒，所需人力、财力、时间等成本都是无限的，如何以有限的投入来实现其资产价值的提升呢？显然单靠档案馆的力量是难以完成的，笔者认为关键在于档案信息加工方式的变革，这种变革应以更多加工主体的介入为基础，以及更多加工方式的组合参与为条件。

4.2.2.1 加工主体的多元是变革的基础

大量档案信息加工实践证明，单靠以政府方式或以档案馆为主体的方式来管理档案信息资源，是难以满足社会、组织、公众等多元化的档案信息需求的；若没有其他加工主体的参与，则只能是对现有状况的修修补补，不能从根本上扭转档案信息资源供应的颓废之势，由此笔者认为至少需要实行三个方面的变革。

一是政府主体的角色转变。我国档案信息资源服务的价值取向已经从"为国家"（或"为机关"）向"为社会"（或"为公众"）转变，而"'为社会'的价值导向实则强调利益主体与服务对象的多元"[①]。笔者认为政府（委托给综合档案馆、档案行政管理部门等实施，笔者注）在供给档案信息资源产品或者对档案信息资源进行加工时，其原有的"全盘手"角色应该改变，对自身应该有一个恰当的角色定位，考虑到"档案行政管理工作的目的"[②]，以及"档案信息资源配置的主要内容"——依法行政[③]，其角色定位于"掌舵者"比较合适。如果基于公平的目标选择，政府应该在纯公共物品性质的基础性档案数据方面提供主要的服务，例如，企业不愿承担的免费查询和咨询服务，档案从纸质载体到数字载体的基础数字化工作，原始数据的征集、收集和整理工作，这些工作已经绝大部分由政府完

---

① 周毅：《转型中的政府信息资源规划：现状与构想》，《情报资料工作》2011年第4期，第64~68页。

② 原文为"不断调节档案事业系统的内部关系和外部关系，促进档案事业的发展，为国民经济和社会发展服务"。参见冯惠玲、张辑哲《档案学概论》，中国人民大学出版社，2006，第70~72页。

③ 包括完成政策制定、统一制度、行政监督、咨询服务、业务指导等。参见王运彬《国有档案信息资源的多元化配置研究》，中国人民大学博士学位论文，2012，第139页。

善的档案管理系统承担。如果基于效率的目标考虑，政府应该对于上述内容之外的或原始数据之后的加工工作做出退出选择，让位于市场嗅觉更加敏锐的企业或服务更加专业的公益组织，当然这种"退出"也不是撒手不管，而是要对后续的生产、流通、传播等工作提供政策、法律、标准等方面的引导和服务。

二是市场主体的积极参与。从经济学视角出发，大多数档案信息属于准公共物品的范畴，市场机制的积极参与既是合理的也是必要的。由于政府的优势在于供给政策、开发机制、实施引导等，即便是直接提供"产品"式的服务，也局限于基础性、原始性的档案本身，换句话说就是将内容与载体捆绑起来无差异地摆在用户面前，但是这一过程中政府的局限性还是非常明显的。首先，从动力机制来看，面对灵活多变的市场需求，政府是失灵的。尽管政府存在着逐利的潜在意愿，但是受到法律限制，不存在逐利的合理性和现实性，因而也就谈不上根据"需求"去刺激"逐利"的想法和付诸行动。例如，某一企业认为其保存多年的纸质档案"食之无味、弃之可惜"，将其数字化为能长期保存的电子版本，并配置检索功能齐全、保存时间长久的数据库，对于这样一个非常个性化的需求，政府是无法直接提供服务的。其次，从供给方式来看，政府无法像市场那样灵活多变地供应商业化的产品和服务，只能是在法律框架下进行适当的档案开放，而企业有着业务外包、许可经营、产业化等多种方式。最后，从社会条件来看，随着市场机制、政策刺激以及档案资源本身的外部性问题的解决，企业是完全可以根据市场需求去满足超额需求和实现超额利润的。

三是公益组织的适当介入。公益组织的提法在档案学界是较少的，但是在以政府和市场为基本主体的情况下，公益组织（或者称为第三部门）依然有着自己的生存空间，例如，与企业竞争承包政府相应的准公共物品的服务；通过提供适宜的保管条件和利用便捷的设施设备，承接政府某些部门、企业事业单位、社会组织或团体个人的档案保管等业务；充分利用自身优势，档案行业协会等公益组织①完全可以胜任"为社会各方面提供

---

① 即公共管理学经常强调的一点——"当市场失灵时，我们便不会立即求助于国家干预，而首先应当追问的是行业协会能做什么，只有当市场失灵和行业协会都无能为力时，我们才应当寻求和探索国家的有效干预"。转引自王冬《行业协会自治：市场调节与国家干预间的第三条道路》，《社会科学研究》2004年第2期，第8页。

档案业务咨询服务、协调相关组织利益"等工作；通过从政府或其他方面获得补助、捐赠等，发挥其与市场和政府的服务内容相比服务平台更面向弱势群体、服务更贴心等优势。

总之，只有政府、市场、公益组织多方参与档案信息资源的开发，才有可能形成各种各样丰富的档案产品，才有可能极大满足各方档案信息需求，档案的资产之路才能走向成功。否则，只能一直在原地徘徊、止步不前，只能围绕以档案原件为主的档案"小资产"坐井观天，而无法体验真正"资产世界"的精彩和色彩斑斓。

4.2.2.2 加工方式的多元是变革的必备条件

产品化意味着档案及其服务有着标准化和规模化的加工，能够提供满足各种市场需求且可靠的产品，如果说降低准入门槛以允许多元主体的介入，是产品化的基础，那么加工方式的多元，则是产品化的必备条件。因为档案资产毕竟从形式上说还是一种信息产品，根据信息技术的发展阶段，信息产品的生产方式、加工程序、传播方式等都呈现阶段性的特征，也代表着档案资产价值化的不同水平。不同的加工方式，才能充分挖掘档案的内在的、潜在的价值，才能将档案开发与复杂的经济活动、纷繁的信息科技充分地结合起来，才能实现多元化产品的供给。

一是从传统人工处理到计算机辅助处理为基础的加工方式。对于纸质档案管理时期而言，传统手工处理就是以人力进行档案的收集、整理、保存、利用等，效率是很难跟上纸质档案的产生速度的，这也是为什么现阶段档案馆藏、档案室藏档案数量急剧膨胀，而利用率低下的根源之一。进入双套制管理阶段之后，处理程序加快、文件诞生的速度也在加快，档案难以开发利用的矛盾进一步加剧。以企业为例，当库房难以容纳以往形成的档案时，堆积如山的档案的整理、利用等也变得更加困难，会计部门越来越难以将其归入资产名录甚至倾向于将其视为累赘或负资产，档案部门也因为自身管理负担的加重或人手的不足而无法开发这批档案，更无法想象档案部门因为自身的影响力而奢望前文提及的其对企业扁平化、信息化流程提出需求。所以，利用计算机辅助处理双套制管理流程或者纯粹的电子文件管理显得非常迫切，但是这种转变不仅仅局限于熟知的原件数字化工作，更为重要的是流程的数字化，以及后端的档案和服务的数字化。

二是从提供档案原件到提供信息服务的加工方式。档案的价值认知必然是以原件的需求对象而存在的，但是往往很多认识也囿于此，似乎除了原件之外，档案的价值并无其他或者难以体现自身与其他信息的区别和独特之处，这也正是档案及其服务始终过于单调、难以满足市场多元需求的根源所在。笔者认为，档案价值必须是相对于利用者效率以及利用者利益而言的。如此一来，利用者一方对于档案价值的发挥与提升有着非常重要的制约，其一是获取速度，笔者并不否认档案利用者在很多时候宁可牺牲时间也要保证查全率，但是这样一个看法和现实也吓跑了另外一些时间紧迫、要求便捷的利用者。如果企业档案管理部门提供给常年在外的业务人员的档案服务以数字原件、信息传送替代等着上门查询，而且业务人员所需求的基本统计、挑选、专题工作被档案部门实时完成，那么可以预见档案部门在企业就不会可有可无。其二是深度广度，笔者不否认档案利用者有些时候是以查准率为主要目的，就是要找到某份确定的文件即可，但是如能提供此份文件的相应背景、深层信息以及外围场景的话，那么将有助于档案利用者做出判断，而且从广度上，不仅仅局限于档案，档案部门如能统摄企业的各种信息管理、信息流程，则将提供更多方面的信息以帮助业务人员判断他的需求是否可以更加完善、需求是否应该调整等。从一系列信息服务中，档案部门的工作人员可以利用掌握的各种信息以及分析工具，供应更好的信息产品和服务，而在服务的过程中，各方面的需求满足者即业务人员、管理层、专家队伍等也可以适时地被吸纳进信息加工的队伍，因为他们有着直接的业务经验、有着需求的满足经历、有着信息的直接理解，让熟悉档案内容的人加工档案、熟悉企业信息的人加工信息，这样整合出来的产品只会更加有深度、更加丰富、更加准确。

　　三是从提供信息集合服务到信息流服务的加工方式。信息集合是将各方面的信息综合起来，是信息产品的静态组合，以企业档案管理为例，其档案信息集合服务，顶多是以后端集成的方式，将企业档案、资料、文件、图书、情报、图纸等信息纳入数据库之中。但是这样有一个很大的局限，就是这些信息集合产品与此后的业务流很难发生联系，或者即便发生了关联，也难以体现出来，因为最高端的信息供应商与传统的信息提供者最大的区别就在于通过综合信息系统，不间歇地根据已有信息去分析、获得并供应更新的信息和分析的结果，呈现的是一个从点到面、从静态到动态的信息平台。这就相当于档案从最初的业务部门流转到档案部门之后，并未被静态终结地保存下来，而是结合相应的需求，经过下次业务人员、管理人员的利用和专家队伍的分析等之后，得以在不同部门中流转加工、在不同人员中流转分析、在不同场合中流转利用。此时的档案与原先的档案相比，"阅历"更加丰富、"指向"更加明晰、"承载量"明显增加，企业将更加愿意在人、财、物等多方面加大投入，增加档案的价值尤其是附加值，档案作为企业重要的资产的作用自然而然得以发挥。

4.2.3 产业化阶段：档案信息/知识形态大量存在是其表现

产业化，是指信息产品的生产达到了社会承认的一定的规模程度，信息生产和信息交换的目的主要是通过交易实现效益。[①] 相关产业化的解释，大多基于信息产业或内容产业，并无表述档案产业之类，或者说档案学界并不认同档案与产业之间有何种直接关联。本书并不反对这种观念，只是觉得信息产业、信息产品或内容产业之类的动力，其实就是不断寻求更低成本、更优产品、更好消费的发展过程，如此催生的一个信息市场，并不意味着单单将档案这一特殊的信息品种或信息类型排除在外。换句话说，档案一味地以"原始记录性"的独特性将自己独立甚至孤立在这一新兴产业之外，只能说明我们还未意识到档案资产其实客观地以档案信息、档案知识形态大量存在着，或者不愿意承认而已。

4.2.3.1 档案资产存在的产业环境不容乐观

从产业发展的宏观环境来说，学界已有较多关于信息资源产业及相关问题的研究。[②] 在现阶段，不管是信息资源的产业实践还是相关政策法规建设，均没有明确界定信息资源产业所属的类别以及信息资源产业下位类应包括的范畴，其与信息产业、内容产业、信息服务业、文化创意产业、文化产业等相互交织。笔者认为这是信息类产业发展时期必然经历的阶段，只要赢利模式是有价值的，不管其依赖的信息资源有没有边界、服务

---

① 陆小华：《信息财产权——民法视角中的新财富保护模式》，法律出版社，2009，第300页。
② 冯教授将信息资源产业界定为以信息资源为原料，从事信息形态的产品或服务的生产、加工、传播、利用等活动，并以此创造经济价值的国民经济部门。参见冯惠玲、杨红艳《信息资源产业内涵及其与相关产业的关系探究》，《情报资料工作》2011年第2期，第10~14页。

对象有没有限制等，其都是非常有可能在很短的时间内形成比较成熟的产业形态的。但是，这种产业形态的形成，对档案资产而言，至少有三个问题难以解决。

一是大的基础环境——信息资源产业尚未形成。在形成信息资源产业的过程中，需要基本的资金、知识产权成本等持续地投入。二是档案信息资源产业发展不充分。档案馆等作为传统的信息资源开发机构，虽然借助网络、计算机技术等向产业形态延伸方面做了些许努力，如档案文化产品的生产、档案复制件销售等，但由于档案馆公共性性质的限制，档案信息资源开发的动力不够，在向产业化转型的过程中存在着较大的制度障碍，产业化体现得很不充分，这也是以档案信息资源为基础的开发利用服务始终难以让公众满意的原因之一。三是档案信息资源产业发展的前景不甚明朗。我国现有的档案信息资源以国有档案为主，囿于体制、法规、政策、意识等，同时我国档案信息资源的产业化之路会越走越宽抑或相反，还有诸多不利因素，其中以权利为中心的法律因素尤其重要，这也是笔者在第六章阐述档案资产权利诉求的重要原因。

4.2.3.2　亟须营造良好的档案资产产业化环境

档案信息资源的产业发展，离不开商业模式的运营这一环境，即亟须在档案信息资源的规模效应、核心开发利用工具和客户价值主张三个方面努力。

首先，档案信息资源的规模效应似乎是公共档案馆的天然优势，其国有档案已有相当规模，但这并不意味着其具有产业化优势。因为国有档案信息资源的产生，都是首先为内部提供服务的，再加上对档案资源的保密性、安全性等的考虑，其内生性特点十分明显，这与产业化发展要求的信息资源的开放性和外源性格格不入，反而成为产业化的阻力。要改变这种现状，营造适合产业化发展的具有规模效应的档案信息资源，对公共档案馆而言要实现三个转变。

其一，整理加工的目的从使用到效益的转变。这里所讲的使用，主要是自身的使用，"自身"的理解不应只局限于档案形成者、档案保管者，还应包括档案室、档案馆、信息部门、档案机构等终端。某一产业的最终形成，使用的需求一定是从自身逐渐扩大到整个社会，而整理、加工、生产的目的一定是基于满足他人、市场需求，一旦社会对此类产品的需求达到一定规模，"效益"就会被摆在头等地位，因为利益关系变了。在包括档案信息在内的信息收集、整理、鉴定、加工、出版、传播等专业化生产模式下，单一的机构运作模式显然不足以应付，规模的数字化可以外包给专业的信息机构，涉及知识产权的出版可以外包给专业的出版机构，建设一个检索平台可以购买专业的数据库服务，某一主题史料库的建立可以依托给某一研究机构。总体而言，就是产业化模式下各个参与的组织、机构根据自己专业优势进行某一产业链的生产，为产业的上下游提供产品或服务，因为成本优势、专业优势较单一主体模式而言更为明显。对于企业来讲，促使其购买一个优化自身档案、情报、资料、文件管理的信息系统，很重要的前提便是市场上有专业化、个性化的产品或服务，而且成本要比自身重组或开发信息系统低。很显然，这个前提的实现有难度，就类似于企业档案堆满仓，却没有租赁或整理档案的仓储或鉴定组织去处置，档案整理和数字化企业数量少、规模小、专业化程度低。当档案的整理加工目的转变为实现效益时，以企业为例，抛弃单位内部的使用目的之后，考虑到开发档案资产可以实现的效益，企业不再仅仅将档案当作内部的陈旧文件，而是将档案视作资产。在对待资产时，企业通常会将资产投入生产，于档案资产而言，就是将档案资产交给专业的机构来为企业创收。因此，目前亟须专业的、多样的档案资源开发主体来为档案资产的获利打开渠道。

其二，提供利用的目的从需求到效益的转变。需求的出现与满足是实现效益的前提。传统的档案提供利用服务，毫无疑问也是满足社会多方面的需求，并适当考虑到社会效益和经济效益的综合，这是多年来档案界的服务宗旨和研究准则。那么何来一"转变"呢？关键还是在于"提供利用的目的"是止于需求，还是通过需求的满足实现效益。所以看待"提供利用的目的"的眼光非常重要。如果将学界所熟悉的专业名词"提供利用"换成"交换"，也许本书的用意就更加明显了，因为如果涵盖档案的信息产品、信息服务是以交换为目的而出现，那么档案的资产价值以及以档案等信息为对象进行生产加工的企业的经济利益便凭借着交换的聚集地——市场来获得货币反馈。以"去超市购买土豆"为例，这与档案、与信息产业貌似没有任何联系，但是现在超市供应的土豆是洋土豆，为了证明其是"洋"货而不是土货，得有相关证明，细心的供应商为其建立详细的健康案：耕种地的土壤环境、耕种它的农民情况、运输它的物流情况、保存它的空气环境等。一系列的附加动作换来的是消费者的信任以及附加值的实现。详细剖析这个流程不难发现，农民记录耕种的土壤环境、土豆贩子记录农民的耕种情况、仓储提供保存的空气环境、物流提供运输的过程信息，这些原始记录的提供利用都是源于上游产业链的需求，以及从对方需求满足中赚取经济价值。也许土豆的例子真的很"土"，但如果是某类高价值产品呢？如冬虫夏草，此时还得借助专业的原始鉴定报告等更为复杂的信息产品。因此我们不难看出，把档案当作资产、商品，通过用于交换的方式来利用，基于需求但不止于需求。对档案的需求得到满足之后，档案所有者背后的利用目的已经转变为对效益的实现，而档案作为资产实实在在地用于提升商品价值，或者档案资产本身就可以转变为用来售卖的有形或无形的商品。

其三，产业加工的重点从产品到服务的转变。从强调某一信息产品的商品价值，到注重用户价值的信息服务，不仅指向用户的具体内容需求，而且分析、挖掘出用户的利益需求。信息的需求，既有基于内容的信息源需求，如档案查证服务，也有对获取信息渠道的需求，如土豆供应商能够完整记录选种、种植、运输、仓储等流程信息是应对超市的需求，还有对获取信息的方法需求，如是权威的机构鉴定报告还是原汁原味的手写记录。信息的需求可能表现为某类产品或服务在市面上的短缺，此情形与物质产品的市场供求关系类似，但也可能出现不一样的一面，如档案堆积如山、杂乱无章，就需要相应的整理分析技术和服务，以及确认其真实性、完整性的鉴定需求。因此，对基于内容的信息源需求，需要挖掘档案信息，基于不同用户的需求提供个性化的服务，实现档案资产产业的主动服务模式；对获取信息渠道的需求，要做好档案资源的专题分类工作，对用户提出的不同渠道需求做好准备；对获取方法的需求，也需要对档案资源进行详细的分类标引；对于类似供求关系的档案服务需求，可以借鉴产品市场的处理方式，来判断哪一种档案资产是稀缺的资源，或者哪一种档案资产需求量较低。

其次，核心开发利用工具是指对于以档案信息、档案知识大量存在的信息产品和信息服务来说，其一般是无形的。在档案信息资源产业中，需要作为媒介物的工具将档案信息或档案知识或档案信息与知识的组合送到市场中。核心开发利用工具，与具有工具价值的档案信息中的"工具"不一样，前者主要指在产业化中连接产品与客户的媒介，一般其本身有可能是物质形态的产品，有可能是信息处理的软件系统，也有可能是商业营销规则甚至某种系统管理工具等；后者主要指档案及档案信息在社会中作为方式存在的一种价值；相对而言，前者更具体，后者更抽象。核心开发利用工具，其技术特点、网络特点、创新特点等特别突出，其对形成信息资源产业的商业模式有时甚至具有决定性的意义，如百度以强大的搜索引擎为核心工具、代表高品质的苹果电脑以软件系统为核心工具等。这些方面，恰恰是档案服务部门不擅长的，也是单靠档案服务部门无法完成的，必须走开放性的产业资源发展之路，使得产业资源更容易获得资本支持，通过与市场机制相结合才能为核心开发利用工具赢得更多的发展空间。

最后，客户价值主张是推动档案信息产业价值链发展的基本动力，是档案信息资源规模化结构的主要依据，也是核心开发利用工具的主要体验者。无论是以档案原件为主的档案资源消费产品和服务，还是以加工产品为主的间接档案信息产品和服务；无论是企业、组织、集体客户，还是个人客户，都要挖掘出客户的真实需求和准确的消费主张。只有具备了开放式的档案信息资源、创新性的合适的核心开发利用工具以及较好地满足客户价值主张，才能营造良好的产业化发展环境。

4.3 形态变化：档案资产的实现方式

4.3.1 档案文化产品：档案资产价值运动先驱

学界关于"档案产业（化）"或"档案文化产业"的定义、内涵、外延的争论不绝于耳，时任中国档案学会常务副理事长王俊德先生的点评高屋建瓴①，其主张属于"档案文化"的部分有充分的进入市场的可行性。如此一来，档案文化产品一旦被确定为交易对象，对市场上各方参与者而

① 从总体上说，档案不是商品，不能进入市场，这就从根本上决定了档案行业产业化是不可能的，也就从理论上和实践上决定了档案产业化的概念是站不住脚的。与此相比较，档案工作、档案事业中的属于档案文化的那一部分却有可能进入市场，可以产业化。转引自阿昆《众说档案文化产业［之一］》，《北京档案》2003年第11期，第41页。

言，其资产价值运动便得以显现，因为档案文化产品从一种"档案信息集合"转变为一种能够取得"利益的利益"或者说带来"价值的价值"的产品，档案资产化或价值化就此真正实现。

4.3.1.1　档案文化产品的资产价值分析

笔者将"档案文化产品"界定为档案资产价值运动的先驱，一则源于档案文化"事业"与档案文化"产业"的强关联性；二则源于档案文化产业的现实可行性；三则源于档案文化产品的资产价值可以多次实现的特性。

首先，档案事业是文化建设的重要组成之一，但是档案事业历来从理论上、政策上、法理上都被界定为社会公益性的文化事业，至少目前尚未发现涉及"经营性质的文化产业"的相关表述。郭红解在阐述文化事业与文化产业的关系时，认为两者的区别主要表现在，前者依靠政府拨款和适当的社会赞助来提供公益服务，后者主要是自主经营，按市场来调节文化产品的生产和供给，但两者的落脚点有相似之处——提供的都是文化产品和相应的文化服务，即使两者提供的文化产品可能差别甚大，提供的文化服务质量可能截然不同[①]，这样一对界限分明却不乏共同目的的领域，给予笔者如下启示：如果仅仅将眼光放在两者界限分明的差异之处，那么档案文化的发展也许就只有"公益事业"这样一条道路，但是把眼光聚焦于两者共同目的的集合之处，那么发展档案事业与发展文化产业并不矛盾。在日益增长的市民对档案文化等文化产品需求得不到有效满足的情况下，需要反思——究竟是事业化的方向错了，还是事业化的路子窄了？显然是后者，只有以创新的思维积极探索发展档案文化产品及档案文化服务的经营性质活动，才能让借助产业化之路的档案事业越走越宽。

其次，借助产业化的发展思维，当前业已开展的档案文化产业，其实已经充当了档案资产价值运动的急先锋。例如，艾建华女士在参与档案文化产业讨论时，认为其内容"宽而又宽，广而又广"。[②] 虽然她所举的例子，在传统观点看来，不外乎是档案事业的组成部分。档案查询、档案编

---

①　郭红解：《档案事业与文化产业》，《中国档案》2004 年第 2 期，第 18～19 页。

②　艾建华举例：查阅档案服务，编写编研资料，编写参考资料，档案代管，档案寄存，中介服务，爱国主义教育基地，信息服务，教育培训，学术交流，咨询服务，法理帮助，人才服务，档案用品装具服务。参见阿昆《众说档案文化产业［之一］》，《北京档案》2003 年第 11 期，第 41 页。

研、教育培训等都是档案馆的核心业务之一，怎么能将其说成档案文化产业呢？本书认为并无矛盾之处，关键是看这些业务、产品、服务是谁以何种方式来完成的。这个问题放在十年前，没有任何疑问，肯定是档案馆这一文化事业单位根据财政拨款提供公益服务，但是上海市科技馆管理有限公司等市场上涌现出的一批新型企业①，改变了这一看法，该文作者甚至大胆展望——上海市档案馆凭借自身在档案文字资源存储、开发、理念等方面的优势，运用产业化运作方式，组建上海市档案馆管理有限公司，为上海世博会服务，为上海档案文化产业崛起起到示范作用。再如，时任国家奥委会主席何振梁先生在北京申奥成功后，曾经在他生日当天收到1929年那一天的《泰晤士》原版报纸这一生日礼物，让他喜出望外，"生日报"这一案例更为档案文化产业发展带来了启示，即开发、包装档案内容、档案实体复制品等这些产品的可行性，"生日试卷""生日作文""生日典故"等都大有用武之地。② 据查，我国历史上有据可考的文状元、武状元有770多人，但目前仅仅有明代青州人赵秉忠的状元卷保存完好，该状元卷复制品于2007年4月被评为第二届世界风筝都旅游节十佳商品奖，极大地开发了此档案的文化价值、经济价值，增强了中国档案在世界上的影响力。

实际上，状元卷复制品只是借助产业化思维发展档案文化产业的冰山一角，其关键在于如何"借助产业化、创新档案发展理念、助推档案事业和档案产业发展"。对于各级各类综合档案馆而言，各类丰富多样、包罗万象的档案编纂作品，各式档案展览等若能更多地转换思维，都会取得意想不到的社会效果和较大经济效益。例如，以中国第一历史档案馆清宫密档系列、中国第二历史档案馆南京大屠杀档案系列为基础编纂的图书、视频，在保障国家领土安全、维护国家权益、提升中国文化影响力等方面取得了较好效果，相关合作单位如北京电视台、中央电视台等网络媒体，《中国档案报》等纸质媒体也取得了不错的经济效益；各省各地这些年兴起的"老照片"图书、视频系列，为出版单位、发送平台等创造了不错的经济和社会收益；福建省档案馆将侨批档案展览办到了新加坡、越南、美

---

① 郭红解：《档案事业与文化产业》，《中国档案》2004年第2期，第18~19页。
② 刘丽萍：《档案文化产业开发实践与认识》，《黑龙江档案》2011年第4期，第13页。

国等十几个国家，充分展示了中国档案文化魅力。

此外，也要注重借助"产业化思维"的程度和深度。我国历史悠长，影视剧市场上历史剧所占份额大，长期受到国内外观众的喜爱，但也有诸多历史剧过度远离历史、误导青少年，档案部门如何借助历史剧的热度和影响力及时发挥档案的国家记忆、历史记忆、原始记录等性质，深层次地发挥档案在政治、经济、文化等诸方面的功能，很是考究档案人的智慧。例如，在我国极有影响力的历史剧《甄嬛传》热播之时，凤凰卫视根据国内相关档案馆藏推出了《真假甄嬛》等视频作品，取得较大轰动。表面上看，历史剧容易远离档案胡编乱造，但如何借助影视剧的巨大影响力适时、适度地把档案信息、档案文化推送出去，促进档案产业发展等，没有固定模式可走、没有现成道路可选。

最后，无论是档案文化产品还是期待不久将出现的档案内容产品，其产品的价值化，一定伴随两个过程，一是价值的生成，例如，档案文化产品的挑选、鉴定、定题、编研、出版一系列的生产加工过程，并在满足市场需求的同时换取价值；二是产品的增值，政治经济学分析指出信息类产品可以在"流通"中实现增值。因为"流通"既创造了一种促进档案价值实现的动因，也创造了公众有权利分享利益的空间。所以说，档案文化产品及其服务在价值的生成以及增值过程中，以一种全新的方式呈现在市场上，或者以全新的交易形态出现在人们面前时，档案公布权的纠纷、档案利用权的纠纷、人事档案所有权的困扰便会得到极大解决。因为档案文化产品在其信息集合过程中也好，在其信息流的产业链中也好，上、下游之间，生产者与利用者、供给方与用户之间将产生一种契约关系，以此来规范其对档案信息内容的使用。当档案文化产品以较高级形态出现时，例如，商业性质的档案专题数据库，其中的产品呈现强烈的不可绝对交割性。以静态的眼光看待这个数据库时，它是一个集成产品，数据海量、更新迅速、功能多样，单一用户无法以某次下载等手段完全"交割"该数据库的全部信息和相应功能，必须以此数据库系统为功能依托；以动态的眼光看待这个数据库时，它是一个过程产品，因为档案这个文化内容极强的信息会随着被组合到其他信息系统中而实现和增加价值。

4.3.1.2　档案文化产品的资产价值开发

通过人们的智力劳动和创造力，促进档案文化资源与其他相关资源要素之间的有效整合，从而实现价值尤其是经济价值的增加，这就是档案文化产品的资产价值开发。学术界在研究文化产业时，也兼顾了信息社会、知识经济等时代背景，认为作为一个不断兼容并蓄的产业圈，其核心层是文化内容的生产、创造与推广，包括各种创意、策划、信息等，文化产业的知识性、信息化内容，是文化产业的根基所在。[①] 这种根基之上的创新与创造，实质上就是人们运用各种技术手段创新思维与管理实践所形成的突破前人模式的构思、创意、专题、方案、灵感、决策等，从而在新的市场平台、技术平台中实现已有文化资源的激活，在与其他生产要素、经济要素、管理要素的有效结合中实现已有文化资源的整合。

　　这种激活与整合文化资源的优势其实就是档案资源与资产的分水岭，华春雷指出：资源优势并不一定天然地转化为产业优势，或者表现为产业环境下一直独具特色的资产形态，真正具备创新和创意的文化资源才是占有量和开发成效的前提，具体到档案行业，恰恰是这种能够使馆藏的文化资源宝库价值增长的创造力的缺乏，使得我国档案文化资源开发水平低下、无法产生高附加值的文化资产与产品服务。[②] 改变这种情形，根本在于对所藏档案文化资源进行符合市场需求、社会需求的整合，实现与不同类型资源、技术、信息、资产、经营模式的结合，方可促使"故纸堆"的档案资源变为市场需要、社会需求的资产和财富，具体如图 4-1 所示。

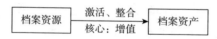

图 4-1　档案资源与档案资产的关系

　　公共档案馆作为档案文化资源最主要的管理者，实践档案文化资源的资产化甚至商业化开发，不失为一种文化产业发展背景下的可行办法。华春雷在介绍美国 Proquest 公司开发的档案信息资源数据库时，指出其中美国在线、遗产索引在线、国家防卫档案等经过成功的商业化运作，被许多社会机构购买[③]，他认为公共档案馆作为发挥社会效益的主要事业单位和

---

① 花建：《产业界面上的文化之舞》，上海人民出版社，2002，第 40 页。
② 华春雷：《档案文化资源开发的新思路——文化产业发展背景下档案文化资源开发探析之一》，《云南档案》2007 年第 3 期，第 31~33 页。
③ 华春雷：《公共档案馆开发档案文化资源的商业化模式——文化产业发展背景下档案文化资源开发探析之二》，《云南档案》2007 年第 4 期，第 31~33 页。

公共服务阵地，也具备合法合理地追逐经济效益作为开发档案文化资源动力的潜在可能。既然如此，这也不失为一种公共档案馆探索服务创新与职能拓展的有效尝试。诚然我国公共档案馆将其馆藏档案文化资源进行资产化后确认并商业化开发的模式实践较少，文化产业、文化事业的其他文化兄弟单位却在此方面进行了诸多大胆尝试。例如，国家博物馆与民间文艺家协会遗产抢救办公室发起的"民间家书征集"活动，前后陆续征集到 3 万多封，从形式上看，其内容丰富、时间跨度大，并以此为基础创新性地创办了一个以百姓自己视角来记录的民间记忆的栏目——《百姓档案》。虽然档案部门也有不少这样的例子，诸如福建与广东两省档案馆从维护世界记忆的角度将"侨批档案"申报为世界记忆遗产，但区别在于在驱动上，前者是通过和普通百姓、独立制作人、社会 DV 制作人、专业制作公司等联合创制，以反映社会普通民众生活的影视纪录片的形式在电视台或网络媒体销售播出，后者却是以政府之财力、物力和人力单方面进行的申报、管理和宣传活动。这种驱动的差异，使得政府在与"侨批档案"相类似的大规模的资源积累等方面有优势，却无力应对市场上小规模、变化快、下基层的资源需求和文化需求；同时也使得社会组织、市场组织甚至公益组织等也难以以市场或公益的方式投身于公共档案馆的档案文化资源的开发。换言之，公共档案馆自己抱着"故纸堆"不开发或缺乏开发的动力，还不让愿意开发的其他人来开发，长此以往，后果只有一个——档案中所蕴含的文化、信息、内容要么被动地以"提供原件凭证服务"为名拒绝其他形式的加工、整合、增值，要么长期地以"发挥社会效益为主"为名拒绝经济价值等认知、发挥与增值，即增值或收益总是在档案原件（符号＋载体＋内容总是牢牢捆绑起来）归档之后其价值运动戛然而止，如图 4－2 所示。

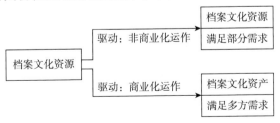

图 4－2 档案文化资源与档案文化资产的关系

"增值"其实就是档案文化产品、档案信息产品或是档案内容产品，在资产价值运动过程中对资产关于"能够带来预期收益"属性的最好诠释。以公共档案馆为例，魏斌认为参与档案增值服务的开发具有以下四种可行的模式。①

一是公共档案馆档案文化资源开发的主体角色。其既扮演档案文化资源的提供者，又扮演档案文化资源的开发者，即或公益性质的无偿开发，或商业性质的增值开发。在该模式中，档案文化资源的获取、生产、加工等均由公共档案馆独立完成，而档案文化资源增值开发产品的销售和相关服务则由销售商代理。公共档案馆作为档案资源的保管者，对自身资源十分了解，比较容易厘清和捕获档案资源的不同价值；作为档案资源的提供者，可以高效、便捷地获取档案信息；作为长期举办各种档案展览、从事多种档案编研活动的单位，在对相关政策的把握程度、档案信息开发等方面有着丰富的经验。

二是公共档案馆档案文化资源开发的主导角色。公共档案馆对档案文化资源开发进行布局、规划，具体增值开发活动通过外包方式与其他增值开发主体合作完成，相关产品的销售及服务由销售商进行，其他增值开发主体可以多样化，公益组织、企业、个人等均可参与。该模式使得公共档案馆集中精力发挥自身资源拥有的优势，通过合作扩大自身影响力。

三是公共档案馆档案文化资源开发的引导角色。公共档案馆通过政策引导、授权等方式积极鼓励不同档案资源增值开发主体竞相参与开发，档案资源开发工作由开发主体主导进行，公共档案馆与开发主体是引导与被引导的关系。该模式使得档案资源增值开发主体能通过充分的市场调研，更有针对性地确定各种档案资源增值开发的方式、产出形式等，产出成果更易多元化，也更有利于满足社会对档案资源的多层次需求。

四是公共档案馆档案文化资源开发的参与角色。档案资源的增值开发的选题、加工、销售等所有环节均由各开发主体自主进行，公共档案馆以提供档案资源利用为主参与档案文化资源增值开发的"前端"工作——档案资源的获取。

上述四种模式实际上代表了档案资源增值开发的发展阶段，随着档案

---

① 魏斌：《我国档案信息增值开发模式研究》，《档案学通讯》2011 年第 3 期，第 46~48 页。

信息市场的成熟、档案文化产业规模效应逐渐显著、诸多开发主体的良好互动等，公共档案馆应逐步从开发主体者向参与者转换。

但是，通过研究我国档案文化产品中资产价值实现的案例，我们发现公共档案馆从开发主体者向参与者逐步转换任重而道远。国家档案局杨冬权局长在2012年全国档案工作者年会上的讲话中提出"要把档案转化为文化产品"，认为档案部门通过新兴的大众文化传播方式以档案制作的文献电视片（《中国近现代影像史》《红旗飘飘》等）、影视作品（《新四军》《邓小平的故事》《毛泽东·1949》等）、档案网络视频产品（《共和国脚步》系列视频、《毛泽东档案》等）等都是有影响的文化精品的典型案例。档案部门通过传统的文化形式如编辑档案图书、举办各式展览、出版档案报刊等形成档案产品，可以努力让档案产品"既可以登大雅之堂，又可以进群居之巷，既可以上领导案头，又可以上百姓床头，成为雅俗共赏的文化精品"。笔者读完，掩卷思考，杨局长在充分强调档案部门在档案文化产品建设中大有可为时，其实也说明了以档案为基础是可以制作大量受欢迎的各式产品的，我们既要强调档案文化产品凸显的社会效益，也不能忽略其所带来的经济效益；既要充分发挥档案在政治、军事、文化等方面的价值，也要适时发挥档案作为国家资产、社会资产的经济价值。这也正如杨局长所说的档案可以在古城重建、城市环境设计、旅游文化产品设计等新领域发挥广阔的、巨大的、十分必要的作用，而要充分发挥上述作用，笔者以为仍然沿用以前档案利用服务、档案信息资源开发的方式是很难取得较好效果的，只有真正以"资产"视角去实现档案价值的生成、完成档案文化产品的增值，才能满足档案文化产品对于社会公众、机构、组织，乃至国家的需求，实现上述主体的收益。

档案部门档案文化精品的成功，充分说明了从"资产"视角看待档案文化产品，至少可以带来三个方面的明显变化。其一，以充分重视档案文化产品的经济效益来推动档案文化产品满足市场需求和用户需求的广度和深度，促进档案文化产品的多样和丰富。案例中档案部门产出的多项文化精品，虽以追求社会效益为主，但不经意间不乏通过市场化方式、引入多元化投资经营、充分与电视台等部门合作等，从而取得了良好的经济效益和社会效益，这说明在追求"经济效益"方面，档案部门是可以和很多文化部门展开深入合作的。档案部门社会效益第一的工作方式可以与其他部门追求经济效益第一的方式充分结合，为打造档案文化精品提供源源动力和寻求资金保障，这正是档案资产化运营的第一步。其二，档案文化产品的资产化运营在档案部门能成功，充分说明档案产品在帮助个人、企业、其他机构以及在国家层面实现经济收益亦可以成功，因为档案部门面临的政策、环境、制度、体制的障碍远比个人、企业和其他机构大。只要抓住档案文化产品成功的"核心要素"即满足用户档案需求以生成价值、实现档案产品的增值以实现产品流通，档案资产化运营就可以实现。其三，要真正实现"雅俗共赏"的档案文化精品，需要有产生大量档案文化产品的动力和机制，需要有使档案文化产品传播和共享的渠道，需要培养相当的档案文化产品消费群体，单靠档案部门是不可能完成的，这为个人、各类组织、政府、国家的档案资产化运营提供了理论空间和实践需要，如图 4 – 3。

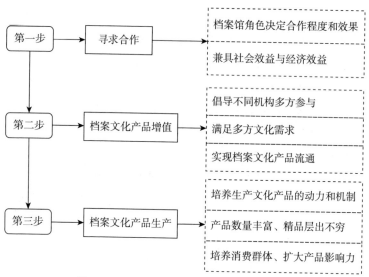

图 4 – 3　档案文化产品资产价值开发步骤

4.3.2　档案内容产品：档案资产价值运动的典型

前文在阐述档案资产与内容资产的关联性时，认为内容资产是广播电视单位通过制作、购买、交换、联合摄制、赠予等形式拥有或控制的能带来当下或未来经济利益的节目资料。广播电视单位（简称为媒体行业）的节目资料（内容资产）并不都表现为档案，但是诸如节目制作脚本、自制作品样本等都属于档案，也就是说内容资产与档案资产有交叉，内容资产的兴起与成功对档案资产价值的发挥有较强典型意义。

4.3.2.1 媒体行业内容资产的认知转型

数字新媒体技术的兴起为媒体行业内容资产的认知转型提供了源源动力。数字新媒体技术崛起之前，各广播电视单位自制的各种节目经过一两次播出之后，就进入片库的保存阶段或"沉睡"阶段，节目资料的生命周期如同档案学领域文件生命周期理论所阐释的那样，现行价值终结或者说经济意义终结。但是数字技术的巨大进步加剧了传统广播电视行业与网络信息传媒等多部门、多行业的融合，集中表现为融合趋势下的新产物——数字新媒体的迅猛发展与崛起，各渠道资源融合而成的集成产品或集成服务空前丰富，公众所熟知的纸媒、电视等传统媒体的渠道垄断逐渐被技术所消解，各种媒体之间的介质和技术壁垒被彻底瓦解，传媒产业的市场版图以及赢利模式也面临着全面重构。在规模扩张和资讯堆积的海量信息背景下，传播渠道的拥有量和掌控能力对于媒体核心竞争力而言不再是唯一的和最重要的，相反，渠道规模之下及海量资讯之后的内容的重要性越发凸显，尤其是在内容之上发展的数字技术的成熟水平和应用能力为各种媒体提供了全新的发展商机和赢利模式，以内容为核心所重构的传播方式、渠道、终端的广泛融合等成为新的机遇。传播渠道与接收终端的极大丰富，多销售窗口、多播出平台、多接收客户端对内容的数量、种类和质量产生了极大的多元化需求，尤其是优质内容往往能引发激烈的市场争夺；同样节目资料的不同形式产品、不同传播渠道以及跨媒体的复合、重复、创新性利用也能使用户种类急剧扩散，使经济价值、社会价值得到延伸，这不仅降低了用户的利用成本，而且原有节目资料在扩散分享利用中因为利润的分享也实现了价值的延伸和最大化。如此一来，沉睡在档案库中的节目资料的价值为世人重新认识，尤其是经济价值的重新发现引起了业界对该行业内容资产运作管理的重视。

节目资料向内容资产转化的条件日趋成熟。一是节目资料丰富。我国广播电视行业历经半个多世纪的发展和积累，大量珍贵的节目资料已然形成，其耗费了大量的人力、物力、财力，经过了长期的沉淀，具有不可再生性、独家性和稀缺性，社会文化价值不可替代，同时也具备潜在的巨大经济价值。二是国外有诸多成功的先验范例。欧美发达国家一些著名电视台对于自己持有的独创制作、联合制作的内容资料进行版权销售的创收就达到总收入的三分之一。三是国内现实发展机遇。现今我国媒体行业面临转企改制的变革机遇，内容资产的持有、运作、赢利等都是无法回避的问题，处理不好都会造成国有资产的流失与贬值。

媒体行业内容资产形态的认知转型。一是将内容资产认定为有形资产中的固定资产部分，理由在于不管节目资料的内容如何，都要依附于各种载体，一些节目制作单位对库存档案资料进行会计处理时，一般依据磁带的盘数、播放的时长或者内容的存储量来计算并记录。但是在通行的会计确认和计量准则下，经济学意义上的很多无形资产因为无法精确计量而游离于报表之外，故而很多单位只将以货币形式外购的无形资产计入会计报表，而广播电视单位却有大量自制、自创或者联合制作的节目资料无法计入会计报表，这些节目资料从诞生之日起，到后续的入库备查，整个生命周期都面临无法入账的困境。二是将内容资产认定为混合资产，即认为内容资产既有有形资产意义上的载体（固定资产），也有无形资产意义上的信息（无形资产）。此种解读在于过于机械地将没有实体形态等同于非物质性，即便是无形资产仍然有其物质载体，媒体行业的节目资料肯定有物质载体，而资产价值的关键在于能看、能听却摸不着的信息和内容，不在于外在的实物形态。更何况，"混合资产"在实践中难以操作，某一内容资产在何种条件下固定或无形存在较大分歧；两者在逻辑上无法成立，因为固定资产和无形资产的划分标准不一样。三是认为内容资产属于可辨识的无形资产。"可辨识"，其实就是节目资料无论是保存在自己的库房还是移交到公共档案馆，都必须受知识产权保护和制约，法律对于广播电视节目资料的资产取得、法定期限均有明文规定，对于版权也有著作权法等进行保护。

媒体行业内容资产运营形式认知转型。一是内容资产的运营结果具有较强的不确定性，内容资产的价值认知、发掘、转移、出售等全生命周期是一个庞大的系统工程，使得未来预期收益具有很大的不确定性。二是市场环境对内容资产的运营影响广泛，内容产品市场环境的瞬息变化制约此类资产运作的预期和收益能力，例如，市场竞争过程会导致买家在播出时段、覆盖范围、授权程度、销售渠道等方面进行调整并最终影响议价模式和交易价值的波动。三是内容资产运营渠道的选择和组合对资产价值的发挥往往有着直接影响，例如，节目资料可以通过传统的渠道进行播映权销售，也可以通过有线电视信号、网络电视、手机电视、网络媒体、移动视频等新媒体甚至自主研发的客户端进行节目素材销售、音像资料版权销售等，以创造收益。四是"旧"内容资产在新环境下更易焕发新生机，网络信息与市场经济的融合，催生了市场的高度细分和营销模式的深刻变革。对于用户而言，其更青睐于自主选择性大、产品形态丰富、节目内容个性的产品，长期沉睡在档案库房的老片子、老节目、老视频更易在新技术、新市场、新渠道下一跃成为取之不尽的宝贵财富。

4.3.2.2 媒体行业内容资产的评估借鉴

美国管理学大师普兰和诺顿认为"不能衡量，就不能管理"，既然媒体行业对内容资产的价值认知发生了重大变化，那么其资产如何运作和管理的一项前提——价值评估或价值衡量就被提上议事日程。

（1）从内容资产形成的全生命周期来审视资产评估

以媒体行业所形成的节目资料内容的生命周期来看，从其规划、拍摄、制作、播出到素材原料（档案）的分解、整理、编目、入库、整合、再利用，全流程有着自身的特有规律——投入次数多、投入成本高且回收次数多、原材料增值性强等。一方面，初始成本高。在落实内容资产的成本计算和增值效益考量时，必须将其视作高初始成本的资产类型，因为它是人们多次创意和集体智慧的结晶。与其他实体产业不同的是，一旦市场需求量降低，实体产业便可通过削减原料的采购量和寻求成本更低的原料供应来降低成本，但媒体行业所创制的节目资料，其内容在采制成本、输出成本等方面通常较为固定和较为高昂，与观众的受欢迎度没有直接联系。另一方面，增值效益明显。尽管初始成本不管在传统纸媒时期还是在新兴数字媒体阶段，都是长期居高不下的，但是某一节目资料一旦成行，再复制、加工、供给其他用户的成本是相当低的。这与国际媒体市场的情况完全吻合，即某一内容产品的实际交易价格在一般情况下低于初始成本，从而使得内容产品持有者能以较低的边际成本，经过不断地整合与创新以及多次的交易、多方的交易创造较高的边际效益。例如，国内近年来收视火爆的卫视栏目大多以美国、韩国电视栏目为借鉴对其进行模仿、创新，却无法阻挡后者在各国电视媒体、数字媒体、网络媒体上大行其道，原因就在于后者节目内容兼备价格优势和质量优势。

所以，生命周期全程管理和全程评估的启示在于媒体行业内容资产的价值评估和定价，应该综合分析内容资产的各个生命周期阶段，既要考量内容资产初始形成的独特价值和高昂成本，也要合理计算每一次使用、销售所部分实现的价值，从而制定出符合内容资产实际情况的价值实现方式和销售模式。例如，欧洲一家音像资料版权代理公司的价格体系中，同样的内容在销售给不同的领域（广告、教育、战略、文化、零售业等）、渠道（传统媒体广播电视、新兴数字媒体的使用）以及不同国家和不同地域范围（单个国家、全球销售）时，均有针对性的价格方案，以其版权占有或代理销售为模式，通过节目素材的分解、整合、投放、衍生等开发出最大的经济价值。[①]

（2）媒体行业内容资产评估流程

媒体行业中长期沉睡在档案库的节目资料固然可以称为核心战略资源，但要将核心战略资源转化为媒体行业的重要内容资产必须具备一定的基本条件，如前文所提及的节目资料的数字化、版权清晰、市场销售体系成熟以及科学权威的价值评估体系，必须有科学合理的操作流程。

一方面，弄清内容资产的构成。一般分为成品节目和素材资料。成品节目是指具有相对独立性、业已制作完毕且可以播出的视频音频节目，包括以独立形式或分集形式存在的电影、电视剧、栏目剧，也包括独立或系列的专题片、纪录片、电视栏目、综艺节目、演唱会、体育赛事，以及内容相对独立成条目的新闻消息等。成品节目在形式上相对独立、内容上相对完整，已经过前期剪辑、编辑等艺术加工，可以直接播出，以佳片、磁带、磁盘、硬盘等介质形式保存，画面配有加工的字幕、配音、解说、对白以及栏目标识/台标等。素材资料是指相关从业人员拍摄、录制的还未经过整理加工编辑的原始的、客观的、零散的初始音频视频材料，其独特之处在于拍摄过程的客观、真实、原始、个性和多样，如库存的各种花絮、特写等，完全可以再次、多次使用，尤其是当制作新节目时或对原有栏目进行重新解构与整理加工时，再次使用可以大大降低成本投入。

另一方面，有效区分内容资产构成成分，采用不同价值评估方式。中评协〔2008〕217号《资产评估准则——无形资产》中规定对无形资产的

---

① 叶丹：《三网融合呼唤媒体内容资产价值评估》，《中国广播电视学刊》2010年第11期，第14~16页。

评估方法包括成本法、收益法以及市场法，对于媒体行业的内容资产价值评估具有一定的指导意义。国际上关于媒体内容资产销售基本以等级划分、分级定价为通行原则，但是具体到某一节目内容时的价值体现必须多方面考量，如是否为独家拍摄、拍摄技术难度、成本投入、拍摄时机的可重复性等，成本法则和市场法则是价值评估的主要原则。此外在分级定价方面，节目内容无论处于生命周期的何种阶段，是前期研发还是后期的档案库存保管，都应该以已经发生的生产成本为基础，遵循"内容至上"原则，如其稀缺性、拍摄难度、版权特征，结合市场需求、市场供应、欢迎程度等调整价值变差和定价策略，具体为以下四点。

一是以内容制作的成本为基础。根据媒体财务历年公布的数据，要综合考虑生命周期中所经历的管理成本、经营成本、设备成本、人工成本、维护成本等。在具体核算时又分为两大块，节目制作的直接费用与节目制作的间接费用，如耗费的人力费用、交通费用、设施费用等。中央电视台财务部门提供的数据显示，CCTV2010年平均每分钟成本为1140.5元，其中游戏竞猜类节目高达2370元，信息推介以及消息类节目低于350元。这种成本估算体系也是建立在对节目资料价值的制作成本的评估上的。

二是以内容反映的稀缺为重点。作为后端入库保存的归档之后的内容价值评估，在分级定价时还应考虑年代久远程度、珍贵稀缺程度等内容价值的差异性、独特性，因为成品节目和素材节目在播出方式、播出渠道以及内容反映的完整性和衍生性方面存在差异，在价值评估时应重点考虑内容之间的差异。成品节目作为资产较为容易确定，其经济价值的实现途径较为成熟。成品节目中的某些部分，如镜头剪辑、场景特写、情景片段等，可以和素材资料共同作为后期或新节目的制作材料，无论其管理保存于何种阶段，即便是在档案库存中，同样可以通过再利用实现经济利益的再创造，以及通过新节目制作使镜头再利用达到降低成本的目的。而且上述销售目的、转接目的、再利用的目的，都是基于节目资料内容的评估，即内容反映的事件时间、稀缺特征等，如年代久远且因为历史原因不可再生的"文化大革命"期间的节目镜头，又如含有濒危或已经消失的历史情景、人文景观、自然生态、建筑奇观等的节目镜头。基于定价的单元性和用户的便利性，将素材资料或以前的成品节目当作素材使用时，可以镜头为单位，设定价值鉴定界别来分级定价，同时按照媒体行业惯例，定价的时间单位以秒计算。在此方面，CCTV音像资料馆等一些媒体行业档案馆根据支持节目制作播出的服务性质，创造性地根据主题建立导航、检索便利的"数字资料库"，类似于档案馆的专题档案数据库，专题的设定一方面以本馆实际收藏的内容档案为基础，另一方面结合当前社会公众以及本单位需要通过版权购买、数字拷贝的方式获取保存在其他馆的某些专题的必要部分。上述内容资产的评估定价，可以主题数据库为基本单位，以镜头的单位级别为定价的依据；可以整库出售也可以访问权出售；可以静态数据出售也可以动态数据访问，内容产品达到数据库的量级集成意味着内容资产在价值运动中实现了质的飞跃。

三是以内容版权的特征为依据。媒体行业的节目资料无论是拍摄制作的单一个体，还是经过档案部门或其他信息单位的资料整合，其资产在本质上都是以知识形态存在的智力成果为特征的法定权益，不同的是这种智力集成度有所差别而已，可能是某个摄影师的劳动成果，可能是某个栏目组的集体劳动，也可能经过档案部门的整合加工。因此在确立清晰的版权特征目标导向下，这些差异性决定了节目资料在被再利用、再开发时的范围和界限，也决定了这种内容资产的价值构成。例如，《中央电视台版权管理总则》对于内容版权特征做了三级规定，一级版权节目（购买节目），有播放限制，不可作为素材，不可再开发；二级版权节目，自制播出节目、大部分栏目，播放次数无限制，可以作为节目素材，但不可以开发；三级版权节目，电视台自制新闻、自行拍摄的影视剧、综艺栏目、赛事、晚会、法制栏目等，无播放限制，可以作为素材且可以开发。由此可以看出，版权限制了节目资料的使用方式，也意味着在分级定价时必须在版权规定范围内进行。广电总局出台的《广播电台电视台播放录音制品支付报酬暂行办法》启示我们，内容资产的本质在于版权，具有版权的节目才是机构的核心资产，所以如何界定媒体行业内容资产的版权以及在此基础上的内容资产评估显得非常迫切。

四是以内容市场的反映为杠杆。对于内容资产而言，成本、事件、版权固然从根本上决定着价值，但是进入市场之后，还会受到市场上同质资产供应情况、非同质产品稀缺程度等影响，内容越独特、数量越稀缺、使用率越高，自然价值也随之水涨船高。通过版权来控制稀缺节目的播出范围和使用权限，可以带来高额的市场利润。所以，如何以市场为杠杆就不再是关起门来自家审视自家东西，而是要时刻关注市场变化、时间因素、社会热点、政治生态等所有可能引起节目资料价格波动的因素，从而及时评估节目资料内容的价值变动情况，并对评估结果以及定价策略进行调整修正，以保证内容资产不至于躺在档案库无人问津。

4.3.3　档案资产化的完成：资源—资产—资本

　　档案的资产化，为档案成为资产权利客体提供了现实基础（关于权利实现以及保障在第五章中阐述），也就意味着要从抽象层面的档案价值形态转到具体层面的档案资产形态，其"资产化"才可能最终完成，这个"完成"伴随着从档案资源到档案资产再到档案资本的过程。

　　以《企业财务会计报告条例》第9条第1款之"资产"规定为借鉴①，档案的资产化，强调将档案作为能够预期给某类组织尤其是企业带来经济利益的资源来进行重新认识、管理和配置。

　　档案或档案信息资源能够成为档案资产，内在价值尤其是稀缺价值是必要前提，这种价值具有收益的可能，即如何收益。也就是说，从档案资源到档案资产的过程，必须是收益实现的过程。在这种过程中，档案信息的独立存在是前提，而档案信息的独立存在是通过档案载体与档案信息的可以分离从而完成数据化表达，档案信息加工使得档案价值的独立性不断提升，档案成为生产方式、生活方式以及各种权利关系的重要利益载体而实现的。这种过程，必然伴随着档案从作为工具价值的实现向档案通过价格方式变革而生产大量产品阶段过渡，再随之培育以档案信息形态、档案知识形态存在的大量档案产品的产业发展之路，这既是档案资源成为档案资产的标准，也是档案资产化的路径。从档案资源到档案资产收益实现的过程，通过档案文化产品的先验范例和档案内容产品的成功予以说明。

　　从档案中提取文化、形成各式档案文化产品，关键点在于以产业发展的创新性思维拓展档案事业发展道路，积极促进档案文化产品上各种附加价值的生产以及实现档案文化产品的增值，逐步改变公共档案馆在档案资源开发中的角色，全面实现档案资源应有的社会效益与经济效益。

---

① 国务院第287号令发布，自2001年1月1日起施行。

档案内容产品的成功或者说节目资料向内容资产转化的过程与档案资源到档案资产收益实现的过程不谋而合。数字媒体技术给传统媒体行业内容带来了勃勃生机，使得各式节目资料的融合、集成空前丰富，共享更为便捷，收益更加流畅、复杂。内容资产也曾面临资产形态选择的困惑（固定资产、无形资产之争），内容资产一直面临难以计量的难题（初始成本高、收益不确定、定价方法多样且复杂等），但内容资产的运营为何能取得巨大成功？笔者认为原因主要有两点，一是国家政策的扶持，如国家在传统媒体行业改制及网络媒体、手机媒体传播等方面提供的支持力度较大，为内容资产价值发挥提供了重大机遇；二是内容资产的经济效益显著，易于在较短时间内形成稳定的市场环境、产业形态，内容资源—内容资产—内容资本转化的速度快、时间短，反过来内容资本又能积极投身内容资源建设，形成优质内容资产。

档案资源—资产—资本的转化关系，通过档案学界经常争论的"档案服务是否应该收费"问题予以说明。通过收费这种直接定价方式，来简单地换取收益，例如，一份复印件的价格确定，一份档案数字化的价格确定，此类资源的品种、内容都十分单一，在直接定价技术上没有问题，但牵涉到合法不合法的问题。笔者认为"是否应该收费"不是问题的核心，关键在于供应的档案产品及服务怎样定价，因为免费不是不收费，而是面向用户此次收费为零，却通过国家税收、财政拨款等更为宏观和复杂的方式收费。考虑到"直接定价"容易因为公平性等问题激起普通民众的不满，也因为零星的收费并不能带来明显的收入，所以"间接定价"更能兼顾公平与效率。对于普通公众而言，普通的档案查询之类的需求满足权利其实已经通过国家事业管理体制的方式让渡给公众，即在公众去档案馆查询档案这一过程中，档案馆有收益权，但是公众早已缴纳，所以此类服务应该尽可能收费为零，顶多收回一些耗材成本较高的费用；对于小众需求、企业需求、市场需求，建立专题档案数据库、建立文档管理系统、批量鉴定、销毁和保管档案文件等类型的需求，资源的所有者和利用者一般基于风险、成本与收益的综合考量，考虑到资源本身的价格具有很大的不确定性，往往选择间接定价这样一种大家都能接受的方式。上述通过档案及其相关资源的给付与换取收益权的交易过程，实现了档案资源的资本化：档案资产的拥有者获取收益权，档案资产的需求方获取使用权，档案从资源变成资产。

将"收益权"放在前所未有的高度来认识，这也是对档案等各类信息资源的一种重新认识。物质、能源、信息被现代社会公认为人类发展的三大要素，但是三个要素的地位以及资源化程度、为人类社会带来的福祉水平与人类的认识水平密切关联。当信息资源在经济、社会各个领域发挥越来越重要的地位时，人们逐渐发现档案这种独特的信息资源所凸显的价值，以及价值化的过程备受关注，从关注直接收益转向关注收益权时，从关注直接定价到关注间接定价时，档案不仅完成了上述资产化过程，而且也呈现了有条件性的资本形态。对于资本的理解，有诸多经典版本，如亚当·斯密①，马克思②，萨缪尔森③，也有抽象的现实社会资本功能的复杂形态的定义（如西方经济学中的社会资本、人力资本和物质资本三种，或者经济资本、文化资本和社会资本）。本书倾向于"社会资本"的提法，不管其表述有多少种版本，但是其精髓一定包含这样几个关键词如"获取资源""配置资源""生存机遇"等，即通过社会资源使用能力的提高达到配置资源目的。从档案资产的视角来看，在档案的使用、开发、利用等过程中，这种显性的或潜在的文化性、知识性等可以带来未来收益的价值或者帮助获取收益权；就档案资产的表现来看，其价值形态就是一种企业、机构、社会不可或缺的资本。

当档案处于资源形态时，有流动和静态表现、显性和潜在表现，但是以静态和潜在的综合体为主。我们在观察机构、企业、国家以及个人的经济关系时发现，仅仅以资源形态存在的档案并不少见，"档案沉睡在库房""弃档族""大量档案有待于数字化"等情形均表明如此。但一旦从资源形态转移到价值形态，就会发现档案可以帮助个人、机构、企业、国家等主体在经济利益方面实现收益，帮助不同个体提高"生产力"水平。至此，以价值为线索的档案资产化得以实现，但是取得档案资产并进一步换取收益权的资格、手段、方式这些问题依然摆在面前，即档案资产的权利诉求问题。

---

① 亚当·斯密认为，资本是指一种能够生产产品的物质资本或物质资本的象征物，并与土地、劳动并列为最基本的推动经济增长的生产要素。
② 马克思认为资本是能够带来剩余价值的价值。
③ 萨缪尔森认为资本是一种不同形式的生产要素，是一种生产出来的生产要素，一种本身是由生产过程产出的耐用投入品。

第五章

档案资产的权利保障

　　档案资产的价值实现反映出利益尤其是经济利益是其本质特征，但是这种本质特征是建立在权利基础之上的，从而为资产获利能力提供保障，甚至有学者认为资产不过是一种资源与权利的综合体，正是因为权利之力才使得权利客体中所包含的各种利益能够为主体所拥有和控制，资产的经济利益本质属性不应该把权利排除在外。因而，档案资产的权利实现，成为档案资产论建构的第二个现实基础。

　　档案资产权利诉求的实现，要通过演绎式推理与归纳式推理两种方式。具体来说，无外乎四个基本点。一是档案资产的权利确认，前提之一便是资产本质上是"现时权利"，即法律只保护合法权利，只有法定权利中的经济利益和其他相关利益会被所有人控制或拥有，即明确档案的所有人，档案资产说才有了权利的基础根基，这通过档案所有权具体体现。二是档案资产的权利确认，前提之二便是无论是管理者还是社会公众，都必须有基本的档案利用权利，因为即使认定了拥有或控制档案资产的所有人，但不给予"用"的基本权利，档案资产就只能是空中楼阁。既然如此，必须确立档案资产的应有权利，整理相应的法律条文实现"以应有权利为前提的档案权利推理"——档案利用权。三是档案资产的权利行使，前提之三便是明确档案资产的正当利益，通过阐述档案以及档案信息存在的诸多正当利益，逐渐归纳出除了档案馆等部门具有国有档案信息开发权之外，其他主体如企业、个人等也应该具有自身所有的档案信息开发权以及国有档案中公开档案的档案信息开发权。四是档案资产的权利行使，前提之四便是厘清档案资产的内部利益冲突，分析档案的结构性矛盾以及档案损害、档案信息损害现象，归纳出档案安全权。此安全权既包括档案载体的安全，也包括档案信息的安全；既包括国有档案信息不被其他组织、个人非法获取，也包括私有档案信息不被非法占有、获取。这进而说明不仅档案馆要对档案资产进行分级分类保管，确保档案信息的安全，其他组织和个人也要合理使用档案及档案信息，确保档案资产价值的最大化。

5.1　以法定权利为前提的档案所有权

以法定权利为前提的演绎推理设定现有法中的权利是正当的。档案所有权是我国组织和公民的一项法定权利，其具体内涵为档案所有人依法对自己所拥有的档案享有的占有、使用、收益和处分的权利，是法律赋予所有权主体的一项基本的档案权利。档案，特别是国有档案，其所有权与一般财物所有权并无本质上的不同，但又与一般财物所有权有着明显差别。

5.1.1　档案所有权之占有权

（1）"占有"与"所有"的关系

杨年合认为，占有是非所有人实际掌握他人财产的事实状态。[①] 孟勤国认为，占有是对实际握有事实的定性和解释，是一切财产利用关系的支点。[②] "占有"与"所有"的关系，主要体现在四个方面。

其一，"占有"的实际内涵与"所有权"并无内在必然联系，"占有"观念的产生先于"所有权"观念。如孟勤国认为"占有"产生于实际握有的事实，这一事实与所有权并无内在联系，而与所有权有着不可分割联系的是"财产利用"。财产利用，广义地说就是人们为满足自身需要而按照财产的性能进行的生产、经营、使用、收益消费等活动，它是人类社会生存和发展的基本活动，它在所有权观念出现以前就已经存在在全部的财产问题中。

其二，"占有"与"财产归属"可以分离，而与"财产利用"无法分

---

① 杨年合：《试析占有概念的性质及占有制度在我国物权立法中应有的地位》，《法学》2001年第4期，第48～51页。

② 孟勤国：《占有概念的历史发展与中国占有制度》，《中国社会科学》1993年第4期，第75～87页。

离。从某种程度上说，财产归属只是财产利用在一定历史阶段的一个特殊问题，所有权的产生可以使财产利用分化为所有人自己利用和非所有人对他人财产的利用等。无论何种财产利用，如所有人自己利用或非所有人利用，都必须在实际握有财产的情况下才能进行，也就是说，"占有"是"财产利用"的先决条件，但"占有"方式完全可以从财产归属中分离出来，而自始至终无法分离的是财产利用。

其三，占有是一切财产利用关系的支点。与其说占有是所有权的外部表现，倒不如说占有是财产利用的外部表现。孟勤国认为将占有问题纳入财产归属是一个错位，正确的做法应该是站在财产利用的立场去认识和解释实际握有的事实，进而确定占有概念和制度。①

其四，"占有"与"所有"是一种平等关系。从财产占有角度看，法律的首要任务是确认和保障非所有人利用他人财产的权益。现代社会非所有人利用他人财产的权利是基于占有事实产生的一种独立的财产权，它不仅具有对抗一般非所有人的效力，而且能对抗所有权，因而其与所有权的关系，不是一种依附性的主从关系，而是一种平等的关系。平衡和保护两者的利益，应是中国物权制度的宗旨之一。非所有人处分实物形态的他人财产事实上也常以占有权处分他人财产，第三人以买卖、赠予等一般的所有权取得方式取得占有进而取得所有权，都无须牵涉到原所有权人。②

（2）"所有"与"财产利用"

其一，目的上的根本一致性。无论是所有权关系还是财产利用关系，两者的内容在现有社会关系中均表现得复杂、多元、相互交织。但是，无论是国家、集体，还是社会、组织、个人等，不管是何种性质的所有权，都是满足社会进步、提高人民物质文化生活水平的法律手段；无论财产利用是基于公共利益、国家利益，还是基于社会利益、企业利益、个人利益等，其与所有权一样最终都是为了充分发挥财产资源价值、为社会创造更多的财富。其二，财产利用的价值集中表现在非所有人利用他人财产上。特别是在商品经济发展已然成熟、知识经济大行其道、网络经济如火如荼

---

① 孟勤国：《占有概念的历史发展与中国占有制度》，《中国社会科学》1993 年第 4 期，第 75 ~ 87 页。

② 孟勤国：《占有概念的历史发展与中国占有制度》，《中国社会科学》1993 年第 4 期，第 75 ~ 87 页。

的当今社会，财产利用借助商品、知识、网络等特征表现出极大的独立性和分离特征，财产归属与财产利用的分离也就首先表现为所有与占有的分离。这种分离至少带来了三个方面的明显变化。一是财产的归属意义和"所有人"自己利用财产的价值大大降低，如何最有效地"利用财产"成了社会和个人的首要目标，所有人所要关心或所能关心的是最终取得的所有权利益，而不是财产由谁利用的问题。换句话说，所有人能取得何种利益是最重要的，而财产是不是必须得由"所有人"占有和由"所有人"利用则相对不重要。二是这种分离对"占有"的要求更高，要求"占有者"充分注重财产利用的效率。正如杨年合所说的那样，"我国的物权立法，须以充分注重财产利用的思想为理念，以占有和占有权为题，建立一个以调整所有人之外的占有人与非占有人之间因财产的占有利用而发生的广泛的财产关系为范围的、体系完善的占有制度"。① 三是公有财产非所有人利用问题更加复杂。孟勤国呼吁，"应该将占有看成是与所有相对的经济现象，并明确认识到占有主要是非所有人利用他人财产的问题"。在社会主义国家，公有制所产生的公有财产所有权（主要包括国家所有权和集体所有权形式）与欧美私有制下的私有财产所有权差别较大，另外，公有财产为非所有人利用与私有财产为他人利用的差别也较大。因此同样是非所有人利用他人财产，公有财产与私有财产所产生的关系和利益在性质和程度上是不同的。例如，多年来我国为解决国营企业经营国有财产方面的问题，采用了包括扩大自主权、承包租赁、股份制等在内的诸多改革方案，但结果总难以让国家和社会公众满意，原因之一就在于这些方案大多是按一般的所有权观念来看待国有财产而不是从财产观念来看待公有财产非所有人利用。而实际上，国有财产所有权属于国家，政府或国有资产管理局拥有或担负的只是"所有"职能，即代表国家行使所有权的职能，这与国营企业拥有或担负的国有财产的经营职能是一种平等的分工，在此分工下，应通过各种机制鼓励非所有人——国营企业，从经营视角提高国有资产的利用效率。②

---

① 杨年合：《试析占有概念的性质及占有制度在我国物权立法中应有的地位》，《法学》2001年第4期，第48～51页。
② 孟勤国：《占有概念的历史发展与中国占有制度》，《中国社会科学》1993年第4期，第1～13页。

（3）档案的"占有""所有"与"档案财产利用"

"占有"与"所有"之间不能等同，一方面，"占有"只是"所有"的事实控制状态，在控制状态下"占有"与"所有"甚至可以说是一种平等的关系。例如，对综合档案馆而言，档案馆保存的部分捐赠档案，其所有权很可能仍属于捐赠人，但由档案馆实际占有；另一方面，所有也并不一定表现为对实体的占有，因为对实体的占有权是可以让渡的。所有人合法"占有"档案时，可以同时享有所有权所属的"占有权"以及相应的权利；非所有人"合法"占有档案时，需要依法履行相关转让手续以获取占有权，占有权可以通过约定等合法方式让渡出来。

档案占有权，对档案管理机关而言，在档案管理实践中表现为对档案的保管权，具体为国有档案首先由政府部门各档案形成机关、国有企事业单位的档案室（馆）保管，移交给国家档案馆后由国家档案馆保管，集体和私人档案由档案形成者自己保管或委托国家档案馆或其他组织或个人保管。

档案馆对档案的占有权，表现为对档案实体的管理权，这种实体上的占有从法律上确定了档案实体与档案信息均由档案馆占有的状态。其占有权的取得一般有两种途径。一是根据《档案法》相关规定获得①，实际上国有档案的所有者——国家，通过档案法授权，代表全体社会公众将"属于"国家的档案占有权"让渡"给了档案馆，档案馆的占有就是典型的占有权与所有权分离的一种法律事实，是非所有人对国有档案的合法占有。二是依合同获得，这种途径往往是档案所有人根据自己的意愿转让给档案馆，如档案寄存。对非所有人——档案馆而言，这种"占有"应把最主要的精力放在对档案财产的利用上。遗憾的是，多年来档案馆的核心工作总是围绕档案馆藏数量、档案保护、档案安全等方面，与将档案视为财产、以档案财产利用为纲的理念似乎渐行渐远。值得注意的是，此处的档案财产利用与社会公众档案利用有本质区别。

其一，拥有占有权的档案馆的财产利用，利用主体是档案馆等国家授权的档案管理机构，是国有档案的非所有人。也就是说，档案馆等档案管

---

① 《档案法》第8条规定"中央和县级以上地方各级各类档案馆，是集中管理档案的文化事业机构，负责接收、收集、整理、保管和提供利用各分管范围内的档案"。

理机构应充分利用占有权之便、行占有权之实，充分发挥档案财产效益是行使占有权的最大义务，也是代表国家充分履行所有权的具体表现。

其二，拥有占有权的档案馆的财产利用，核心在于将档案视为实实在在的"财产"。此种"财产"，并非宏观意义上的国家财富，而是具体实践活动中的"财产"，即具有会计学、经济学、法学意义上的"资产"。

其三，拥有占有权的档案馆的财产利用，重点在于借助多种资产运营方式、手段、策略、制度等，充分发挥档案的经济效益。

（4）档案馆"占有"对国有档案资产价值的影响

档案馆等档案管理机构对国有档案的合法占有，从根本上保障了国家档案资产的安全，即既确保了档案实体安全又确保了档案信息安全。但这种安全是把双刃剑，此种合法占有不但没有增强档案馆发挥档案资产价值的动力，反而成为档案馆积极发挥档案资产价值的阻碍。因为要确保档案资产价值的安全，必然要限制开放、公布、利用等，而档案资产价值只有在档案信息产品、档案文化产品等的极大丰富和流通中才能充分显现。所以转换思路，明确占有与所有的关系，注重非所有人对档案财产的利用，才能改变重档案资产安全轻档案资产价值发挥的现状。

5.1.2 档案所有权之使用权

使用权作为所有权核心权能的体现所在，主要指利用财产的权利。这种利用，有两种方式，一是所有人自己利用，二是所有人可以根据法律、约定等方式将使用权转移，使得非所有人有利用所有人自己财物的权利。这样，档案使用权就体现为对档案的利用权。

对国有档案而言，其所有人"国家"实际上是通过档案法等相关规定将档案使用权转移给了非所有人——国有档案管理机构（综合档案馆、档案室等）以及其他组织和公民。国有档案管理机构档案使用权与档案占有权是紧密联系在一起的，占有是使用的前提，使用是占有的体现，此种使用，如上所说同样应注重国有档案作为资产的利用价值。另外需要注意的是，作为保管主体的档案管理机构的利用权，在不同保管机构间不断交替，有从国有档案的形成机构向机构档案室再向档案馆转移的特点，但是不管国有档案由何种机构保管，各档案保管机构均应充分把握占有和利用的机会，充分发挥档案资产价值。有意思的是，国有档案保管机构发挥档案资产价值，具有先松后紧、档案永久价值越大资产价值越难发挥的特点。具体表现为，其一，文件形成机构注重文件资产、电子文件资产价值发挥的呼声远比综合档案室、档案馆的呼声大，其资产管理实践活动更加丰富，政府信息资产、政府文件资产活动较多与研究成果较丰富就是例证。而综合档案馆、机关档案室尚处于国有档案到底是不是资产的争论和困惑当中。其二，资产价值易于发挥的档案集中在具有短期、长期保存价值的一般的政府文件、专业档案等领域，具有永久保存价值或经济价值较高的档案或受困于保密需要，或受困于隐私权、知识产权等，资产价值反而难以发挥。

对其他组织和公民而言，在使用国有档案时，档案法相关规定[①]实际上是国家将档案使用权"部分转移"给了组织、公民，为什么说是部分转移呢？一是因为公民和组织只能利用已经开放的档案，对利用范围做了很大的限定；二是《档案法实施办法》第22条将档案利用界定为档案的阅览、复制和摘录（从档案所有权权属特点以及档案法的规定来看，档案利用的范围很小，档案公布、档案开发均属于处分权而非利用权，笔者注），对利用方式做了很大的限定。种种限定，实际上是通过档案法的"法定"途径基本将其他组织和公民对国有档案资产价值发挥的途径堵死，一方面，对档案利用权范围的限定实质上大大缩小了档案资产的可流通范围、降低了可流通档案资产的质量，因为大多经济价值高的档案不在开放之列，这使得档案资产的运营缺乏可用的档案信息资源；另一方面，如果说我国档案资源极其丰富，开发已开放的档案信息资源也确实大有可有的话，其他组织和公民只能对档案进行"阅览、复制和摘录"的利用方式，则彻底堵死了档案资产价值发挥的通道，即实质上是限定了档案资产流通的方式，除了国有档案保管机构，其他任何组织和个人没有对国有档案资产运营的任何资质和可能，这也是国有档案财产价值难以发挥的根本原因之一。

对非国有档案而言，档案利用只要不损害国家安全和利益、不违反知识产权法等就可以自由进行，与一般财产的利用并无实质区别。也就是

---

① 《档案法》第19条规定"中华人民共和国公民和组织持有合法证明，可以利用已经开放的档案"。

说，在现有条件下非国有档案资产价值发挥的外围环境比国有档案要好得多。但是，现有法律对国家安全、国家利益没有做出明确界定，而我国现有的知识产权法、隐私权法等（后面笔者专门论述）的不完善使得非国有档案资产利用的法律环境并不理想。

5.1.3　档案所有权之收益权

收益权指通过对所有物的占有、使用，在所有物上获取经济利益的权利。档案收益权则是指档案所有权人通过档案获取经济利益（收益权体现为经济利益，通过档案获取的社会利益、其他利益等均不属于档案所有权的范围，笔者注）的权利。档案所有权收益人的对象只能是所有权人，同时档案馆、社会组织或者公众利用档案获取的收益均不是档案所有权意义上的收益，而是其他权利带来的收益。

对国有档案的收益而言，其所有人——"国家"，实则是主动放弃了国有档案的收益权，原因主要有三个方面。一是国家基于公共利益考虑，认为放弃国有档案的收益权能更好地保障社会公众享有基本的档案文化权利、档案信息获悉权利等，从而更好地推动社会民主进程和政治、经济、文化各方面发展。二是国有档案管理流程及全生命周期管理所需成本、开销等费用，如国有档案的产生、管理、维护、利用等所需费用均由"国家"承担，最终的费用实际均来自公众税收，对档案利用而言，其理应反馈于社会公众，让社会公众免费或以极低成本使用。三是国家要实现国有档案收益权难度较大，比如档案信息资源由于具有易复制性、易传播性等，难以规避经济学中的"搭便车"行为。

笔者认为，国家放弃收益权的初衷是为了体现公众在国有档案利用上的"公平"，是维护国家、社会、民族和公民的公共利益。但基于档案资源的公共利益效益如何，公民的档案公共利益有否得到切实地、全面地保障，多年来国有档案管理低效、档案信息资源的开发利用裹足不前就是很好的回答。所以，完全放弃国有档案的收益权也许不是最好的方式，怎样的收益权分配才是合理的，这需要深入论证和思考，能否在确保国家公共利益的同时通过收益权的合理分配更好地兼顾其他组织、普通公众的档案利益，诸如国家能否通过法律方式将收益权部分让渡给国有档案管理机构、其他社会组织或个人等，需多重考虑，至少目前的方式是不合适的。

从国有档案收益权的让渡主体来看，可单独授予档案管理部门或兼顾公益组织、其他组织甚至个人。从国有档案收益权的让渡范围来看，档案实体、档案原件信息可仍以公益利用为主、仍然全面施行免费；档案信息增值服务如档案信息深层次加工、各种档案信息产品开发、档案信息数据库建设等可以商业开发为主，合理收费。从国有档案收益分配来看，由获得国有档案收益权的主体与国家适当分成，而国家可将分成所得进一步用于档案事业。

对非国有档案所有权人的收益权，完全由所有权人决定。对于国家、社会组织或个人利用非国有档案，所有权人有权利决定是否收益、如何收益、何时收益等，如个人所有的档案提供给他人利用时是否收费以及收费多少，只要合法完全由所有人自行决定，而国家法律没有明确禁止收费的规定。但是，对非国有档案收益而言，我国目前大多局限在所有权人通过买卖获得收益上，在收益方式的多样化、收益时机等的把握方面均发展不够成熟，远没有形成适合非国有档案收益的市场体制、产业机制。

5.1.4 档案所有权之处分权

处分权分为事实处置和法律处置。档案处分权与档案使用权、收益权一样，虽是档案所有人的权利，但该权利同样也是可以让渡的。档案管理部门享有的处分权就是国家授权和让渡的结果，这种处分既有事实处分如鉴定、销毁、档案复制件的出售，此种处分导致所有权的绝对灭失或相对灭失；也有法律处分如档案开放、档案公布，此种处分引发所有权权能的变化与分离，与档案资产关系甚密，笔者下文将详细论述。但是不管是事实处置还是法律处置，国家没有将档案出卖、转让和赠予等权利让渡给任何部门，这也意味着任何组织和个人没有买卖、转让和赠予国有档案的权利。

不过，《档案法实施办法》第18条①关于可以"出卖档案复制件"的规定，似乎为以档案信息为基础的档案产品的资产化道路留下了空间。其

---

① 《档案法实施办法》第18条规定："各级各类档案馆以及机关、团体、企事业单位和其他组织为了收集、交换中国散失在国外的档案、进行国际文化交流，以及适应经济建设、科学研究和科技成果推广等的需要，经国家档案局或者省、自治区、直辖市人民政府档案行政管理部门依据职权审查批准，可以向国内外的单位或者个人赠送、交换、出卖档案的复制件。"

一，既然能够出卖档案复制件，那以档案信息为基础的系列产品的流通、商业化运作完全可以全面施行，只是以档案信息为基础的产品开发、出售等需明确这些国有档案"处分"权利的分配，诸如这种开发活动是如"出卖档案复制件"一样仅仅赋予国有档案管理部门，还是也应赋予其他组织。其二，"出卖档案复制件"这种简单的档案信息产品开发方式由国有档案部门"包干"完全没有问题，但诸如档案文化创意产品，以档案故事为主题的微电影、影视剧开发则必然介入商业运作部门，档案资产价值才能得到很好的发挥。所以说，"出卖档案复制件"可以，以档案信息为主的资产化开发方式亦然。

对非国有档案而言，《档案法实施办法》第 17 条①关于在" * * 条件下档案可以出卖"的说明，表明非国有档案是可以买卖的，只是针对某些档案国家有优先购买权和依法追回的权利，这也说明非国有档案成为资产不存在法律上的障碍。

5.1.4.1 档案开放权

对国有档案而言，对享有国有档案占有权的档案馆来说，开放是档案处分权的重要内容，是其他组织和社会公众利用档案的前提和基础。

1980 年 5 月 19 日中共中央做出了开放历史档案的决定，之后 1983 年《档案馆工作通则》（国家档案局发布）确立了档案馆是"利用档案史料的中心，科学文化事业性机构"，档案开放得到了很大发展。在此"利用方针"指导下，各项管理事业的公务档案、面向公众的非公务档案都得到极大开放，例如，外交部档案馆根据《档案法》有关规定将近万份新中国成立初期（1949～1955 年，1956～1960 年，1961～1965 年）形成的档案向国内外公众开放，在海内外引起较大反响。《档案法》第 19 条②要求档案开放以及对不开放将采取怎样的处罚措施的规定，将档案开放正式设定为档案馆的一项权利。从社会学意义来讲，档案开放原则以及档案开放趋

---

① 《档案法实施办法》第 17 条规定："属于非国家所有的对国家和社会具有保存价值的或者应当保密的档案，档案所有者可以向国家档案馆出卖，向各级国家档案馆以外的任何单位或者个人出卖、转让或者赠送的，须报经县级以上人民政府档案行政管理部门批准，严禁向外国人和外国组织出卖或者赠送。"

② 《档案法》第 19 条规定："国家档案馆保管的档案，一般应当自形成之日起满三十年向社会开放。""不按照国家规定开放档案的，由县级以上人民政府档案行政管理部门责令限期改正，情节严重的，对直接负责的主管人员或者其他直接责任人员依法给予行政处分。"

势的明确，改变了档案馆的保密机构性质，使得档案馆变成了为全社会公共利益以及权利服务的公益机构；从资产管理视角来看，档案开放在原则上确定了档案馆收藏的档案信息资源不是保管机构的私有资产，而是其代表国家保管的全社会、全体公众的国有资产。

从《档案法》的规定来看，仅仅对档案馆的档案开放做出限定，而对于其他政府部门的档案是否开放、公民是否可以利用则由相关部门自行决定。这就是说，档案是否开放不是取决于它的内容而是取决于保存机构，同时，保存在档案馆的档案能否开放，主要衡量标准是保存期限是否满三十年。如此看来，《档案法》规避了政府部门所有的失误及不作为，而这一切的后果则由公民来承担。《档案法实施办法》将档案室的职责界定为为本单位服务，机关档案室以外的档案利用者的利用必须经过档案保存单位的批准，换句话说，档案馆开放档案是法律规定的义务，档案室也可以这样做，但是没有此项义务。从法定义务上来讲，档案馆开放档案义不容辞；从机构使命来讲，"档案开放工作是具有深刻的历史文化原因的，也符合自身的发展规律"[1]。但事实是"百分之七十几的档案（即档案开放率不超过三成）仍然没有向社会开放"[2]，开放度不高的言下之意是开放过度以至于泄密的损失是显而易见的，故保密工作责任重大，而相反保密过度以至于不开放的损失是难以察觉的。陈永生教授认为此种"谨慎开放档案的行为实则意味着大方地浪费成本"，周毅教授认为"目前我国档案开放仍是综合档案馆的单点开放，尚未形成档案馆、档案室和其他主体并存的多点全面开放局面"[3]。所以，笔者认为现有法律对档案开放权设置的出发点过于保守，对开放程度缺乏硬性规定，对不开放或怠慢开放行为没有追责，造成的直接后果一方面是国有档案管理部门对档案开放权（公权）的滥用和误读，借开放权行"保密"之实，肆意扩大公权范围；另一方面是对公民的档案利用权（私权）造成了较大的侵害，最终造成档案信息资源这一国有资产的极大浪费、社会效益发挥有限、经济效益难以产生。

---

① 冯惠玲：《开放：公共档案馆的发展之路》，《档案学通讯》2004年第4期，第10～14页。
② 陈永生：《档案合理利用研究——从档案部门的角度》，博士学位论文，中国人民大学，2006，第59页。
③ 周毅：《信息资源开放与开发问题研究——基于信息权利全面保护的视域》，科学出版社，2012，第61页。

对于非国有档案的开放而言，从《档案法》及其实施办法的表述来看，"档案开放"是专门针对国有档案保管机关而言的，这也意味着不存在"私人所有的档案开放"的语境。但是从法律法规可以推出，非国有档案的"开放"在于所有权人，前提是不损害国家利益和安全、不损害他人利益等，这与一般物权的所有权并无实质差异。

5.1.4.2　档案公布权

档案公布指通过报刊、图书、电台等途径首次向社会开放档案的全部或部分原文。《档案法》[①] 也将档案公布的主体机关限定为"档案馆"或"有关机关"，可见在我国档案公布权是被严格控制的，它是"档案馆"或"有关机关"对国有档案的专属权利。与档案开放权一样，对非国有档案而言，除了"档案馆"或"有关机关"以外，其他组织或个人不存在有"档案公布权"的语境。

档案公布权表面上看是赋予"档案馆"或"有关机关"的权利，与档案开放权紧密相关，对国有档案而言，国有档案开放之后需要公布。实际上档案公布权是对公众的档案利用做了诸多限制，也与其他法律有矛盾之处。如与《著作权法》相比，与国家机关文件不受该法保护的规定相矛盾，由此适当缩小国有档案公布权的范围，例如，把档案馆或相关机关已开放档案的公布权的规定删除，只纳入开放档案的范围，即允许开放档案的自由利用。需要注意的是，关于档案馆的档案公布权，其一公布权的对象只是国有档案，对集体所有和个人所有的档案的公布必须获得所有权人的授权；其二从法理上看，档案公布权不应该是综合档案馆的特有权利，公民利用档案是知的权利，公布档案是其传的权利，两个权利不能分离，在实际操作中也很难分离，所以综合档案馆的公布权不能也没办法对其他主体的信息公布权造成排斥；其三有关主体对其自身所有的档案应享有公布权，只要其公布自己的档案时，没有危及国家安全和利益以及他人的合法权益即可。

档案公布权的设置实质上是为了国家安全和利益而限制档案信息的流通，但是实际上涉及国家安全和利益的档案信息所占整个档案信息资源的

---

① 《档案法》第22条规定："属于国家所有的档案，由国家授权的档案馆或者有关机关公布，未经档案馆或有关机关同意，任何组织和个人无权公布。"

份额是比较少的，为了这部分信息而限制大多数信息的流通本身是极不合理也不科学的，是以牺牲大部分档案信息的价值为代价的，也直接限制了档案资产的流通。从微观方面来说，这直接阻碍了大多数档案信息资源资产价值及其他方面价值的发挥；从中观层面来说，不利于档案事业的可持续发展；从宏观方面来说，阻碍了国家的发展和进步甚至破坏了民主进程。

5.1.5　档案资产的所有权保障

我国相关法律不允许国有档案出卖，但同时又特别说明，"在国有企事业单位因资产转让时，才可转让有关部分的国有档案"。这在一定程度上能否推理出国有档案是资产，但是是被限制流通的资产呢？解答这一问题，笔者觉得换个视角即从档案信息资源的主要来源之一——政府信息资源，以及知识产权法来看，也许答案会豁然开朗。

周毅教授认为资源向资产转化依赖于各种制度安排，因而信息资源并不就是信息资产，信息资产实质上是关于信息资源使用权的制度安排结果。[①] 那么，这是否能够说明档案资产是可以通过对档案所有权之使用权的制度安排来完成的呢？笔者认为，我国《档案法》的规定恰恰是一种不利于档案资产确认的"制度安排"，正如笔者在上文分析的一样，国家实际上是将档案使用权"部分转移"，为什么说是部分转移呢？一是因为公民和组织只能利用已经开放的档案，对利用范围做了很大的限定；二是《档案法实施办法》第22条将档案利用界定为档案的阅览、复制和摘录，对利用方式做了很大的限定。这也是很多专家认为档案馆的档案不是资产的主要原因，因为《档案法》对档案的利用、流通、买卖等均做了诸多限制性规定。但是，如果就此认定档案馆的档案不是资产，笔者认为这个结论也不甚科学。从权利角度分析，由于档案馆的档案所有权不属于档案馆，档案馆只拥有部分所有权，如管理权，这部分所有权是国家通过法律的形式让渡给档案馆的，所以说档案馆的档案不是档案馆的资产。那它是谁的资产呢？是什么资产呢？笔者认为，档案的"公共产权"特性是法律认可的、清晰的，只是围绕"公共产权"的其他权利特别是关于档案资产

---

① 周毅：《信息资源开放与开发问题研究——基于信息权利全面保护的视域》，科学出版社，2012，第12页。

的权利还未得到保障，但这不应妨碍国有档案是国有资产或者国家资产、社会资产①的认定。

作为国有资产的国有档案，它不以营利为目的，一般不参与市场经济活动，公益性、公共性、非经营性是其主要特点，但是这并不意味着其不存在资产运营等问题，尤其在提倡以市场为资源配置主体的背景下，如何优化配置和合理使用作为国有资产的档案、提高档案资产运行效率从而实现与国有档案相关的公共利益最大化，仍然是一个需要高度关注的理论问题，也是值得警醒的实践问题。

档案资产运营的最高目标是从整个经济的效率与公平目标出发，通过国家档案馆的占有、控制、运营等来弥补市场缺陷，在档案服务的公平与效率之间找到"本该有"的平衡点，当然也不是一味地追求经济利润的最大化（关于行政事业单位国有资产管理可不可以市场化、资本化运营，这是目前学术界和政府部门都十分关注的问题，也是争论的焦点问题，至于国有档案资产的管理能否市场化、资本化运营，也正在探索之中，笔者注）。

《知识产权法》的制定目标之一就是使作者能从创造和保存知识中获取经济效益。但是自然状态下的含有特定信息的知识本身不具备稀缺性，易受共享性以及"灯塔理论"等搭便车行为反而稀释掉了创始者的努力和效益，所以必须设计一套法律制度，创设其稀缺性，即产生法制上"有意"的稀缺性。以档案所有权制度为核心的制度设计，尤其是占有权与使用权的相关规定，却因为法制上的缺陷或"无意"而为之而对稀缺性造成了损害。档案法律所强调的占有权主要是针对实物形态的静态归属，其目的在于保障形成单位以及保管机构的合法权利，但忽略了档案资源二次信息开发、加工与利用链条中的其他单位的权利，即档案信息的非物质性、可复制性，其资源产品与服务的控制状态并不局限于实体静态控制，档案原件的控制人权利与加工信息的控制人权利是可以同时存在的。后者的这种控制人权利并没有在"实体占有权"的法律框架内得到确认，从而丧失了加工、推广、传播与创新档案资源的权利保障和经济驱动；而使用权解

---

① 我国国有资产一般划分为企业经营性国有资产、行政事业单位国有资产和自然资源性国有资产。行政事业单位国有资产是用于政府公共管理和社会公共事业发展、提供公共产品或准公共产品的资产。参见王彪《我国行政事业单位国有资产管理研究的几个问题》，《中国行政管理》2009 年第 5 期，第 107～111 页。

释为"所有权主体有权利用属于自己的档案,并有权排除他人的利用",其利用权的概念基础设定为"实体占有权",即档案原件的复制与传播,以保证作者著作权等权利,但是借助于网络信息平台对档案信息进行多次反复的复制、加工、整理、编辑、传播之后,在原始作者与后来加工者的劳动难以区分时,"使用权"仍然选择以保障前者利益为主,也就必然损害后来加工者的积极性。

知识产权制度与档案所有权制度说明了资源稀缺性本身并无好坏之分,关键在于如何有效配置这种稀缺性的资源,知识产权制度以保障知识创新者的权利为出发点提高稀缺性知识的有效供给,档案所有权制度以保障知识原创者的权利为出发点保证稀缺性原件的供给质量;两者对于档案资源的开发利用(包括"原件利用"与"信息加工、知识创新"两方面)都有着值得借鉴和改善的地方,至少对档案资源或档案资产的价值认知已经从需求价值开始向稀缺价值转变。只有当档案资产配置的法律法规真正达到从需求性到稀缺性价值的全面实现和从原创者到加工者权利的全面保障时,才算真正实现了这种转变。

总之,法律上对档案所有权的确定,以实现对档案的"实体"保护和"信息"控制为主体,以维护国家(即所有权人)的权益为重点,但有意或无意之间限制了非所有权人对档案资源的有效利用,不可避免地容易导致档案资源的闲置浪费,不利于档案信息的加工、创新,不利于发挥档案及档案信息资源的整体价值尤其是经济价值。更何况档案法对档案所有权尤其是国有档案所有权归属做了明确规定,但对档案及档案信息资源的经营权、许可使用权、转让权、收益权等很少或没有涉及,而这些权利十分有利于加大档案信息资源开发利用的广度和深度。因此,笔者认为应该从对档案信息、档案实体的单一保护转向对档案利用权利、收益权利的确认,从对原创者、保管者权利的保护转向对加工者权利的全面保障,从对个人财富的保护更多地转向对整个社会档案资源优化配置和充分利用的利益的保障。

5.1.6　典型案例:档案所有权与档案资产

(1) 从"公物"视角看档案资产

公物是指国家或者公共团体直接为了公共目的而提供使用的有体物。

在公物法中，公共目的包括四种情形，即政府公务目的、事业公务目的、企业公务目的和公众使用目的。[①]

国有档案符合公物的基本特征，其一，国有档案是国家通过各类档案管理机构提供给社会公众使用的物品，国有档案的所有权主体是明确的，即国家，档案所有者——国家通过授权将占有权、管理权等赋予诸如公共档案馆、城建档案馆等各类档案管理机构，由档案管理者向社会公众提供利用。其二，国有档案是国家直接为了政府公务目的和公众使用目的而收集、保管、利用的。政府公务目的，主要体现在现行文件、半现行文件阶段，主要保存机构为文件中心、机构档案室等；公共使用目的主要体现在档案阶段，主要保存机构为综合档案馆、部门档案馆、专业档案馆等。（从我国档案定义的传统即归档前是文件、归档后是档案来看，国有档案最主要的目的是公众使用目的，笔者注）其三，处在未开放状态中的档案属于预定公物，即未开放的档案虽然还不是公物（因为公众无法利用），但等到档案可以开放时终究会成为公物，如许多城市为了建设公共健身区域、政府办公区域等的预留地属于此类。此类档案预定公物也必然是要用于政府公务和向社会公众开放的，不可能永远保密。其四，国有档案属于有体物，国有档案在财产形态上属于有体物。如前文分析，档案资产的无形资产形态明显，但《档案法》等相关法律法规均是以档案实体为出发点，往往通过档案实体来达到控制档案信息的目的。所以国有档案作为国有财产，属于公物法理论上的公众用公物，具体为公众用国有财产以及动产公物，未开放状态的国有档案则属于预定公物。

据此，在公物法视角下，国有档案的法律性质可明确为公众用国有财产和预定公众用国有财产。

一方面，既然是"国有"，则需要强化几点认识。其一，国有档案所有权下的使用权、收益权等虽然可以转移和让渡，但在任何情况下所有权性质不能发生改变，即国有档案所有权具有不可流通性，具体而言就是国有档案实体不能通过市场途径转移。其二，既然不可流通，也不存在基于正确目的善意取得国有档案所有权的问题，上述两点可进一步保证国有档

---

① 张建文：《公物法视角下的国有档案所有权解读》，《北京档案》2010年第1期，第10～12页。

案财产的安全，更加明确和强化国有档案财产的所有权。

另一方面，既然是"财产"（财产放在具体的社会实践活动中则具体化为"资产"，笔者注），同样需要强化几点认识。其一，应根据国有财产的法律本质，在国家、国有档案管理机构、社会公众之间建构国有档案的利用机制。其二，作为国有档案所有权人——国家的档案财产利用，主要在于通过权利分配充分发挥档案财产价值。其三，作为国有档案管理人——国有档案管理机构的档案财产利用，主要在于明确其获得的相应权利和义务以及相应的追责机制。其四，作为档案利用人——不特定公众的档案财产利用，主要在于享有档案利用权、个人档案信息知情权、档案信息传播权及相关权利救济等。其五，作为国家所代表的全体人民的档案财产利用，主要在于协调好国家利益、政府利益、档案管理机构利益、社会公众利益之间的档案财产关系，使国有档案财产发挥最大经济效益[①]。

（2）从企业档案所有权看档案资产

档案所有权归属的确定实质上以档案财产最终由谁来占有、使用、收益、处分为标准，是由档案财产所有权人来决定的。企业档案是企业资产所有权下所拥有的一类财产，企业档案所有权表现为对企业档案这一财产的实际占有、使用、收益和处分的权利，在企业的并购与重组中随着企业产权的变化而发生档案所有权的转移。

对国有企业而言，其档案属于国有资产。其一，《中华人民共和国企业国有资产法》第2、3条分别规定，"本法所称企业国有资产（以下称国有资产），是指国家对企业各种形式的出资所形成的权益"，"国有资产属于国家所有即全民所有，国务院代表国家行使国有资产所有权"。据此可以推定，国有档案资产是国家财产，国有企业档案所有权由国务院代表国家行使。其二，《国有企业资产与产权变动档案处置暂行办法》，对国有企业兼并、破产、出售、股份制改造、股份合作制和与外商合资、合作经营以及实行承包、租赁等其他资产与产权变动的档案处置做了明确的规定，国有企业档案所有权的处置可依据该办法执行。

私人企业档案所有权的行使完全由私人企业享有，私人企业资产评估

---

① 张建文：《公物法视角下的国有档案所有权解读》，《北京档案》2010年第1期，第10~12页。

是否将档案列入其中以及如何处置其企业档案资产，由私人企业自行决定。但是，对于国家和社会、其他组织、社会公众等可能构成危害的私人企业档案的处置，需要按照国家《档案法》的相关规定执行。

不管是国有企业还是私人企业、其他性质企业，当务之急应是如何发挥档案的资产价值。当然，企业档案资产价值的发挥，以不损害国家利益为前提，不能造成国有档案资产的流失；以明确私人企业档案所有权为发挥企业档案资产价值的基本前提和条件，例如，关于明确外商投资企业的档案资产所有权等，刘国荣认为所有权归中国的档案行政管理部门，并不是很清楚外商独资企业档案的数量、内容及其构成，因此也无法对其进行有效控制；无法确定他们是否将其产生的档案全部留在了中国境内。[①]

张世林认为在企业档案尚未被列入企业资产评估对象的情况下，档案管理部门特别要关注的是变动中的企业档案所有权的明晰、档案资产的保护和合法的归属以及企业档案信息的保密等问题，使其不因企业的变动使企业档案处于弱保护或流失损坏的境地。[②]

（3）从病历档案所有权看档案资产

病历档案又称病案，俗称病历或病历资料等，是指医务人员在医疗活动过程中形成的文字、符号、图表、影像等资料的综合，包括门（急）诊病历和住院病历。

病历档案所有权众说纷纭，一是国家说，主要依据为作为病历档案保管者——医院的性质本身属于事业单位，以及《医药卫生档案管理暂行办法》中说明"病历是重要的医药卫生档案，是国家档案的重要组成部分，是国家的宝贵资源和财富，受到国家的保护"。二是个人说，主要依据为患者个人是病历档案的对象，患者到医院就诊交纳了一系列治疗费用、病历本工本费用等，病历理应属于个人，医院只是代为保管。三是医院和患者本人共同拥有说，主要依据为一方面只有医院才有制作病历的权利，医院在病历的形成、整理、归档等方面付出了劳动，另一方面患者本人对其拥有的病历档案信息的所有权包括姓名、治疗过程记录等，付出了相关费

---

① 刘国荣：《资产—所有权—工作形式——企业档案工作的三个热点》，《中国档案》1999年第5期，第23～24页。
② 张世林：《企业档案资产和所有权分析》，《档案学通讯》2011年第2期，第29～31页。

用。四是医疗机构说，主要依据为《医疗机构病历管理规定》明确规定门诊病历档案、住院病历档案由医疗机构负责保管。①

笔者认为，病历档案所有权应属于医疗机构，其主要依据有四点。就所有权的占有权而言，病历档案的形成、收集、整理、利用等全流程管理的主体均是医疗机构，也为医院实际占有，此种占有并非如公共档案馆占有国有档案一样由国家授权，而是医院为了维护自身利益的主动行为。就所有权的使用权而言，虽然医院和患者是病历档案利用的主体，《医疗机构病历管理规定》也明确规定患者有权复印病历等资料，医疗机构应提供复制服务，但医院才是病历档案利用的主要主体，患者能享受复制服务的主要原因在于患者是享受医疗服务的利害关系方，有享受病历档案相应信息服务的权利，而对病历档案医院如何使用、基于何种目的的使用等，患者均无权干涉。就收益权而言，医院可以按照《医疗机构病历管理规定》收取工本费、复印费，患者利用档案需要支付一定费用，医院在不损害患者隐私权的前提下也可将病历档案信息卖给专业数据公司用于医疗科研、调查研究等，即医院在法律允许范围内完全可通过各种方式从病历档案中获得收益。就处分权而言，《医疗机构管理条例实施细则》第53条规定住院病历保存期不得少于三十年，门诊病历一般不得少于十五年。医院除了要妥善保存病历档案外，可根据科研等需要将病历档案数字化、建立特色数据库等用于医疗事业。但是，在病历档案为医院所有的同时，医院有为患者本人、患者家属、相关组织如法院等提供利用病历档案的义务，有保护患者隐私权的义务，患者本人享有自己的医疗档案信息知情权、医疗档案利用的权利。

5.2 以应有权利为前提的档案利用权

5.2.1 档案利用权的正当性

民主是现代政治的基础，是人们追求自由的工具之一，其一般意义上的"善"是毋庸置疑的。而没有必要的信息公开的民主只能是空中楼阁。

---

① 张瑞菊、李伟婧、宋熙东：《病历档案的所有权——共有说》，《档案管理》2007年第2期，第32～33页。

档案作为获取政府信息的重要方式，公民获取档案信息的权利成为民主制度的基本表征之一；在民主过程中要求公民获悉足够多的政府信息，而保密则大大减少了公众获取信息的质与量，如果公民没有基本的利用以政府信息为主的档案的权利，那么倡导的"真正的民主"只能是空谈。

法制是现代社会的基础，也是保障自由的基础。档案利用权作为法制的具体体现之一，能够保障档案信息被及时、有效、便捷地获得，成为保障程序公开、监督政府行为、促进法治建设的必要手段。

著名经济学家斯蒂格利茨的产权经济学视角为档案利用权的证成提供了认识工具，他认为政府信息应该被公众"普遍"享有，因为政府信息生成、产出的所有成本都是社会公众支付的。档案尤其如此，保密永远是滋生腐败的温床，是官员规避责任、寻求自我保护的"高效"方式，我国多年来档案开放工作始终难以让公众满意，对档案管理人员而言，公开面临的风险远远比不公开大就是典型的说明。信息经济学表明，高质量的、充分的信息能更好地配置资源，进而调节经济运行，档案信息往往是最有权威、最有说服力的政府信息，如果不及时发挥此类信息的效用，其后果甚至大到影响国家宏观决策，小到影响公民对行为选择的理性判断，造成经济上的连锁反应如工商登记档案、产权过户档案无法发挥效用等。总之，档案利用权的正当性是民主、法治和产权原则的引申。

5.2.2 档案利用权的现状

（1）档案利用尚未成为法定权利

《档案法》第19、20条规定，有关组织或公民"在一定条件下"（比如介绍信、身份证明等）"可以利用"已经开放或者未开放的档案。但"可以利用"包含的潜台词让人琢磨不透，一是有关组织或公民有法定的档案利用权利，如果是，相关法律中就应该有相应的保障或救济条款，而这在《档案法》中没有体现；二是有关组织或公民能在开放档案或未开放档案的利用中获取利益，但不能对档案开放主体的档案开放行为提出任何非议。如此看来，档案利用权作为一项权利在《档案法》中没有积极体现出来，其尚未成为一项法律权利，仍然只是一种应有权利。

（2）《档案法》对档案利用行为的限制比较苛刻

一是对档案利用权利主体上的限制，档案法对档案利用主体的表述为

"我国公民、法人或者其他组织""可以利用……"笔者认为对我国利用主体而言，应该是"有权利用"，对外国人或外国组织是"可以利用"，这是档案利用作为一项权利应有的基本特征表述。二是客体范围上的限制，《档案法》第20条及《档案法实施办法》第22条的规定，将档案利用的范围始终限制在"国家档案馆的档案"；虽提出有关主体也可利用未进馆的档案，实际上对未开放档案的利用无操作的空间，对这部分档案的利用规定处于"虚置"状态，这说明档案室及档案馆未开放的档案均不在公众可以利用的范围内。三是档案利用权利实现方式上的限制，《档案法》规定对档案的利用只能有阅览、复制、摘录三种方式，档案公布、开发、传播、汇编等均不是档案利用的方式而是档案馆的权利。

（3）档案利用与档案公布的分离

档案利用权与档案公布权应该是不可分离的，档案利用权是公民享有的获取档案及档案信息的权利保障，档案公布权是对档案及档案信息传播权的限制。如果一方面唱着允许公民"知"的权利的高调，另一方面又限制公民"传"的权利，这是不合逻辑的，因为一旦"传"就违法，这在实践层面也是很难操作的，所以将档案利用权这一应有权利转化为法律权利既理所当然，又迫在眉睫。

5.2.3 档案资产的利用权保障

（1）明确档案利用权内容，确保档案资产价值"可以"发挥

朱江认为，档案利用应该是确属于公民的一项权利，因此公民有权要求档案管理部门根据自己的需求提供相关档案；当相关权利得不到满足甚至受到侵害时，应有相应的保护措施。[①]李杨新认为，档案利用权是国家赋予公民的一项民主权利，是公民享有的了解掌握、获取存储和开发利用档案的权利，是信息权在档案领域的体现。[②]王改娇认为公民利用档案的权利是公民享有的到档案保管部门自由获取档案信息的权利，是一种信息权利。公民享有利用档案的权利，意味着他有权利按照自己能够选择的方

---

① 朱江：《档案利用与公民权利》，《上海档案》1997年第2期，第18～20、25页。
② 李杨新：《论正确行使档案利用权》，《浙江档案》2001年第4期，第5～6页。

式查询、获取政府部门保存的档案，了解他所属的政府的活动。① 笔者认为，上述观点都有合理之处，关键是要明确档案利用权的具体内容和相关保障及救济措施。

简单地说，档案利用权的主体可以是公民、组织和国家；档案利用权的客体是档案，既包括档案本身（载体），也包括档案信息，现实中档案利用权的客体范围以档案馆、政府机关、专业档案馆等法律允许范围内已经开放的档案为主，既包括国家机构等形成和收集的档案，也应该包括国家所有的个人信息的档案如人事档案。

档案利用权的内容，包括权利人作为或不作为的权能，此时的"作为"是法律上的一种积极的行为，即要实现档案利用权，需要公民积极的行为，如到档案管理部门、相关网站等去查询、利用，从而实现自己的权利；档案利用权的相对义务人，有公民利用档案的权利就有实现这种权利相对的义务人——档案管理部门，主要有国家档案馆、档案行政部门、政府机构等国有档案的保管部门；另外，还需要有相对义务人不作为的惩罚条款以及救济条款。

总之，档案利用权的缺失，与档案馆档案开放权、档案公布权的过度"强化"直接相关，表面上看似乎只是影响了公众多层次、多目的、多内容的档案利用需求，实则是档案保管机构和档案利用者之间权利让渡界限不够清晰，也许用"让渡"一词并不够彻底，"还"档案利用权利于公民本身或许更为深刻。档案利用权确认的意义除了保障公民正当的档案利用权利，于道德层面更是让广大公众知悉公民利用档案，既不是获得档案部门的"恩赐"，也不是享受的国家福利，而是实现自身民主权利的一种方式和手段。只有档案利用权发展到这样的程度，社会公众或市场主体或机构组织才能从档案馆获取所需的档案信息；只有改变这种靠依赖政府随意性（或权力型）的开放而被动获取档案及档案信息的现状，档案才能成为公众真正意义上有用的东西，档案的资产特征也才能得以显现。这也是每当媒体热心报道一批尘封已久的某某档案被宣布开放时，社会及用户并不见得有多激动的原因。档案开放度不高的问题形成的直接影响就是档案用户的利益和权利均没有得到保障，进而影响到社会、市场、公众对档案作

① 王改娇：《公民利用档案权利研究》，上海世界图书出版公司，2012，第25~26页。

为其重要资产的认同，降低了档案资产价值发挥的可能。

（2）明确档案利用权与知情权边界，确保档案资产价值"较好"发挥

周毅认为，公众的信息知情权就是信息获取权，主要包括三个方面的内容：知政权、社会信息知情权和个人信息知情权。知政权是指公众了解、知晓国家活动和国家事务的基本权利；社会信息知情权是指公众对他所感兴趣的社会情况进行了解的权利；个人信息知情权是指公民依法享有从他人、政府机关和其他组织等方面了解有关本人的信息记录的权利。①

档案利用权与信息知情权联系十分密切，主要体现在两个方面。一是信息知情权的信息很多来源于档案信息，如公民知政权的信息大多源自政府文件（档案）、政府电子文件，个人信息知情权很多源自各类专门档案，如人事档案信息知情权、病历档案信息知情权等。二是信息知情权与利用权相伴生，知情权往往以档案利用为手段，如政务信息浏览、病历档案的复制、人事档案的借阅等，没有档案利用权的落实，公民的信息知情权很容易流于形式，正因为公民享有利用档案的权利，他才能按照自己能够选择的方式查询、获取政府部门保存的档案，了解政府活动。

档案利用权是公民享有的获取档案（载体）及档案信息的权利保障，与信息知情权的区别主要在于三个方面。一是权利主体范围不同，前者包括公民（公众）、组织、团体、国家等，后者主要针对社会公众。二是权利的客体范围不同，前者在实践中虽以档案信息利用为主，也包括档案载体利用，很多档案是信息与载体"绑定"时发挥的效益更大，比如文物档案、实物档案、缣帛档案等。三是权利的指向不同，档案利用权主要指国有档案，现实中以已经开放的国有档案及档案信息为主；信息知情权以各类信息为主，涵盖的信息范围大于档案信息。

档案利用权与信息知情权联系紧密，但区别也十分明显，明确两者边界十分有利于发挥档案资产价值。信息知情权十分有利于档案利用权的落实。公民的知政权促使政府及时公开政务文档、各类国有专门档案等，以便及时发挥政府档案资产价值；公民的个人信息知情权能较好地促使政府、其他组织、他人合理公开档案信息，以便适时发挥各种所有权下的档

---

① 周毅：《信息资源管理流程中公众的信息权利探析》，《中国图书馆报》2009年第1期，第86~91页。

案资产价值；公民的社会信息知情权促使包括政府在内的各类组织提供高质量、深加工、系统化、个性化档案信息参与行业竞争、市场竞争等，以便长期发挥档案信息资产价值。

5.2.4　典型案例：基于知情权的人事档案资产利用

人事档案是国家机构、社会组织在人事管理活动中形成的，记录和反映个人经历、德才绩能、工作表现的，以个人为单位集中保存起来以备查考的文字、表格及其他各种形式的历史记录。[①]

根据《干部档案工作条例》《人事档案管理办法》等有关人事档案利用的规定，其一，对利用主体进行了十分严格的规定，仅限于人事档案相对人的主管单位、协管单位，或上级机关的组织部门、人事部门、纪检部门等，并明确规定"非主管单位和个人一般不得查阅和借用人事档案"，"任何个人不得查阅或者借用本人及其直系亲属的档案"；其二，利用方式以出具档案证明居多，一般不外借即外借极少，出具人事档案证明以复印、拍照、摘抄后以单位名义盖章为主；其三，利用内容以单位内容统计人事档案信息、工资变动、学历变更、奖惩信息变动等单位内部使用为主，其他机构对人事档案内容的利用没有限制，但要求利用者有为当事人保密的义务。可见，人事档案当事人没有利用自身人事档案的权利，当事人不可能获取自身人事档案信息。

人事档案知情权，主要是指人事档案当事人应该拥有对档案管理单位保管的有关自己的档案材料状况及其利用情况等的知晓权利，以及用人单位和档案管理单位拥有对人事档案记录内容的客观真实程度的知晓权利。[②]可见，人事档案知情权包括人事档案当事人对自己人事档案的知情权，用人单位、管档单位对当事人的人事档案的知情权两个方面。人事档案知情权的内容包括人事档案当事人的查阅利用权、知晓权、纠错请求权，以及用人单位、管档单位的查阅利用权、审核查实权。

人事档案当事人的查阅利用权、知晓权、纠错请求权，是个人发挥人

---

① 王英玮：《专门档案管理》，中国人民大学出版社，2010，第 91 页。
② 郑美虹：《人事档案何时掀起"盖头来"——试析人事档案知情权》，《档案学研究》2005 年第 5 期，第 25~27 页。

事档案资产价值的关键。其一，有利于个人监督、确保自身档案信息的真实、预防组织或他人利用职务之便对当事人权益造成侵害。人事档案资产价值的发挥，包括两个方面，一是通过正确利用产生的效益，二是非法利用、非正常利用或不利用给当事人带来的损失，前一方面应积极引导、使之最大化，后一方面应尽量避免、使之最小化。在社会中引起较大反响的汤国基案①、上海许先生案②教训十分深刻，只有主管机关深刻认识到人事档案是国家资产，是不及时发挥作用就会对当事人、对主管机关、对国家经济利益造成损害的重要资产，是发挥不当就会对当事人的经济利益、人格权利等造成极大侵害的关键资产，这些案例才会成为历史。从上述案例可以看出，人事档案事关个人德才绩能，与当事人的工资待遇等息息相关，其经济效益的发挥对当事人十分关键。其二，有利于当事人知悉自身人事档案内容动态，为当事人利用自身人事档案信息发挥资产价值提供良好条件。例如，当事人积极主动变更学历信息以便于提高工资、福利等相关待遇，利用人事档案职称信息的证明提高社会兼职的待遇等。其三，有利于当事人及时发现个人不实信息、错误信息等，提供了不实信息能够更正的机会和途径，将对当事人的侵害概率降低。综上，人事档案知情权对当事人来说，在本质上是对个人信息的知情权利，实践中往往体现为对个人关键信息"获取经济利益"能力的维护和保护。

人事档案用人单位、管档单位的查阅利用权、审核查实权，是单位、国家发挥人事档案资产价值的关键。其一，人事档案是单位制定人事政策、人才发展策略、工资福利分配等诸多经济政策的重要依据，是维护单

---

① 青年作家汤国基以名誉侵权状告母校益阳城市学院，原益阳师专和宁乡教育局，起因是其就读益阳师专期间，档案中写有"考虑到该生长期患有头昏失眠等疾病，有时有精神反常现象"评语，档案中这一记录，致使其大学毕业后，一直无法找到工作，给其生活带来了极大不利影响。

② 家住上海的许先生失业三年，在这期间他并非找不到工作，而是经过了试用期之后就被公司辞退，辞退的理由都很模糊。几经周折，许先生终于发现缘起档案袋里的一项处分决定。自三年前在一家公司辞职之后，该公司做出一项处分决定，决定中形容许先生涉嫌多项罪名，其对公司的所作所为令人发指。正是这些子虚乌有的描绘成了许先生求职路上的拦路虎。许先生以侵犯名誉权将原公司告上法庭，原公司做出赔偿之后，档案里的处分决定却迟迟未能变更。公司推托不予变更处分决定的依据是《流动人员人事档案管理暂行规定》第14条第4项规定，"任何个人不得查阅或借用本人及其直系亲属的档案"，公司认为许先生违反规定在先，认为他查阅了本无权查阅的档案。

位正常经济秩序的重要手段，对单位经济活动开展有较大影响。其二，人事档案是公务员工作履历的重要记录，是国家经济建设依据的来源之一，在反腐、督促公务员队伍建设、维护正常的经济秩序等方面作用明显。例如，人民网 2015 年 4 月 21 日的《审核干部人事档案，再亮反腐利剑》，映象网 2016 年 1 月 14 日的《干部人事档案打假是反腐重拳》，2016 年 1 月 30 日《中国纪检监察报》的《遏制档案造假，清淤更需防污》，《法制日报》2016 年 3 月 3 日的《全国干部人事档案专项审核 37 起造假典型案例被通报》，等等，充分说明了人事档案对维护组织单位、国家正常经济秩序作用十分明显，要积极发挥人事档案作为资产的经济价值。其三，赋予人事档案用人单位、管档单位审核查实权，一方面有利于确保和巩固人事档案的真实、权威，即从人事档案的形成部门入手，堵住虚假人事档案产生的源头；另一方面有利于追责，有利于净化人事档案管理环境，促进人事档案管理长期健康发展。张建文通过检索北大法宝"高法公报案例"和"裁判文书精选"两个案例库发现 2009～2010 年，共有 5 起涉及遗失人事档案的诉讼，其中，有 4 起诉讼是因行政部门所保管的人事档案遗失而引发的，1 起是因企业所保管的人事档案遗失而引发的。奇怪的是，4 起因行政部门所保管的人事档案遗失而引发的诉讼中，档案关系人全部败诉，而因企业所保管的人事档案遗失所引发的诉讼档案关系人则获得胜诉（2009 年以前的类似案例也是如此）[①]。笔者认为，无论是何种原因导致了判决结果的迥异，通过知情权使得相关机构和个人拥有对人事档案真正利用的权利，拥有出现不良后果后进行救济的权利，是充分发挥人事档案资产价值的关键因素。

　　张建文分析，在因企事业单位遗失所保管的人事档案导致的诉讼中，有以下共同点。第一，法院均将该类案件归入平等当事人之间的法律关系，按照民事诉讼的程序，予以处理。第二，越是晚近的法院判决越正面肯定了人事档案的性质和对档案关系人的极端重要性。第三，基本上肯定了档案关系人的诉讼资格和对因遗失人事档案所造成的不利予以扩大的权利（合法利益）救济的可能性。在涉及行政部门所保管的人事档案遗失的

---

① 张建文：《行政部门所保管的人事档案遗失的权利救济》，《北京档案》2011 年第 7 期，第 16～19 页。

案件中，有以下共同点。第一，法院均将该类案件作为行政案件，按照行政诉讼的程序，予以处理。第二，法院均将该类案件视为不能获得司法救济的案件，尽管不予救济的理由可能有所不同，比较一致的理由是认为行政部门的人事档案管理行为属于不具有可诉性的内部管理行为。第三，法院均没有对行政部门遗失所保管的人事档案给档案关系人造成的包括无法进行入党政审、办理工作调动、办理退休手续、办理养老保险等利益是否属于法律上可予救济的损害以正面回应。①

5.3　基于正当利益确认的档案信息开发权

行使档案资产的权利，前提之一便是明确档案资产的正当利益，通过阐述档案以及档案信息存在着诸多正当利益，逐渐归纳出除了档案馆等部门具有国有档案信息开发权之外，其他主体如企业、个人等也应该具有自身所有的档案信息开发权以及国有档案中开放档案的档案信息开发权。

5.3.1　档案及档案信息存在诸多正当利益

法学理论认为，权利之争的表面在于怎样扩展权利种类，实则隐藏的是利益需求的争夺。对于国家档案馆保存的公共档案资产而言，公众的公共需求其实无非为了满足自身的公共利益而主张公益性档案权利；对于企业以及个人自身保存的个人档案资产而言，个性化的需求其实也是为了满足自身的个体利益而去主张某些或市场化或公益性的档案权利，这也正契合了主张权利源于利益驱使的法理本质。档案相比较于"动物""消费者""吸烟者"等而言，是一个社会化程度更高的概念，产生对此的需求以及满足此类需要都仰仗一定的经济社会条件，当其需求成为社会公众认可并追求之物，且社会能满足需求的资源却供不应求时，其便成为稀缺资源，围绕其配置就会产生利益。从原始意义来看，就是利益驱动了人们确认权利。在现代社会经济关系下这种利益需求的确认是不断变化的，如人事档案（大多专家认为人事档案虽然是以个人信息为单位建立的，但是其所有

---

① 张建文：《行政部门所保管的人事档案遗失的权利救济》，《北京档案》2011 年第 7 期，第 16～19 页。

权是属于国家或者建设单位而非个人，但个人应该有基本的知情权、修改权等，笔者注），其所有者不过是对事实占有的确认而已，从而达到社会维持机构或个人生存、就业、社会保障等目的，但这种"事实占有"是由生产力的发展状况决定的，在纸媒时代能够以不动产占有的方式来完成，信息时代的"事实占有"不再如此简单。所以，在市场经济和网络技术占据时代主导的今天，围绕着人事档案，人们产生了什么样的新需要（如人才绿色通道为需求人才重新建档），新需要与旧需要（如"弃档"现象表明，传统的人事档案是否到了可有可无的境地）有着怎样的关联，新需要又会关联哪些新利益，这些新利益是否需要法律保护而转变为法律语境下的权利呢？

也就是说，档案以及档案信息，无论是在以传统纸质档案为主的时代，还是在信息经济电子文件方兴未艾的时代，档案以及档案信息存在着诸多正当利益，如对人事档案所有权的争议，对其知情权、修改权的渴望等，都是追逐正当利益的结果。

有学者①倡议探寻保障各方利益的信息权利充分实现的规律，把信息资源的功能效用放在经济社会发展的大环境大平台中去研究，档案服务应实现服务形式、服务性质、服务态度的转变，而档案部门上述目标的实现取决于转变的程度，如档案服务形式有多创新、服务性质转变是否彻底、服务姿态能否以市场为导向等。

5.3.2 档案信息开发权的现状

周毅教授在论及当前的信息权利时，认为"档案"这种客体对象其实是我国信息资源开放政策的设计中心，它源于《关于开放历史档案的几点意见》（1980年国家档案局发布），确定于《档案法》（1987年颁布），经1996年修订的《档案法》对档案开放做了新的规定，从权利上来讲档案开放权已经完成了从"应有权利"向"法定权利"的过渡。但正如笔者上述所言，《档案法》对于公布、开放、利用的权利赋予显然不够，赋予档案馆档案公布权、档案开放权过大，对公众档案利用权的限制过多，致使档

---

① 冯惠玲、赵国俊：《中国电子文件管理：问题与对策》，中国人民大学出版社，2009，第76页。

案馆、档案行政管理部门档案信息资源开发的效果始终难以让公众满意，社会组织、公益组织、个人虽有开发的动力却无开发利用的权利，进而档案信息资源开发利用难以向广度和深度拓展。

中共中央办公厅、国务院办公厅《关于加强信息资源开发利用工作的若干意见》强调要支持和鼓励信息资源的公益性开发利用、加快开发利用的市场化进程以及依法保护信息资源产品的知识产权等政策。国家档案局《关于加强档案信息资源开发利用工作的意见》提出推进档案信息产品专题开发和加工、重视档案信息增值服务工作、促进档案信息服务业的形成等策略。但是，综合档案馆和有关档案管理机构能否对属于国家的具有公共信息产权和著作权的档案行使档案信息开发的权利？笔者认为从现有法规特别是《档案法》来看难以找到依据，国有档案由档案馆保管，并不表示其著作权就由档案馆代表国家行使，只有国家或者著作权行政管理部门明确向档案馆授权，档案馆才具有对档案进行开发利用的权利。既有的法定档案权利与新型档案信息开发权利并不完全一致，甚至于逻辑思路和结构都存在某种差异，这个客观事实是正常的，法律的成熟过程中也很难形成一致。① 因为新的实践积攒出新的养分必然与过时的、陈旧的、过去的积淀物相冲突，所以容易造成理解新型档案资产的权利与既有档案法律"潜在"的法定权利体制之间关系的困难，克服既有的体系樊篱兼顾问题导向，克服既有的应用政策盲点兼顾理论思辨，方为档案资产的档案信息开发权利推理的可行之路。

5.3.3 档案资产的档案信息开发权保障

从世界各国政府信息公开法律中可以看出，美国和欧洲国家普遍强调政府信息的自由使用，从其政府信息的自由使用原则的实质上可以推定出有关国家已经赋予了一定主体以赢利为目的的信息再开发权利。美国的公共信息资源管理体制，对我国来说有较强的借鉴意义。凡涉准公共物品性质的公共信息资源其"全产业链"由政府一力承担以确保公平、公正，而涉及特定领域的准公共物品性质的公共信息资源，则对其性质、种类、服

---

① Oliver Wendell Holmes, *The Common Law*, Harvard University Press, 1963, p.32.

务方式、承包形式等进行细分，以交由合适的市场主体来完成。① 周毅教授认为政府信息采集与集中的最终目的应该是可以在更大时空范围内实现对有关主体的信息服务，从而为国家积累信息资产并促进社会公民的信息知情权和获取权的实现。② 通过确保信息开发权利而实现政府信息资产的积累及发展，为档案资产的开发提供了思路。对具有广泛市场需求的档案信息，在法律范围内采用许可使用、转让使用等方式进行档案信息资源的开发也是可行的。例如，我国地理数据在与外界签订使用许可协议时，按照对象的不同、地理信息密级的差异而采用无偿、优惠的有偿以及有偿使用三个类别。③ 这种分级分类管理的措施十分有利于该类档案信息资产的开发利用。对于企业或个人所有的档案更可以采用使用许可方式促进档案信息资源的开发利用，如档案寄存、捐赠。为了提高档案信息资源开发的效率，档案信息开发权的确立是必要的。具体来说，国家可以对参与档案信息资源开发的主体进行广泛授权，档案馆、专业信息开发机构、第三部门等非营利性机构甚至企业、个人等均可成为开发主体，可以尝试通过许可合同、转让合同方式实现相关信息资源开发权的转移。在开发内容上，可以尝试在公众档案信息需求较为强烈的领域率先进行档案信息的增值开发，如科技档案、气象档案、艺术档案、地理信息档案等。总之档案信息开发涉及的具体活动较多，与其他权利关系甚为密切，其中以档案数字化权、档案数据库权、著作权联系最为紧密。

（1）档案资产在获取上的自由流动：档案数字化权

何谓数字化权？在《著作权法修改草案》出台前，对数字化能否上升为一种权利以及权利的具体规定一直不明确。《著作权法修改草案》（对著作权法的第三次修订）第11条对数字化的性质做出明确规定，"著作权的

---

① 夏义堃：《美国公共信息资源管理体制结构分析》，《图书情报知识》2007年第5期。
② 周毅：《信息资源开放与开发问题研究——基于信息权利全面保护的视域》，科学出版社，2012，第56页。
③ 我国《国家基础地理信息数据使用许可管理规定》中明确表示"使用国家基础地理信息数据的部门、单位和个人必须得到使用许可，并签订《国家基础地理信息数据使用许可协议》"。其使用许可协议分为三类，一是中央、国家机关、省级政府等用于宏观决策和社会公益事业（无偿使用）；二是非企业单位、个人为教学或者科学研究等目的（优惠的有偿使用）；三是个人、企业或非企业单位用于商业目的、赢利或直接为建设工程项目服务（有偿使用）。

财产权中的复制权，即以印刷、复印、录制、翻拍以及数字化等方式将作品固定在有形载体上的权利"。至此，数字化权属于著作权法中财产权内容，具体成为复制权的一部分。

数字化权是著作权人的权利，著作权人许可后，其他人可以享有数字化权。对传统载体档案而言，数字化是档案资产价值能够跨越时空界限自由流动、实现信息增值的必经阶段。

以综合档案馆照片档案为例，其照片档案数字化权涉及的领域主要包括三个方面。

一是不需考虑著作权人权益的照片档案。也就是说，可对此类照片档案直接进行数字化，无须关注照片档案的来源，大多数国有照片档案属于此类。此类照片档案主要涉及两个方面，一方面属于档案馆"合理使用"范畴，是著作权法赋予档案馆特有的权利，依据为《著作权法修改草案》第 43 条规定："图书馆、档案馆、纪念馆、博物馆、美术馆等为陈列或者保存版本的需要，复制本馆收藏的作品。"我国各种综合档案馆现进行的规模巨大的数字化档案工作的合法性大多源于此条款。另一方面属于超出著作权的保护期限的照片档案，数字化权属于任何人或组织，档案馆可以进行数字化，不会产生侵权纠纷。

二是档案馆拥有所有权、完整著作权的照片档案，如档案馆自行拍摄的照片档案、档案馆通过合同约定获得所有权和完整著作权的照片档案，此类档案档案馆可自行进行数字化。

三是档案馆只拥有部分著作权的照片档案，能否数字化还需要看数字化的目的。《著作权法修改草案》第 22 条规定："作品原件所有权的移转，不产生著作权的移转，美术、摄影作品原件的所有人可以展览该原件。"也就是说，如果档案馆拥有照片档案的所有权，可同时拥有该照片档案的展览权，但包括数字化权在内的其他著作权仍属于著作权人所有。如果档案馆要开展包括数字化在内的其他工作，则需要获得该档案完整的著作权，或通过合同约定等方式专门获得该照片档案的数字化权。在档案馆的照片档案中，许多捐赠的照片档案、征购或收购的照片档案属于此类，档案馆对捐赠、征购或收购的照片档案一般只拥有著作权中的展览权，出于展览需要档案馆可以对捐赠的照片档案进行数字化，但出于其他用处则要经著作权人授权。

但需要注意的是，无论是国有档案"为陈列或者保存版本需要"而进行的数字化，还是其他类型档案的数字化，要想对照片档案进行资产运营、充分发挥档案的经济价值，则必须获得明确的档案数字化权，因为仅仅通过"展览"方式很难全面、深入发挥档案资产价值。对照片档案而言，获得数字化权的方式可以多样化。一是通过相关机构授权。例如，中国摄影著作权协会，是政府指定的国内唯一从事摄影著作权集体管理的社团法人机构，该协会有接受授权、发放使用许可的权限。协会通过著作权人的授权间接拥有著作权人所授予的权利，而当档案馆向协会提出授权复制权的要求时，协会与档案馆通过制定相关的程序与协议，然后发放使用许可，那么档案馆就拥有了复制权，可对照片档案进行数字化。二是通过公告、邮件、媒体宣传等方式，使与照片档案有关的个人、组织能知晓档案馆开展的照片档案数字化活动，并声明照片档案的著作权人可以向档案管理部门提出意见、有拒绝档案数字化的权利；若无异议，则默认许可。三是通过合同约定方式，在照片档案著作权人向档案馆进行捐赠等活动时，事先就档案的数字化权、网络传播权等进行确定并签订相关的协议合同以保证权利的合法合理。四是档案数字化权往往与网络传播权联系紧密，绑定后才能发挥其资产价值。因为档案数字化的最终目的是利用，而数字化只是手段，是资产自由流动的必要条件，资产的流动即利用才是目的。《信息网络传播权保护条例》第7条规定："图书馆、档案馆、纪念馆、博物馆、美术馆等可以不经著作权人许可，通过信息网络向本馆馆舍内服务对象提供本馆收藏的合法出版的数字作品……"该条例虽然为档案馆档案资产自由流动提供了主要依据，但核心在于"本馆馆舍"，这实际上是极大限制了档案资产的自由流动，只有通过上述三种方式获得完整的数字化权、信息传播权才能达到目的。例如，青岛档案信息网"照片银行"栏目，对青岛档案馆已经获得数字化权和信息传播权的照片档案，可以"免费使用"，可以直接下载；对只取得数字化权而未取得完整著作权的照片档案，采用"有偿使用"方式，需要用户注册，并与照片著作权人接洽，才可自由使用，档案馆不承担照片档案版权责任。

（2）档案资产在组合上的自由选择：档案数据库权

数据库权设置的内涵及适用范围在全世界范围内仍处于激烈争论中，但由于数据库是信息资源存在的极其重要的方式，数据库权问题不解决，各种信息资源就不可能发挥很好的效用。

数据库权产生的背景：由于数据库制作需要投入大量人力、物力、财力，现代技术却使得不经数据库制作人许可即可便捷地获取数据的行为十分容易，且使用数据的成本非常低，数据库又很难符合现有著作权"独创性"标准，数据库制作者的投入很难获得其所期望的价值回报，不利于数据库制作。

欧盟1996年的《指令》，是在为欧盟与美国的包括数据库产业在内的内容产业的竞争提供制度保障的政治背景下推出的，是一部专门针对数据库权的具有统一法律效力的文件。其将数据库权定义为，由独立的作品、数据或其他素材按照特定的条例和系统编排而成的集合，而这个集合中的元素也可以通过电子方法或其他方法被独立地获取和利用。该指令规定数据库权主要有两项权能，其一是提取权，即权利人有权禁止他人未经许可将数据库中的内容转移到其他存储介质上；其二是再利用权，即权利人有权禁止他人未经许可以发行、在线传输或其他方式向公众提供数据库内容，再利用其实是指未经许可将数据库内容置于公众可任意获取的地方。数据库权可以转让，可以通过许可合同转移、转让、授予他人，它是一种具有较强对抗效力的财产权，保护期为15年。此外，数据库权基于公共利益考虑，受到发行权一次用尽原则、合理使用原则限制。发行权一次用尽原则指数据库复制品在第一次合法销售之后，受让人可自由转让该复制品而无须数据库原权利人的许可。合理使用原则指为个人目的、教学示范、科学研究、公共安全、行政需要、司法需要等的提取、再利用均无须数据库权利人的许可。①

欧盟数据库权的设置，本质是保护数据库制作者的实质投资以及数据库作为"财产"的存在方式，这种实质投资，既可以是时间成本、技能、职能需要，也可以是财产性的资金投入，这对档案数据库制作十分有利。其一，从法律上确保了数据库制作者的利益，让档案管理机构（往往是国有档案数据库制作者）制作的档案数据库价值以财产形式直接得以体现，极大提高了档案数据库制作者的积极性，使得制作者时刻关注档案数据库建设质量，促进数字化档案资产以更佳方式组合、以更优方式流动。其

---

① 高富平：《信息财产——数字内容产业的法律基础》，法律出版社，2008，第234页。

二，提高了数字化国有档案资产的安全性能，数据库权提取权、再利用权的权能实则对不在开放范围内的档案数据库建设、涉及隐私权的档案数据库建设等起到了较好的保护作用。其三，数据库权对公共利益的考虑，更加契合国有档案资产以公共利益为主的价值取向，满足社会公众多元化的档案信息组合需求，也可在发挥公共利益的同时，特别是在档案资产深层次加工领域，通过合同许可等方式提供更好的个性化、小众化服务。

迫于欧盟《指令》的压力，美国的数据库立法一直被该国信息产业巨头积极推动，但难有进展，美国立法思路与欧盟也越来越远。[①] 因为欧盟的数据库法虽然较好地促进了欧盟信息产业的发展，但它更加注重保护信息以激励信息生产，对开放信息以及方便信息流通方面则不利，实则对公共利益造成了一定损害。

我国至今没有对数据库立法，欧盟和美国的数据库立法经历给予我们充分的启示，即对数据库的保护不能损害公众对信息的自由取用，档案数据库尤其如此。档案数据库是现今环境下国有档案信息存在的主要方式，确保档案信息的自由公开是体现公共利益的必要手段；通过促进数据库产业的发展，推动国有档案信息充分流动、自由组合，实现国有档案信息的资产价值是档案资源业可持续发展、高效率发展的必由之路。从另一角度来说，在档案数据库制作过程中，对档案信息如何加工、采用怎样的档案信息加工处理工具、选择怎样的加工处理方法等成为公共档案馆的基本权利，也就是说，档案数据库权的形成与档案信息资产的开发利用权存在交叉。

（3）档案资产在获利上的自由处置：著作权

著作权法是保护作者创作自由的法，主要体现为对公民人格权的尊重和对言论自由或思想自由的恪守。著作权一般分为精神权利（人身权）和财产权利。我国《著作权法实施条例》第 2 条将受著作权法保护的作品界定为，文学、艺术和科学领域内具有独创性并能以某种有形形式复制的智力成果。但对"独创性"则没有明确说明，一般来说独创性是指作者独立创作完成、不是抄袭他人的、能与其他作品区别开来的特异性。

实际上，美国把数据库最初是当作"汇编作品"（即著作权法）对待，根据的是辛勤劳动原则（或者称为额头出汗原则），1991 年经过著名的

---

① 高富平：《信息财产——数字内容产业的法律基础》，法律出版社，2008，第 317 页。

Feist 案①之后，对数据库的保护转向了"最低创造性"原则，"最低创造性"与"独创性"有何关联呢？其一，受著作权法保护的条件是独创性，对于数据库而言，制作者在数据库创建过程中投入了大量的人力、物力，并且在数据库结构选择或资源编排上具有一定的独创性，表面上看符合著作权法保护的要求，但是，著作权法不是保护数据库的资源内容，而是保护数据库结构的独创性选择或编排的表达②，在实践中除了完全盗用其整个数据库外，大多是通过利用数据库内容来"侵权"的，这也正是著作权法无法实现对数据库保护的根本原因。其二，在著作权基础上产生的邻接权，有不少学者认为数据库开发者的性质类似传统的邻接权人如出版单位、广播电视平台、录音录像制作者等，可以赋予数据库开发者与邻接权人一样的经济利益以推动数据库的开发与制作，但数据库不符合著作权法"作品"的特点，理所当然不能享有数据库制作者"作品作者"的法律地位，数据库也就得不到邻接权的庇佑。其三，既然数据库的最低创造性在内容上不符合著作权法独创性要求，在形式上也不符合邻接权中类似出版作者的特征，那对于针对数据库的"恶意批量下载""盗用数据库软件"等行为是否能够通过反不正当竞争法来保护呢？特别是对于那些没有独创性选择或编排的数据库来说，似乎利用反不正当竞争法来保护已有权利，从而防止他人不公平商业竞争是不错的选择，但是反不正当竞争法的目的主要在于维护市场竞争中的平等、公平，崇尚诚实信用的道德，等等③，它无法保证数据库制作者的财产权利，也很难平衡私人利益获取和公共利益之间的关系。

---

① 1991 年 3 月，美国 Feist 出版公司起诉 Rural 电话服务公司，因为 Rural 电话服务公司拒绝向 Feist 公司发放电话簿许可证，而 Feist 出版了利用 Rural 电话号簿中数据来编制的电话号码手册，Rural 认为 Feist 侵犯了其著作权，并声称 Feist 应自己独立采编数据；Feist 反驳说 Rural 的电话号码簿不能得到著作权的保护。美国下院按"辛勤采集"原则判定 Rural 享有著作权，而最高法院按"原创性"原则以 Rural 的电话号码簿缺乏必要的选择、组织、编排为由，判定 Feist 公司的行为不构成侵权。此后又有两家名录出版商之间状告抄袭侵权的官司也得到类似的判决。于是出现"最低创造性"原则渐渐取代"辛勤劳动"原则之势。

② 吴志强、刘梅：《数字资源权益分享的法律机制研究》，《图书情报知识》2011 年第 6 期，第 93～100 页。

③ 吴志强、刘梅：《数字资源权益分享的法律机制研究》，《图书情报知识》2011 年第 6 期，第 93～100 页。

那么，就又不得不提专门针对数据库权的欧盟《指令》了，其将数据库保护独立于著作权保护之外，以"实质性投入"保护为数据库权侵权判断的重要标准。该指令第 3 条规定："凡在内容的选择或编排方面体现了作者自己的智力创作的数据库，均应获得著作权保护。"该指令第 7 条则规定："各成员国应为在数据库内容的获取、检验核实或选用方面，经定性和（或）定量证明做出实质性投入的数据库制作者规定一种权利，即制止对数据库内容的全部或经定性和（或）定量证明为实质性的部分进行摘录和（或）再利用的权利。"数据库制作者只要在资金、劳力、时间等方面做了实质性投入而无论数据库是否具有独创性，都可以得到保护，同时它"制止对数据库内容的全部或经定性和（或）定量证明为实质性的部分进行摘录和（或）再利用"，这在客观上也对数据库内容进行了保护。从《指令》的规定可以看出[1]，其将数据库保护分为两种，一是符合著作权独创性要求的，二是不符合但达到"实质性投入"标准的，以此来搭建数据库保护的"组合拳"，两种保护方式均是以数据库投资者的权益为核心，最大程度保障其经济利益。但是，这样的方式可能容易造成数据库制作者"垄断"数据库信息，从而损害公众利益。

著作权的财产权利，核心价值在于赋予著作权人对其作品商业化利用的专有权，这种专有权既有对作者不断进行创作活动的激励，也是文化市场、文化产业发展的基础。如何将著作权的财产权利用于档案资产的获利，需要合理的制度设计。著作权法承载着公共利益，它是通过一系列的制度安排，通过科学、艺术、文化、技术等的发展而促进社会不断进步，是通过保护作者的权利而保障公共利益。其一，著作权法通过鼓励作者创作来实现公共利益，如通过赋予创作者一定程度的排他权诸如署名权、改编权等以鼓励作品创作，实则是鼓励各种作品的生产，保证文化作品的丰富。其二，著作权法通过鼓励出版，使公众能够获得各种文化产品来实现公共利益，作品一旦首次出版，就极易被公众获得。其三，著作权法通过自由创作和出版、鼓励市场竞争来实现公共利益，著作权"独创性"门槛其实很低，产品的可替代性明显，不容易形成市场垄断，这种良好的竞争

---

① 刘梅：《国内外数据库权益保护模式比较研究》，《图书馆学研究》2009 年第 8 期，第 94 ~ 97 页。

状态使得作品的生命周期相对比较合理。

涉及著作权问题的档案领域主要有档案原件、档案作品、档案数据库、档案工作。关于档案原件是否具有著作权，我国著作权法第 5 条规定，法律、法规，国家机关的决议、决定、命令和其他立法、行政、司法性质的文件，及其官方正式译文；时事新闻；历法、通用表格和公式等不属于该法保护的范围；但除此之外的大部分档案，如艺术档案、教学档案、科研档案等专门档案、照片档案、音频视频档案具有独创性，受著作权法保护。对于档案作品，如档案文献编纂作品、档案展览等，是以档案信息为基础形成的产品，均应受著作权法保护。对于档案数据库，要注重在档案数据库的构建中不要侵犯他人的著作权。对于档案工作，主要指在从事档案公布、档案数字化等过程中不要侵犯他人的著作权。

一方面，档案所有者应积极保护好档案原件、档案作品的著作权。其一，保障作者、档案所有者享受著作权福利，鼓励他们创作各种各类档案作品，积极发挥档案作品的经济利益，这也是实现档案公共利益的重要方式。其二，综合档案馆为了档案作品的多样化，积极鼓励档案馆内部人员、社会公众等参与档案作品创作，合理分配档案作品著作权带来的经济收益。

另一方面，档案管理机关在从事档案工作、构建档案数据库时，要谨防侵犯他人著作权。其一，应收集、利用没有著作权争议的档案，及时开发这部分档案的价值。其二，对存在著作权争议的档案、档案产品，应及时争取著作权人同意以获取档案及档案产品的数字化权、复制权、网络传播权等。

从公共档案馆来看，档案信息开发权当前迫切需要解决的问题是，在档案数字化和档案信息增值开发服务过程中形成的数字化档案、档案数据库和其他档案信息开发产品的著作权归属问题。如上所述，著作权法是用来平衡著作权人与社会公众利益的并以实现公共利益为最终目标，因此不管是公共档案馆作为著作权人一方，还是公共档案馆本身代表的是公共利益一方，著作权法都是十分有利于公共档案馆发展的。问题是在档案信息开发过程中公共档案馆"双方"角色如何协调，如何平衡"双方矛盾"。协调和平衡的目的是既能保护公共档案馆能够"获利"，具有可持续开发档案信息、形成各类档案产品的源源动力，又能确保档案公共利益最大化。一方面，需要通过著作权法，允许档案馆、图书馆等公共文化事业机构在特定情况下对作品合理使用，尤其是增加信息网络传播权，将档案信息开发与传播结合起来，而不能仅仅限制在"本馆内"，同时通过技术条件限制避免公众通过网络环境对档案馆的著作权造成侵害，数字化档案、档案数据库、档案信息开发产品等均如此，这样才能保证公共档案馆的"获利"空间；另一方面，通过保证没有著作权争议的档案信息的平等、免费或低成本的自由获取，保证数字化档案、档案数据库、档案信息开发产品等的便利获取来实现档案公共利益的最大化。

实际上，一些经济价值极高的档案，通过确保档案信息开发权来保障档案资产的利益在实践中已经较为常见。以科技档案为例，我国1987年制定的《科学技术研究档案管理暂时规定》未对科技档案的著作权问题进行规定，但从相关文件中可以推定，如《国家科技计划项目科学数据汇交暂行办法》规定，科学数据汇交义务人对汇交的科学数据有发表权、署名权、使用权等，其实际上已经享有了不完全的著作权。例如，《国家基础地理信息数据使用许可管理规定》①，由于我国往往将科技计划安排交由科学技术专项计划部门或其委托的机构组织实施，由单位或个人承担，由此可以推定，只要是由国家财政投入完成的科研项目，相应的科技档案应享有全部或部分著作权。关于此点，相关政策②提供了见证。总之，由公共部门投资而产生的科技档案应享有完整或部分著作权以及公共信息产权，而科技档案项目承担单位可以依法从事相关实践活动，如科技档案项目的转让、交易、作价入股等，这说明对档案信息资源以资产化方式进行开发是可行的，存在较大获利空间。

5.3.4 典型案例：非物质文化遗产档案资产价值开发

非物质文化遗产大多融汇在日常生活中，是特定区域人们日常生活的常态反映，主要散布在民间，如各种传统生产工具、手工艺品、服饰配饰、医药配方、饮食做法技艺、服装制作工艺等。非物质文化遗产档案是

---

① 该规定明确说明，国家基础地理信息数据是具有知识产权的智力成果，受国家知识产权法律法规的保护。
② 该规定说明，"除涉及国家安全、国家利益和重大社会公共利益的以外，项目承担单位可以依法自主决定实施、许可他人实施、转让、作价入股等，并取得相应的收益，在特定情况下，国家根据需要保留无偿使用、开发、有效利用和获取收益的权利"。

指社会组织、公民等为了防止非物质文化遗产生存环境脆弱而导致的非物质文化遗产失传，从而利用各种技术手段，将非物质文化遗产的核心"基因"整理、记录下来，固定在合适的载体上而产生的档案。利用非物质文化遗产档案为遗产所有人创造经济利益，切实发挥其资产价值，既是帮助遗产所有者脱离贫困、走向富裕的重要方式，又是实现非物质文化遗产得到长期保护、可持续继承的重要手段。

其一，通过对非物质文化遗产档案的系统收集、整理等，使之获得知识产权保护，将非物质文化遗产档案的资产价值与知识产权保护的"资产"价值结合起来。如根据我国《原产地域产品保护规定》，通过收集产品历史渊源、特色、加工工艺、地理特征等档案资料，申请地理标志可对属于非物质文化遗产的特殊来源地产品进行保护；通过对尚未披露的祖传技艺、饮食做法技艺等相关档案资料进行收集整理，可申请商业秘密保护等。

其二，通过分级分类开发非物质文化遗产档案，发挥其资产价值。可将非物质文化遗产档案分为可开发型、保密型。对可开发型而言，有三个方面需要注意。一是开发时要注重维护档案的"原貌原味"，维护遗产的"特色"，不能歪曲、贬损、进行恶意竞争等，把非物质文化遗产产品做大做强，其实质就是确保国家和社会的公共利益。二是要体现遗产所有人利益与公共利益的平衡，对公众有权查阅和获知的非保密档案资产，可在合理范围和程度内对其加以利用，使其发挥历史、文化、旅游、娱乐等多元价值。三是应注重平衡"所有人"和商业开发人之间的利益。如通过对档案资产的便捷利用、提供针对性服务等吸引商业开发者、提高其积极性，同时也要保证非物质文化遗产"所有人"的身份权益，不得篡改、冒用名称等，维护良好的合作竞争环境。对保密型而言，需要注意两个方面。一是遗产所有人开发，遗产所有人可通过非物质文化遗产档案资料所有权转移、让渡等，以协议授权方式，开发非物质文化遗产产品，确保遗产所有人权益。二是非物质文化遗产档案管理部门的开发，档案管理部门应充分尊重遗产所有人意愿，务必获得所有人相关著作权或其他知识产权授权，方可进行档案资产的开发和运营。

其三，以动态化方式开发非物质文化遗产档案，发挥其资产价值。非物质文化遗产是"活态"的，其生存与发展必然随着社会发展而不断变化，发挥非物质文化遗产档案的资产价值，对非物质文化遗产档案的创新性开发利用也必然具有"活态"性。例如对传统戏曲剧目的改编和推广、传统中医药药剂制作方法的突破、中医诊疗方法的创新等都应及时地开发利用出来，适时保持档案内容与非物质文化的互动与交融。[①]

5.4　基于损害禁止的档案安全权

档案之上的利益形态，不仅仅是正向的，它在带来财富、创造经济价值的同时，也能招致损害。档案失真、篡改甚至恶劣的信息环境等会或直接或间接地导致新的价值危机和利益损害，造成档案利益结构失衡。发现、避免或减少档案或档案信息损害，为受损害方设置档案权利是必要的，形成该情形的原因在于档案本身具有的结构性矛盾。

5.4.1　档案的结构性矛盾

分析事物和现象需要找到事物本身所蕴含的基本矛盾，关于结构上存在档案这一事物的基本矛盾的分析是建立在具有法律意义的档案及档案信息的范围之内的，笔者认为档案结构的基本矛盾关系主要体现在两个方面。

第一，档案信息的客观独立性与档案载体依赖性的矛盾。不管是传统档案如纸质档案还是电子文件，其信息具有客观独立性的同时又依赖于载体来体现某些特质，这形成一种"捆绑式"特征（这种捆绑相对电子文件而言往往造成纸质档案的信息与载体事实上的不可分离，因为档案的权威往往是通过捆绑来体现的，但从档案信息的绝对性来说，任何信息都可以从载体分离出来，特别是在信息技术如此发达的今天，通过程序上的监控同样能保证档案信息的原始记录性）。还有电子文件要呈现档案信息，不管其载体形式如何，总是要借助载体才能呈现。在现有环境下，对档案信息的复制很容易，侵权者往往借助低廉的技术投入就能获得高额的利润。因此一方面是公众从技术上获得和传播档案信息实现共享容易，技术投入低廉；另一方面档案"客体利益"权利人——档案管理机关为了排除风

---

① 罗宗奎、王芳：《知识产权法体系下开发利用非物质文化遗产档案的优势和基本原则》，《档案学通讯》2012年第2期，第44～47页。

险，总是会按照对自己有利的方式来管理和控制档案，这势必会阻碍档案信息共享、加大对档案信息保护的难度，而上文提到的档案开放与利用难以令人满意就是自然而然的结果了。

第二，档案保密与档案开放之间的矛盾。综合档案馆作为法律授权的档案管理机构，出于各种考虑往往倾向于独占一些档案权利，如档案公布权使得国有档案的发布、编研、出版等权利都只能由档案馆行使，且以保密法为法理依据控制住档案信息的传播范围，并尽可能防止外泄，其做法耗费的成本不仅是国家财政，而且损害了社会公众的个人信息成本，甚至阻碍社会文明进步；但换个角度思考，如果不设置特定的独占权利以激励相关产权人或权利主体投身于档案信息资源的产业链中，也是资源的一种巨大浪费和闲置。

在上述关系中，应该通过档案权利的设立为矛盾双方提供足够的缓解，或提供一个中间地带，或提供一个协商的平台，使种种紧张关系始终保持在可调和状态，如档案与载体的分离程度、保密与开放的协商程度等，使权利之上的各方利益实现共赢。

5.4.2　档案资产的安全权保障

基于安全和安全权的理解，档案安全权要求档案的完整性、真实性、可用性、不可否认性和机密性不受非法侵害。完整性主要指未经授权，档案信息不能被更改；真实性，主要指确保档案信息无论何时何地都是真实的、可信赖的；可用性主要指档案信息在需要时是可用的、可以被人识别的；不可否认性主要是档案在形成、流转、交易等活动中的当事者是可以信赖的，其行为是不可抵赖的；机密性主要指涉及国家利益、国际政治斗争、公民隐私等方面。

档案资产的安全权利主体涉及国家档案行政管理机构、综合档案馆以及其他组织单位的内部档案机构或个人。对于档案管理机关而言，权利的重心在于维护国家利益及公民档案需求所必需的档案体系的完整与稳定；对于私主体而言，权利的重心在于维护档案信息交易安全、档案财产安全和隐私保护。不管是何种性质的保管主体，对于静态档案资产而言，主要是通过保障档案实体和档案信息两个方面来确保档案资产的安全，特别是以静态方式存在的国有档案资产更为明显；对于动态档案资产而言，时刻注重档案隐私权保护可以更好地保障档案安全。

（1）档案资产实体安全：确保国有档案资产安全的核心手段

关于保障国有档案资产实体安全，档案管理机关主要通过三个方面来实现。一是必要的档案实体安全基础设施的投入，如公共档案馆以馆藏量为衡量标准的必备的馆藏空间，防温、防湿、防光、防虫等设备；二是确保档案实体安全的管理措施，如严格的档案实体保护流程、必要的追责机制等；三是专业的档案实体管理人员，如对档案保护管理人员素质的要求、必要的档案修复技能等。总的来说，我国的综合档案馆建设条件、建设规模、建设水平均得到较大提升，国有档案资产处于较好的管理环境中。

（2）档案资产信息安全：保障国有档案资产运营的必要条件

国有档案信息安全，档案管理机关主要通过两个方面来实现。一是通过限制档案实体的利用来确保档案信息的安全。如借助《档案法》《保密法》等规定，针对档案信息开放、档案信息利用的条款来进行，上述内容中笔者认为目前我国关于档案开放的法规相对模糊，使得档案开放的范围不明确、程度相对缓慢，对档案利用的手段、方式限制较为严苛，使得公众利用档案信息的热情不高、效果不理想，大多是将对档案的利用限制在"馆舍"内来实现的。二是通过限制档案网站数字档案范围来确保档案信息的安全。如各个综合档案馆的档案网站，大多通过限制连接外网的数字化档案数量、档案原文数量，只提供档案目录等方式进行。

与档案实体一起、维护档案信息安全，时刻维护档案安全权要求的档案完整性、真实性、可用性、不可否认性和机密性不受非法侵害，是保障国有档案资产运营的必要条件，档案安全权在某种程度上来说也是档案所有权、档案利用权、档案信息开发权的基础。但是，如何在维护档案实体、档案信息安全的同时，又能实现档案所有权下的占有权、使用权、收益权、处分权的应有之意，又能实实在在确保公民真正的档案利用权，又能较好地施行档案信息开发权，既是困扰档案部门的长期难题，又是充分发挥档案资产经济价值必须破除的顽疾。

如何通过档案安全权的确立来促进国有档案资产的运营，提高档案资产的经济效率？笔者认为，其一，档案信息的分类保护是档案安全权的重要内容，从档案资产运营风险控制以及结合档案安全保护的传统来看，可以将档案分为保密型（不予公开）、公共型（可以公开）和增值型（可以公开的档案中最具市场开发价值的部分），这将大大提高公共型和增值型档案信息的开发、加工、整合等服务。事实上，市场化模式只是档案信息资源供给的局部策略选择，只适用于那些具有强竞争性、产出和结果可明确界定的档案信息产品，对于社会普遍性需求的档案信息及服务，则以政府公共模式和社会公益模式为主，基于档案安全权的档案信息分类，就是应此规律发展的产物。其二，对受私主体保护的档案种类和范围的确定，十分有利于私主体档案资产的开发、活跃档案资本市场。其三，有利于界定公主体与私主体档案以及档案信息的边界，这也是档案产品开发、档案产业形成的基础条件之一。

（3）明确受私主体保护的档案种类和范围：非国有资产运营的基础

档案安全权的内容既应该包括档案保管机关档案体系的建立和维护规则、与之运行的档案信息系统安全的责任分担、档案信息分类保护的技术标准、档案安全评估机构等内容，也应该包括一般意义上的民事法律主体（包括个人、法人和其他组织）保有自己所有档案的收集、整理、存储的档案的完整性、可用性、机密性的权利，应明确受私主体保护的档案种类和范围（不应笼统地规定为"不能危害国家安全及国家利益"，笔者注），以及当权利受到侵害时有相应的救济程序。目前我国对档案管理机关实体档案及档案信息安全的维护效果显著，但对私主体的档案安全则较少考虑，散见于对档案法的推理之中。

5.4.3 典型案例：档案隐私权与档案资产安全

隐私权是指自然人享有的私生活安宁与私人信息依法受到保护，不被他人非法侵扰、知悉、搜集、利用和公开等的一种人格权。隐私权的实质是个人对其私生活安宁、私生活秘密等享有的权利，个人对他人在何种程度上可以介入自己的私生活，对自己是否向他人公开隐私以及公开的范围和程度等具有决定权。[①]

具体而言，隐私权主要包括七个方面。其一，获取权，即当事人有获取他人拥有的有关本人信息的权利；其二，知悉权，即当事人有被告知其个人信息被收集处理与个人信息利用者身份有关信息的权利；其三，控制

---

① 王利明：《人格权法研究》，中国人民大学出版社，2005，第 567 页。

权，即当事人对本人拥有的个人信息享有最终的决定权；其四，修改权，即当事人有要求信息控制者对其个人资料中不准确、不恰当、不适时或不完整的部分进行更正的权利；其五，抗辩权，即当事人有以个人隐私被侵犯提起诉讼的权利；其六，安全权，即当事人可以要求个人信息控制者保护其个人资料不被泄露、篡改、任意传播的权利；其七，利用限制权，即个人信息控制者在收集利用个人信息的同时为当事人提供相关的服务。①

涉及公民隐私权的档案种类很多，如人事档案、病历档案、婚姻档案、房地产档案等，可分为两部分，一是主要保存在档案管理部门的国有档案；二是非国有档案，非国有档案按保存来源又可分为两种，来自档案部门的档案或来自其他组织、个人的档案。

对国有档案而言，档案隐私权产生于开放利用活动中，主要涉及社会公众不愿被他人所知晓的私人信息。也就是说，国有档案中只要涉及公民个人的私人活动、个人信息都有可能直接涉及公民的基本权利——隐私权。② 关于这部分档案，国家档案局、国家保密局发布的《各级国家档案馆馆藏档案解密和划分控制使用范围暂行规定》（1991 年）最早提出了有关档案隐私权保护的内容，其第 7 条第 16 款规定，各级国家档案馆保存的中华人民共和国成立前形成的历史档案，中华人民共和国成立后形成满年的已解密的档案和未定密级的其他档案，凡涉及公民隐私的，对社会开放会损害公民声誉和权益的档案，应当控制使用。对非国有档案而言，《档案法》第 21 条也规定，向档案馆移交、捐赠、寄存档案的单位和个人，对其档案享有优先利用权，并可对其档案中不宜向社会开放的部分提出限制利用的意见，档案馆应当维护他们的合法权益。

保障公民隐私权是确保档案安全的重要内容，也是档案资产运营的前提。档案资产的形成方式之一即数字化，不得损害公民隐私权就是例证。公共档案馆对涉及个人隐私的国有档案进行数字化时，对当事人的隐私应进行必要的保护。具体措施多样化，既可在档案网站、档案期刊、公共媒介等上发表声明，告诉公众要数字化档案的具体范围、数字化的目的、当事人有何权利、档案馆有何权利义务等；也可通过呼吁档案法等法律法规

---

① 李媛：《数字档案馆隐私权保护问题考量》，《山西档案》2008 年第 4 期，第 34 ~ 36 页。
② 李林启：《档案开放利用中隐私权的法律保护》，《档案》2011 年第 4 期，第 20 ~ 22 页。

的建立健全来完善国有档案对隐私权的规定，并对规定进一步细化使之更具操作性，而在实践中往往通过适当延长档案开放期限来保护公众的隐私权。例如，《俄罗斯联邦档案全宗和档案馆法》中规定档案正常开放期限是 30 年，而含有个人隐私的文件 75 年后开放；法国 1979 年 1 月 3 日颁布的档案法规定不能自由利用文件的封闭期一般也是 30 年，但凡涉及个人情况如私人生活、家庭生活、公共事业部门调查形成的有关私人情况和行为等文件为 100 年，处理与私生活有关的诉讼文件为 60 年；我国《档案法》在确定 30 年开放期限的基础上，要求对涉及国家重大利益的档案进行期限控制，如《档案法实施办法》第 2 条中规定"上述所有档案，如按国家有关规定需要继续保密或控制使用，档案馆应继续延期开放"，实际上对涉及个人隐私的档案的开放时间没有做出明确规定。[①]

公共档案馆对涉及个人隐私的非国有档案进行数字化以及其他组织、个人对非国有档案的数字化，必须事先征得当事人（或家属、利益相关人）的同意并对当事人的隐私进行必要保护。保护的方式有多种，如相关档案原件的限制利用、数字化档案的部分利用或仅目录可用、数字化档案利用方式的限制等。只有没有隐私权争议的数字化档案，才具有充分挖掘档案资产价值的可能。

---

① 李媛：《数字档案馆隐私权保护问题考量》，《山西档案》2008 年第 4 期，第 34~36 页。

第六章

基于不同价值形态的档案资产运营

关于档案资产的权利形态，考虑到档案资产不同于一般企业资产的特殊性，或因保存于国家档案馆具有国有档案资产形态，从其公共价值形态来讲，以社会价值或公益服务为主，其经济利益的主张与诉求从当前来看明显处于潜在或压制状态，但由于公共价值形态的国有档案资产是我国档案事业的主体，有必要厘清基于公共价值形态的档案资产的运营。或因保存于企业、个人等市场行为主体的档案，明显具有私有档案资产形态，理所当然为私人利益尤其是经济利益服务，但是其经济利益的权利主张与权利保障并未得到法律较好的确认与保障，有必要厘清基于市场价值形态的档案资产的运营。

6.1 基于公共价值形态的档案资产运营

档案行政机关、档案管理部门的档案属于国家所有，档案管理部门（以综合档案馆为主）行使管理权。根据上述分析得出，由于档案馆的档案所有权不属于档案馆，档案馆只拥有部分所有权，如管理权，这部分所有权是国家通过法律的形式让渡给档案馆的，所以说档案馆的档案不是档案馆的"私有"资产，国有档案是国有资产，是国家档案资产、社会档案资产的重要组成部分。也就是说，对于国有档案资产而言，既要追求其经济效益，也要追求社会公平，不能为了经济效益而偏离正确的方向。根据我国《行政单位国有资产管理暂行办法》[①] 以及《事业单位国有资产管理暂行办法》[②]，不管是国家档案局还是综合档案馆、专业档案馆，其所有的档案都应是国有资产，其核心资源档案按流动方式属于固定资产，按形式分属于无形资产。

6.1.1 档案馆档案资产运营现状

6.1.1.1 综合档案馆档案资产运营案例分析

"堵住国有资产流失的暗洞"。2012 年 8 月 28 日泰顺县供电局管理人员多次在该县发展和改革局、国土资源局、住建局等部门查找该局土地证、房产证相关资料无果，而浙江省市有关部门提出要将县供电局上划为省电力公司并将其更名为分公司，必须有相关材料，最后几经辗转终于在该县档案馆找到了所需全部档案资料，为该单位挽回经济损失 500 多万元。[③]

"一纸档案免税百万"。2007 年 8 月 2 日，中国农业科学院茶叶研究所在海外购入的新的科研设备被海关拦住，要求出具该单位是经政府批准成立的科研单位的原始凭证，并明确要求必须有国务院的正式批文才可以免税 100 万元，后来该单位经过两个多月的查找，最终在浙江省档案馆查找到该单位 1956 年 6 月国务院批准筹建的相关档案。

"价廉未必就有市场，档案资产急需附加值服务"。美国国会图书馆、康奈尔大学图书馆均有质量很高的数字拷贝照片《林肯总统在 Antietam 战场》，在其网页有相关服务"未指定尺寸照片的冲印费用 20 美元"，但该照片少有人利用。《纽约时报》网上书店也有同样的照片，照片名称为

---

① 《行政单位国有资产管理暂行办法》称，行政单位国有资产，是由各级行政单位占有、使用的，依法确认为国家所有，能以货币计量的各种经济资源的总称，是行政单位的国有（公共）财产。具体包括行政单位用国家财政性资金形成的资产、国家调拨给行政单位的资产、行政单位依照国家规定组织收入形成的资产，以及接收捐赠和其他经法律确认为国家所有的资产，表现形式为固定资产、流动资产和无形资产等。

② 《事业单位国有资产管理暂行办法》称，事业单位国有资产，是由事业单位占有、使用的，依法确认为国家所有，能以货币计量的各种经济资源的总称，是事业单位的国有（公共）财产。具体包括国家拨给事业单位的资产、事业单位依照国家规定运用国有资产组织收入形成的资产，以及接收捐赠和其他经法律确认为国家所有的资产，表现形式为固定资产、流动资产、无形资产和对外投资等。

③ 浙江省档案局（馆）编《走进档案——浙江省档案利用 100 例》，浙江大学出版社，2014，第 112 ~ 113 页。

《林肯和部队在 Antietam 战场，1862 年》，而该书店也提供了精细化的附加值服务，如便利的搜索、订购，照片框的在线样本提供服务等，所以即使其未加框照片售价为 195~495 美元，加框照片售价为 340~745 美元，《纽约时报》网上书店该照片的销售仍十分火爆。[①]

"专利为啥躺回档案柜？"某科研所累计投入 500 万元科研经费，先后获得 5 个发明专利，此 5 个专利被某投资人看中并愿意出价 100 万元购买或者共同创建公司。在 5 个专利进入档案柜保存之后，因为极其烦琐的利用程序以及相关部门把难以量化的专利档案无形资产简单等同于有形资产，认为以 100 万元作价是国有资产的流失，最后错失科技成果转化的良机，档案的资产价值没有得以显现，其仍然作为档案静静地躺在档案柜里。[②]

关于各类社会组织、个人利用档案产生经济效益的案例不胜枚举，而产生经济效益的方式也十分多样，如凭证作用、技术转让、节约成本、设备维修、增加产量、扩大销售效益等。以上案例充分说明，由于档案馆档案的公共产权性质、现有法规制度的限制等，国有档案的直接利用大多以间接产生经济利益为主，但是，只要稍微转换思维方式、更换服务方式、多提供精细化的附加值服务，将大大提高国有档案资产的效益。例如，如果浙江省档案馆主动通过多种方式让泰顺县供电局管理人员一开始就知道其馆藏了相关档案，是否会大大节约泰顺县供电局遍寻档案的时间、交通等费用成本呢？如果其能提供相关档案的产品增值服务，如系统化的相关数据库、规模化的供电局资料甚至整个省的供电系统的档案信息集成、专题定制服务等，那对于泰顺县供电局来说，就不会是"挽回经济损失"而是直接创造收益了。但是正如浙江省档案馆自己所说，"档案信息资源社会化服务中的增值服务应该执行有偿服务规定，而相关配套政策滞后，使得进行增值开发的单位，陷于尴尬境地，或违规收费，或无偿提供服务，影响了开发单位的工作积极性"。[③] 所以，具有公共产权的国有档案资产运营，是大有可为但也是难度颇大的现实问题，是不积极运作就会产生极大损失的经济问题。档案信息产品价值量的大小决定了各主体的参与程度，

---

① Peter B. Hirtle, "Archives or Assets?" *American Archivist* 66：2（Fall-Winter, 2003）：235–247.
② 吴月辉：《专利为啥躺回档案柜？》，《人民日报》2015 年 4 月 27 日，第 20 版。
③ 国家档案局技术部编《档案信息资源开发利用试点经验汇编》，中国档案出版社，2007，第 165 页。

尽管档案部门管理档案的目的并不是市场开发，但其潜在的经济价值意味着商业化运作的可能。人们不仅需要大量的档案原始信息以维护社会"记忆"，确保"原始记录"，延续社会存在的"凭证性"，也需要增值档案信息，经过加工等增值处理后的档案信息资源不仅需求广泛，而且有限的供给还会加剧市场竞争程度。

6.1.1.2 专门档案馆档案资产运营案例分析

"房地产档案资产价值大"。一是直接提供房地产档案服务给资产管理者——房地产档案馆带来的收益。例如，沈阳市房产档案馆隶属于沈阳市房产局，是具有政府职能、自收自支的正处级事业单位，每年接收新形成的房地产权属档案 15 万~20 万卷，受理查阅档案、出具房地产档案证明 10 万人（卷）次以上，年查档收费逾千万元。[①] 二是房地产档案利用给资产所有者——国家带来的收益。例如，房地产档案在核查房产是否被冻结、抵押、查封等方面作用巨大，每次都可避免银行不必要的损失，从而为维护国家良好的经济秩序发挥较大作用。

"运用测绘档案，大大节约劳动时间和节约成本，创造经济效益"。齐齐哈尔市勘察测绘院对黑龙江省玻璃厂厂区平面图进行测绘时，充分运用测绘档案地籍图，至少减少仪器费用50%、作业费用60%，节省大量劳动时间，费用总计至少减少55%，并认为利用测绘档案可以节约的劳动时间在 50%~75%。同时，利用测绘档案可直接节约资金。以该市 1994 年以来开展地籍普查工作为例，由于广泛利用该院测绘档案，直接节约了总费用的25%。[②]

关于专门档案直接或间接创造经济效益的案例不胜枚举，王英玮教授主编的《专门档案管理》在修订说明中强调，"在我国的社会发展实践中，专门档案已经成为人们生活和工作中一种重要信息资源和宝贵资产"，"是组织建设和发展中不可或缺的重要资产"[③]，但是专门档案资产大多仍停留在如案例所示的提供档案原件服务的"潮流"中，远未形成专门档案产

---

① 国家档案局技术部编《档案信息资源开发利用试点经验汇编》，中国档案出版社，2007，第 165、173 页。

② 徐义田等：《浅谈测绘档案的经济效益和社会效益》，《黑龙江测绘》1997 年第 1 期，第 34~35 页。

③ 王英玮：《专门档案管理》，中国人民大学出版社，2009，第 1 页。

品、专门档案产业的阶段，造成了专门档案资产的极大浪费。这种现象的根源在于专门档案资产的所有权不明晰、社会组织和社会公众专门档案利用权偏弱以及专门档案的信息开发权缺失。

6.1.2　档案馆档案资产的构成及评估

6.1.2.1　档案馆资产构成

厘清档案馆的档案资产，先从档案馆资产开始。从档案馆在我国行政隶属关系和档案管理体制的历史传承来看，档案馆的"档案资产"主要由以下几部分构成。

一是档案及其相关资料是档案馆最根本的资产。从档案本身的实物形态和凭证价值来看，其可以归属固定资产范畴。① 从档案所存的信息形态和情报价值来看，其本质上是一种文献，是记录信息和知识的一切载体，亦可以归属无形资产范畴。正如前文第四章所分析的那样，这种信息与载体的二合一特征赋予了档案独特价值和资产属性，是一切原始凭证和未来实践创新的综合体，甚至可以将传承性定义为档案馆档案资产的特色，它是档案馆最重要的资产。从产权性质来看，其是由档案馆代为占有的隶属于政府和人民的公益性资产，是国有档案资产的主要组成部分。

二是管理档案的人才及其知识。应该说人才和知识是档案馆最具活力的资产因素。当然，"档案资产论"的研究对象以档案之物为基点，但是在这个基点之上如若没有管理它的专门队伍和系统知识，那这个"物"也无法称为资源，更无法转变为资产。人才及其知识体现在领导与员工的素质中，领导的管理才能和宏观视野之于档案资产的保护、开发、升值以及档案事业的发展有着重要的引领作用；员工对于档案馆档案资源的积累、开发等日常管理，尤其是数字时代的信息化、数字化、知识化对档案管理提出更高要求和赋予档案资产更丰富内涵的背景下，员工的知识、技术、素质与能力对档案资产的日积月累有着基础性作用。

三是档案所处的管理环节和技术平台。如若没有长期以来在档案学理论指导下形成的档案管理惯例、流程和模式——"档案学界多年来对于来源原则等基础理论的研究、对于文件生命周期理论的贡献以及电子文件时

---

① 石敦良：《档案馆无形资产的开发利用刍议》，《中国档案》2010 年第 8 期，第 60~61 页。

代前端控制理论的发现，实现了档案从零散到聚拢的转变"；如若没有长期以来信息化技术影响下形成的档案管理系统、档案数据库和网络服务平台，档案的凭证价值与情报价值二合一的资产属性是有所欠缺的——"档案学界多年来致力于档案管理自动化、档案管理信息化、档案利用服务网络化、档案基础数据库建设等，实现了档案从孤本到社会的融合"，也无法搭载数字化的便车将档案资产从档案馆的库房延伸至档案形成的前端或是扩展至文化资产、内容资产等更为广阔的舞台。

如果以整个档案馆的资产为评估对象，那么资产就具有复杂性和多重性以及档案资产的双重性。因为档案馆既有可供永久使用且具有实物形态的固定资产，如库房建筑、办公场所、仪器设备、运输工具等；又有可供经常使用且实物形态经常变化的流动资产，如现金、存款、债务、原材料等，还有知识产权、合同契约、专利权、著作权、专利技术、馆名、版权、租赁权、土地等无形资产，所以整个档案馆的资产具有复杂性和多重性，当然跟本书所论述更为紧密的、更具重要性以及更具特色的是档案馆收藏的档案及其相关资料。虽然任何部门和单位都会形成档案，但从档案的孤本性质或非同质性来看，这是其他任何部门和单位所没有的和不同的。

6.1.2.2 档案馆档案资产构成特点

档案是人类社会的记忆遗产，是文化的沉淀和积累，也是信息传播的载体。它们产生于曾经的社会实践活动，在实体经济时代依附于实物、管理的使用和交换，在信息经济时代成为使用、加工、开发的"与实物同等地位"的专门实践对象，这种转变伴随着历史价值、科学价值、社会价值、技术价值、艺术价值、经济价值等一个个的发掘与实现，所以档案既有有形的资源和资产，也有无形资产、文化资产、内容资产等的内涵与特征。通常认为档案带来的社会效益或经济效益难以计量甚至无法统计，内聚为有形资产与无形资产的集合体。有形部分，可以从档案的实物表现形态看，如案卷外观质地、材料物理属性、纸张残旧程度、长期使用部位、书画笔迹画风等可直接观察的部分。无形部分，从档案的无形表现形态看，如纸质化学成分、纤维选材方式、宣纸制作工艺、档案修裱技艺、前期作用功效、油画风化修复等"黑箱"或"灰色"难以直接捕捉的部分，两种不同形态的价值综合构成了档案独具特色的资产属性，例如，保存上千年且完好无损的《法王经》——用具有"纸寿千年"美誉的宣纸制成，长沙马王堆出土的纱布也是经久不衰，这种档案的载体材料在制作工艺、纤维配比、地下环境等方面，给予现代社会的文化意义与技术意义，都是极富价值的。

因为档案馆的库房建筑等固定资产评估有着通行的评估办法，所以其也不在本书研究范围之内，档案馆档案资产的价值评估，从外在形态来看，只以无形部分（也包含档案原件之类的有形部分）为主要对象，分为全体社会通有和档案部门专有两类。前者如知识产权（档案保护专利、编纂著作权、出版发行权等），员工的知识、技术和能力，合同契约等；后者如馆誉、馆标、地标、建设特色，档案占有、管理、公布等权利，档案修复、复制、数字化、托裱的工艺和流程等，档案展览、收藏、利用权等。这些类别的无形资产有其独特性，一是实体与无形共存，其他社会上所指称的无形资产一般不依附于实物形态或依附性不强，但档案馆的无形资产与博物馆的无形资产有些类似[1]，一定依附于具体的原件或文物，"皮之不存，毛将焉附"适用于描述档案及其相关事物，也适用于描述文物及其周围事物。二是公开性与保密性同在，且保密与公开之间有过渡。根据《档案法》及《保密法》等有关法律法规，有的档案根据价值鉴定确立最终的保存期限以及保密时间，到期后公开或销毁，而《政府信息公开条例》颁布以后，有的档案在文件形成时就已向社会公布，却在归档之后按照档案法律法规进入保密阶段，这种尴尬档案学界关注许久，也不是本书的研究对象。提及这一点，意在说明档案资产的公开与保密的界限是不清晰的甚至是自相矛盾的，这也对资产的相应权利造成诸多困惑。三是效益的不确定性与无穷性，可能是"查到曾用名，得到退休金""一页存根维护知青权益"等间接经济效益[2]，也可能是"档案助奥康胜诉欧盟""城建档案帮助企业摸清家底""堵住国有资产流失的暗洞"等直接经济效益[3]，不同形式的利用或转化成直接的物质力量或内化为公民的价值认同

① 肖贵洞：《博物馆无形资产的评估与流失》，《中国博物馆》1998年第4期，第53~57页。
② 浙江省档案局（馆）编《走进档案——浙江省档案利用100例》，浙江大学出版社，2014，第159~164页。
③ 浙江省档案局（馆）编《走进档案——浙江省档案利用100例》，浙江大学出版社，2014，第95~96、110~111页。

或提升为公司的经济实力。

6.1.2.3 档案馆档案资产评估

档案馆档案资产的构成与特点，对档案馆档案资产的评估有着重要的指引作用，那么为进一步摸清档案馆档案资产的价值"含金量"，或为提高档案馆工作者的社会意识和工作态度，或为提高档案价值观的社会影响力，以充分利用档案资产、认清和获取更大效益，或为档案部门的跨界合作、转换档案资产运营思路等，有必要对档案馆档案资产进行量化研究评估。

档案馆档案资产的评估，主要是由档案馆工作人员（也可以吸纳社会第三方评估机构），结合社会通行或其他部门关于无形资产评估的准则和规定，遵循相应的理论和办法，运用科学、适用、可行的方法，对档案馆档案资产价值形态、构成、类别等进行评级估算，或给出一个参考数值，或给出一个货币值。关于这个运作过程，档案学界历来以企业档案的量化为研究对象，本书把对象换为档案馆之后，需要综合考虑档案馆的公共属性、档案资产的双重特性等，在借鉴社会通行评估方法的基础上完成。所以档案馆内的社会通行无形资产，诸如专利技术、编纂作品版权、员工知识等，运用收益现价法、重置成本法、市场交易法等系统理论方法评估即可。也可邀请专业的评估机构和专门人才进行，本书不再赘述。而档案馆专有的档案资产的评估思路，需由档案行业的专家、馆内工作人员和第三方评估机构合作完成。基本框架是，兼顾档案资产的有形部分和无形部分，兼顾社会需求与市场需求，实体价值占比为40%，无形价值占比为40%，需求价值占比为20%。① 具体为以下公式 $G = M + I + N$，G 代表总价值，M 代表档案实体价值，I 代表档案无形价值，N 代表档案需求价值。

档案实体价值（M），构成因素有四个方面。一是质地材料，多少种质材构成，质材的类别以及珍稀程度，天然材质还是加工材质，现存世数量，越是珍稀、罕见、难得的质材，价值就越高，最高值为25%；二是形制样式，精美的装帧、字画、雕刻以及蚀刻的图案或是美丽的象形文字所体现出来的独特设计风格，最高值为25%；三是保存完整程度，或理解为

---

① 参考博物馆学界关于文物价值评估的相应公式和比例。参见肖贵洞《博物馆无形资产的评估与流失》，《中国博物馆》1998 年第 4 期，第 53~57 页。

"准确性"（Preciseness），即被保存档案当前状况与最初状况之间的差异程度[1]，现存越是完整无缺、无损无残，价值越高，最高值为30%；四是存世量，同样同种的存世量越少、价值越高，最高值为20%。

档案无形价值（I），构成因素有四个方面。一是年代标识，产生于何年何月，经历什么朝代或是各种交替情况，留下了什么年代标记信息，时间越久远、经历事件越复杂，分值越高，最高值为20%，"尊重高龄档案"的原则便是如此；二是功能效用，该档案在形成之时为什么部门、什么事件发挥过什么作用，作用范围如何，最高值为30%，例如，"独立宣言"表达了美国当年这一移民群体的精神的、政治的、民族的情绪，可谓美国国家档案馆镇馆之宝，它在当年的现行价值非常之高；三是社会历程，即失去与当年现行机构、经历事件的关联性之后，存放场所、保存条件等有无独特之处，留下何种特别印记或标志，最高值为30%，例如，"八千麻袋"事件中的大内档案辗转于清朝、民国、中华人民共和国多个时期，曾保存于大内、民国教育部、同懋增纸厂、个人收藏家、日军、台北"故宫博物院"、中国人民第一历史档案馆等多个机构或个人手中；四是社会属性，即档案的全生命周期中与什么重大事件、著名人物、群体单位等发生过什么关联，关联紧密程度如何，最高值为20%。

档案需求价值（N），构成因素有四个方面。一是知名度，该档案在多大范围内为人们所知晓，档案界、文物界或是其他领域知道的人有多少，占比为15%；二是本馆利用率，该档案被展出的地点、事件、时长，该档案编目、整理、加工、入库的复杂程度，以及在档案部门的跨界合作中被多少个其他单位联合采纳过，例如，福建省根据自身收藏的"侨批档案"制作的特色展出、学术研讨会、出版发型的汇编与著作等，占比为35%；三是社会利用率，该档案原件及其复制件被借阅、复印的次数，该档案信息被其他媒体部门如广播电视、数字媒体、书籍报刊等引用报道的次数、时长、规模，在电影电视等影视作品中被介绍、采纳、描述的经历，在其他场合被借用、参考、仿照的程度，例如，辽宁省等东三省档案馆保存的

---

[1] 文献遗产保护学领域基于信息质量评价的视角，提出文献保存过程中，文献信息的准确性，是指被保存文献所表示的信息与文献最初所含信息在质与量上完全吻合，即文献真实完整地保留了文献初始信息。参见刘家真《文献遗产保护》，高等教育出版社，2005，第16～18页。

日军侵华档案多次被纸媒、电视、网络报道，此项占比为 35%；四是索求占有欲，该档案被社会其他个人或组织收藏占有的欲望，例如，"侨批档案"申报联合国教科文组织"世界记忆名录"的成功，使社会各界人士对自己个人收藏的零散的或少批量的侨批档案视若珍宝，或在市场上漫天要价，或作为私人财产予以标识，但是若干年前，大家对此并无强烈的占有欲望，觉得一封家书、一纸汇票、一张异国邮票仅仅就在此时此刻发挥作用而已，但现在是具有世界意义的珍贵记忆，此项占比为 15%，具体评估指标见表 6 - 1。

表 6 - 1　档案资产价值构成因素及评分

档案实体价值（M）40%			档案无形价值（I）40%			档案需求价值（N）20%		
项目	比例	得分	项目	比例	得分	项目	比例	得分
质地材料	25%		年代标识	20%		知名度	15%	
形制样式	25%		功能效用	30%		本馆利用率	35%	
保存完整程度	30%		社会历程	30%		社会利用率	35%	
存世量	20%		社会属性	20%		索求占有欲	15%	
合计	100%		合计	100%		合计	100%	
总计	M ＊ 40% ＋ I ＊ 40% ＋ N ＊ 20%							

　　由本馆工作人员、社会学者专家、查阅受访用户以及第三方评估机构组成的联合评估小组完成接下来的评分程序，即每一个单位的档案（或件或卷或全宗：一般情况下以全宗为基本单位，特殊情况下如整个全宗只有一两份档案价值很高时可以缩小评估单位），根据上述事项组成的评分标准及权重进行评分，最高分为 100 分。评分时注意两点：一是不同专家的评估标准可能存在差异，所以去掉最高分与最低分，取平均分；二是分值转换成通行货币量的问题，例如，博物馆学界参考市场上拍卖文物的价值、历朝历代的评估状况以及人民币波动情况，换算出兑换率为"1 分 ＝ 3.875 万"①，亦可如此参考，尤其是档案馆将其档案携带出境展览，海关等部门需要一个量化的、确切的货币当量，相应的换算兑换率也可供参考。

---

① 该标准出自 20 世纪，但基本思路沿用至今。参见肖贵洞《博物馆无形资产的评估与流失》，《中国博物馆》1998 年第 4 期，第 53 ~ 57 页。

6.1.2.4 档案馆档案资产评估的意义

意义一，将档案列为档案馆核心资产，才真正具有了衡量档案行业档案资产的货币指标。以省级综合档案馆为例，以什么测算该馆持有的国有档案资产量，以什么测算该馆在档案文化产业、档案事业、档案信息产业等中的贡献力，以什么测算该馆年度的档案资产保值增值率，这些都依赖于对档案资源进行资产化转型。当前档案行业的财务核算体系普遍缺少一个精确衡量档案管理机构在投入资源/成本、产出产品/货币价值方面的指标，所以档案资源的资产化有利于完善现有财务核算体系，将档案资产纳入财务核算框架下，以财会法规进行规范、约束和激励，与原有实物等固定资产规模、总收入、净利润、净资产等原有指标综合反映档案馆的经济效率和其创造的资产价值。

意义二，将档案列为档案馆核心资产，有助于提升档案馆持有资产的真正价值，有效防止国有档案资产的流失。其一，通过优化档案馆管理来提升档案价值，档案的"资产化"定量能填补管理不当造成的档案损毁、丢失、恶意破坏、恶意泄密等违法违规实践的量刑、定罪依据的空白，大大净化国有档案管理机构管理的法制环境。其二，通过使档案馆对外交流更加便捷、更加顺畅来提升档案价值。诸如解决档案境外展览报关时的档案估价问题，档案对外交流中各种突发事件后权责划分、善后处理等问题。其三，有利于各个档案管理机构摸清家底，通俗而言就是让管理机构知道档案"值多少钱"，如何管理"这些钱"，"钱少了、钱丢了"要怎么补救、怎么处置，能采取哪些措施"使这些钱"保值增值，将"档案值多少钱"的概念贯穿于档案馆的内部管理和外部交流之中。

意义三，将档案列为档案馆核心资产，将以新的赢利模式来引导内部资源优化配置和吸引外来投资合作。新的赢利前提必须明确国有档案属于国家，是公益性资产，必须首先保护公共利益，侵权等行为必须依法赔偿，但如果没有将档案资源资产化，连家底都没有摸清，决策者如何知晓保护对象、索赔依据？另外，国有档案是公益性资产，在确保公共利益前提下，作为国有资产也有保值增值、投资运营的需要，否则，就会造成国有资产的贬值。例如，福建省档案馆的"侨批档案"，如何最大化发挥其作为"世界记忆"的影响力，"资产"理念发挥的作用必不可少，若能充分挖掘其内容，使之与电视媒体行业、广告行业、网络媒介等合作拍摄一部类似《人民的名义》①这样经典的电视剧，其社会价值和经济价值均会最大化。

6.1.3 档案馆档案资产的流失及应对

现今社会类似于"档案资产""信息资产""内容资产""无形资产"的保护意识逐渐增强，但是流失的情况仍然比较严重。例如，我国历史档案的重要载体——宣纸，其独特制造工艺被毫无保留、无任何效益地流失国外，还被他国申请为"××世界记忆名录"或是"非物质文化遗产"项目。长此以往，我国珍藏的许多历史档案的载体独特性构成"终将"成为剽窃他国的成果，损失不堪设想。博物馆学、图书馆学等学界同人的研究，也都不同程度地存在无形资产流失情况。如果把文物界的文物本体流失排除在外，其无形资产的流失主要是指文物的关联信息及其他无形资产扩散流向社会，从而使得一些个人或团体获益。档案资产兼具多重性与复杂性、实体与内容并存、公开与保密同在等特性，这也决定着流失的渠道、方式、后果等都是相当复杂的，或正面影响或负面影响，或损失巨大或带来收益。

其一，效益流失或扩散。用"流失"或许表达得不够准确，因为根据档案事业发展的目标以及档案馆的公共事业单位性质，档案馆依照自身发展规划以及设计方案，定期或不定期地公开展出档案，将档案珍品之外观形态、制作工艺、流传背景、职能效用等系统性地展示出来，社会大众或欣赏历史档案的装帧特色，或领略名人字画的艺术风格，或受教育于抗战档案的深刻启迪等。这也是档案展览的目的所在，意在通过档案魅力的感染和扩散追求最大化的社会效益，这种效益的"流失"是充满正能量的，反过来也为某些档案资产的价值评估指标加分，例如，档案展览是提高知名度的重要途径，也是档案馆自身利用率的重要表现。

其二，有偿流失或利用。主要指档案展览之外的利用服务，例如，将档案复本及其相关资料整理汇编成书刊，或外包给社会学术研究机构甚至

---

① 《人民的名义》，由最高人民检察院影视中心等组织创作的当代检察题材反腐电视剧，于2017年3月在湖南卫视播出以来创造了收视神话，剧中的原型人物、原型案例等众多档案信息的披露，引起了社会广泛关注，获得百姓的赞扬和好评。

第三方研究机构进行整理，或联合媒体单位进行某些专题、活动、研讨会的报道宣传；又如拥有档案修复、托裱、加固、去酸等技术及其配方的厂商在档案馆内设置的一些广告和推介活动；再如利用档案馆自身场所举办的各种社会活动等。档案馆有义务向社会输出档案意识、档案内容、档案风采之类的无形资产，以供大众分享，这是由国家财政全额拨款资助的，也可以根据市场小众化需求输出专门性的、专题性的档案资源及其服务的无形资产供特定对象使用，这是在双方公开签订协议、获取报酬的情况下进行的。无论是定向有偿输出还是广泛公益输出，其"流失"的无形资产是档案事业发展所必需倡导的，属于正当合理范畴。

其三，不当流失或丢失。因无意、无知而泄露了档案及其相关信息内容，致使档案资产流失或间接损失，且某些个人或团体从中获取巨大收益。例如，2013 年 6 月，浙江省云和县房管处核心业务数据库突然崩溃导致 6 万多条数据丢失，法院执法取证当事人的房产档案证明及其房产抵押档案等信息都是从中获取，如果将原始档案的纸质备份一份一份地查找核对并重新输入数据库，至少花费 1 个月时间并需支付大约 30 万的人工费用。但是档案馆根据当时数据接收台账，迅速查找到全宗号及数据接收顺序号，准确从防磁柜中取出房管处的数据备份光盘及移动硬盘，电脑打开检查数据显示可正常使用。① 如果不是档案部门的数据备份，那么 30 多万人民币就是档案数据丢失造成的间接经济损失。若把时针拨到 20 世纪，这种流失就没那么幸运了，20 世纪 40 年代某国飞机发动机的材料铸造处于攻坚阶段没有进展，后因偶然机会到中国参观青铜器展览，并通过展览讲解员以及专业研究人员的介绍获知了"失蜡法"的铸造原理、工艺及材料配方，在回国后该铸造取得成功，这使我国失去了该技术在国际上的独有竞争力而蒙受巨大经济损失；又如近代四大发现之一的殷墟甲骨档案，截至 1899 年末考古发掘之前已经被当地人零星发掘、盗取，有大量无法统计的甲骨档案被当作龙骨药材而吃掉，导致甲骨尤其是其中记载的文字符号无法再现。

其四，失控流失。档案在正常使用、利用或者展览陈列过程中，有些

---

① 浙江省档案局（馆）编《走进档案——浙江省档案利用 100 例》，浙江大学出版社，2014，第 116～117 页。

载体的流失、符号的流失或者内容的流失是无法控制和避免的，不可能时刻都面面俱到。对于纸质档案载体来讲，常见的破坏手段有涂改、玷污、撕毁等，有些历史档案馆或历史档案存量较大的档案馆，过去曾经发现卷内档案材料被剪接、撕破甚至被偷走的情况。① 对于实物档案的符号而言，常见的手段有非法模仿和伪造等，有些专业档案馆或行业系统进行的实物档案展览，例如，在中国医学针灸成就展中，针灸铜人等一些珍贵的收藏实物标识了大量的人体穴位及名称等信息，以辅助说明该实物档案的档案原件，其与相关资料同时展出，完全将中国传统医学的核心内容暴露出来，一些商家或是国外医学研究机构无偿利用其制造医用模型、器具以获取重大利益；更有甚者，在名人书画字画展览中，别有用心者用相机记录下墨迹的影像为以后的赝品制作提供素材。

其五，跨界流失或借鉴。即在非控制范围内的流失，超过了正常界限，既无法控制也不能控制。例如，观众观看过档案展览之后，触发灵感和创意，20 世纪中期台北"故宫博物院"珍品档案在美国展出后获得巨大反响，引发西方国家对中国文化的极大兴趣和一致好评。再如档案与文物同台展出，或者说档案原件与实物档案的跨界合作展出，引发的效益更为明显，具体如在秦代兵马俑铜车展中不仅展出车辆实物，而且展出相应的文献记录，从而引发对秦代交通道路状况的研究——车辙宽度与车辆运载能力、行驶速度与道路情况，以及研究秦代或春秋战国时代的交通、经济情况。又如贵州水族的文字"水经"，作为世界上至今仍在使用的象形文字，有着极高的文物和文献价值，但是仍有 6000 多册水书散落民间，作为政府来讲，当然是采取积极的鼓励捐赠或出资购买等方式进行抢救性征集以避免其进一步的流失，但是也很难从源头上避免其流失到其他组织、个人手中，甚至是流失海外。

其六，失窃流失与贩卖流失。不管是档案馆、博物馆、图书馆等事业单位，还是社会其他组织机构，这种流失的后果都是一样的，在不知情或未经同意的情况下，档案馆等文博事业单位的国有资产被盗用的案例较多。1994 年 9 月 27 日《中国青年报》发表了题为《偷几张纸不犯法》的报道，"据专家鉴定，'钢铁发黑剂'技术是重要的技术成果，从所盗窃的

---

① 任仲：《来自特藏室建设的调研报告》，《中国档案》2003 年第 6 期，第 36 ~ 40 页。

资料看，它是生产现场的操作记录，包括原料配比、加料数量、实际操作参数等，是化工生产中的关键技术，是技术成果的核心，一旦掌握了这些资料，便可仿制生产"①，对于这种拥有企业自主专利技术的生产日报单和涵盖科技机密的成果资料，企业内部可能就有少数不法分子不择手段进行盗取的，或趋利忘义而出卖企业机密的，或擅自离岗带走技术成果资料的，甚至是国外、境外机构盗取我国历史文化工艺、特产名优配方的，类似案例举不胜举。此外，隐晦一点的失窃情况也常有发生。例如，关于档案馆的阅览室，来此地查档的群体日趋多元化、大众化，伴随着档案失窃的发案率逐年上升的趋势，档案馆往往以"防小人不防君子"的传统安保意识处之，如档案馆所存的历史档案有大量的尚未经过整理，其案卷内没有文件目录表，也没有卷内张页码和案卷流水号，一旦盲目地将其提供给用户，就算是丢失了某份文件也无法察觉；还有出于"独家占有第一手历史资料""销毁原始证据""窃取档案实物""境外情报人员光顾"②等查档的正当目的的窃取情况。更为可笑的是，档案被卖作废纸的情况也有发生，益阳市冶炼化工厂档案库房被小偷临时起意盗走上千卷珍贵档案资料，这些档案资料仅仅被当作废纸卖给废品店。无论是上述哪种情况，造成的损失都是巨大的，无论是对当事企业还是对档案馆，甚至对国家都是如此。

其七，欠缺法律意识流失。档案资产的开发利用以档案权利为法律基础，在基本法律概念确定的情况下，目前档案资产相关权利义务的法律可操作性较差，即使档案资产在法律层面得到确认，却不具备可操作性，从而导致了档案资产的流失。这种流失是制度与规范操作缺失的后果，由于档案资产相关法律的不完善、不健全，档案资产的意识薄弱，不论是感性上的意识还是理性上的法律制度，都无法保障档案资产的正当流通与利益最大化。

其八，欠缺评估体系流失。档案资产流失本身，就需要通过评估体系中的各种指标来测算，在评估体系缺失的情况下，档案资产流失的量与深

---

① 朱平：《树欲静而风不止——对档案失窃、泄密的忧虑与思考》，《浙江档案》1995年第6期，第5~6页。
② 谢君：《浏览室档案失窃及防范对策》，《黑龙江档案》2006年第3期，第42~43页。

度比预估的要更多，这是评估与流失之间的矛盾问题。只有先具备了评估体系，才能意识到档案资产具有的具体经济价值，从而对档案资产进行开发获益，进而避免了档案资产的流失。不具备评估体系的支持，导致不重视档案资产的后果，进而根本意识不到流失档案资产的具体数额，甚至意识不到档案资产的流失。所以评价体系越早建立，越能及时发现和制止档案资产的流失。

到了数字化时代，档案资产的流失情况更为复杂，尤其是互联网金融行业的档案信息泄密事件时有发生，给其他行业的档案数据安全敲响了警钟。档案信息安全被国家档案局提高到档案事业三大体系"资源体系""利用体系""安全体系"中前所未有的战略高度，但因为该领域的档案安全管理是一个综合性很强的课题，涵盖了技术因素、制度因素、人为因素、法规因素等，故而需要系统研究、协调解决，否则，档案资产极易流失。

通过以上对档案馆档案资产流失情况、原因、特点及类型的梳理和分析，可以看出"流失"出去的档案资产不同于一般意义上的贬义词或社会俗称的一般流失，应该具体问题具体分析。其可能具有合理正当的意义，也可能存在不正当、负面的影响，所以应采取不同的应对策略。对于效益流失和有偿流失，应当积极引导，打破部门限制、行业限制，跨越时空以扩大流失的范畴和范围，顺应"档案强国"战略中所倡导的"走出去"策略，让具有中华民族文化特色的、反映中国特色社会主义建设成果的档案记忆"漂洋过海"走向世界，这也是中国档案人的立足之本，更是档案人的中国梦。对于不当流失或损失、失控流失，应当做好风险预警和防范工作，对于跨界流失或借鉴使用，应当积极引导，并想方设法转换为有偿流失，并在控制出境风险的前提下，做好各方面的合作交流与风险管理工作。对于失窃流失和贩卖流失，应当在调查事实真相的基础上付诸法律，并尽量将损失降低到最低限度以及做好事后的善后处理。这里需要说明的是，对于档案失窃的量刑处理，存在根据《档案法》还是《刑法》的问题。笔者认为既然是"量"刑，一定要有一个量化指标，这是档案法律体系中的一个薄弱环节，但是按照刑法及相关法律，档案又是一个尚未量化为货币单位的对象，所以引入"资产"视角，尤其是前文在评估档案资产价值时给定参照分值之后结合市场相关案例估算出货币当量，是今后处理类似问题时两部法律的契合点。

6.2　基于市场价值形态的档案资产运营

国家档案局、国务院国有资产监督管理委员会联合印发的《关于进一步加强中央企业档案工作的意见》明确指出"中央企业档案是国家信息资源和国有资产的重要组成部分"，国资委副主任黄淑和强调中央企业档案工作是企业实现国有资产保值增值的重要基础性工作，无论从何角度中央企业都要保存和充分利用好档案资产，要求中央企业档案工作既能产生社会效益，也能创造经济效益。从 2010 年始，中央企业档案工作则直接以国资委为主进行指导。笔者认为国有企业的档案虽然是国有资产，但其运作方式与综合档案馆的档案以及专门档案有很大不同，国有企业经过多年的发展与改制，市场化程度很高，故对此的案例分析放在此部分。

对于非国有档案资产，西方国家的管理比较规范，如美国《国家档案与文件管理基本法与权限》、英国《公共档案法》、法国《法兰西共和国档案法》等，对私人档案的登记、鉴定、销毁、转让、出售、出口等一般有比较详细的规定。我国《档案法》对其的规定则比较模糊①，笔者认为我国私人档案的立法即使要维护公共利益，也必须以保护公众私有财产为目的，如果以国家的优势地位对私人档案进行强制控制很可能会使私人档案的保管利用流于形式，例如，实践中书信档案、文物档案的买卖屡见不鲜，而有没有报备批准是不得而知的或者说政府也很难知道，所以应该尝试将私人档案登记申报制度、保管利用制度、出境审批制度、价值评估制度等纳入档案法律法规之中。

6.2.1　企业及个人档案资产运营现状

6.2.1.1　国有企业档案资产运营案例分析

"基于数据资产理念的海上油气设施工程信息数字化建设。"中国海洋石油总公司经过 30 多年的发展，形成了大量的档案、图纸等资产，并且该

---

① 《档案法》第 16 条规定："集体所有的和个人所有的对国家和社会具有保存价值的或者应当保密的档案，档案所有者应当妥善保管。""档案所有者可以向国家档案馆出卖；向国家档案馆以外的任何单位或者个人出卖的，应该按照有关规定由县级以上人民政府档案行政管理部门批准。严禁倒卖牟利，严禁卖给或者赠送给外国人。"

公司将文档等资产按照数据资产的理念来加以实现，使该公司可以提前 10～15 天找到精确的第一手数据资料，使复产时间提前约 20 天，使得有关项目的改扩建工程设计加快 2 个月，使得有关项目的后续施工、调整、改造等都提前完成，产生了巨大的经济效益。[①]

"电力企业档案带来巨大收益。" 1998 年四川省电力公司下属的内江发电总厂所处水段的网箱鱼大量死亡，与当地渔民发生诉讼，由于该厂及时提供了双方在 1983 年签订的供水协议而避免了巨大损失；2000 年该公司下属的江油发电厂机组改造，为四川省局设计院提供了充分翔实的档案材料，减少资金投入 820 万元。[②] 2012 年 5 月太钢能源动力总厂综合档案室及时为该厂汽轮机改造提供技术档案，帮助其攻克了调速系统改造难题，创造经济效益 200 余万元。[③]

国有企业的档案资产，除了与一般企业一样，需要保持档案资产的保值增值、科学运营之外，还要发挥确保国有企业的国有资产不流失、为国家经济发展做出最大贡献等任务，所以国有企业档案资产价值的发挥面临的问题更为复杂，尤其是在国有企业改革、改制、重组等具体环境中，要确保和发挥档案资产价值，必须与档案资产涉及的核心权利组合起来才能发挥作用。

6.2.1.2　其他企业档案资产运营案例分析

"档案助奥康胜诉欧盟。" 2011 年 10 月 23 日中国奥康鞋业股份有限公司、温州泰马等 5 家鞋业公司被欧盟委员会实行配额限制，征收 16.5% 的高额反倾销税，5 家公司集体上诉欧盟高等法院，一审判决败诉后，其他 4 家公司放弃上诉，唯有奥康坚持上诉。二审上诉期间，奥康集团向欧盟委员会提供了非常翔实的档案材料，包括上千条出口记录、各式出口提单、上万笔销售清单、员工考勤记录、各种财务报表等。只要欧盟想看的任何档案数据，奥康均能完整地提供。最终法院判决欧盟委员会赔偿奥康上诉的一审和终审费用 500 余万元，与奥康有贸易往来的进出口商均可从欧盟

---

① 何帅等：《基于数据资产理念的海上油气设施工程信息数字化建设》，《档案学研究》2013 年第 2 期，第 47～50 页。

② 程彦韬：《电力企业档案管理投入与产出的思考》，《四川电力技术》2003 年第 1 期，第 55～57 页。

③ 张丽：《浅议企业档案管理》，《档案学研究》2013 年第 4 期，第 22～23 页。

退回 6 年来被征收的反倾销税。①

　　企业档案是维护企业产权，明晰并维护企业各种合法权益的凭证；企业档案在提高企业生产效率，帮助解决生产、经营、销售、售后等各种难题，避免企业不必要的损失，获得直接或间接的经济效益等方面具有不可替代的作用。如果企业能够牢固树立档案资产的观念，将十分有利于档案的利用和价值的提升。对于企业档案资产的运营和价值实现，由于一般企业的所有权明晰、档案利用权、档案信息开发权范畴以本企业员工为主而相对清晰，档案安全权因大多在本企业中而相对可控，可以说权利保障面临的障碍是最小的，但是企业档案资产运营的随意性是最大的，这使得企业档案资产价值实现容易受企业内外部环境、领导重视程度等因素的影响而产生较大波动。

6.2.1.3　个人档案资产运营案例分析

　　"家庭档案网。"沈阳市档案局主办的家庭档案网，包括宝宝康乐、学生时代、工作足迹、恋爱婚姻、当家理财、医疗保健等主题。该网站记录了诸多家庭档案的感人事迹，也有较多诸如"利用几十年前婚姻证明，帮助年老夫妻要回多年补偿款""调出户地原图，要回祖屋""档案保存不当、房屋补偿减少、损害个人权益"等案例。②

　　"家庭档案产品逐渐丰富。" 2002 年 7 月，沈阳市开展"档案进家庭"活动后不久，就有计算机软件公司和沈阳市档案局商谈开发家庭档案管理软件、邮政信函公司和该局商讨发行家庭档案明信片。③

　　"震中家庭档案的成功。" 2013 年 4 月 20 日四川庐山发生地震后，《合肥晚报》刊登了一组照片《震中家庭档案》，特意选取在地震中受灾家庭、受伤人员的照片，吸引了 40 万爱心捐款。④

　　"中国家书网。"中国家书网以收集个人家书、致力于家书保护为己任，在国内产生较大影响，出版的《民国家书》产生了较好的社会效益和

---

①　浙江省档案局（馆）编《走进档案——浙江省档案利用 100 例》，浙江大学出版社，2014，第 93~94 页。

②　家庭档案网，http://www.jtdaw.com/jdzn/list.html，2015 年 11 月 29 日。

③　荆绍福：《亟待开发的家庭档案产业》，《档案与建设》2003 年第 8 期，第 46~48 页。

④　震中家庭档案，http://news.hf365.com/system/2013/04/24/013125807.shtml，2015 年 11 月 29 日。

经济效益。①

"个人档案交易。"个人档案的交易一直存在，如名人书信交易，华夏收藏网公开售卖地主家庭档案、早期婚姻档案等。②

家庭档案（家庭档案在权属上属于家庭成员，即个人，笔者注）产品的多样化、丰富化，家庭档案产品、家庭档案软件开发需求的增强，如家庭档案盒、家庭档案袋、家庭照片档案册、家庭成员纪念册、家庭用字画档案保管盒、家庭档案柜及适用于家庭档案管理的基于音频、视频、照片等不同载体的各式家庭档案管理软件等，说明了家庭档案相关的产品开发具有较好的发展前景。但是，家庭档案在全国远没有形成规模之势，家庭档案用品需求也较小，家庭档案产业也远未形成。家庭所有的档案，从价值层面来看，其价值的大小直接与市场需求大小相关，换句话说，即个人档案价值多少往往由交易双方直接确定；从法律层面来看，个人档案的资产运营不存在法律上的障碍，只要交易双方不损害国家利益和安全，其交易是受法律保护的。只不过，把个人档案视为资产进行科学运营、最大化地发挥个人档案的经济价值在我国还不是很活跃，个人档案资产的理念还未广泛地深入寻常百姓家。

"震中家庭档案""民国家书"获得的极大成功告诉我们，只要准确定位和极大满足档案用户人群需求，并辅以较好的档案宣传商业策划和现代营销方式，家庭和个人档案资产价值就能得到较好的实现。如果注重家庭档案资产的星星之火，如家庭身份档案，身份证、结婚证、户口本、孩子出生证明、医保卡等；家庭医疗档案，各种医院的医疗卡、病历等；家庭成员学习档案，孩子奖状、家庭成员各种毕业证书等；家庭成员工作档案，各种工作用表格、证书等，让公众深刻认识到家庭档案不仅仅具有原始记录、家庭记忆、文化财富等功能，而且有可能为家庭、为子孙在维护家庭权益、遗产继承等方面创造物质财富，或者说，让公众广泛认识到如果家庭档案不好好管理，则极可能对家庭造成一定经济损失，如家庭理财档案，工资卡、重要物品购物凭证、购物收据、股民证等，那么家庭/个人档案资产的燎原之势就指日可待。

---

① 中国家书网，http://www.jiashu.org/jsyj/detail.asp? id = 1111，2015 年 11 月 29 日。
② 华夏收藏网，http://www.cang.com/trade/show-176334-2.html，2015 年 8 月 30 日。

6.2.2 传统产业中企业档案资产的确认及其管理

传统产业与数字行业（不包含信息设备，只以信息内容为生产对象）的区别主要在于对档案依赖程度上的差异，传统产业所形成的档案本身不是加工对象，但必须依赖于相应的物质生产，例如，前文举例说明的生产日报单案中的档案失窃；数字行业所形成的档案本身就是加工对象，不必依赖于对应的物质生产，例如，数据库运营商如 CNKI 等整个生产流程并无实物存在，所以本书将企业档案资产的运营区分为传统产业与数字行业来分析。《企业档案工作规范》中指出，企业档案是指企业在研发、生产、经营和管理活动中形成的有保存价值的各种形式的文件。对于企业而言，覃兆刿教授领衔的湖北大学企业档案与知识管理研究中心团队不仅引用了微软注重管理开发档案信息资源的案例，更是走访了民营经济发达的浙江省多地的企业家，其中传化集团董事长徐冠巨——"事实上很多企业有资产，由于权证档案不规范，这些资产不能作为银行贷款的重要凭证，这就影响了它的再融资和发展"和海亮集团董事局主席冯海良——"档案是企业的宝贵财富，它不仅是企业有形资产的依据和证明，而且是一种无形资产的依据和证明。利用档案，不仅可以帮助企业进行科学的决策和管理，还能更好地帮助企业树立形象和增强声誉，使企业不断增值，档案工作的好坏直接关系到企业的经济利益"① 的表述无疑都阐述了他们对于档案的重视。但是细心研读可以发现，他们仅仅将企业档案表述为企业资产的档案、有形资产的档案或是无形资产的档案，并未将企业档案直接视作资产，或者并未认为在一定条件下企业档案可以转化为企业资产，这也为本书接下来的研究提供了空间。

6.2.2.1 企业档案资产性质的确认

一方面企业档案作为企业信息的固化载体，在信息管理或知识管理中发挥着不可替代的管理工具价值；另一方面企业档案中蕴藏的丰富的隐性知识，通过一定组织和技术的深度挖掘，会成为服务企业乃至社会有用的信息。无论是哪一种形式作用的发挥，都表现为产品或服务的信息密度

---

① 覃兆刿：《企业档案的价值与管理规范》，中国出版集团、世界图书出版公司，2014，第35、156页。

大、商业价值高、知识产权保护严格等特点，需要规范此类档案知识产品的获取范围和权限。综合起来，就是要确认企业档案（包括原始形态和开发产品）的资产性质，以发挥上述价值并保障相应权利。

例如，某铸造公司档案部门编写的《安全生产事故启示录（1999—2007）》，是为"加强安全意识，传播安全文化"而开发的。该启示录将公司安全生产事故的典型案例进行了整理加工，内容为事故经过、伤害程度、事故原因分析、预防措施等，并在启示录附录中精心制作了事故明细表、事故类型分析统计图、伤害程度统计图、事故伤害分析报告等。① 该案例包含了企业档案的价值为企业所用的两个过程，一是为档案部门自身利用，某个事故说明相应的某个经过、伤害程度、原因和启示；二是为企业内部利用，事故档案的汇编说明了企业此类别的安全生产都会遇到的事故经过、伤害程度、伤害原因以及总体启示。两个过程蕴含了企业档案资产确认的四条标准或启示。一是无论是企业档案部门利用还是企业其他部门的利用，该资源的可控性都在企业内部范围之内。二是企业档案部门的汇编成效如何衡量，换言之，企业管理层如何以货币回馈企业档案部门的此次行为，衡量与否、回馈多少，这在企业来看是必须付诸行动的，否则如何激发各部门各员工，所以就涉及企业档案及其开发产品的资产计量标准问题，即肯定可以计量。三是上述两个过程其实有后续过程，即如果企业将这批成果以由产品形式转让到知识产权的方式出售，那么就涉及计量的可靠性问题。实际上这三个过程反映出计量对象的相应成本还是能较为清晰地界定的。四是每一过程中企业档案相关信息服务的决策层次的高低都是不同的，或服务于一个操作或服务于一个部门或服务于管理层或服务于整个企业或服务于外部数据公司，即相关的参照标准都是可以一一对应的。如果将上述案例换成更为科学的表达方式，可参照下面四条标准。②

第一，企业档案符合资产确认的可定义性标准。关于资产和档案资产

---

① 覃兆刿:《企业档案的价值与管理规范》，中国出版集团、世界图书出版公司，2014，第174页。

② 本书借鉴刘承智等对企业档案资产性质的研究，其中四条标准的表述为可定义性、可计量性、可靠性以及相关性。参见刘承智、刘岚萍《基于资产确认标准的企业档案资产性质研究》，《兰台世界》2009年第9期，第9～10页。

的相关定义，前文已经阐述，此处不再赘述。这里主要从企业将其档案界定或确认为企业资产的可操作性方面进行分析。首先，企业档案是企业日常业务活动的凭证，用于对企业的内部控制，以其历史原始性指向企业业已发生的交易或事项，且由企业现实占有并非预期资源。无论是存在于生产车间的流水线作业记录，还是移交到企业档案部门，或是集成为数据库系统由数据部门统一管理，都是企业实实在在、看得见、摸得着且可以控制的现实资源。其次，企业档案为企业以某种管理程序或技术手段所控制或拥有，这种状态是受到法律保护的，《档案法》明确规定了档案归国家所有、集体所有或个人所有的三种形式。本书第五章在档案资产的权利相关论述中已有阐述，企业不仅占有、控制或拥有自身的档案，而且在此所有权基础上的各项权利相比较于公共档案馆的相应权利都更为清晰和直接。无论是使用还是收益或处分等，都有明确的理论依据和法律依据。最后，事实上占有以及法理上保护的重点在于"企业档案的预期是什么"，《企业内部控制基本规范》（2009）中提及的各种控制，基本都与企业档案有着直接或间接的关联，或者说企业内部控制依赖于企业档案来监督与控制企业活动过程、记录企业内部控制过程、为内部控制提供参考信息等，更为直接的表述，即预期能带来经济利益吗？答案是毋庸置疑的，可能是直接性经济利益，也可能是间接性经济利益。企业作为市场经营管理的主体，最直接的目的就是赢利，其企业档案作为经营管理的手段、过程和成果的综合体，也是为赢利目的服务的。服务的手段可以多样化，或满足于市场拓展的需求，或满足于企业应对各种评估的需求，或满足于增强企业竞争力的需求，或满足于企业文化建设的需求等，都能间接或直接为企业带来现金流入。所以，将企业档案定位为企业资产并不为过。

第二，企业档案符合资产确认的可计量性标准。基于第一点的分析，企业档案有理由被确认为企业资产，但是学界一直以来反对的理由在于资产是能够以货币形式计量的，但是企业档案呢？本章第一节分析了公共档案馆馆藏档案在计量上的可行性，那么企业作为市场经营的主体，一切行为均与货币打交道，如果无法换算成货币计量的形式，自然难以称之为资产。但是事实上企业档案仍旧可以计量，且计量的操作与公共档案馆有所区别。回到企业市场行为上来，目前的交易和事项基础并不与企业档案形成一一对应的关联，即"一手交钱一手交货"的市场行为中"货"并不是指的企业档案。表面上看此次市场交易行为并未确认企业档案的货币价值，能由此推理出企业档案缺少资产的可计量性吗？并非如此。企业档案及其相关信息资源在资产确认中的可计量性标准并不一定要在交换行为中得到体现，现在的市场复杂程度早已超过"一手交钱一手交货"式的早期市场交换行为。在企业档案及其相关信息资源建设过程中以特定的交易与市场为基础，即建立与特定交易事项的关联性，这就涉及对现行企业财务制度设计的交易与事项生成机制进行调整，将凡是与企业档案及相关信息资源形成的相关费用、支出直接纳入企业管理成本，而不是单独归集和分配，在企业档案形成的前端以成本等方式核算计量它的货币形式，而不用非要等到市场交易行为发生时再来核算计量。所以，计量企业档案需要企业财务管理的创新。

第三，企业档案符合资产确认的可靠性标准。在分析了企业档案计量的介入环节或衡量时机之后，还要解决企业档案作为企业资产是否具有合适的计量属性问题。我国现行企业会计准则规定，资产可供选择的计量属性包括历史成本、重置成本、可变现净值、现值、公允价值五类。而在企业资产计量的实践操作中较为普遍使用的计量属性是历史成本，即企业取得某项资产时所实际放弃或牺牲的资源数，同时辅以其他计量属性的一定程度上的应用。例如，金融资产可采用现值或公允价值的计量属性，盘盈固定资产采取重置成本计量属性，存货采用可变现净值计量属性等，依据资产类型和预期的差异进行计量属性的针对性适用。根据我国现行的会计核算都是遵循历史成本原则进行计量的惯例，新会计准则对于会计计量属性的应用原则之规定——"对于会计要素进行计量一般应当采用历史成本"，以及企业档案的形成方式和自身特点，本书认为企业档案资产在计量时采用历史成本计量属性较为合适。除此之外，将企业档案作为资产计量要素，是选择分类计量还是整体计量的问题，学界关于企业档案资产的分类研究的成果并不少见。也有学术观点认为企业档案资产计量的要素应该是整体价值，不是各部分的简单相加而是有机的结合与集成，个别档案资产的价值必须纳入企业档案资产的整体中才能体现出来，实际计量操作时将企业档案资产的实际成本一项一项分摊到某个文件、案卷中去也因违背了成本效益原则而难以实施，此观点有其合理性。但笔者认为在具体选择时可以更加灵活，首先计量要素应该区分为是否涵盖智力成果，如档案管理（收集、整理、鉴定、归档等）行为中的档案资产和档案开发（编研、知识产品等）行为中的档案资产，其次计量要素应该与所属、所形成、所贡献的企业部门联系起来。

第四，企业档案符合资产确认的相关性标准。"相关性标准"主要是指企业档案资产的关联信息能否服务于企业管理层的战略决策，从前文所举"安全生产及其事故"的收集、整理、加工、汇编等流程来看，企业档案资产确认、计量的信息对象是完全可以为企业多层次的业务、经营、管理等活动服务的。具体来讲，首先，确认企业档案资产及其计量方法，有利于企业内部的档案资产及其关联资源的产权交易的开展和激励机制的实行，因为"资产"确立的利益与权利使得档案资产在企业内部或与外部的有偿转让、激励加工、利用过程中，使权、责、利等关系清晰化与明确化。其次，企业档案及其关联信息的资产化管理有助于实现企业经济价值最大化目标，因为企业档案及其关联信息管理等一系列活动的成本、收益有了清晰的价值指标，有利于企业档案资产管理绩效评价，也推进了企业档案部门的信息资源开发与利用。最后，企业档案资产的计量程序有助于企业管理层通过不同时期的档案资产价值或净值的比较，或通过企业档案资产的增加或分摊金额的对比，来掌握企业档案资产的最终投入与最终增长情况，也就是企业档案资产的分类计量结果和整体计量结果最终都将作为企业整体经济资源的价值用于呈报以说明企业整体财务状况。

6.2.2.2　企业档案资产要素及产权的确认

"企业档案资产评估"课题组在 20 世纪末就对企业档案资产评估及其相关情况进行了调查，其中几项观点至今仍值得我们在企业档案资产产权确认时思考。一是引用北京市国有资产管理局的一席话："评估人员对企业资产评估作价时，并不是考虑它是不是档案，只要是能给企业带来收益的，就应评估，不管它是技术、设备还是房屋。"[①] 二是无论从什么角度研究企业档案，是否引用资产概念，都应从档案与资产、资产评估的关系入手，研究一些切实可行的加强企业档案工作的措施，如企业资产与产权变动中出现的档案管理问题——档案归属与流向等。所以，本节的研究首先

---

① 企业档案资产评估课题组：《关于企业档案资产评估及其相关情况的调查报告》，《北京档案》1999 年第 12 期，第 34～35 页。

明确一个前提，资产所有者在取得合法经济地位后，允许其拥有资产的产权、使用权、收益权等，且企业档案作为企业资产，收益的获取者自然应为档案法定所有人即企业自身，这是没有问题的。那么在此基础上具体问题具体分析，研究企业档案的资产要素与产权问题，尤其是国有企业改革过程中产权变更给企业档案工作带来的变动。

（1）企业档案资产类型

一是技术知识档案。作为企业的直接生产要素，其能为企业带来直接经济利益，包括产品生产工艺和生产技术档案，发明创造、技术革新成果等科研档案，生产工具和基建、设备等的维修、保养、改造、经营管理技术档案等。[①]

二是经营管理档案。其作为在企业过去经营管理活动中形成的，企业清产核资、资产保值增值的重要凭证依据和内部控制要素，能为企业带来直接经济利益，包括各种业务账目、凭证、报表等会计档案。比如公共汽车公司的特色档案——运营、票价管理、服务案例、客流分析、新路线论证等档案占公司档案的比例很小，但这是企业市场化、集团化经营的重要参考依据。[②]

三是专有权利档案。作为企业生产、经营、运作、管理的基本条件之一，其能为企业带来间接经济利益，例如，国家给予企业的各项优惠政策权限档案、商标档案、商誉档案、知识产权档案、专利技术档案、房地产权属档案等。

需要补充说明的是，企业在日常管理活动中形成的党群类、行管类、干部职工类档案等，其利用的需求和目的大多产生社会效益和间接经济效益，在作为企业档案资产确认时更应注重将其间接潜在的经济效益发挥出来，最大限度开发其资产价值。

（2）企业档案资产的产权处置

一是结合档案资产类型具体分析。例如，基建档案、设备仪器档案等对于实体形态的科技对象具有资产登录功能，在实体资产评估时是其必备

---

① 詹灵仙：《国有企业档案的资产与产权问题浅析》，《机电兵船档案》2008年第2期，第8~9页。

② 企业档案资产评估课题组：《关于企业档案资产评估及其相关情况的调查报告》，《北京档案》1999年第12期，第34~35页。

介质。作为企业经济资源的重要组成部分，它应该随实体对象的产权变更而转移。如设备、产品、建筑等固定资产的档案材料尚未发生交易但企业已经破产的，可以将其先行放在产权交易中心等候处置；产品研发、生产、运营、销售、商标等涉及知识产权的档案应该根据企业所有制性质列入国有资产或私有资产，严格按照相应法律法规关于资产评估的规定实行转让，或移交企业主管部门。人力资源管理档案原则上随着人的流向进行归属，但是对于以人力资源档案信息为公司核心竞争力的企业，如智联招聘等猎头公司，不一定掌握人才的全部档案，但是应聘信息的档案以及招聘信息的档案材料绝对至关重要，所以要打开企业档案资产的研究眼界，考虑到此类企业不属于传统产业范畴，其情况将在下一节数字内容产业的企业档案资产研究中详细阐述。

二是企业破产时，档案产权归属应根据企业所有制性质处理。例如，国有企业破产时其档案归国家所有，受法律保护，不能因为企业破产而受到任何损失，而且企业注册所在地综合档案管理部门应该适时介入清理移交工作，在主管部门的严格监督下进行档案验收移交。遇到破产情况，档案资产的归属和流向还会遇到一些法律法规之外的困境，例如，档案的移交、保管、整理需要相应的人力、物力和财力，需要暂存的库房空间和保存的设施设备，是否引入中介机构的相应服务问题，这些问题的解决不仅能提高档案利用率和扩大档案的影响范围，而且可以集中有限社会资源、减少各单位各自重复建设情况、提高档案资产管理效率。此外，前文在提及企业档案资产要素种类时，也提到了一些属于企业档案，但是因为经济价值不大或因为破产丧失了经济价值的档案，或因为具有重要历史考证价值，尤其是在当地范围内具有代表意义的企业档案，当地档案主管部门在清理移交时应该慎重处理和积极接收。例如，北京市档案馆曾表示愿意接收北京市日化一厂部分档案，因为其产品"灯塔"肥皂曾经是北京市名牌产品，对于研究北京市经济建设发展历史具有一定的价值。①

三是企业兼并、出售、重组等使其产权性质发生变更时，档案资产处置更为复杂。例如，企业成了被兼并对象或者是被购买成为子公司时，其

---

① 企业档案资产评估课题组：《关于企业档案资产评估及其相关情况的调查报告》，《北京档案》1999 年第 12 期，第 34～35 页。

档案资产的处置有几种特殊情况需要注意。对国有企业之间的兼并与出售，被购买或被兼并企业的档案属于购买或兼并企业或新成立的企业，由兼并方或购买方统一管理、单独保存。对国有企业被私营企业或外企兼并或购买的，其党群、行政管理、生产技术管理、经营管理类档案归国家所有，按照当地的行政隶属关系在主管部门监管下移交给档案主管部门，基建、设备仪器档案归属于兼并方或购买方，产品、科研、会计档案由双方协商处理，也可以移交给兼并方或购买方或企业主管部门。对国有企业兼并、购买私营企业、集体企业或外资企业的，与被兼并方或被购买方有关的基建、设备仪器、科研、生产运作、会计档案均应归属于兼并方或购买方，其余档案移交给企业隶属主管部门。[①]

四是股份制企业的档案资产处置问题。国有企业实行股份合作制或企业上市，其原有档案原则上由新成立的企业所有并进行管理。由于企业档案管理仍然需尊重全宗原则，对于国有持股占 50% 以上或居主要地位的，原有的档案全宗所有和管理模式依然不变，合并、合作或兼并之前的档案全宗归国家所有，仍旧设立独立全宗，只是可以设立和保管在新的企业或项目中以供其利用。对于国有持股低于 50% 或居次要地位的，原有的档案全宗应该重新设立，基建、设施仪器档案可以移交给股份制企业管理利用，产品及服务、科研成果、专利技术等档案按照知识产权有关规定处理，党群工作、行政管理、生产管理、经营管理类档案按隶属关系移交给企业主管部门。

总体而言，企业档案资产的处理必须坚持四条原则。一是在维护国家安全和国家利益的同时保守国家机密和企业商业秘密。因转制改制、出售兼并过程中档案被低价转让甚至无偿流失的情况时有发生，这不仅损害了企业自身的经济利益或商业机密，而且给国家信息安全、技术安全等带来后续的负面影响。二是具体问题具体分析，区别对待、依法处置。对待国有企业、私营企业、外资企业或股份制合作企业，对待企业所有制连续多次变化导致档案管理情况复杂、内容所属情况复杂之类的情况要根据实际情况依法对待。三是维护档案的实体安全与信息安全。无论何种情况下，

---

① 詹灵仙：《国有企业档案的资产与产权问题浅析》，《机电兵船档案》2008 年第 2 期，第 8～9 页。

档案的转接、移交，或是出售，或是档随人走，或是档随物走，等等，都应该将档案及其全宗处于安全的保管环境之中。四是有利于企业保持经营管理和经济利益的连续性。企业档案资产作为企业内部控制的必备方式，应该为企业的产权变化、股份合作等市场化的正常经营活动服务。只有处理好这些过程中档案资产所涉的经济利益关系、产权所属关系等，才能为企业的制度创新、经营创新和服务创新保驾护航。

6.2.2.3　企业档案资产评估

（1）企业档案资产评估的必要性

在刘越男教授分析的当代机构文件管理的趋势中，有两个趋势引起了笔者的关注。一是成本管理将在未来组织机构的文件管理中逐步从局部走向全面，二是资产管理在机构文件管理政策中的功能逐渐从流向控制向知识挖掘转型。① 这两种趋势给笔者极大启示。

一是如果不做评估、计量和定价，档案信息资源管理这个领域将继续效益低下。刘越男教授援引《读者》2007 年的一篇短文《并非真的需要》，其中提及了一家巴西企业在决定是否采购一批金额高达 5 万美元的文件箱柜设施时，决定先将原先的文件柜、文件箱等存储设施进行重新整理、清理、腾挪或归拢，通过销毁无用、过期文件档案，最后腾出来的旧柜子基本能满足新的入柜入箱需求，从而取消购买新设施的计划。刘越男援引这个案例意在说明档案学界整天呼吁提高文件归档率、宣传文件重要性根本就是无视资源有效配置的成本，无视档案领域并不是资源过剩到可以对文件无所不包、无所不管的境地。那么这也给予档案资产化尤其是档案资产化评估以思考，即评估、计量和定价的功能之一就是淘汰一批类似情形的档案，让有限的文件、档案管理资源、人力资源、设施资源、数据库资源等"盛装"成更为有用的东西。诚然，档案管理的后端步骤之一便是档案鉴定尤其是销毁鉴定，也是淘汰无用、过期档案的控制环节，但是实际情况是真正销毁的少之又少。如果引入成本管理，尤其是在数字时代将经过流转、处理和真正具有参考和保存价值的数据归档保存，可以有效降低活动数据的规模、提升业务系统的运行效率，降低的成本就不仅局限于几个柜子那么简单，而是数据查询、加工、利用等各方面的运作成本将

---

① 刘越男：《当代机构文件管理的趋势分析》，《档案学通讯》2008 年第 2 期，第 34～37 页。

大大降低，即围绕档案数据的全流程成本都降低、效率提升。

二是如果科学地评估、计量和定价，档案信息资源管理方可实现从流程控制到知识挖掘的转型。企业档案一般具有作为企业财务、行政、生产、营销等内部的凭证和工具的功能，而完善的企业档案管理可以很好地为这些流程服务以及有条不紊地掌握、控制和调整这些流程。但是这仅仅是通过档案中的内容信息进行控制而已，即工具性价值的完美实现，缺少知识性价值的深入挖掘。因为企业组织或其他机构如果没有将其形成的各方面信息包括档案当作资产，那么将失去拓展管理内容的机会。尤其是在国有企业资产产权变动以及企业改制的时代背景下，如果仅仅着眼于档案是资产的凭证和依据，那档案管理的任务也就是在变动时寻找到合法、合理的合适接收单位而已。仅仅以档案控制它所记载的资产，而不是着眼于资产保值增值，不是用于充分挖掘企业自身信息的价值，也不是挖掘涵盖企业日常所有生产、管理、营销等全方位活动中档案的价值。回到"安全生产事故汇编"的案例，这些事故档案仅仅是某次事故的凭证，或是某次固定资产损害的凭证而已，但是如果将这些凭证看作资产，有保值增值的内在冲动的话，就应该经过一线生产部门的初次整理加工、企业档案部门的再次汇总编研、企业安全专家的提炼总结启示等一系列流程，将其内化为企业重要的资产。而资产化评估、计量以及定价的任务就是要解决最初的采集、首次的整理、再次的汇总、最后的提炼等不同流程中知识含量的提升，或者说这样的行为把原先的材料升值了多少，"多少"计量清晰了，对应的激励制度才能建立起来，"知识挖掘"才有了动力。如此一来，档案管理部门控制档案产权归属也好，控制档案信息流向也好，不单单把眼光盯在产权变动的某个特定场合，而是要盯在企业每一项职能行为发生的时时刻刻——产生档案信息的每一天，从而真正实现档案学界多年来倡导的从"后端管理"到"前端控制"——保障凭证价值的完美发挥，以及从"归档保存"到"全程管理"——保障情报价值、知识价值挖掘能从头开始。

（2）企业档案资产评估的可行性

企业档案资产评估，就是根据国家有关规定，在特定场合、条件或目标下，以企业技术、知识或经营等档案资产为评估对象，采取科学计量方法和统一货币换算单位，进行针对性的价值评估活动。这里所说的特定场合、条件或目标等情形，可以参照《国有事业单位国有资产管理暂行办法》第38条关于评估情形前提的规定来执行，例如，企业整体改制或部分改制，以非货币形式资产对外投资，企业合并、分立、清算的，企业资产拍卖、转让或置换的，整体或部分资产租赁给其他企业的，确定诉讼资产价值的，或法律法规规定的其他需要进行评估的情形等。而涉及评估对象时，就是指上述情形所涉及的档案均为评估资产对象。计量方法有以下几种。

一是收益现值法。从企业档案资产的对象类型来看，技术类档案资产具有明显的现实借鉴作用，直接服务于企业生产，能直接创造经济利益。知识类档案资产具有明显的间接借鉴作用，可以服务于企业中长期的研发活动，能直接或间接创造经济利益。经营类档案资产具有明显的凭证查考作用，或直接或间接地服务于企业创造经济利润。也就是说评估企业档案资产完全可以根据占有的档案所具有的获利能力来计算其资产价值。收益现值法作为一种着眼于未来的评估方法，主要考虑被评估资产对象的未来受益和货币的时间价值。对于企业档案资产而言，自然可以被企业视作经营性资产，尤其是对于下一节即将提及的数字内容产业的企业而言，持续获利能力可以贯穿于企业生产、加工、经营、管理、规划等全部内部流程和转让、重置、合并等外部流程中。如果假以合适的换算公式，那就满足了运用收益现值法评估企业档案资产的条件，以公式6-1为例。

$$Z = \sum_{i=1}^{n} r_i \tag{6-1}$$

公式6-1为"各年折现系数式"，其中Z代表企业档案资产对象的评估值；n代表企业档案资产的有效期限或有效期的长度；r_i代表第i年利用档案资产创造的经济效益。计算这个值，可以参照近几年企业档案创造的经济效益预测，《开发利用科技档案所创造经济效益计算方法的规定（试行）》列举了计算方法，即先计算出近十年来每年利用档案所创造的经济效益，具体如公式6-2所示。

$$j_m = \sum_{i=1}^{n} a_i * s_i - c \, (m = 1, 2, \cdots, 10) \tag{6-2}$$

该公式中，a_i代表第i项措施中档案价值系数（即占多大比重），确立这个系数有一定难度和主观性，受到评估专家职业素质、专业能力和掌握评估对象信息资料的程度的影响，一般情况下，评估专家数量以 5~7 个为宜，以尽量降低主观性的影响；s_i 代表利用档案的第 i 项措施所获得的全部经济效益，这个数值既具有客观成分也有主观成分，因为某一次安全事故的档案登录行为、某一次安全事故的档案编纂行为、某一次安全事故的启示总结行为等措施获得的经济效益依赖于下一次措施实行而获得的经济效益，且只是部分客观存在，需要下一次行为人的主观汇报或计量，一般情况下经验丰富的档案人员和业务人员的有效协作可以保证该数值的客观公正；c 代表开发利用企业档案资产的总体成本，这个成本既要看初始的一次性投入，也要计算持续性的追加和投入；n 为第 m 年为利用档案实施了有效保障措施的次数。然后评估机构或评估专家根据近十年档案资产所创造的经济效益实际数值来预测企业档案未来的经济效益，虽然是"预测"或从未来预期受益的视角，但实际上仍然是现存档案资产的现时价值，即企业档案资产评估值。该方法主要运用于企业档案资产的转移过程中，如企业内部的档案信息流转或企业之间的外部转移，档案资产在未来一定期间内的价值，从而给出在所有制形式发生改变、使用权转让等导致企业股权变更、兼并合作、合资合作等市场经济行为下判定的档案货币价值，为企业档案资产以及其他资产的保值增值服务。

二是重置成本法。该方法适用于评估对象的可复制、可再生、可重新建造和购买的特点，尤其适用于没有受益或受益不清晰、市场上又很难找到交易参照物的评估对象，主要是减去评估对象的实体性贬值、功能性贬值和经济性贬值后的差额。这种方法对于企业档案而言，主要是源于知识经济时代技术创新的动力从来没像现在这样决定着企业的命运，而且创新、更新、淘汰的时间周期越来越短，物化于产品、服务和管理之中技术的落后成本或含量不断上升，那么记载了这些技术、知识、运营的档案资产必然随之发生不同程度的贬值。如某些设备在存放或使用过程中的使用磨损或自然损耗；又如因为某些设备、生产能力、工艺水平、能耗水平的功能性差异导致成本增加、利润降低以及技术进步对原有设备、技术和管理的替代性影响；再如市场供给变化导致销售困难，进而导致开工不足、生产停止以及通货膨胀，并引起资产限制、利用不充分等贬值情况。简言之，形势的不断变化决定着依据历史成本来反映企业档案资产价值有着较大的不确定性，必须根据特定时间点和特定条件不断更新企业档案资产评估的实际价值，即有必要引入重置成本方法，见公式6-3。

$$Z = \sum_{i=1}^{n} Z_i \qquad (6-3)$$

Z代表企业档案资产评估总值；n代表企业档案资产的数量；Z_i为第i项档案资产的评估值。运用该公式可以得出：$Z_i = g_i \times b_i$，g_i即为第i项企业档案资产的重置成本。企业档案资产的重置成本是指按评估基准日期的计价标准计算的形成档案资产的全部费用[①]，它可以通过下列公式求得：$g_i = c_i \times b_i$（评估时物价指数/档案形成、加工或购买时的物价指数）。在该式中，c_i为第i项企业档案资产的账面成本，b_i为第i项企业档案资产的实际作用率或有效率，即档案资产余下的有效年限占总有效年限的比重。评估企业档案资产价值时，不用具体考虑某项档案鉴定时确定的档案保管期限，而只以企业档案资产所反映或记录的主体对象的有效期来计算档案资产的有效期，如专利档案所反映的主体——专利权的使用期限，或由于实际情形中档案鉴定保管期限表给出的结论过于宽泛，仅仅在计算时当作参照而已。重置成本法难在前期工作量很大，贬值考虑的情况过于复杂，使得档案资产的实际效率无法准确计算，当然在企业的抵押货款、经济担保以及清产核算等特定业务中，重置成本法有其实用性。

三是现行市价法。根据目前公开市场上与被评估资产对象相似的或可比拟的参照物的价格来确定被评估资产的价格，这是一种最为直接、最为有效且易为接受的评估方法。但是鉴于企业档案资产的非标准型或非同质性特征，在现行市场上很难找到相似的可以比较的参照物，所以在很大程度上限制了企业档案资产评估中现行市价法的运用。而且企业档案资产在很多情况下并不是直接售卖的对象或产品，而是不同程度地依附于他物，但是并不是绝对排除了实践中运用现行市价法于企业档案资产评估的必要与可行。唐艳芳等[②]在探讨现行市价法的适用性时，认为市场上或实践中

---

① 张汝潮：《浅析企业档案资产和企业档案资产评估》，《浙江档案》1996年第4期，第25~26页。

② 唐艳芳、史寒君：《企业产权变动中的档案资产评估》，《档案时空》2007年第6期，第17~18页。

一旦有了充分的交易案例且出现了合适的参照物，就可以对档案资产的具体评估对象与参照物之间的差异性进行评估和适当调整，现行市价法就有了用武之地。例如，资产纳税、单项资产变卖等资产性业务，尤其是在营改增纳税调整的政策背景下，档案资产的增值情况应该日益受到重视且在国家关于税收调整政策中得到应有的体现。

当然，上述评估方法并不是一成不变的，必须根据企业自身特征、档案资产特性以及具体措施情形来调整企业档案资产的评估方法。尤其是在企业产权变更时，讨论、研究以及制定规范化的企业档案资产评估办法势在必行。一旦具体到某项实际的行为中，如果没有对企业档案进行资产评估和清查核实，而是将档案等重要资产不计报酬地转移、交付他人使用，就会给企业自身带来重大经济损失或者造成自有资产的严重流失。

6.2.3 （数字）内容产业型企业档案资产的管理及运营

内容产业又称信息内容产业，最早指各种媒介上传播的内容，如印刷品、电子音像出版物、音像传播内容或各种数字消费软件等，而数字内容产业是指以内容为特征或加工对象融合信息技术与文化创意的产业形式，"数字化"加工成为数字内容产业的典型标志，而且"数字化"带给内容产业的是发展方向的不断创新和拓展，如数字传媒、数字娱乐、数字学习、数字出版和面向专业应用等。而本书所研究的此类型企业的档案资产，不仅包括传统纸媒时代的内容产业，而且更是以数字内容产业为主，所以以"（数字）内容产业"来指称本书的研究对象企业档案资产，以下简称"内容产业"。同时尽管该产业早已从传统传媒扩展至数字新媒体、综合性网站、网络学习平台、数字出版等多个领域，但是数字传媒资源的整合与资产化管理仍旧是这些新鲜面孔的内在实质和驱动所在，所以，接下来仍旧以（数字）媒体类的企业或机构的档案资产管理为主要案例和阐述对象。

数字化带给传媒机构的影响，最典型的就是大量运用媒体资产管理系统①，以整合、利用和开发已有的音像节目和素材资料。该系统通过建立

---

① 媒体资产管理系统，是指对各种类型的视频资料、音频资料、文字、图表等媒体资料进行数字化存储、编目管理、检索查询、非编素材转码、资料发布，以及对设备和固定资产等进行全面管理的系统。参见侯纲《广播影视媒体资产管理研究》，《浙江档案》2013年第4期，第56~57页。

数字化平台即在平台上嵌入各种应用系统如非编系统、播出系统、加工系统、剪辑系统等对内容进行处理。其既可以作为机构内部的日常管理平台、生产制作平台和节目播出平台，也可以作为机构对外的信息发布、节目运营平台，更为关键的是内容资产的拥有者可以在此平台上围绕传媒资源进行统一规划管理、内部协调、内外关联和资源优化调配，从而形成一个以用户需求和市场需求为中心，安排节目制作、播出、交换及整合的运营模式。

众所周知，传媒机构无论是传统的还是数字的，运用"管理信息系统"并不是一个新鲜话题，也就是说企业信息化管理在（数字）内容产业型企业中的普及率是很高的，但是将企业信息化水平从"管理信息系统"上升到"企业资源管理"，甚至于本书所提及的从"媒体内容管理"提升为"媒体资产管理"，其意义何在？其要解决什么问题？侯纲认为，电台、电视台、音像资料馆、服务性网站收录了大量的音像资料，是极具经济价值的宝贵资源，如若能完好保存、全面管理和充分利用能够产生很好的社会效益和经济效益，而且有利于机构自身技术水平、业务能力、运营能力的全面提升。而从内容管理到资产管理的过渡，就是要用先进的技术和管理把大量音频视频资源变为可控、可视的和面向社会、面向市场的亟待保值增值的资产，从而树立传媒行业机构在信息化社会中的新角色和新形象。不管是扮演好在市场中配置资源的新角色还是树立好在社会上服务公众的新形象，都是结合自身机构特色做资产化转型[1]，此种转型需要集中解决数字资产的保存、共享、检索、管理流程优化等问题。

一是数字资产的有效保存。数字资产无论其信息形态如何多变，都必须现存于一定的数字载体之中，而且磁带、胶片、图片、格式、软件形式形态复杂多样，长期保存的技术性难题目前仍然尚未攻克。例如，有些库存档案的磁带没有合适的设备读出，必须立即迁移；有些素材的光盘经过多次拷贝、借阅、重放、制作备份之后，可能已经损坏或无法读出；有些节目制作、重播的次数过多导致母带翻录的频率早已超过载体所能承受的最大极限，导致再次重播的质量急剧下降。

---

① 侯纲：《广播影视媒体资产管理研究》，《浙江档案》2013 年第 4 期，第 56～57 页。

二是数字资产的共享效益。机构库存的母带数量是有限制的，不可能无限制地制作复制件或随时临时制作复制件以满足临时性的、突发性的需求，反而因为借出限制的规定导致这些资源成为闲置资产；如果母带不出库，而是翻拍、翻录制作多盘拷贝备份以提供利用，不仅每盘的利用效率很难得到保障，也会持续磨损母带；在收集归档方面，母带、光盘遗失、损坏的情况也时有发生，这导致节目制作、素材资料等机构资产无法及时登录、收集和归档，也就更无法保证这些资产借助档案管理这个后端提供机构内部的共享。

三是数字资产的科学检索。即便是有完善的数字资源登录、收集、归档和保存措施，但海量的数据不能准确、适量、适时地送到用户面前，资产将仍是闲置资产，因为确实无法利用。例如，同类型的、关联性的、相似度高的节目内容对前端的著录标引工作提出了很高的要求，对节目分类、分层系统管理难度大，难以开发出综合性、专业性、多途径的资料检索手段。

四是数字资产的管理优化。盘活数量大、种类多、载体乱的数字媒体资源需要同时解决上述的保存、检索、共享等一系列问题，不仅耗费大量人力、物力和财力，而且用户文化需求、市场个性需求的更新、变化和剧增，以及新增的内容资源管理压力，使得已有的数字资源不断积压、管理难度愈加增大，实现对数字内容资源的自动化管理、集成化管理尤其是资产化管理显得十分迫切。如果自动化和集成化是解决从内容到资源的问题，那么资产化就为解决这个问题提供持续动力、确保技术更新以及使得管理始终呈螺旋上升趋势。

6.2.3.1 基于生命周期变化的企业内容档案资产化转型

从媒体行业发展趋势来看，各种类型的节目数量呈现爆发式增长态势。对于媒体企业组织来说，品种丰富、数量巨大、关联复杂、更新更快、技术更难是其资产的主要表现形式。如果放任这些资产经过一系列流程之后进入档案库房"沉睡"，那么增长的资产会因为内容增加面临存储空间不足、管理水平和开发力度不够等问题，长此以往闲置导致的无用恶性循环会彻底把这些内容档案资产变得可有可无。所以结合内容资产管理实际，引入生命周期管理理论，对这些内容资产进行价值评估和量化处理显得十分必要，尤其是引入媒体资产生命周期管理的技术理念，指导内容资产管理系统的开发与运用。[①]

（1）内容资产生命周期管理的内涵及价值

媒体行业"内容资产生命周期管理"的原理可以追溯到信息生命周期管理理论和文件生命周期理论，犹如自然界生命现象或是信息社会下的各种技术产品，都有自己的生命周期——时间跨度，从最初形成到最终销毁或永久保存的整体运动过程。依据信息生命周期理论，企业等组织机构按照信息的不同价值而加以不同的管理以达到科学的资料分类、存储和管理目标，让信息的价值和资源的管理成本能够最优配置，从而提高企业生产力、竞争力。依据文件生命周期理论，政府等组织机构按照文件价值形态的变化及其变化的阶段性，以及各个阶段的互相影响，实施从现行文件到档案的一体化管理，尤其是电子文件时代应当对电子文件运动过程进一步加强全程管理和前端控制，起点延伸到电子文件管理系统的设计之中。[②]笔者认为两种生命周期理论并无实质性的差异，关键在于运用该理论是实现什么目的、解决什么问题或是驱动力在哪里。本书探讨的档案资产化运营所使用的档案概念是广义基础之上的，运营的对象包括现行文件、电子文件等概念在内，所以结合传媒产业内容资产的数字化特征，以及生命周期划分管理的目的在于将其资产价值达到最大化，将媒体内容资产的生命周期划分为以下三个阶段，从载体形式上包括各种音频视频资料及节目，也包括电子环境下形成的各种相关稿件，如新闻稿、解说词等。

第一阶段，设计——诞生前。从传媒行业的档案部门来讲，为保证后端归档的内容档案合乎各种需求，包括真实性、完整性和安全性，必须实施前端控制，即这份内容资产在诞生之前就采取适当行动，设计出功能合理的文件管理系统嵌入内容资产管理系统中。比如说系统能够根据预定主题的内容脚本、节目安排、任务对象创建一个由音视频数据类型、内容价值和版本及使用法规组成的数据文件，并预先设定文件存在的价值以确定删除或到期鉴定的日期，在到期以前，随着后续阶段的进行，还可以视业务的使用情况调整、删除或到期鉴定日期。此外，系统还可以在人工干预

---

① 张虹、宋卿、张鹏洲：《媒体资产的生命周期管理》，《中国传媒科技》2010年第4期，第42~43页。

② 冯惠玲、张辑哲：《档案学概论》（第二版），中国人民大学出版社，2011，第270页。

下定期清除不必要的数据，以防止降低关联数据检索的效率，或者系统根据特定应用需求，保证某一份文件内容数据针对的实践对象服务的等级，并依此创建业务服务的数据产生、存储、管理等条件，确保数据与各种业务的关联和便捷利用。

档案部门实现对媒体各项业务部门系统的前端嵌入之后，还需做好资产的数据安全工作。传媒机构内部整条生产线上，整个生产周期内的编辑生产、运营管理都有 24 小时不间断的在线运行需要，为防止数据受损、丢失、泄露等意外情况发生，需采用多样性的数据分级存储包含技术，辅以多样备份、异地备份和数据容灾等保护措施，确保数据在各个生命周期的利用中都能得到及时有效的保护。

第二阶段，创建——诞生时。前端控制的目的就是保证合乎预期的内容资产的诞生，而创建阶段就是服务于业务部门使其形成内容资产，其前提条件之一就是对于系统内部数据能够精确到位地查询检索、及时快捷地查询访问服务以及建立其已有数据内容和现时业务需求的联系，从而体现出存在的价值和使用价值。

创建阶段的数字内容，还会遇到长期保存的问题，除去电子数据在现时情景下的全天候保护，数据在长期的无序积累和指数膨胀过程中，间接降低了存储利用率和使用效率，应针对性地根据业务使用需求，将分类处理的数据内容根据事先确立的保护策略分别迁移到指定位置，以便于更为安全稳定地低成本使用和运行。

第三阶段，归档——诞生后。尽管归档之前，数据内容在媒体资产管理系统中为各项业务部门分类、整理和使用着，但从整个机构来讲，数据仍然是无序的，仍需通过档案部门归档之后的整体性整合、集成，保证全部数据内容的检索利用，提升数据自身的价值。这些数据内容被分类整合之后，就可以提供有关内容描述的检索信息、有关业务管理的交易信息、有关企业外部联系的决策信息以及对外服务的外围信息。换句话说，原始内容数据之上又被开发出有用、参考的数据出来，使得数据从原始状态提升到完整、准确表达自身内容价值的高度可用状态。

归档之后并不意味着一成不变，当某项视频节目或素材资料因为与社会环境差异太远不再具有实用价值时，可能就失去了被本单位档案部门再保存的意义，或依据管理系统预先设定的销毁策略而被抛弃，或依据管理系统预先设定的再鉴定环节而再审视。无论哪种情形，都意味着该节目内容对于本单位而言其短期的现行价值在衰落，但是有可能对于本单位或社会而言其长期的参考价值正在形成，所以说销毁也好、再鉴定也罢，都应该立足于本单位、放眼于全社会，而且两者并不是矛盾对立的，适当的销毁也是为了保证长期保存档案的"干净利落"——剔除了冗余数据，而本单位也是全社会的单位之一。具体到某一份节目内容，它被销毁也是一个逐渐完成的过程，因为无效数据的判定需要多次、多人、多个环节的进行，不存在对数据仓库的整段删除，也不能草率地进行数据删除的一次性操作，或者说建立一个数据回收仓库以处理此类处于衰落期的档案内容数据，以缓冲即时销毁的弊端。

从上述内容资产生命周期的三个阶段可以看出，价值的预设、形成以及发挥都是密不可分的，而且依据内容价值形态变化划分的程序阶段间的界限随着数字化程度的深化而不断模糊化，处于归档阶段的后端文件也有重新步入第二阶段的可能，所以三个阶段是一个完整的运动过程，而管理人员在管理系统中应统筹兼顾。具体到一份内容节目，其经历三个阶段的频率越高，产生的价值就越大，因为它意味着入库保存的档案又焕发新生。经历三个阶段的速度越流畅，价值的增幅就越大，因为它意味着被下一环节利用、加工、整合的概率越高和次数越多。这个节目无论是处于播出、制作、销售的任一环节和程序，使用期越长——三个阶段的时间跨度越长，越可以从中衡量出它的价值。频率、速度和时长，都意味着传媒行业内容资产价值的保持是有时效性的，所以即时的价值评估显得非常重要，通过价值评估来判断是暂缓加工还是迁移保存，是存储增值还是存量增值，是销售素材资料还是整合加工销售，都必须以节目内容的生命周期统计规律来测算价值的利用程度，进而实现内容资产的优化配置和有效运营。

既然是"利用程度"或者是"利用阶段"，那么还可以对上述三个阶段进行进一步的解剖，尤其是对第二个阶段进一步细化，会对传媒内容资产价值分析得更为准确。如内容资产在企业内部能否体现出商品价值呢？答案是肯定的。作为交换的商品就有了价值，内容资产也是传媒机构各个部门、人员经过一系列的劳动安排凝结而成的，制作一个节目需要外出拍摄、购买素材、聘用人员等环节。此外数字内容资产的存储、管理、迁移和整合也需要后期人力、物力、技术等的资源投入，那么内容资产在企业内部流转时固然没有以金钱为交换目的，但那是因为企业以自身整体为考量对外统一以货币计算，并不是说外出拍摄人员的劳动成果价值被下一个素材剪辑人员所否定，只是暂缓计算而已。所以从企业内部分工的角度来看，价值通过一个生命阶段的创造和积累，在用于外部交换的一刹那间被实现了。

又如内容资产在企业外部能够体现出社会价值吗？答案也是肯定的。这里所涉及的社会价值不同于档案学传统意义上所讲的发挥档案的社会效益，而是同样基于市场视角来理解的。从传媒行业来看，社会公众也好、市场判断也好、个别观众也好，他们对于媒体内容资产的价值认同是否达成普遍共识，尤其是否形成了以市场形式来支付的意愿，这就是本书所讲的社会价值，这也是决定某项内容资产市场价值的客观基础。能否对社会、市场、观众形成积极的影响并创造额外价值，就是社会价值的魅力所在。

再如，内容资产在企业外部能够体现出历史价值吗？答案同样肯定。处于媒体机构内容生命周期末端的档案内容就是凭借原始记录性立足于信息之林的，而且借助文件生命周期管理理论尤其是电子文件时代连续体理论的重新发现和再度适用，保证了数字环境下数字内容依然从始至终地保持着原始性、真实性和完整性。所以历史是过去的事实本身，某种程度上就是人们对过去事实的有意识、有选择地记录——档案。从理论上看，因为对于历史事实的记录有所选择和不同的重视程度，所以反映到档案内容上其历史价值也是有所差别的。从技术上看，因为纸媒时代档案的长期保管水平和数字时代档案的长期保存能力是存在差异的，所以传媒内容资产的历史价值也是不尽相同的。媒体内容资产评估方必然用差异的眼光去看待历史价值，即便是对内容生命周期有着完善的前端控制和全程控制。

此外，生命周期的变化实质是价值因时间阶段变化而变化，即时间价值。尤其是在创建阶段从使用期到归档期之前，是媒体内容资产发挥价值的第一个高峰。归档之后经历下一个生命周期周而复始阶段——重新步入素材库被重新选用、加工和整合时，是媒体内容资产发挥价值的第二个高峰。此后，价值逐渐下降，但并不排除重新发现的可能性，文件连续体理论所提及的数字内容可能从后一个阶段往前转移运动。

（2）内容资产生命周期存在的问题及措施

划分了内容资产的生命发展阶段，并不能天然地解决其资产管理问题，只是进一步明确了内容运动阶段必须嵌入资产管理系统，但是要真正实现从传统意义上的宣传档案、宣传资料到内容资产管理的飞跃，需做好数字节目内容及其衍生产品等资源的开发，优化音频、视频节目资料的数据库录入、收集、整理、加工和整合等，具体而言主要解决以下四个方面的问题。

其一，重播出、轻保存。一些电台、电视台长期以来忽视对已经播出节目的收集保存，各种音频、视频节目稍纵即逝，直接后果就是许多优秀的节目资料没有收藏，致使无法通过建立数据库来进行后期开发。[①]

其二，重制作，轻管理。传统媒体机构、数字新媒体企业都争相制作优秀的节目或购买优质产品播出，但是忽略了对这些自己制作的或外部购买的或联合拍摄的节目资料的管理和整合，表面上看是对已经收集的节目资料管理不够系统和完善，深层意义上就是没有将其视为内容资产，没有清晰地认识到资产还有预期未实现的经济价值。对资产采取抱残守缺的态度，就是资产的极大浪费。

其三，重保护，轻开发。这里所提及的保护与开发，主要是法律意义上的，即知识经济时代对于知识产权的保护与开发。《著作权法》规定，广播电视音像制品涉及多方权益，尤其是传媒机构如果对节目内容进行市场开发，必须获得节目内容作者等原创方的授权，即著作权或版权问题。从当前的著作权或版权的修订导向来看，保护原创利益的成分仍然大于保护后期开发，或者没有设计一套科学的让渡与协调机制——如何授权、如何转让、如何售卖等，使之既能保护原创权益又能保护开发动力，本书第五章在权利分析中已经提及了档案行业面临同样困境。

其四，重流程，轻控制。传媒行业的纸媒制作、数字时代的新媒体产品，都是较为成熟的流水线作业方式。从已有的管理信息系统来看，什么阶段、什么人员、什么场所、什么任务、制作符合什么要求的内容出来，都是没有问题的，但是流程中隐藏的一些采访素材、拍摄脚本、录音录像副

---

① 王亚：《从宣传档案到媒体资产节目资料管理的飞跃》，《中国传媒科技》2010 年第 3 期，第 58～59 页。

本散落在个人手中或分属各个部门的控制风险。虽然这些内容产品不是机构的最终追求，但是毕竟作为中间产物、半成品产物或草稿等，都是有其利用价值的，而且从版权来看也是属于部门的，散落于个人手中既无法保证利用率又极易造成知识产权纠纷，这也是优良资产与不良资产的区别所在。

《广播电台电视台法定许可播放录音制品支付报酬办法》等相应规范性文件的出台，为各传媒机构的著作权管理提供了契机。作为传媒机构自身，应该在内容资产化转型方面设计、规划、建立和运营自己的媒体内容资产管理系统，尤其是力求在以下两点日常工作方面有所进展。第一，统一规划、建章立制是使各种内容资产收集整合渠道畅通的基本保证，将已播出的、暂未播出的、分散的、零碎的、半成品的、素材形式的等内容收集完整齐全，保证这些内容资产首先为机构掌握控制。第二，统一运营，将内容节目转变为内容产业可以开发的对象，包括利用现代化技术手段——内容资产管理系统等，和现代企业管理制度——内容资产产权清晰制度，筹建成为高度共享的数据资源系统，能够支持节目或素材以及关联内容的整合、编辑与加工，从而形成提升前台节目制作效率和质量的内容资产管理平台。

6.2.3.2 基于财务核算确认的企业内容档案资产化转型

通过对传媒机构的具体内容分析，时事新闻类一般不被视作可以货币化的内容资产，所以本书所称的企业内容档案资产化，应该详称为非时事新闻类内容档案资源（下面简称内容资源）的资产化，是指传媒集团机构把拥有著作权的内容资源通过会计核算，在无形资产账面反映其货币价值的过程。[①] 知识经济时代，轻资产、重内容的媒体行业开始成为经济新龙头，特别是互联网数字新媒体企业，其电脑、服务器等固定资产价值占公司价值的比重很小，未来的现金流也不确定，却因为数据整合能力、数据与社会的融合能力以及数据服务市场能力不同凡响表现出巨大的公司价值，如 Facebook 公司刚开始赢利就已经被评估为价值 500 亿美元，高估值充分反映出现今信息化企业、内容化资产的巨大价值。

（1）企业内容档案资产财务核算的必要性

互联网技术、数字服务企业的快速发展，对各种内容的需求也越来

---

① 孙晓东：《报业内容资源资产化探讨》，《青年记者》2011 年第 3 期，第 48~51 页。

大，未来将形成内容提供商、基础通信运营商、通信设备提供商、终端设备制造商、内容软件运营商、多层次终端用户的内容产业格局，各方的博弈会异常激烈。孙晓东以传统报业集团的资产化转型为例，阐述了目前已有很多新媒体公司向传统媒体机构购买内容节目或素材资料或进行内容和信息方面的合作，在电视台等传统单位的账上出现了向新媒体公司出售内容资源而获得的收入。对媒体行业拥有的包括档案库存在内、处于生命周期所有阶段的、各种内容资源的性质加以确认，将有助于树立"内容即资产"的理念，有助于对媒体内容资源的管理、重视和整合，有助于构建媒体集团在未来内容产业竞争中的优势地位。[①]

　　根据本书第三章关于档案资产与各种相关资产的关联性分析，传媒机构的档案内容无论是处于前期规划阶段，还是现行加工剪辑阶段，或是后端归档保存阶段，都可以确认为机构的无形资产。因为依照会计准则关于资产和无形资产的界定，这些数字化的传媒内容资源没有实物形态，可以纳入无形资产中"著作权"控制和调控的范畴，但实际情况是现行财务核算体系或传媒机构运用的管理信息系统中并没有将这些内容资源核算体现为资产或无形资产，主要原因有两点。一是过去设立的财务核算体系仍旧是以实物形态或固定资产为主导，很少出现知识经济形态下知识产品、内容产品或信息产品的直接销售问题，即使出现也大多以内容捆绑实物的方式进行销售，或者是以广告收入间接替代报纸、广播和电视销售的隐晦交易行为。读者、观众等用户并不是以直接交易获得著作权的权利转让，传媒机构自身也没有将内容之上的著作权作为商品进行交易转让。从交易层面上看，内容资源并未参与直接交易也就无法在财务中直接体现，也就自然而然没有被确认为资产或是无形资产。二是过去设立的财务核算体系仍旧是以实物形态或固定资产的生产流程为主导，基本没有围绕内容产品的形成过程如采编、采访、拍摄进行相关的独立成本核算，反映到账面上，年度的、部门的、总体的过程费用是具体下拨和财务确定的，但是某一次、某个人、单次的过程成本没有独立、具体地核算，就像是档案部门的年度经费很好确定，但是档案部门基于前端控制所做出的系统控制、基于全程控制所做出的过程管理、基于后端保存所做出的整合加工的每次行为

---

①　孙晓东：《报业内容资源资产化探讨》，《青年记者》2011年第3期，第48～51页。

很难确定一样，所以基于历史成本的无形资产价值计量有较大困难，也就一直没有被纳入机构的资产管理范畴。

但是现行的市场环境和技术环境都已发生巨大变化，对于传媒行业而言，将其内容资源确认为资产的条件业已成熟。一是著作权可以进入市场成为自由买卖的商品。从目前政策规定和市场实践来看，市场用户享有购买公开播出内容的权利，享有购买重写标题、文字背景加工和改编音视频内容的权利，且传统媒体向数字新媒体转型过程中著作权的不同程度、形式的交易已经大量出现。出于互联网、手机 APP、移动互联网平台等新媒体的内容获取、购买需求考虑，传统媒体拥有的内容资源存在巨大的潜在商业价值，甚至已经为媒体机构带来了实实在在的现金流入。比如传统传媒集团在剥离出去的经营性资产中①，以办手机报、网络版的形式出售，可以向商业性网站出售已有的数字内容，也可以自己办服务性网站获取广告收入等，就是将已有内容资产进行产业化商业化运作。从档案内容产品的生产流程上和权属划分上有两种情形，不涉及档案著作权、公布权、开发利用权利交易的内容产品和涉及相关权利交易的内容产品。后者将是今后重点开发的形式。二是现有的信息技术条件可以设置相应的机制确保历史成本得到较为精确的计量和认可。例如，某商业性综合网站某体育栏目 10 月份内容信息的采编、加工、编辑、出版等费用共计花费 10 万元，且最终形式的内容产品有 10 篇采访报道和专栏评述、100 分钟的视频资料以及 100 分钟拍摄素材，由 5 个员工协作完成，那就完全可以根据上述数据为这 10 篇文章、100 分钟节目和 100 分钟素材及 5 个员工分配制作成本。

---

① 在探讨传媒报业集团改革时，如何处理事业性质的集团和企业性质的集团公司之间的关系，他们分别承担什么责任？谁是报刊业市场竞争主体？谁来承担经济责任，谁来承担国有资产保值增值任务？改革的突破点就放在内部公益性和经营性资产的划分，以及两类不同资产的区别运作上，也就是通过科学区分公益性资产和经营性资产的属性，合理地划分两类资产的范围，进一步释放两类资产不同的潜能。虽然理论上还没有明确"公益性资产"这一概念，但在实践中我们理解，把直接服务于公益性这一特定目的和用途、不追求赢利最大化，而是追求社会效益的有效性、追求资产运营成本降低的资产作为公益性资产。尽管这种资产划分从理论上讲并不十分严密，报业的公益性与经营性之间也并不绝对存在着固定的界限，但在资产管理这一关键环节上，通过这种划分和资源配置的转换，能够真正树立起报业市场新型竞争主体，也不失为促进报业产业整体性增长和发展的一种较好路径。参见田涛《不做"翻牌公司"——公益性资产与经营性资产剥离初探》，《传媒》2006 年第 4 期。

（2）企业内容档案资产财务核算的可行性

传媒机构对各种内容资源进行财务核算分为四个方面。[①] 第一，初始计量阶段。根据会计准则，在资产化运营之前已经进行成本核算等费用化处理的资产形态不再进行调整，如此一来对新闻等内容资源资产化时，账面利润可能呈现较大增长幅度。因为内容资源这类无形资产的摊销额度很小，远远低于实际支出用于制作的费用额度。通俗而言，就是以前没有当作资产入账的对象，现在当作资产入账了，自然账面利润多了不少。第二，内容价值寿命的确定。新媒体出现之前，传统媒体行业的内容资源价值寿命是比较确定且相对较短的，尤其是带来经济利益或现金流入的时间很短，我们所熟知的都市报之类的新闻内容在报纸上发布过一次基本意味着价值的终结。但是新媒体时代的到来，经常看到网络平台大量转载、评论、加工、编辑、整合已经发布的新闻等内容资源，往往也能给网站自身带来大量经济收入。虽然也出现过不少的"内容完全被复制""到处都是一样的新闻"的情景，但更多的是对前人信息内容的再加工、再整合和再提升，恰恰说明此类内容资源的价值链条延长了、使用寿命延长了。著作权相关法律规定了受著作权保护的内容保护期限为50年，但因为数字新媒体带来的不确定性使得实际带来经济利益的时限也变得难以确定。如果暂时依照会计准则的规定，法律法规、合同或企业申请书均未规定法定有效期和受益年限的，按照不少于10年期限执行，可暂时估计为10年的受益期。第三，资料、文件、档案、数据等内容类资产的摊销。因为此类资产毕竟不同于固定资产，有着标准的产品型号、外观、尺寸以及市场参照物，所以在财务核算成本时容易人为随意调节，所以有必要规定摊销的期限和流程，而方法一经确定下来，就在一定期限内不能随意更改。第四，内容形态的无形资产最终核算，例如，报社剥离为公益性资产和经营性资产之后，两者同样都有采编业务，但是两者采编的成本核算可能面临不同的要求，尤其是后者来源于市场驱动，创造性的成分更充分，其费用也应该充分采用市场化手段，将采编费用细化之后纳入内容形态的无形资产的成本中去。而前者虽然也存在采编业务成本，但由于是财政拨款、统收统支，没有细化到核算每次采编、采编每个流程、采编每个人、采编每个时

[①]　孙晓东：《报业内容资源资产化探讨》，《青年记者》2011年第3期，第48~51页。

间段等详细程度的必要。不过，依照前文所列举的历史成本计量的方法，以采编发生的费用来确定此类资产的成本，可能采编费用高也决定了内容资产价值大、估价高的情况，那么也可以以此作为调节利润的杠杆。

在核算过程中，需要注意两点。第一，无论是初始确定还是使用寿命或是最终成本的摊销，都容易造成内容资产价值被高估的情况。所以在评估实务中，为尽量避免此类情形发生，使得内容资产处于合理的评估区间，不但要考量制作、采访、编辑等支出的费用，还要考虑费用支出之后获得的收入，计算每单位时间或单位工作量内收入与费用的比率，综合长时间、多部门、各项目的比率，计算出一个参考当量。当本期、本次、本项目的比值高于该当量时，说明制作等投入的成本比上期获得了更高的价值，制作、采访、编辑等费用可以全部确认为资产；反之，说明当期、当次、本部门的制作等费用创造的价值小于上期。如果依然照旧全部确认为资产，就可能存在高估的风险，所以需要适当调整，即按照上期的比率，计算本期资产登录需要的制作、采访、编辑等应该成本费用，减去当期实际发生的费用，差额的绝对值就是内容资产的高估部分，并采取费用化措施处理而不是确认为资产实际价值。第二，收入与制作费用的比率如何计算非常关键，科学与否、合理与否都关系到实际利润值的准确与否。如果只是根据当期和前期数据对比计算比率，是绝对容易被人为操纵的，必须计算内容被纳入资产计量开始至今的全部累计收入和全部累计费用的总体比率，以及采用典型时间段、典型项目组和平均值部门的收入与费用比率。综合上述两点，在确定、公开的比率面前，单方面力争制作、采访、编辑等成本费用降低到最低限度，或者综合激励员工个人或项目组有一定的自由度平衡自身业绩与成本的关系，目的在于鼓励成本费用低、业绩得分高的员工获得更高的回报，从某种程度上也激励档案部门（仅仅处于归档后端）对自身拥有的内容资源以较低成本费用的方式纳入前端制作中去，从而降低机构整体的成本费用。如果档案部门从后端走向制作的"前台"，他们所控制的内容资源从一开始就是一种成本，就算依照内容生命周期流程进入档案库后端保存之后，档案部门更有着发挥经济价值的潜力和冲动，这时刻提醒着档案部门不能任由其"睡大觉"。

从传媒机构内容资产的评估计量中，比照成本费用与最终收入的比率，可以发现将内容资源的前期制作成本资产化之后对于利润的贡献率明显大于不进行资产化发生的比值。第一，在内容资源的生命周期发展阶段中，可以根据当期、某次、某部门的各个收入与成本费用划分阶段，当收入增幅高于费用增幅时，显然资产化运营提升单位的盈利水平；当收入增幅与费用增幅持平时，资产化运营没有对单位盈利水平产生贡献；当收入增幅低于费用增幅时，就得参照另外一种情况，即资产成本摊销的方法。直线式的平均摊销计算的利润会与先多后少的加速摊销计算的利润有较大出入，出于早日补偿成本、降低资产投资风险以及内容资产价值的实效性考虑，加速摊销更具有现实意义。如果据此方法计算，那么即使账面收入增幅低于费用增幅，可能现实情况会乐观一些。第二，前文也已经提到，内容资产化的初始阶段，直线平均摊销与加速摊销的差异并不会过于明显，与机构自身的盈利水平并无直接联系，都会或多或少增加机构账面利润。第三，加速摊销过程中可以仿效固定资产加速折旧的具体方法，如双倍余额递减法等，还可以在摊销期的最后几年设定为直线摊销。如此一来的结果，既保证企业盈利水平经过初期的波动之后迅速步入稳定期，又保证了对残值的基本考量，尤其是进入归档保存的档案阶段之后，把残值归零就意味着内容资产化计量跟档案部门没什么关系，档案部门无论有何作为跟资产计量也没什么关系，从根本上不利于档案部门评估、计量自身拥有档案内容的资产价值，而且分析费用与收入的比值关系变化，其实反映出传媒机构内容资产管理的宗旨很简单——价值驱动或利润驱动，档案部门应该积极介入。

6.2.3.3　基于价值驱动实现的企业内容档案的资产化转型

传媒机构内容资源的价值或利润特征主要以产权的形式体现，宋培义等[①]认为传媒机构、公益性传媒集团也好，商业性新媒体企业也好，他们都拥有自主版权的数字音像制品，作为一种特殊的内容产品，是能够为其带来经济价值或现金收入的，而且越发呈现高增长态势，其本质上就是一种资本形态，属于无形资产范畴。从知识产权或版权来讲，它的价值就是一种权益价值，权利基础之上的价值。具体表现为四点特征，一是内容资产主体的可分离性，内容资产尤其是数字形态，无论是价值主体还是权利主体，都呈现可分离之后的多元趋势。在数字时代和网络条件下，内容的

---

① 宋培义、王惠中：《基于价值驱动的数字媒体资产管理》，《中国广播电视学刊》2009年第12期，第55~57页。

所有权主体和使用权主体可以分离，正如档案的占有权和利用权可以分离一样，同一个数字内容资产的使用权主体可以多个，且互相之间并不冲突和影响，只要设计合理的转让机制和市场价位，多次转让都没有问题。二是内容资产经营的可操作性，无论是从传统传媒机构剥离出去的公益性资产还是经营性资产，都存在保值增值的需要，尤其是经营性资产和市场自发形成的数字新媒体企业，都可以根据自身占有的（自主制作的、联合制作的、购买版权的等）内容资产在市场上的稀缺程度，以及在区分公共职能和市场职能的前提下，通过各种各样的方式为社会、市场、个人提供内容产品和内容服务以赚取利润。例如，2008 年上海市文化产业的六家集团通过实施新华传媒定向增发股份，将解放日报报业集团部分媒体经营性资产注入新华传媒，打造第三方书报刊经营、广告和发行的商业运营平台，建立书报刊经营横向延伸、纵向拓展的盈利模式，促动平面媒体产业链横向发展。① 三是内容资产收益的外部性。产权主体生产、制作、发行与销售内容资产所产生的收益也可能对社会、市场或他人产生非市场化的影响，或正面影响为正外部性，或负面影响为负外部性。一般情况下，内容产品的生产所导致的正外部性，如档案部门自身编辑、研发、汇编等形成的加工产品无偿供应内部机构各个部门，可以称为狭义的正外部性，因为大家都受益了。如果这些内容产品是在企业破产之后被当地档案行政部门征集、公开、公布于社会大众，可以称为真正意义上的正外部性，因为全社会都跟着受益了。而内容产品的生产也可能导致负外部性，例如，保密期限过长、著作权保护期限过长、版权购买价格太高，都间接损害了其他社会主体的利益。正外部性过高，有可能导致内容资产的有效供给不足，毕竟产权主体办事大家无偿收益；负外部性过高，有可能导致内容资产的市场需求不足，毕竟产权主体办事大家难以受益，所以协调和力争外部性的内部化，是保证外部性处于合理区间的基本手段。四是内容资产收益的长期性，正如前文所提及的资产化的摊销期一样，内容资产一旦形成，其带给产权主体的收益是长期的，所以有必要指定一个摊销期，而且这种价值所体现出来的收益是一个动态变化的趋势，可能呈直线下降或水平直线

① 谢京辉：《国有文化资产管理探索及改革方向——以上海为例》，《探索与争鸣》2009 年第 8 期，第 56 ~ 58 页。

或直线上升趋势，也可能滞后一段时间达到收益的峰值后呈曲线下降。但总体来讲，收益都是长期性的，不是一次买卖就中断，而是数次交易、多种交易且在版权规定期限内甚至都可以带来收益的，即档案部门保存的内容资产也是生命周期的某一个阶段，这个阶段也有持续的社会效益或经济价值，资产化成本摊销时计量的方式会有所不同而已，但绝不能忽视。

（1）资产化转型之后的管理内容

资产化转型之后，传媒机构内容资源资产化管理内容主要体现在两个方面。① 一是定价管理。前文已经提到，依照未来获得现金流入的方式来确定内容资产的定价计量，但是毕竟业界普遍认为内容资产的投入与产出属于高风险类型，未来现金流入有可能确定，亦有难以确定的时候。如前者，用户或下游加工方根据所购得的内容半成品或阶段性产品制成市场产品进行销售，那么其内容原料的定价是确定了的，产品销售的定价也确定了，在这种情况下，未来的现金流入数量也随之较为容易确定下来——在内容产品成本的基础上，根据交易双方的议价协议和市场竞争的激烈程度，采用竞价模式确定下来；相反，假如是后者的情形，传统报业被剥离成公益性资产和经营性资产，两种不同性质的经营单位，前者如党报业务部门，后者如新媒体业务，后者购买也好、联合制作也好，都"使用"了前者的内容资源，但是现实情境中该内容资源实现的广告价位和数量等都是不确定的，此时就需要利用网络监测工具，对该报业内容网站的广告投放情况进行监测，或者监测该份报纸的市场投放量（如卫视频道的收视率监测以确定广告的价位），从而确定最终的现金流入水平。二是增值管理。无论是内容生命发展阶段的初始周期即素材、草稿、脚本、原稿等的运动过程，还是档案库存的档案内容重新向前运动或周而复始的运动过程，其运动的动力之一就是增值，尤其是数字档案内容的重新整合加工，这就涉及如何管理增值。例如，发布独家内容资源，"独家"可以指独家的新闻报道，也可以指新媒体运用的创新，还可以指新媒体技术下已有档案数据库的资源整合。对于传统报业集团来讲，属于区域性"都市报"之类的经营性资产大多最为人知，通过对已有档案内容资源加注地理位置信息，然后通过自家的新媒体平台或者转让给第三方新媒体公司进行发布，因为自

---

① 孙晓东：《报业内容资源资产化探讨》，《青年记者》2011 年第 3 期，第 48～51 页。

己"标注了区位及导航服务",自然就获得原有档案内容的增值效应。又如创作方式的改变,依照现有法律规定时事新闻类不具有著作权,但是传统媒体通过剥离、新设新媒体网络平台或者与社会上新媒体网站合作等方式,将原有时事内容、新闻背景、新闻评论进行适当的梳理、归类、整合等,转变为评论、专题、社交等新的形式和内容,就可能产生有利于受著作权保护的内容作品。又如发布渠道的拓宽,毕竟内容资源自身的可复制性以及非同质性特征,使得多渠道、多方式、多协议式的使用概率大大增加,是完全可以增加现金流入的渠道的,而且收入的增加反过来可用于奖励优秀的原创者、加工者或整合方,是有助于形成良性循环的,如此一来,形成的内容资源品牌化战略也树立了优秀员工、机构的品牌效应。然而需要补充一点,所有增值的手段和方式都必须按照著作权法进行内容资产的定价和管理,维护著作权所保护的各项权利,否则会对内容资产在定价管理和增值管理等领域造成破坏。

(2)内容档案资产化转型的意义

对于企业档案管理而言,基本目的是为生存服务,如果没有基本的企业法人凭证等档案材料做保证,企业的合理性和基本生存都成问题。企业档案管理的稍高层次是为竞争力服务,越来越多的企业将档案工作与ISO9000系列标准认证结合,实施更为严格规范的文件控制,按照国际管理标准建立一套科学的质量管理体系,提升企业管理水平和市场竞争力。但这些都是针对生产型企业、科技型企业、服务型企业、建筑型企业等而言的,把企业换成内容产业下新型传媒机构、网络服务平台、数据公司等,其目的和手段都将发生巨大转变,因为企业档案管理所涉及的不再是佐证型服务或控制性服务,而内容档案直接成为生产对象且通过企业内容档案管理来控制产品整个生产流程,促进此套流程在市场上持续地规范运作。这一过程便是内容档案资产化转型的过程,因为它们带给所在行业、所在企业的意义变化了。

意义一,将其列为企业重要资产,才真正具有了衡量特定行业企业资产的货币指标。以报业传媒集团为例,以什么测算报业持有的国有文化资产量,以什么测算报业在文化产业中的贡献力,以什么测算报业年度的资产保值增值率,都依赖于对内容档案等资源进行资产化转型并将其列入报业集团投入资源、产出产品的重要经济指标中。当前传媒行业的财务核算体系普遍缺少一个精确衡量文化产业机构在投入资源/成本、产出产品/货币价值方面的指标，仅仅纯粹地依靠经营绩效只能片面地强调经济效益，所以内容档案等资源的资产化有利于完善现有财务核算体系，将内容资产纳入财务核算框架下，以财会法规进行规范、约束和激励，与原有实物等固定资产规模、总收入、净利润、净资产等原有指标综合反映文化企事业单位的经济效率和创造的资产价值。

意义二，将其列为企业重要资产，有助于提升企业持有资产的真正价值和反映其真实利润水平，也有助于防止国有文化资产的流失。资产化转型的最直接体现，就是资产负债表中资产项多了无形资产及其价值，在账面上提升了资产水平。而且，前文在提及摊销时也分析了无形资产成本的加速摊销高于制作费用支出，也会提升账面利润水平。从行业发展的长期来看，文化、内容产业的增长空间也非常客观。国际经验一再表明文化、信息、内容消费比重越高，文化产业、信息产业、内容产业对 GDP 的贡献就越大，而且人民群众对于此类产品的消费需求也会持续增长。这也给新媒体、综合服务网站、数据服务公司等提供了巨大的发展机遇，成为利润增长的主要来源，而传统报业等文化事业单位的资产化转型也将抓住这个新的利润增长点，如果将来能够上市的话，那么内容资源核算为公司重要资产将大大提升公司账面价值，只要解决了内容资产普遍被高估的计量实践问题，就不难提升自己的融资额度。

意义三，将其列为企业重要资产，将会以新的盈利模式来引导内部资源优化配置和吸引外来投资合作。新的盈利前提是知识产权必须受到保护，侵权等行为必须依法赔偿，但如果没有将这些内容资源资产化，连家底都没有摸清，决策者如何知晓保护对象、索赔依据？对于已经剥离为经营性资产的报业集团而言，在确保完成既有的政治宣传等任务的前提下，分析现有内容资源的资产价值和预计未来现金流量，企业内部人力资源、财力资源、信息资源等各种资源的配置将更加合理、优化、高效，只要确立了内容资产的经济价值，那么内容资源在机构内部的流动效率、运转动力将得到极大提升。因为机构各部门之间、各项目之间以及机构之间在内容及其产品的互换上有了货币价值衡量基础，在一定程度上缓解了内容资产要么被无视、要么被高估的随意行为，这也将吸引外来投资合作。例如，报业集团提供内容，由新媒体来整合和发布内容，网络监测机构评估信息流量以确定广告收入的分配。因为网络新媒体出售的内容资源总是存在未来收益不明确的情况，对于内容提供者或提供商的报业集团而言，如何评估？较为稳妥的办法就是将第三方网络监测机构所提供的内容资源的使用和流量，作为衡量内容资产价值的依据并索取合理的未来经济收益。在此过程中，还能衍生出新的需求，网络广告客户和内容提供商需要流量监测，报业可以协助甚至自主搭建这样的监测平台，只要保证监测数据的客观公正以及第三方的加入和监督，市场对此平台的需求将越来越大，不仅仅是局限于报业机构自身的内容提供商和广告客户，比如电视、电台、网站、广告上都需要这样的数据监测服务，以评估市场上供应的内容资产价格是否处于合理区间。又如报业集团干脆把内容打包销售给读者，打包的内容可以是手机 APP 模式，也可以是网络客户端，《人民日报》开发的收费电子版、国外媒体的手机版都是非常成功的此类案例。打包的方式可以是转包，也可以是自办新媒体，就是前文经常提及的剥离出去的经营性资产，只要恰当地整合已有内容资源，无须担心新的广告经营前景。

（3）内容档案资产化转型的过程

从媒体机构档案部门的后端控制角度来看，将原来控制的内容产品转型为内容资产，需要在这些内容资源的流动、整合、利用及开发等方面不断创新，因为从内容生命周期的不规则运动或周而复始的螺旋运动来看，内容资产不同于固定资产——一旦用完就无法或难以产生新的价值，此利用过程又可产生新的内容资产，所以内容档案资产化转型的过程也是一个不断循环的过程。推进此过程持续运转的关键就在于将经济价值导向的内容管理与其他各项计划工作的因素密切结合，确保控制内容资产的各项权利和市场需求情况，为内容资产的管理、开发服务，同时在员工绩效管理中新添内容资产的相关要素，以激励员工或相关项目组提高工作积极性。

前文在阐述价值驱动时已经提及了内容资产化转型的动力，宋培义等则直接指出，"成功的数字媒体资产管理就是以资产的循环流通模式，提供媒体组织内部与外部并存的需求和服务，并以媒体内容库支持无形商品的交易中心来进一步加速资产的流动，以此获得更大的经济收益"。[①] 数字

---

① 宋培义、王惠中：《基于价值驱动的数字媒体资产管理》，《中国广播电视学刊》2009 年第 12 期，第 55 ~ 57 页。

经济时代的市场全局或企业的战略规划，都应该顺应这种转型的趋势，以内容资源的价值驱动尤其是内容资产的经济价值来加速这一转型，并建立相应的统一管理与协调机制。

这种机制不仅需要协调管理机构内部各部门之间的关系，如档案部门与采编部门的资产对接，而且需要协调管理内部与外部之间的关系，如公益性资产部门与新媒体私营企业在数据对接、内容供应等方面的合作，方可兼顾对机构内部内容资源的制作、加工、整合、编辑等流水线以及对市场开展内容产品宣传、营销、转让、授权等销售渠道的统一管理，最终提高机构自身的管理绩效和经济效益。两者之间有着内在的必然联系，传统传媒机构是否具备新环境、新技术、新平台下运营传统内容资源的能力，是否具有创新型思维去构思、开发内容产品的能力，是否具有借助、协调或购买市场组织生产、加工、销售、推广、交付内容产品的能力，是否具有市场的眼光去满足业务需求和调整供给变化莫测的内容产品质量和种类的能力，诸如此类，资产化转型就必须面临市场的考验，今后"形成"的产品或服务都必须按照市场需求来调整和生产，方可达到内容资产内生的保值增值诉求，具体而言有以下四条措施。

考核体系的转型。对内容的"制作"流程进行科学完善的考核，建立和完善传媒机构传统管理信息系统，对加工作业实施科学管理和考核建立内容资产管理系统，整合管理信息系统和财务系统的数据，计算每件、每次、每人的作品制作成本，并根据内容资产的使用以及各种经营活动情况对系统数据进行维护。

内容管理的转型。理顺新产业、新平台下内容管理的流程与模式，将内容资产投资和交易纳入重点管理范畴，对已有的现金流进行重新梳理，将其嵌入新建的内容资产管理系统中去；同时加强内容资源的销售、宣传和推广工作，创新内容销售的方式和拓宽内容销售的渠道。

成本管理的转型。在新的成本项目纳入会计核算体系中时，需要及时与税务部门沟通协调，综合确定摊销期限、摊销模式，需要及时与财务部门沟通协调，综合确定和调整财务核算项目、体系和方法，尤其是进一步确定制作费用的开支标准、范围等细则，防止随意开支、超范围开支等无视内容成本的行为。此外，也要加强行业交流，尽快共同制定出内容资产成本管理的准则，并严格遵守。

产品供应的转型。拓展内容产品所涉领域，提供多种形式的内容产品，是内容产品资产化的最终实现方式，毕竟资产的价值以未来现金流为体现，只有适应市场需求变化、满足各种用户需求的内容产品供给转型，"资产化"才具有现实意义。例如，在产品供给平台方面，可以提供面向各种终端如平板电脑、智能手机、智能电视、PDA 等的内容产品；在产品供给领域方面，可以从新闻、广告拓展到社交、原创性评论、网络游戏、多媒体互动产品等；在产品供给时空方面，区域性传媒机构完全可以凭借移动互联的便利性重视地域空间的拓展，将已有的前期"沉睡的"档案内容、形式分类整合成市场追捧、社会认可、政府鼓励的"新媒体"；在产品供给广告方面，受市场追捧、社会认可、政府鼓励的"新媒体"，不仅可以在广告市场开发途径上实施存量广告业务的增加，也可以在新的增量广告业务领域如移动互联广告市场、网络电子媒体广告等有所作为，甚至在广告形式上有新的作为，如房地产等行业的定制广告、WIFI 接入广告、区位搜索广告等形式。

6.2.3.4 数字化转型企业的档案内容资产化管理

潘宝玉等基于地矿测绘等行业的固定资产特殊性分析，提出了数据资产的研究价值，认为"数据资产是无形资产的延伸，指具有固定资产的实物形态而主要以知识形态存在的重要经济资源，是为其所有者或合法使用者提供某种权利、优势和效益的固定资产"[①]，虽然将其归类于固定资产，但是实际表述已经将数据资产的价值等同于甚至高于固定资产。何帅等通过对 BP、壳牌、雪佛龙、康菲等国际石油公司的调研，基于中国海洋石油总公司海上油气田设施的数据资产管理，认为"将工程设施实体相关的数据信息作为与实体资产同等重要的无形'数据资产'纳入管理，从油田生产设施全生命周期角度出发实施工程信息数字化建设"[②]，该观点与实践更为直接地切入这样一个视角——实体性生产企业的数字化转型，需要以内容、档案等的资产化管理运营为突破口，其关于必要性、内容与实践、技术特点以及应用价值的分析对于档案资产论研究有借鉴意义。

---

① 潘宝玉、康文军、武士耀：《浅论数据资产的管理与利用》，《地矿测绘》2005 年第 4 期，第 43～45 页。
② 何帅、俞勇、张文凯、王在峰：《基于数据资产理念的海上油气设施工程信息数字化建设》，《档案学研究》2013 年第 2 期，第 47～50 页。

（1）实体型企业数字化转型的必要性

实体型企业遍布于生产型、科技型、服务型等领域，各种工程建设过程中，例如，石油产业、工矿企业等积累了海上、勘探、地矿、测绘平台与终端等大量实体资产，还形成了大量的与实体资产对应的文件、图纸、档案等无形资产。这些资产以工程信息的形式来表示，是国家和企业宝贵的财富和重要的资产，出于保存国家、企业的核心资源的战略要求以及对接数字时代的信息传播、存储与利用的特点，将各种档案内容实施数字化转型，也是资产化的首要前提。

关于将档案数字化之后的各种数据进行资产化管理，各个行业有着各自不同的、适应行业特征的理解和实践。计算机行业是基于"提高数据利用效率、发挥数据价值"的指导思想，"将组织内大量的、不同类型的数据内容全部以数字化的方式妥善、有效保存，并利用足够的信息、高效的查询手段对所保存的数字资产进行查询和检索，用数据挖掘技术对数字内容进行智能分析处理，最终使数字内容能够得到充分利用，价值不断提升的管理过程"。[①] 而数据资产管理的各个应用行业则需要基于信息技术发展趋势针对本企业的信息内容管理，提出资产管理理念，达到数据资产管理的目标。企业内部的各种数据包括数据的设计阶段、运行阶段、归档阶段都应保持系统性、完整性和真实性，以及数字化形式保存之后的长期可读性和可理解性，在此基础上海量的数据内容应该能够及时、方便、高效地检索、利用、传输、加工，以及利用数据库技术深入分析数据之间的逻辑关系、利用数据挖掘技术智能分析处理数据。大多数的实体型企业在各种工程建设、物资生产、科技服务过程中经历了从人工管理到电子化管理、从自动化管理到数字化管理的发展阶段，这一变迁也因为数字资产理念的逐步深入和契合，将整体性提高企业信息化发展的层次，尤其是在档案管理的实践中遇到各种现实问题时，这种需求显得更加迫切。

比如中海油一类的跨国性能源企业、中国高铁一类的跨国性装备企业以及中粮集团一类的跨国性农业企业，近些年一直处于跨越式发展阶段，迅速实现了从产业链的上游、中游到下游的全产业链，从国内到国外，从

---

① 何帅、俞勇、张文凯、王在峰：《基于数据资产理念的海上油气设施工程信息数字化建设》，《档案学研究》2013年第2期，第47~50页。

浅水到深水的三大跨越，业务范围不断扩大、产业链条不断延伸，一些基础性管理也相应遇到了一些新的课题。以工程建设和装备制造领域为例，在30年的建设过程中，海上油气设施、建在国外的铁路基础设施等大多经过多轮改造，有的因为意外事故经过抢险修复，有的将延期服役或逐渐换代，而且合作协议、机构整合、流程变化、人员变更等情况时有发生。正当工程管理需要这些设施设备的档案内容时，却发现存在要么资料缺失，要么软件版本无法完整再现等各种问题——工程设计、施工、维护的档案缺失，如何全面恢复工程档案信息。在信息技术飞速发展的今天，如何科学管理这些工程建设、装备建设的档案信息，以内容的全生命周期管理确保工程、设施、装备建设的生命周期稳妥运行，从而实施设计建造、状态监控、故障处理、维修改建等业务的高效率、低成本、安全性、环保性，数字化且资产化运行势在必行。

（2）实体型企业数字化转型的步骤

整体框架设计。一般而言，工程型、项目型、生产型企业在进行企业数字化管理时，都必须首先建设基于自身业务流程的数据信息系统，例如，中石油建设的工程数据信息系统，无论是海上新开发的油气田设施项目管理，还是原有油田管理，与工程、项目、生产等所有实体相关的数据信息都被视作与实体资产同等重要的无形资产纳入新的管理系统，在产品给付、工程完工、项目完成时，务必同时完成这些数字化资产的移交，而且管理过程中形成的业务性、管理型文档资料也被视作组织资产纳入数字化资产管理范畴。

生命周期管理。要实现将新的要素纳入资产管理范畴，以具体的某个项目为例，必须通过贯穿项目管理全过程的工程信息、资料、档案的数字化，其中包括项目、技术、专利的前期研发、可行性报告、基本设计、详细设计、项目实施、后期维护、修缮等全生命周期管理过程，对已有文档的管理制度、业务工作流程、技术工作标准等各个阶段、各种内容和工作重点的全程控制，实现集成化的工程信息与资产管理系统的对接与嵌入。

核心理念转型。何帅等撰文介绍，中海油海上油气平台工程信息数字化建设，是基于"数据资产"管理理念，以工程档案的数字化为核心，以工程设施的三维虚拟化为手段，通过元数据分析，建立工程档案与三维虚拟设施之间的专业复杂关联，从而实现工程信息的智能检索，为用户提供有效便捷查询利用手段的管理过程。^① 这个系统其实就是将原始信息资源包括各种形式的、各个阶段的、各个部门的文件、档案、资料、信息进行数字化、虚拟化以及导入智能化管理系统，从而实现对工程全部信息的全方位采集、检验、审查、导入和运用。上述步骤与前文第五章关于档案资产价值的凸显分析有着较为相似的观点，即数字化是档案资产的必要前提，只不过数字化在中海油的工程信息数字化建设中又细分、延伸至智能化处理，更加体现出资产价值。

具体步骤施行。第一，将原有信息资源的数字化以及将即将形成的信息资源纳入数字化管理平台中，是数字档案建设以及档案资产化的最基础性工作。以工程施工型企业的数据管理系统为例，数据采集对象设定为工程档案的数字化，而且有必要在既有档案的基础上补充收集与生产、运行、施工、安全、维护等核心业务相关的设计资料、完工资料、合同资料、运行资料，适当补充一些项目管理性文件等。在数字化的格式选择时，最好采纳统一的 pdf 格式标准进行数字化扫描和存储，对系统难以识别的电子文件格式最好转换成标准可读格式进行导入，同时建立原有格式的备份。在数据库的类目结构选择上，最好将各种资料根据类目层次、分门别类地归属和纳入数据库，在建立了目录数据库的基础上有步骤地推进全文信息数字化，便于档案信息的远程查询和利用。第二，将数字档案信息资源虚拟化。以已经建立的数字档案信息库为基础，通过正向工程^②与逆向工程^③的结合，建立与现实工程设计、施工、管理一致的三维模型，达到与真实状态一致的虚拟现实效果，尤其是正在运行的工程设施以及建设项目，正向与逆向数据的导入建模可以使档案资产在虚拟环境中运行畅通，达到检验其资产价值的目的。而对于设计中、新建的或在建的工程设

---

① 何帅、俞勇、张文凯、王在峰：《基于数据资产理念的海上油气设施工程信息数字化建设》，《档案学研究》2013 年第 2 期，第 47～50 页。

② 正向工程即利用电子化图纸和文档，利用三维工程设计软件，由工程设计人员建立赋予工程属性信息的三维工程模型，同时绘制智能工艺仪表管线流程图。参见何帅、俞勇、张文凯、王在峰《基于数据资产理念的海上油气设施工程信息数字化建设》，《档案学研究》2013 年第 2 期，第 47～50 页。

③ 逆向工程则基于工程设施建成后历经改造的状况，采用三维激光扫描技术，利用扫描获得的三维点云与正向建立的三维模型进行匹配，差异处进行逆向工程建模，从而恢复出与现实状态一致的真实三维模型。参见何帅、俞勇、张文凯、王在峰《基于数据资产理念的海上油气设施工程信息数字化建设》，《档案学研究》2013 年第 2 期，第 47～50 页。

施以及项目建设，由于工程档案信息与现实状况的高度吻合与利用，仅仅采纳正向建模方法即可。第三，对数字档案信息的智能化管理。智能化，即将用户与信息智能链接，以先进的信息组织、存储和检索技术实现服务于用户的高效、便捷的查询利用。智能化有一些必要性工作，例如，档案信息内容之间的逻辑关系是否分析透彻并广泛建立其相关性，是否运用数据挖掘技术对档案信息内容进行挖掘以及分析处理，是否建立专家信息库以充分分析、重建用户的利用提问和信息需求，等等；也有一些细节性工作，例如，传统的文档管理系统所提取的要素——名称、编号、版本、位号、元数据，以及设备专业、系统、类别的层级等与当前的资产管理系统所导入的要素是否契合，与系统运行的后台——三维模型是否匹配，从而实现档案、模型与数据的高度集成，即档案管理系统、设施管理系统与资产（财务）管理系统的高度集成。

（3）实体型企业档案资产化转型的技术特点

对实体型企业档案进行资产化管理转型，笔者反复强调一点，档案不仅仅局限于将"归档""后端"式的档案纳入资产管理范畴，而是基于前端控制和全程控制理念，将工程数据信息管理平台下所有文档输入均予以纳入，比如传统意义上所讲的纸质形式或电子形式保存的工程技术资料和工程管理文件，以及出于虚拟现实情景的需求和适应三维工程设计的趋势，将赋予工程属性模拟实景的三维工程模型、能表达物体空间分布和物体表面特性的三维点云以及能与模型和文档直接关联的可识别智能二维设计图均纳入归档范围，将平台后台运作的软件、硬件环境等元数据也一并纳入保存范围，这个范围是以虚拟的设计来指导现实的管理范围，即资产品种是预先设计好的。

"品种"设计好，接下来就是对计划的工程档案信息进行规范化的采集，以确保此类资产质量的优良。例如，需要一系列制度设计、标准规范、岗位设置、流程重组等管理手段配合，建立标准化的档案类目及检索体系、标准化元数据分析模型、标准化资产项目录入模版等，保证工程档案资产的规范化采集、基础数据的规范化积累以及为后期的数据资产集成管理打下基础。

注重"品种"资产的使用，因为工程数据信息管理系统重点关注的是内容信息和描述信息的深入分析和集成，所以对于档案内容的使用而言，其关注的是数据对象的管理，以及表征信息——对象描述和环境描述的管理，在此基础上建立工程的设施原件库、等级库、图例库、软硬件环境库，使用基本没有问题；而对于档案内容的描述性信息而言，关注点扩展至参考信息、环境信息、来源信息的完整性、相关性、集成性等系统性指标，尤其是对档案内容元数据的关联性建立方法提出更深入的要求，需要根据业务人员或专业人员的使用习惯和利用需求建立数据与用户的关联矩阵模型，从而实现档案内容之间的智能化互联与专业性互联、实现档案内容资产的自动推介与内在有序运动。

（4）实体型企业档案资产化的价值

实体型企业档案的价值，学界阐述得已经非常充分，但是将档案管理转型为档案资产管理，价值何在呢？以工程档案信息数字资产化管理为例，工程设施设备、开工建设的完整性、全流程管理需要企业档案提供可靠的技术手段，但是这种可靠是依赖于档案部门的自觉服务与业务部门的档案意识的，一旦一方有所欠缺，那么安全应急管理可能就因为缺少资料而难以为继，其原因就在于档案输送到（或"运动"到）业务的前端，动力在哪里？不输送到前端，损失谁来负责？前端没有察觉到后端的档案，损失谁来负责？或者损失难以量化的推给档案部门。不解决动力机制问题，档案服务就只能是"等"人上门。所以将其嵌入资产管理范围，意味着档案部门有义务和动力保证此资产的保值增值，保值增值就体现在向前运动或向后运动上，如何运动得更为有效？就是数字化，也就是说反向推动，以资产化推动数字化，以数字化推动档案的运动，以畅通有效的档案运动推动档案服务的反向动力机制，比如油气田档案部门为促使所掌控的档案信息资产更好地保值增值，必须与一线业务部门有效对接方可实现，那么如何高效对接？必须数字化，也许会在某个安全应急的危机时刻，提前数日找到精确的一手原始档案数据，从而为危机管理和工程复产提供时间保障，而节约时间成本就是保值增值的最佳体现。这种体现不仅表现在已经完工项目的建设中，而且对于新建的、扩建的工程项目，资产化的驱动力同样存在，因为档案资产可以向项目管理的前端运动，同样可以向项目管理的后端运动——运动到新项目、扩建项目和项目维护中去。

第七章
档案资产运营的策略与机制

　　档案资源向档案资产的转化，或者对档案资源的资产化运营，需要一系列的制度安排。法学关于产权理论的研究认为，资产其实就是一系列制度安排的结果。① 无论是保存在公共档案馆的档案信息资源，还是保存在企事业单位内部的档案文件资料，或是依照前端控制理论所囊括的档案全生命周期形态，都不可能天然地成为资产，在档案学经典理论看来也并未被视作资产，所以档案这种具有独特价值和多元形态的资源向资产的转化依赖于各种制度安排，是档案所有权、档案利用权、档案信息开发权、档案安全权等制度安排的结果。

　　从理论上看，静态的档案资源并不会必然地向后"运动"至社会或市场用户手中，也不会必然地向前"运动"至机构内部的利用者手中，它只是一种潜在的资源要素，可能潜在地为生产服务、为社会服务、作为生产要素等，具备了一种为相关利用主体带来经济效益的可能性。对此只有进行一系列的制度安排和科学运营，才能有效推动档案资源由潜在的资源要素向现实的资源要素转变，才能实现档案资源价值保值增值的目标，"系列过程"的设定才能实现档案资源向档案资产的转变，即档案资产的运营。加强制度建设，增强制度的驱动力和约束性以激活档案资产，是档案资产运营的基本前提；加强"原生态""增值态"档案资产的整合，形成大量"资源库""知识库"档案资产融合形态，从根本上改变机构档案资产的存量以及增量变化趋势，是档案资产运营的主要内容；同时，管控档

---

　　① 邢定银：《论企业知识资产形成的制度安排》，《企业技术开发》2006 年第 9 期，第 68～70 页。

案资产运营风险，确保档案资产运营安全，是档案资产运营的重点。

从实践上看，档案资源向档案资产的转化以及档案资产的运营管理，依赖于对档案资源实际占有、控制和管理的机关或组织，以及参与档案公布、开放、开发和利用的有关主体在制度保障下对其进行合理的配置和科学的运营。① "制度保障"，主要是由国家性的制度安排、机构自发性的制度安排以及社会性的制度安排三部分组成，即政府机制、市场机制和社会机制。政府机制是指通过国家法律法规的制定与修订来强制性地实现规范档案、文件的开放、开发、利用等权利，从而实现对档案资源开发利用相应权利的界定与分配，以实现档案"有条件""部分"资产化的制度供给为基本目标。同时政府机关及其所属职能部门以无偿方式供应档案信息资源及其产品开发、服务的运作，以实现档案资产化的物品供给作为基本形式。市场机制是指在确定政府档案服务责任的前提下，把市场主体即公司的企业管理手段和市场激励措施引入档案资源的开发服务中去，以追求档案资源开发利用的高效。表现形式有两种，一是市场组织内部，为了促进企业所有的档案信息资源"资产化"转型，企业就档案流程、档案开发、档案服务等制定一系列的行为规则和工作机制；二是市场整体环境，即企业化经营方式和市场主体的放开、引入以及市场化资源的运用，让营利性企业和市场资本参与到档案资源开发服务的生产过程中来。社会机制或社会性的制度安排，是一种更为宽泛、非正式、自觉性的制度安排，由价值观和规范、公民认知、社会伦理体系以及引导和激励性政策组成②，例如，对于档案开放过程中如何遵循客观公平原则，简单点讲，就是社会第三部门从事档案资源开发服务活动。

7.1 档案资产运营的基本策略

7.1.1 档案资产运营的激活策略

对静态档案或库存档案的激活，是实现档案资产运营的基本前提。无论

---

① 周毅：《政府信息资产及其运营策略研究》，《情报理论与实践》2009 年第 6 期，第 18 ~ 21 页。

② 周毅：《信息资源开放与开发问题研究》，科学出版社，2012，第 125 ~ 126 页。

是组织机构内部的档案资产化运营还是整个社会环境的档案资产化运营，都是如此。其既包括政府现行文件公开以及政府信息公开，也包括档案开放。一条因转引次数过多而难以追根溯源的表述是"我国政府部门掌握了全社会80%的信息资源"，无论数据准确与否，都一致指向政府是档案等各种信息资源的最大拥有者，但是它垄断、占有和管理的政府信息并没有很好地转化为能够产生实际经济效益的政府资产，直接原因就是政府拥有的各种信息并没有得到很好的激活，尤以档案为甚。所以，很多学者呼吁，政府信息公开以及档案开放是激活政府资产的基本手段。例如，政府部门在其履行各项职能时形成的、获得的、占有的或管理的与行政运作有关的记录通过多种途径、多个部门、多个手段向社会、公民、市场提供利用服务。又如国家档案馆、公共档案馆等公共信息机构将其收藏、保存和管理的档案资源根据法律法规定期或不定期地解除封闭期向全社会公布、开发和提供利用的过程。再如企事业单位的内部档案机构或信息管理部门将其后端占有、保存和管理的档案信息资源根据组织内部管理规定定向或不定向地输送至关联部门或全体部门以提供利用的过程。组织机构档案在内部是畅通的、易于获取的，政府机构文件（生命周期中的前期阶段）和档案馆藏档案（生命周期中的中后期阶段）在全社会都是畅通的、易于获取的。

第一，畅通性、便捷获取性，为各种主体获取档案资源并对其加工、整合实现保值增值提供前提条件。政府信息资源管理专家认为，政府各种信息的来源部门、获得机关和收藏机关都是可以且能够利用、开发和消费并能实现价值增值的主体。换句话说，档案资产从全生命周期开始一直放置于政府之手，也是具备档案资产的保值增值之可能性的，不过可行性不高，因为政府（如档案行政管理部门）职能定位于宏观调控和政策引导，面临社会上用户数量众多及种类日益增加的档案业务需求，没有能力面面俱到；作为供应档案信息资源的义务主体，政府相应部门既没有客观明确的制衡与监督，也没有用户的权利主张，在没有主观利益驱动的情形下，自然而然就失去了积极主动供应档案信息资源的意愿。① 即便如此，政府

---

① 能力问题和意愿问题是制约政府部门积极主动供应"适应市场、社会多元化档案需求"的档案资源的最大障碍。参见王运彬《政府建设档案信息资源体系的动力、效果及困境分析》，《档案学通讯》2014年第1期，第60~64页。

部门仍然要在档案信息管理的畅通性和档案资源获取的便捷性上有所进展，毕竟它在原始数据（例如档案的原件）收集、整理、积累和保存等方面具有无可比拟的优势。具体到档案公布、档案开放、档案提供利用的实际运作机制上来看，它既能够在政府机关和档案机构之间做到档案信息的互通有无——通过政府信息共享实现政府运行的总体成本控制目标，也可以做到政府机关、档案部门向社会公众、市场用户最大限度开放档案信息——通过社会或市场主体利用、开发档案信息为其自身利益和特定目标服务，以此实现经济效益保值增值或者经营管理风险的预警、规避和控制。从资产的内在增值冲动和资产管理的基本原则来看，档案的占有主体或控制主体尽最大可能将有关档案信息向社会、个人和市场广泛开放，才有可能为开辟档案资产化运营、档案价值保值增值提供可能空间。

　　第二，畅通性、便捷获取性，为有关主体采取优选策略运营档案资产创造基本前提。政府信息公开以及档案开放利用，不是一个新鲜话题，但是从来没有将其作为运营档案资产的一个基本条件，因为它们的目的在于提供利用的形式，而没有触及提供利用的动力。毕竟进一步开发、整合档案信息资源的运营需要一系列的制度安排，由制度来供给动力机制。例如，为了推动政府信息公开、档案公布与开放，我国已经形成了基本的国家性制度安排，如《档案法》、《档案法实施办法》以及历年的修订版、《政府信息公开条例》等制度建设，也明确了全体社会公众可以获得和利用相关档案、文件等权利，但是"可以"的表述仅表达了一个可能性而已，有没有约束机制？有没有动力机制？约束和动力的程度如何？这显然是不够的，因为"可以"的表达与"有权"获取是存在明显差异的，尤其是在对公民享有的知情权、信息获取权、政府信息资源所有权、档案加工权、档案公布权、档案使用权和档案获益权等档案权利、信息权利进行明确、具体和全面的制度安排上。[①] 这导致的结果就是档案资源与利用主体之间的接触可行性是存在的，但是可行度并不是很高，且有可能存在障碍，或有可能缺乏动力，总之获取起来不够畅通和便捷。在表现上最为明显的就是政府机关、档案保管有关部门的管理人员、提供服务人员在

----

① 周毅：《政府信息资产及其运营策略研究》，《情报理论与实践》2009 年第 6 期，第 18～21 页。

共同认识上以及机构行为指南上从来没有树立应有的意识和标杆，甚至是在企事业单位内部，想要落实政府信息公开管理制度、现行文件公开制度、档案开放制度等以实现内部的流动畅通与便捷性尚待时日，更别提社会性、市场性的畅通与便捷获取了。因此加强制度建设，增强制度的驱动力和约束性以激活档案资产，是档案资产运营管理的基本前提。获取的便捷性与畅通性不仅取决于档案资源的公布制度，也与档案信息建设和管理水平有密切联系。正如前文第四章所分析的那样，应当积极接收和管理传统载体和电子文件形式的档案信息，加快传统载体档案的数字化进程和完善档案信息资源数据库建设，发挥综合档案馆的综合管理和统筹优势，将扩大总量和提高质量并举，扩大"产品"供给与增加供给力度同时进行。如受理档案资源增值开发利用申请和建立档案资源增值开发授权许可制度等。[①]

7.1.2 档案资产运营的整合策略

激活的具体表述有两种情况，一种是"原生态"的档案资源公布、公开等供给形式，另一种是"增值态"的档案资源开发、整合等供给形式。"增值"主要指的是通过对档案原始信息的开发，生产出具有附加值的知识，从而使其自身各种价值得到增长的过程。[②]"增值态"的表述是相对于"原生态"而言的，有三点区别。一是针对群体发生变化，其一定是针对不同用户的档案需求，有需求研判在先，而产品供给在后，"适销对路"是最好不过的形容词，而原生态供给是有什么档案原件，就供给什么档案资源及服务。二是发生的过程发生变化，其一定是在"再加工、再开发和再利用"的基础上进行的，有一个"生产"的过程，可以是编纂、出版目录或专题资料集或整合成具有智能检索和推送功能的档案数据库等，"衍生品"形容起来可能不够贴切，但至少能与"原生态"供给区别开来。三是推出的产品或服务发生变化，其一定是呈现"多形态、多品种、多元化"的档案资源产品及服务（或档案内容产品）等，也许推出的不是大众

---

① 魏斌：《我国档案信息增值开发模式研究》，《档案学通讯》2011 年第 3 期，第 46 ~ 48 页。
② 朱毅凯：《网络环境下基于智库理念的档案信息资源增值开发利用研究》，《档案与建设》2012 年第 6 期，第 7 ~ 9 页。

化的档案资源数据库，但一定是小众化、贴近市场需求、不用顾虑用户量的个性产品。正因为如此，"增值"形态的档案资源开发、利用与整合是满足个性化、市场化、小众化的档案需求，服务的形式不一定是纯粹公益性的，在某种程度上反而催生档案资源向档案资产转化，因为这些事情政府没有能力和意愿去保证，制度也不允许政府从中谋利，那么"整合"的任务或主体就变成多元化的了。

首先，档案信息开发利用、整合加工所针对的档案用户群体是有差异的和有差别服务的。从用户的角度看待这种变化，意味着用户有自己利用产品或服务可以获得更多利益的机会，而且收益主体不再是普适性的、普及所有大众的，那么用户就缩小到特定用户。

其次，对于特定主体而言，参与到市场化运作的档案资产的开发利用和政府服务过程中可能形成具有自主知识产权的档案内容产品，有可以运用市场价格机制来实现既定经济利益目标的可能。从公共管理学的公共物品理论分析，档案内容产品或服务经过加工整合之后并不是一种纯公共物品，而是准公共物品，属于可以利用市场手段中的价格机制进行调节的对象——可以根据成本适当收费，操作起来的可能性还是很高的，而且从中受益的特定主体是个性化的、小众化的、多元性的。政府某个机关部门可以从中受益，参与服务开发的社会性组织如中介机构、市场组织等都可以从中受益，也包括从中消费政府信息内容产品服务的个人用户。[1] 只要他们能从"消费"中额外受益，是完全愿意付费的。道理很简单，对无服务或者没有针对性的产品和服务，消费者不会付费。

再次，从整合这一流程来看，档案资产的增值实现起来难度如何？或者说管理流程可以实现，技术操作上可行吗？网络环境恰恰为其提供了便利。基于网络环境，朱毅凯这样解释档案信息资源增值开发利用的内涵，"随着网络时代中利用者日趋显现的对具有各种价值的知识的渴求，档案部门运用新技术、新方法、新手段拓宽原有开发利用途径，更有针对性、深层次地对档案信息资源进行加工和整理，将蕴藏于档案信息中的知识内容挖掘出来，并通过利用者的利用行为实现档案价值的相

---

① 周毅：《政府信息资产及其运营策略研究》，《情报理论与实践》2009年第6期，第18~21页。

对增长"。① 具体而言,从整合开发的"流水线"来看,通过网络实施个性化定制,打通网络空间中档案馆等多元供给主体之间的馆际沟通渠道,打通档案内容产品供给方与各种利用主体之间的沟通渠道,以便于切实满足多元、个性的用户需求,即个性化定制。对于档案部门而言,都需要突破"信息孤岛"困局,通过跨组织或跨机构的信息开发与整合(不仅仅局限于档案开发利用),才能实现提高有关主体自我服务效益、整体服务效益、社会服务效益以及市场经济效益兼备的效果,最终达到改善社会档案资产总体结构水平的目标。

最后,从整合的结果形态来看,"资源库""知识库"建得如何?如何实现档案显性知识和隐性知识的集成?将与特定组织相关的所有档案内容和载体类型都视作原材料,广泛考察、分析、加工,建立不同类型信息之间的关联性是可行办法。毕竟,档案内容的开发与整合属于智力劳动,其技术质量在很大程度上取决于有关主体的隐性知识,在整合的全部流程中对各种档案资源进行"组装"、"挖掘"和"生产"等都依赖于隐性知识,最终的结果形态"资源库""知识库"其实是档案资产与其关联信息资产的融合形态,从根本上改变了机构档案资产的存量以及增量变化趋势,提升存量档案资产的相对价值并增大其获利机遇。

7.1.3 档案资产运营的安全策略

对于档案资产的提法以及档案资产的运营,学界与业界都是较为谨慎的,原因之一在于档案作为原件、孤本,在维护社会记忆、稳固国家利益方面具有独特的作用,而一旦引入资产概念,允许市场主体的运营,风险控制将变得愈加困难。诚然,本书也不避讳用资产化的方式会带来一些风险,但是并不是不可预警和控制,只是应当采取必要的风险控制即安全策略。

(1)档案资产运营的风险

其一,档案信息的寻租风险。档案信息的寻租风险是指有关机构及其工作人员可能会利用对档案资源包括原件、内容以及内容数据库等的垄断,来决定档案公布、公开以及提供利用的内容、时间、方式、程度和范

---

① 朱毅凯:《网络环境下基于智库理念的档案信息资源增值开发利用研究》,《档案与建设》2012年第6期,第7~9页。

围，或者凭借其所处的管理优势地位和档案占有权、处置权来随意解释、处理"公共"档案信息①（公共二字打上引号，是指公共的程度有差异，全社会范围内的公共，是真正意义上的公共；组织机构内的公共，是狭义范围的公共），使其朝着有利于自身利益最大的方向发展。具体到档案领域的信息寻租实践中，全社会范围内的公共档案机构以及组织机构内的档案管理机构及其工作人员均有空间从中获取自身利益。例如，在档案公布、档案公开中违反免费原则，对利用者额外收取国家统一收费标准之外的一些费用，或者利用已经知晓并占有、垄断的档案及其关联信息来谋取市场盈利机会，或者在档案提供利用工作中向特定主体公开，过程中为利用相关者服务并从中获取私利，等等。与寻租风险相对应的反面，就是因为不能朝着自身利益最大化的方向发展，而采取不作为的方式。例如，既然不能收费，那么干脆少提供利用或者以各种借口婉拒利用。不管哪种方式，对于档案资源有效、畅通、便捷地互通于档案部门与档案用户之间，都会造成极大的伤害。一方面可能导致档案资产的价值流失，对于国家档案馆、事业单位以及国有企业而言，容易助长档案资产的产权私有化倾向，对于集体所有制企业、私营企业而言，也容易助长档案资产的产权不清趋势。另一方面可能损害公共利益和政府、机构、部门形象，毕竟"资产化"是唯利至上的，而这个"利"极有可能是因私利损害公利，因档案行业的私利损害国家的整体利益，因档案馆的私利损害全社会的档案权利，因档案部门的私利损害全组织的档案权利。如档案资产的寻租行为，体现为某些主体利用档案资产的占有权、管理权或者一定程度的自由裁量权等权利，间接改变或抑制档案资产的利用领域、流动范围和作用形式，以谋取小团体私利。信息寻租研究专家认为这种风险不仅存在于档案部门，凡是涉及资产运作、信息供给等领域均可出现，但并不是不可预判和控制。

其二，档案开发的负外部效应风险。前文第五章提及了档案资产化运营尤其是在档案信息、档案内容的开发、加工与整合后带来了一些除了当事人之外的正面效应，当然这不是风险，而是机遇和惊喜，是需要鼓励和发扬的。但是在其带来正面效应的同时，也可能带来负面效应，即损害了

<hr />

① 周毅：《政府信息资产及其运营策略研究》，《情报理论与实践》2009年第6期，第18～21页。

他人的利益。例如，海南在国际旅游岛战略规划出台之后，就关停了之前的重点招商项目——钼矿开采，因为环境污染所带来的负面效应是显而易见的，那么对于档案部门、档案事业或档案领域而言，这种负面效应也有可能因为"开采"而带来。例如，国家安全利益风险——涉及国家边界争端的古代地图、涉及民族文化遗产传承的古籍资料在开发过程中尤其要注意泄密管理；企业资产流失风险——涉及政府信息资产和企业技术专利双重属性的机密档案在资产转让中措施不当可能导致企业利益受损或国家利益受损，或者政府在强行关停、兼并或转让企业及其档案资产过程中行为不当也易损害企业利益；个人隐私利益风险——档案馆保存的一些名人档案，对其进行编纂、加工等开发行为屡屡有损害个人隐私利益的事件发生。

（2）档案资产运营中的风险控制

上述风险或本来就存在于档案开发利用领域，或因为"资产化"的引入加剧了这种风险，但是通过科学的管控是可以有效避免的。

其一，档案资产的细分是资产化的必要前提。科学的分级分类可以有效避免应用不恰当的开发措施处置档案资产。必须把某种具有共同属性、特性、性质的档案资产归置在一起，不同对象采取不同开发措施去运营管理。档案及其档案信息的分级分类是多标准的且标准的运用也是多途径的，档案资产的分类也可以采取不同方法。从风险控制和安全策略的角度出发，周毅教授将其分为保密性档案信息资产、公共性档案信息资产和增值性档案信息资产，其认为保密性档案信息资产是风险控制和安全策略的重点领域，公共性档案信息资产和增值性档案信息资产是开放、开发和整合服务的重点领域。[①] 此方法的寓意在于国家安全利益风险控制是第一位的，而对资产化运营过程中组织机构以及涉档当事人等的行为、权利的规范和约束则需要多条措施并行。

其二，档案资产管理需要加强对其信息管理。全面记录各类不同机构、不同部门的档案资产登记、加工、整合、销售等运营情况，包括档案资产的数量、质量、内容、性质、功能、权限、密级、使用状况、效益统计、评估、监管等全生命周期流程。现实情况中遇到的问题是，因为档案

---

① 周毅：《信息资源开放与开发问题研究——基于信息权利全面保护的视域》，科学出版社，2012，第 129 页。

来源、管理特征而分散保存于政府各个部门、有关组织和公共信息机构或企事业单位等，即使是同一个机关也因为档案处于不同的生命运动阶段而保存于不同部门、不同地点和不同人员手中，导致整体上对国家层面、社会层面、部门层面、地域层面的档案资产的控制水平和运营能力造成极大困难。所以通过不同层面的档案资产的信息管理，摸清档案资产的基本状况及其变化趋势，是一个基础性的工作，也是有效运营的重要前提。从目前的政府管理体制和档案事业运行模式出发，完全可以依靠各级统计部门的作用，在国家资产管理有关部门的协助和监管下，明确各级档案行政主管部门、政府信息管理部门及其所应承担的资产登记、清查、管理和监督职责，来实现档案资产的信息管理目标。据有关文献和专家介绍，国家档案行政管理部门对此做出了较大的努力也取得了显著的成果。例如，我国档案信息资源数量与质量的摸底排查工作，以及定期不定期发布的全国档案年鉴，都对国家层面的档案信息资源进行了有效的统计、监管和发布。但是在组织机构层面、社会公共利用层面以及在资产监管部门协助下进行的资产登记等信息管理工作还有待于进一步开展。

其三，规范化的档案资产运营管理，也是有效防范和控制运营风险的必要措施。例如，对于档案资源开放、开发、加工利用、整合服务的各方主体（是权利主体还是义务主体，是价值主体还是监管主体，等等）、客体（是主动服务的客体，或是被动开放的客体，是原则内开放对象，还是例外开放范围①，档案信息产品及服务质量如何）以及主客体互联、流通的渠道和程序，都需要科学的制度供给和机制创新。毕竟在档案信息资源的配置主体中，政府、市场和社会第三部门均存在可能性和各自优势，如何界定各种不同主体在档案资产运作中的作用边界和参与范围，规范档案资源的资产评估、投资风险和收益处置操作等都是有效降低档案资产运营风险的可行途径。其中显得较为迫切的是，建立一个能够集中统一的档案资产运营管理机构。例如，从国家层面讲，集中统一的档案资产运营管理机构主要针对具有公共产权（国家所有）的政府信息资源、国家综合档案馆藏的档案资产；从组织层面讲，集中统一的档案资产运营管理机构主要

---

① 周毅：《政府信息资产及其运营策略研究》，《情报理论与实践》2009 年第 6 期，第 18 ~ 21 页。

是针对组织所有（集体所有或私人所有）的企业档案信息资源、机构档案室藏的档案资产。

目前资产监管的发展阶段和实际水平，主要是对于实物型的政府资产（如固定资产中公车改革管理）管理运行有了较为成熟系统的制度体系，而对于无形类的信息资产监管则处于起步和分散甚至失控状态。其中，较为特别的档案资产兼具实物的外在形态和内容的内在形态，只能说风险的规避仍然处在以简单易行的实物（如载体）监管达到控制内容的较低层次，而资产化的必经阶段——数字化档案信息的监管仍然不够理想。所以可以考虑建立一个集中统一的政府信息资产运营管理机构，缩减政府信息资产的管理层级，弱化政府信息资源的部门支配管理权利，强化一级政府对其所有信息资产（包控档案资源在内）的监督管理权限，从而实现两个效果。一是全面掌控一级政府的所有信息资产及其运营状况，统一协调该行政区域内的政府文件资产、档案资产、信息资产的运营活动，推动该层级水平的资产共享与开发。二是在一定规模和集成的资源水平上创造出政府档案信息资产的新内容、新形态和新面貌，从而赋予政府档案资产新的功能和姿态，以吸引社会、市场加入档案资源的资产开发、加工等保值增值工作中去。组织层面建立的统一监管企业档案资产的运营管理机构也可以参照执行，比如要弱化企业各部门对于所占有、所支配的文件、资料、档案等资产的控制权力，缩减企业对于此类资产的管理层级，统一集中到企业级档案资产监管机构中去，这个机构可以是对原有档案室的改革、升级或撤并。

7.2 档案资产运营的政府机制

政府机制是指政府部门及其所属机构，下文简称为政府主体，具体到档案领域，主要是指国家各级档案行政管理部门，在价值理念上它应当代表国家整体利益和社会公共利益，按照捍卫国家主权和安全、维护社会公共利益和调控市场经济发展的原则，调整包括档案信息资源在内的所有社会资源的分配，在市场机制缺失或市场失灵的情况下，弥补市场功能的不足，提供依靠市场机制和市场主体无法有效供给的档案信息资源及其服务，从而使国家档案事业发展的政策服务、制度安排、社会协调、保障公平和市场监管等方面具有独特的优势。如档案馆面向社会发布的各种专题档案数据库、政府制定的《政府信息公开条例》、《档案法》及《档案法实施办法》以及历年历次修订版等，都属于政府机制的实际运用。政府主体较为适合于档案资产化运营管理中基础的、原始的档案资源供给以及相应的政策干预。但是其局限性也非常明显，从交易和供给的对象来看，政府适应于交易与配置公共物品，但不意味着适合于所有纯公共物品和准公共物品，在私人物品领域更是无从下手。尽管档案信息资源从产权归属和利益相关来看隶属于公共物品，但也有相当部分具有准公共物品性质，而且也不排除在国有企业转制和产权置换中发生变化，即不能排除档案信息资源中一小部分私有的可能性。从交易和供给的方式来看，政府总是习惯于权威治理，一般用强制性的命令服从式的角色出现在档案信息资源配置的多方关系中，而不善于以签订合同的方式、以平衡当事人之间的角色来处理档案信息资源配置活动。诚然，前一种方式能够在一定程度上降低交易成本和实现规模效应，但不可否认会需要额外的社会成本或造成经济效益的损失。从交易和供给目标来看，政府适合于一种基于社会福利和公益性质目标的"公共选择"，而不适合于另一种基于私人利益性质目标的"自主选择"。[1] 更何况从档案信息资源衍生而来的档案需求并不只有社会福利和公共需求，而如果档案行政管理部门一包到底或者干脆忽视私人利益，就会出现政府失灵。[2]

7.2.1 政府机制档案资产运营的功能定位

总体上，政府机制在我国档案信息资源开发利用以及档案资产运营中处于主要地位，而政府组织将担任其主导者角色，其档案行政管理工作的目的是要不断调节档案事业系统的内部关系和外部关系，促进档案事业的发展，为国民经济和社会发展服务。[3] 主导的内容包括依照档案法律法规加强行政管理，完成档案法律法规关于档案资产领域的政策制定、统一制度、行政监督、咨询服务、业务指导等，从宏观上加强对资产化运作的公司企

---

① 陈振明：《公共管理学》，中国人民大学出版社，1999，第 224～225 页。

② 王小云：《档案信息资源多元化配置的复合研究》，《档案学研究》2013 年第 2 期，第 13～17 页。

③ 冯惠玲、张辑哲：《档案学概论》（第二版），中国人民大学出版社，2006，第 71 页。

业、个人或非营利性组织在法律法规、政策制度上的监督、解读和服务。

确立其主导者地位，原因之一是"档案事业的基本性质之一便是公益性、公共性、服务性"。公平是档案行政部门、档案事业单位、档案组织机构建设档案资源、供给档案资源、保障档案安全的基本目标选择，只有代表全体人民利益的政府及其职能部门——档案行政部门可以担当此任（档案行政部门当然不是唯一的，政府信息主管部门也是其一，但是档案行政部门是不可缺少的），一旦市场失灵等问题、风险、障碍出现时，需要政府部门去弥补和统筹，即必须担当主导者。原因之二是主导者并不大包大揽，而是基于"档案事业的基本目标之一便是给社会提供优质高效的档案资源和服务"。效率是资源配置的基本手段，在档案资产价值的发掘、加工、实现、转化过程中，市场组织经营性机构更为适合，毕竟政府机构的运转也有失灵的时候，所以档案资产化过程的生产、流通、整合、销售等产业链缓解应当适时让渡出来，当好主导的"裁判员"即可。

调控国家层面的整体性档案资产运营，尤其是将档案文化产业、档案内容产业等融入信息资源产业的大产业化经济运行背景下，微观层面的运作可能涉及国有档案资产、公益档案资产的商业化运作。经济实体、事业单位、公益组织之间的竞争如果缺乏宏观层次的产业政策监督引导，档案资产运营就无法保证该市场朝着产业预期目标健康发展。所以各级档案行政管理部门以及政府信息资产监管相关的部门，应该通过科学规划、协调决策来联合控制档案信息资源的总体流向，科学引导档案资产的开发与整合，同时协同政府下属资产管理、税收管理、信息管理等相关部门制定、实施合理的财政、金融、税收、人才以及产业扶持政策。例如，国信办、国家发展与改革委员会、财政部等部门联合研制的《政府信息资源社会化服务资产化管理办法》①，以此来实现档案资源优化配置和档案资产有效运营，具体明确政府主体在这一过程中的职能定位非常重要。

职能一，直接投资。档案资产运营是一个系统工程，包括原有的档案

---

① 该办法于2007年就已准备出台，至今尚未看到正式文本。档案部门在获悉之后，已经就第一批试点单位，积极配合该办法的贯彻实施，为国家信息资源的社会化服务和资产化管理探索路子、积累经验。参见杨冬权《总结经验 开拓创新 进一步推动档案信息资源开发利用工作》，载国家档案局技术部编《档案信息资源开发利用试点经验汇编》，中国档案出版社，2008，第10~11页。

提供利用工作平台，也包括对原有的编纂加工、数据库建设的升级，还拓展到与文化产业、内容产业、信息产业的对接与融合。所以政府有必要直接投资于档案信息资源建设和档案资产运营管理所必需的基础设施建设；搭建一个档案内容产业、档案文化产业发展和融合的施展平台，也为政府主体量身定制一个行政系统内部庞大、严密、高效、安全的档案资产基础数据采集网络。同时，投资的目的是源于政府机构掌握、管理和保存各种档案信息的基本职能，把这个职能放大来看就像是一个社会最大的档案信息加工处理销售的"企业"——具有持续的收集、传播、加工、集成各种信息的能力，只不过这个企业有些特殊，只具有负责向社会直接供给公益性的国家档案信息资源或公益性档案资产的义务。如档案法律法规以及政府信息公开条例等部门规章规定的公开范围下的文件、资料、档案、政府信息等，如涉及社会、人文、历史、地理等基本服务的公共档案数据等。这个目的或者选择，是有限制的，不能直接干预市场或者不能对市场的资源配置形成不良影响。市场机制本身能够很好地供应解决的档案资产运营部分，政府主体不应参与，或者以政府直接采购产品或服务的财政支出的方式转让给市场经营性组织或社会公益性机构，不能直接干扰、影响和决定市场和社会的投资选择和经营行为。

职能二，制度供给。通过制定关于档案信息资源建设、信息资源产业、档案内容产业、档案文化产业发展的专门法律、法规、规章和制度，营造出有利于档案资产运营和档案资源有效配置的法制体制环境，协调好政府部门、市场主体与社会公益组织之间的经济社会关系，确保高效、均衡、最优地开发和整合档案资产。站在政府立场，国家法律、政府法规可以确立和保障在国有档案资产运营过程中资源共享的原则、效益和范围，即政府各个职能部门在自身运行过程中将所必需的档案资源纳入其中，也同时驱动政府部门把法律规定保密范围之外的档案资源纳入公益性档案资产范畴，而不是占为私有。简言之，政府供给相应制度以及制度约束着政府直接供应哪些档案资源进入公益性档案资产或经营性档案资产范畴。制度供给的作用不仅局限于政府，对于政府之外的广大社会组织、市场经营主体或普通用户而言，有效、合理和公平的制度供给，可以保障各类主体参与档案资源的开发、加工、整合和营销等"资产化"合法权益，打击侵犯版权、著作权等知识产权行为，打击计算机犯罪等行为，保护用户的信息消费权益。政府供应相应制度以及制度保障、约束或激励着其他主体参与档案资源的资产化进程,即以市场化、社会化的方式运营档案资源。

职能三,合作运营。政府部门直接与市场主体或公益组织合作甚至竞争,也是宏观领导的应有职能。正如第一点职能所介绍的,现阶段档案资产运营的基础设施、经济基础均较为薄弱,为了刺激经济快速发展,基础设施和基础产业的投入需一直保持快速增长态势,这些领域当仁不让地由政府投资融资完成。此外市场机制一直处于完善阶段,虽然党的十八大以来一直强调"市场在资源配置中起基础性作用",但一些特定领域的开发对于市场或私人而言其资金实力并不匹配,他们参与公共领域的投资意愿并不高,所以政府投入的比例明显高于企业或私人。具体到档案领域的发展现状,无论是档案文化产业、档案内容产业还是融入信息资源资产的水平来看,体制内的档案馆网体系明显掌控着档案信息资源建设、配置、运营和管理的全局,更不用谈其他主体参与进来甚至与之竞争,而这尚待时日。但是,可行性差并不代表没有可能性,更不代表没有必要性。政府、市场以及社会的分工合作可有效避免各自的单一失灵风险和发挥各自最大优势,达到真正以社会、市场和用户需求为导向的便捷畅通的获取所需档案资源的目的,获取的时间缩短、获取的难度降低、获取的成本降低,都是资产运营的最终目的。据公共信息管理专家夏义堃介绍,美国就存在一个特殊行业——信息经济和专业人员,作为纯粹市场化运作的私营机构,面向市场、社会用户提供公共信息。这些都是根据政府部门例行发布的政务信息以及公共信息机构如公共图书馆和公共档案馆例行发布的档案信息或者专门信息资讯服务机构和参考资讯服务中心提供的付费信息,将其整合以满足需求,她援引美国布鲁克林学院图书馆参考咨询部主任 P. 布劳克(Patricia Brauch)的观点"85%的信息经济人利用最多的就是公共图书馆",认为信息资源产业包括本书提及的档案文化产业或档案内容产业的运营,是以政府部门与来自社会的图书馆、档案馆、文献服务中心、各类专业学会和各种行业协会,或者与来自市场的专业信息服务公司、中介服务机构等的良好合作关系为基础的。①

---

① 参见夏义堃《公共信息资源的多元化管理体制研究》,博士学位论文,武汉大学,2005,第 137~138 页。

7.2.2　政府机制档案资产运营的动力

（1）政府机制必须发挥捍卫国家利益功能的驱动

关于捍卫国家利益，王运彬副教授撰文指出，一是要明确国家利益体现在哪里，即国家利益的内生变量，是由社会生产方式和国家政体形态所含有的多种因素综合形成的一种历史结果，必须历史地、动态地看待源于内生变量的国家利益；二是国家利益受哪些因素影响，即国家利益的外生变量，是指一国外部环境因素所包含的各种相关成分。[①] 从不同学科、不同领域可能得出不同的观点，军事学家意在领土完整，经济学家解释为国家经济稳定，社会学家旨在国家、社会、民族团结等，但这都表明了在国家利益方面的各自需求。从档案领域出发，研究档案资产运营的政府机制，或是政府机制如何干预、引导档案资产运营管理，其动力其实正是源于在上述两种变量基础上界定和捍卫国家利益，如军事意义上的中印领土争端、南海主权争议等，又如国际经济纠纷中各种仲裁决议，再如日本侵华的历史史实等，都是靠来源于档案之中的铁证论证的。无论档案资产价值如何运动、经济价值如何驱使，这些政治价值、军事价值都首先必须仰仗政府机制来认知、发挥和实现。从内生变量角度理解，对于是否或多大程度上证明国家利益所在，档案资源起着举足轻重的作用。

然而，全球化发展态势下外生变量的影响也愈加重要，一个互相依赖的国际社会，外生变量的影响力相比较于内部因素而言有了迅速提升，尤其是数字时代对于国家利益的理解发生了巨大转变。例如，国家安全从领土等自然形态拓展至信息等虚拟形态，经济争端从能源等实物形态拓展至内容等信息形态，军事纷争中的边界谈判、资源争夺依赖的最大砝码之一就是档案资源。以档案数字资源系统支撑的资源信息系统、交通与通信信息系统、地理测绘导向系统、武器装备数据系统等都极大影响着外生变量。从某种程度上讲，它就是国家利益的组成部分，出于确认自己的国家利益并竭尽全力去捍卫它的目的，政府机制来引导、监督档案资源建设以及档案资产运营，是毋庸置疑的。

---

① 王运彬：《政府建设档案信息资源的动力、效果及困境研究》，《档案学通讯》2014 年第 1 期，第 60~65 页。

（2）政府机制必须发挥建构社会记忆功能的驱动

建构社会记忆，丁华东教授撰文指出，"档案对社会记忆而言更是一种控制，是以合目的性的方式实现对社会中个体或群体的社会历史意识的有效影响，从而实现政府的现实政治目标，实现该目标有两个模式，一是正向控制，亦称为'建构性控制'，以社会主流意识和需求为导向，通过展示、供应档案记忆信息，二是反向控制，通过遮蔽历史、隔断记忆，或消除某些社会记忆的存在，或阻断社会记忆的传承"。① 这种控制欲望是自发的、必然的，而档案的原始记录性恰恰论证了档案记忆观②，甚至档案在记忆功能上的完善和文化使命的自觉和天生③，发挥政府机制在建构社会记忆功能上的作用也是可行的，只不过可行性分析尚存欠缺。档案因其"原始记录"的本质属性，理所当然具有记忆的属性，能作为承载和传递记忆的工具，这是学界公认的事实，但还必须论证档案与档案资源、档案资产以及记忆与社会记忆、个体记忆的逻辑关系，就是说对个体记忆的研究和社会记忆的研究视角是可能存在差异的。④ 只有具有国家、民族、社会价值的个体记忆方可成为社会记忆，其"个体"的含义也不再局限于个人个体，还包括组织个体、城市个体等。那么沿袭档案—档案资源—档案资产的转化与运营的限定关系，记忆—个体记忆—社会记忆的转化关系也就逐渐明朗起来。这就意味着档案只是一件、一份或者一个全宗的个体形式，且来源于某个个人、某个组织或某座城市，并不一定天然地内聚为档案资源，而政府机制在其中就是发挥聚拢的作用，实现档案—资源的转化。比如给予这些个体档案是否或多大程度上具有国家的、社会的、民族的、经济的价值认定和权威保证，其他机制或组织是没有办法给予的。正是因为如此，政府机制天生的强制力和权威性提供了个体记忆向社会记忆转化的可能性。

仅仅具有可能性，驱动力还是存在缺陷的，政府机制必然、必须建构

① 丁华东：《论档案与社会记忆控制》，《档案学通讯》2011年第3期，第4~7页。
② 潘连根：《论档案的记忆属性——基于社会记忆理论的分析研究》，《浙江档案》2011年第8期，第32~35页。
③ 覃兆刿：《档案文化建设是一项"社会健脑工程"——记忆·档案·文化研究的关系视角》，《浙江档案》2011年第1期，第22~25页。
④ 潘连根：《论档案的记忆属性——基于社会记忆理论的分析研究》，《浙江档案》2011年第8期，第32~35页。

社会记忆，即必然性也是不可缺少的。这就涉及档案个体—社会记忆的另一个转化条件，即不合主流意识、政治主张的档案无法在政府机制的领导下建设成档案资源，更没有后续的由资源向资产的转化机会，自然而然也就难以上升为社会记忆的原材料。毕竟政府机制也好、政府机制引导的社会机制或市场机制也好，都是为统治阶级的上层建筑和经济基础提供意识形态掌控服务的，由此形成、存储和建设而成的档案才是社会记忆的主体。尤其是国家档案资源，就是以国家强制力实现选择性建构、控制社会记忆的必然途径和最佳例证。相反，违背主流价值观的档案，极有可能也是被历史证明了的被某一历史时期的当权者销毁或篡改成"社会记忆黑洞"，这也从某种程度上印证了一元的政府机制在建构社会记忆上的天然缺陷。

可能性与必然性的兼具，驱使着政府机制不断在建构社会记忆中发挥积极的作用，但是这种驱使力还存在提升空间，驱使力的方向也存在调整余地。从提升空间来看，从档案—档案资源的转化，或用记忆理论解释为从个体记忆到社会记忆的转化，政府机制所具有的强制力并不能直接推论出它也具有十足的意愿和能力，这是否为市场机制的介入提供契机呢？或者通俗地讲，有些政府机制不太愿意或不太擅长却又必须做的记忆建构工作，市场能否从中分杯羹呢？资产化或市场化应该做出有益的补充；从调整余地来看，从档案—档案资源的转化，或用记忆理论解释为某些个体记忆到社会记忆的特定转化，政府机制所具有的强制力恰恰制约着它，使其难以建构完全符合事实、符合史实的社会记忆，这是否为社会机制的介入提供契机呢？或者通俗地讲，有些政府机制强力推进的社会记忆建构工作，社会能否起到监督作用呢？

7.2.3 政府机制档案资产运营的原则

（1）兼顾公平与效率

作为社会公共物品，政府档案资源及政府各类档案资产要实现有效的供给，公平和效率原则都要兼顾。公平原则强调了社会公民具有平等获取档案信息资源的权利，多元配置的公平目标也要求实现城乡、地区和人均获取档案信息资源的均衡，通过配置解决地区之间、城乡之间、阶层之间档案用户的信息差距问题。然而，公平不是绝对地占有资源数量的均等，而是保障公民利用档案信息资源的机会均等以及享受服务过程的公平。但是公平必须以资源供给总量的满足为前提，在当前档案信息资源依然以政府为绝对配置主体的情况下，难免出现总量与需求之间差距较大的情况。为了满足各用户群体的多元化档案需求，增加供给总量和改善供给结构是当务之急，这也是盘活档案资产的前提，即在效率提高的前提下，谈论公平原则才具有现实意义。鉴于档案的特殊性，档案资产运营原则应该具体化为"公平是目标，效率为手段"。

（2）保持利益平衡

社会学家认为当代中国社会现代化进程中出现的社会分化现象是在所难免的，关键在于如何去协调各种等级组织，使这种分化保持在合理的张力之内，使不同群体的需求与利益能形成一种良性的互动。① 这种分化也出现在市场环境下的档案资产运营中，无论是政府作为配置主体还是市场或第三部门作为配置主体，都无法避免资产运营总是局限于利益群体范围之内，使得运营成为一种基于群体利益的市场或第三部门配置关系。而且在当前社会环境下，档案资产运营主体或群体之间不仅存在矛盾，而且表现为相互依赖，全国范围内有效的档案资产运营有赖于所有共享主体和群体共同的努力。所以保持利益平衡原则，不仅保障了各个参与主体在配置过程中获益的机会和权利，而且实现了主体之间互惠互利通过资产运营以实现社会整体资源配置的有效性。

（3）满足用户需求

社会需求是拉动经济增长的关键要素，而在全社会的档案总需求中，公共需求又是主要因素，因此可以说档案需求尤其是公共档案需求是档案事业发展的巨大动力。从最终意义上看，无论是公平与效率原则还是利益平衡原则，实质上都是如何让档案用户满意的原则。满足档案用户需求是国家档案行政管理机构获得国家财政投入的重要指标，也是市场化商业化档案信息服务机构的获利根源，更是自愿性、公益性第三部门性质的中介服务机构的发展宗旨。因此对于档案资产运营，无论是通过宏观层面的政府配置还是通过微观层面的市场组织或第三部门组织的配置，都必须以用

---

① 鲍宗豪：《社会需求与社会和谐》，《中国社会科学》2007 年第 5 期，第 49～53 页。

户需求的满足为基本指导原则。[①]

7.2.4　政府机制档案资产运营的主要困境

公共服务领域研究一致表明，社会公民的信息需求广泛多样，政府的经济投入和供给能力十分有限，无法提供所有的公共信息服务产品，并且在供给服务过程中可能存在着低效率现象。[②] 对于档案资源建设以及档案资产运营，这一现象同样存在，政府机制发挥作用的是政府主体，它的能力和意愿都有限，有限的精力和最优的效果应体现在运用各类政策工具对档案信息增值、档案内容产业和档案文化产业活动的培育、支持、规范和监督环节上，进一步探索、明确和精简政府机制作用中的政府角色定位、政策导向、项目管理、社会公平与信息安全等问题。

（1）档案资产"全产业链"式的运营能力有限

从当前档案事业运转和发展水平来看，政府及其所属的国家档案馆、公共档案馆、专业档案馆、机构档案室等组织拥有的档案在数量上、范围上、种类上都占据着绝对的优势，而且业已围绕档案原件开展的档案收集、档案整理、档案鉴定、档案编目、档案检索、档案编纂、档案利用等工作取得了举世瞩目的成效，同时政府机制所供应的财政预算以及人员配备都足以完成此项任务。但是如果将档案—档案资源—档案资产全"产业链"铺开和分工细化时，问题就出来了，工作环节延伸至面向小众用户、面向市场用户等增值服务需求时，政府机制似乎无能为力。如果将已有的传统业务简称为"收集端"，这是政府档案部门多年来建设档案资源的主要方式，即以规范化的文件前端控制、归档中期把关和档案后期保管三个生命阶段保证原始档案内容的真实性、可靠性和完整性。政府机制历来强调行政的规范性和执法的程序化，而按部就班的行事方式表明政府能够凭借自身的运作机制完成这三个生命阶段，从而确保年复一年、日复一日所积累的档案质量。但是与"收集端"对应的"客户端"（本书简称为客户端，是指面向用户、面向市场、面向社会的意思，用当下流行的"客户

[①] 王小云：《档案信息资源多元化配置的复合研究》，《档案学研究》2013 年第 2 期，第 13 ~ 17 页。

[②] 周毅：《论政府信息增值服务及其运行机制的创新》，《图书情报工作》2008 年第 1 期，第 18 ~ 21 页。

端"名词来指称而已），其所代表的是多元化的需求以及变化莫测的发展趋势。"收集端"的资源与"客户端"的需求绝对不能僵硬地对应起来，而是要关注两者的互动关系和引领关系。从初始形态来看，规范化政府机制所供应的规范化资源业已建立，与此对应的规范化需求也随之形成。但是需求随着社会发展水平、需求满足程度、市场环境改善和业务范围变化而不断发展，反过来对已有的规范化资源提出更高的要求和引领资源建设者不断创新。这种互动关系和引领关系决定了"客户端"不能用僵硬的、直线的、固定的思维和行事风格，而是需要发散性的、应变型的、不断创新的思维和处事姿态。档案行政管理部门的职能在法律法规中明确定位于宏观调控和政策引导等方面，较少涉及数量多、种类杂、变化快的档案业务需求。

王运彬副教授援引"档案中介机构理论与实践研究"课题组研究成果，指出了这种能力上的不足在四个领域表现得尤为突出。一是国家重点建设领域，例如，一些大型基础设施工程、大型活动管理过程中会形成大量的档案资料，为实现前端控制、全程管理和科学开发，主办方、开发商、建设方、监理方以及参与各方面单位都需要专业系统的档案咨询、整理、鉴定、保管、开发服务。虽然国家、省市都出台了国有企业档案管理规范、重大活动档案收集制度等，但重点仍然放在"收集端"。二是新型市场领域，民营经济非常活跃的江浙沪地区涌现出一些新的建档服务需求，比如说档案馆传统业务、档案行政部门传统监督范围目前还较少涉及的质量认证建档、企业与个人征信建档以及对新型服务领域的技术档案服务、寄存档案服务、代理及建档指导服务等。该领域的档案资源化及资产化程度明显要高于国有企业及事业单位，但是政府机制不可能触及此处，尤其是在机构改革、企业改制、产权流动领域，这些单位的档案需要进行重新鉴定、重新整理以及寄存服务，处理不好极有可能导致企业档案资产流失。三是面向社会、面向市场的档案教育培训业务，市场经济体制下倡导市场对资源配置的基础性作用，那么对于档案教育的市场领域，依然要发挥市场的作用。但实际情况是企业大多出于成本考虑聘请兼职档案人员，事业单位剥离为公益性部门和经营性部门之后出于编制考虑也是采取档案人事代理方式，反映出该行业的档案从业人员普遍需要培训提升业务能力的问题。这个培训市场虽然不等同于直接的档案资产运营，但与档案资产运营管理水平息息相关，政府机制也是爱莫能助。

　　不可否认的是政府已经积累了相当数量级别的档案资源，其档案管理体制遍及社会分工的各个领域，但是在重点领域、新型领域、交叉领域、变革领域存在着不足或空白，距离"客户端"的真正需求——"对包括档案资源在内的关联性信息资源进行整合、加工与集成等产业链以市场眼光、创新精神和风险意识进行大量的投资，产出具有开发潜力、用户认可、市场追捧的档案增值产品及增值服务，完成从档案'收集端'到档案'客户端'的全面转型"尚存较大差距。对于这样一个全新的档案资产生命周期发展过程，当前的政府机制从理念到实践都没有打算全额投资，同时他们天生不具备市场风险承受能力，也没有过市场开拓创新的实践历练。

　　（2）现有法律"保护"政府机制满足用户需求的意愿不强

　　政府机制在档案资源建设及供应方面，业已建立了完善的"档案法规制度体系"、完整的"档案馆网组织体系"以及丰富的"档案资源、档案利用与档案安全体系"，有着捍卫国家利益与建构社会记忆的驱动力，意愿似乎并不是什么问题。但是如果把目标导向、建设成本等因素考虑进去，实践中大量存在意愿不强的问题，比如当档案行业相关的政府部门利益与社会公共利益、其他组织机构或个人的私人利益发生冲突时，政府机制在供应反映对方需求的档案资源方面则会因为意愿问题而运转不灵。

　　导致该问题的根源必须从政府机制建设档案资源的初衷谈起，私人生产与交易公共物品的成本过高，而给予了公权力介入的合法性与合理性。基于合法性，当然是保护了社会公众的普遍利益和权利；基于合理性，产生了规模化的社会效益和经济效益。但是这种"介入"的时机和程度掌握得不够恰当，会造成私权利的损害，那么，该由谁来掌握？由介入者自身来掌握，根据诺思悖论，行使公权力的政府部门也具备扩张私利的本性，自然会导致私人权利被逐渐侵蚀，表现出来就是要么介入之后产出的档案产品不令人满意，要么不产出。例如，令学界诟病多年的档案管理单位处理保密与公开的问题时，如何界定、行使和监督档案行政职能下的自由裁量权力，冲突的双方是档案部门利益与用户利益（可能以公共利益形态表现，但也可能以私人利益形态出现），往往是诺思悖论一再"得势"。处理档案的保密与公开问题也是档案—资源转化的必由之路，处理者自然站在自身利益角度向法律许可范围内的"保密"一方倾斜。正因为如此情形被察觉、研究与制衡，才有了关于现行文件公开、档案开放利用、档案公布权的"客户端"权利被写入法条的呼声和探索。如果没有"档案资产化"相关权利的明确与行使，这些零星的成果是很难让公众真正满意的。肖君在研究档案编纂涉及相关权利时列举的一个典型案例被多次转载，某作家打算写一部关于"四清"时期的纪实作品，需要到档案馆查阅档案资料，事先了解到该馆的开放目录中有他所需档案，去实际调阅时却有三分之一的开放档案被告知因为当事人依然健在而不能被提供利用。档案馆为了避免作品出版后产生官司纠纷而选择"不作为"，而实际上作者、出版方是主要责任人，档案馆的做法实在是杞人忧天。① 可以作为与不作为之间的较大空白之处赋予了管理者较大的自由裁量权，实际情形以后者居多。

导致该问题的直接原因在于法律体系的不健全。档案法律内部、档案法律与相关信息法律之间缺乏协调性甚至有冲突矛盾之处。档案法律是以安全保管档案而不是以档案资源开放与开发为出发点，政府信息公开是遵循"公开为原则、不公开为例外"的最大限度开放基本原则。档案法律不仅与《政府信息公开条例》在主体设计上存在冲突，还与《消费者权益保护法》《物权法》《保密法》《邮政法》等在主体设计上存在冲突。档案法律不仅与《证券法》《政府信息公开条例》在开发客体上存在冲突，还与《电子签名法》在法律效力约定上以及关于档案客体的界定上存在冲突或模糊性。此外，在开放与开放的时间规定、程序规定上与《著作权法》《互联网信息服务管理办法》也存在冲突。② 种种冲突交织在一起，都会极大影响和阻碍政府积极主动供应档案资源的意愿。王改娇研究员援引"房管部门的信息公开第一案"（上海市民董铭状告上海市徐汇区房管局和北京律师质疑房管局部门规章两件案例）最终查明，因为建设部之规定——房地产权属档案管理部门应利用档案及时为房地产纠纷、交易等各项工作提供服务与当地房管局之规定——个人房产档案不宜向社会公开，在服务措施、手续要求上规定不一③，执行部门总是采取最有利于自己的措施。这种情形一再发生，会极大损害公民自身本较淡薄的档案权利意识。卫奕

---

① 肖君：《"公众空间"的另一层含义》，《中国档案》2006 年第 8 期。

② 周毅：《信息资源开放与开发问题研究——基于信息权利全面保护的视域》，科学出版社，2012，第 129 页。

③ 王改娇：《公民利用档案权利研究》，世界图书出版公司，2012，第 74～76 页。

通过一项旨在采取我国公民对于档案认知度的调查发现，普通公众认为档案馆等部门的职责作为一项政治性、机要性工作，服务于政治、服务于组织，即便是关乎个人切身利益的人事档案，也是组织严格管理和不能随意接触的。[①] 不仅于此，普通公众对于档案法律体系的认知总是停留在公民该做什么（公民义务）、不该做什么（惩罚个人），而很少达到政府该为公民做什么（公民权利）、不该做什么（惩罚政府），即政府公开、公布档案的义务和公众自由利用档案的权利的高度等，导致的结果就是政府档案部门本该作为供应档案资源的义务主体，但在没有客观明确的机构制衡和社会监督、没有公众和用户的权利主张和没有自身主观利益驱动等综合因素的影响下，其意愿不强就是情理之中的事情。

7.2.5 政府机制档案资产运营的主要策略

7.2.5.1 档案资产捕获、采集及确认机制的转变

在档案管理实践中，档案的采集方式有被动与主动两种形式，被动采集一般以"归档"环节来实现。从档案资源的采集对象、采集内容、采集形式以及采集时机上的选择来看，设计"归档"这一静态步骤在纸质载体的文件生命运动周期中有其合理性和必要性，但是数字时代过于被动的缺点逐渐凸显出来：档案馆（室）藏建设过程中难以顾及公民、社会和市场的实际利用需求。这也直接导致了我国公共信息机构以及组织内部档案机构的档案资源利用率长期处于偏低水平。对此应该予以转变，从被动采集到主动采集，从文件、档案、资料的采集到档案资产的捕获、采集与确认的转变，根据"客户端"的用户需求主动搜寻、捕获适用性档案及其关联信息。在具体运用上可以在三方面有所突破，一是档案行政管理机构在建档方式上主动出击和政策引导；二是档案行政管理机构在建档领域尤其是网络信息上担纲引领责任和主动参与；三是档案行政管理机构突破建档原则，主张和扩大网络信息归档权利。

（1）以建档方式的转变来积累更多的应有档案资产

建档是档案管理实践中一个系列流程的简称，是指档案管理机构或组织内部档案部门根据机构职能活动、社会管理实践以及用户需求变化等情

---

① 卫奕：《档案信息传播效果研究》，中国人民大学博士学位论文，2005，第153页。

况，针对性地主动介入上述活动，及时将其实践活动的各方面材料予以捕获、采集和登记，积累起来并实施档案化管理的过程。本书论及的"资产化"内涵在其中应该体现为，"档案化"的管理步骤可以不变，"档案化"的管理内涵应该转变为档案行政管理部门作为指引者，联合资产管理部门将这些主动建档的档案材料确认为被建档方的档案资产。这蕴意着两点变化。第一，价值的种类从仅仅的凭证价值拓展至情报信息价值，价值的实现从公益方式拓宽至市场等多元方式，因为这是被建档方的资产之一，可以转让、出售、授权等。第二，权利的范围从常规性的政府机构、企事业单位等拓展至重大活动、重点项目、重要人物等范围，权利的保障从公开与保密的单纯思维拓宽至加工权利、出版权利、转让权利等更为丰富的立体思维。

主动建档就是要积累更多的应有档案资产。既然如此，确认为"档案"或确认为"资产"都是不够准确的，这种特殊对象的积累，出发点是各种组织机构、社会各种活动、市场各种行为以及用户需求对这些主客体的反馈情况。例如，新成立的经营性实体刚开展的重要活动的档案记录，最近整合的集群资料都需要及时联系、捕获和确认成为档案资产，涉及点是文化建设、社会发展、经济建设等活动中的重点、难点、焦点和热点对象。而不论参与的单位性质如何复杂、单位数量如何众多，在方法上要对这些对象的有关资料进行前期控制、全程管理、动态检测、资产信息管理、数字化管理等。这些出发点、涉及点和方法可以根据我国当前档案资源构成和档案资产运营中存在的突出问题、主要局限、利用需求有重点地开展。例如，围绕民生工程建设的相关主体可以有所突破，以家庭为单位的、以社区为单位的、以征信为目的的、以医保社保为目的的，以"档案＋资产"的联合驱动保障这些领域档案资源的更有效积累和利用。

（2）以建档领域的转变来积累更多的应有档案资产

建档领域的转变，主要是针对网络平台下产生的各种具有保存价值的信息。从已有的档案管理实践来看，除非是电子政务、电子校务、电子商务等组织机构内部的网络平台下对自身的文件档案等信息的常规化建档，档案部门一般是很少予以建档捕获和确认的。原因是多年来运行的双轨制或数字运行纸质归档的制度并无多少差池，但是数字时代的社会活动、工程项目等如若期待更加真实、全面、完整地反映和再现的话，则建档的领域拓展至对网络信息的档案化管理、资产化确认已经非常必要，只有通过对网络信息资源的存档，才能满足网络用户对网络信息的利用需求。而且网络信息资源的出现、加工、更新、整合与消逝的时间越来越短，频率越来越高，如不及时加以捕获、采集和确认的话，从信息管理的角度就会丢失大量有价值的学术、文化、管理、经济信息，从经济管理的角度就会导致资产的流失，所以有针对性、选择性地开展网络信息建档以积累更多的网络信息资产是网络环境对档案行政管理部门提出的新课题，也是档案部门拓展网络时代生存空间和发展平台的大好时机。正如图书馆、情报机构、档案馆、博物馆在古籍资料的收藏保管历史中"谁先占有、谁就所有"那样，网络平台诞生的大量信息如经档案部门的筛选、鉴定、捕获、采集的话，那么其就成为档案部门的档案资产。

对网络信息的档案化管理和资产化确认，档案部门应承担主要责任。据国际互联网联盟调研数据，国外对网络信息进行建档的实体单位大多由国家图书馆执行，这也证实了前文所说"谁先占有、谁就所有"的俗语。国内对于网络信息进行建档的理论与实践尚处于初级阶段，国家档案行政部门以及国家档案馆等对于网络信息进行切合自身实际、发挥自身优势的档案化管理，的确是一个难得的机遇。而且国外相应的实践案例也提供了参照，例如，国外档案馆将其网络信息建档的对象定位于政府文件、资料等信息资源上，澳大利亚档案管理部门的措施较为间接——颁布了面向网站管理员的电子文件管理指南，美国档案管理部门则较为直接——要求联邦机构对其公共站点的网页信息进行快照存档，英国档案部门要求将首相官网的全部快照在选举前传送至国家档案馆。[①] 从档案管理学的基础理论以及档案法律规范来讲，档案部门的职责之一便是作为保存和利用档案信息的中心，现在档案信息产生的技术平台从纸媒拓展至网络，那么它也应该在网络信息建档等方面有所作为。但是目前尚未看到档案部门的实际行动，也未看到档案行政管理部门在这一领域有何指导性意见。

不仅是职责的基本要求，网络信息作为一种数字遗产由档案部门来保存，这是档案部门当之无愧的责任，而且其也具备这种能力。档案管理部

---

① 赵俊玲：《国外关于网络信息资源保存的研究》，《中国图书馆学报》2004年第3期，第80～83页。

门已经具备且在电子文件管理中积累了较为丰富的实践经验。首先是已有的全国性档案馆网体系，建立了各个层级的档案业务部门和组织机构内部的档案管理部门，由现成的管理平台统一进行网络信息的捕获、采集等档案式管理和资产化管理，人力、物力、财力均有起码的组织保障，而且这一套流程完全可以从电子文件管理的归档、鉴定、建档、档案收集等成熟的业务流程基础上进行借鉴和创新，不必另创组织、另组人马、另觅资金。其次是公共档案馆与公共图书馆在运作模式、社会形象、认知水平和资源状况等方面存在差异性和互补性，也就是说虽然当前公共图书馆承担着保存、捕获网络信息的实际任务，但是仍然存在着分工合作的必要性，毕竟不同类型的公共信息机构对于特定对象的网络信息建档和捕获有着不同的理解、不同的渠道和不同的责任。比如有些综合档案馆已经成为政府信息发布和现行文件公开的实际承担者，适合对政府各级部门的网络信息进行鉴定、审核、快照、捕获和确认的档案化管理，也有些商业性的文件中心或数据公司成为企业事业单位的电子文件管理供应商，适合对市场各种组织的网络信息进行档案化管理，只有积累了足够多的档案资源，才有转化为资产并进行资产运营的必要。

（3）以建档原则的转变来积累更多的应有档案资产

精准定位原则。网络信息一般可以区分为服务级、镜像级、链接级以及档案级等，立足于档案部门实际，应该涉及的网络信息建档对象是"档案级"，即具有长远保存价值的档案数据。在这个基本原则指导下，不同类型、级别档案管理机构在制定建档职能和服务定位上可以有所差别和联合互补。例如，组织机构内部的档案室（馆）等应该从所属单位的业务范围、职能范畴等中设定和选择网络信息资源建档的侧重点，企业档案馆就应该捕获企业发布的各种网页信息以及内部传阅的各种电子文件资料。区域性、专业性档案馆应该对本地区、本行业系统相关联的网站信息进行捕获和建档，某市城建档案馆应该将本市各种城建网页以及本专业系统各种城建网页统一建档。国家级档案馆则应该着眼于中央级政府机构、中央直属企业的网络信息平台进行监管和对接，以适时、完整捕获其网络信息，还应该站在传承民族文化和存续历史记忆的高度，对于全国性的重大项目、重大活动的网络信息进行建档，如奥运档案的建立健全就不能缺少网络平台发布的各种北京奥运信息。

责任归属原则。针对不同类型的网络信息，可以有不同的建档单位，那么建档单位因为档案机构的职责范围有所差异，也应明确责任归属原则。政府机构内部的档案部门，是其网络信息建档的基础业务单位，承担着与自身职能运作有关的各类档案信息捕获任务，而且确认的公益性档案资产供机构内部使用。而企业内部的档案部门，其确认的经营性档案资产不仅可以主动提供网络档案信息、服务至企业各业务流程，而且可以通过后期的整合与加工变成对内、对外兼具增值价值的经济资源。各级各类综合档案馆则是网络信息建档的永久收藏和保存单位，需要定期或不定期地向基层、下级档案管理部门征集接收建档的网络信息，担当网络信息建档的主要责任，且与公共图书馆等公共信息机构联合，共同组成我国网络信息建档和资产化管理的责任平台。

依法建档原则。责任归属需要在相应法律体系框架下分工合作完成，除此之外，网络信息建档以及后期运营管理中的法律授权、法律地位、法律责任问题，以及对捕获对象的占有、管理、加工、经营等知识产权问题都需相应法律法规的支撑。周毅教授认为图书馆学领域已经建立并不断完善的数字呈缴制度以及针对网络信息特征修改的相应知识产权法，可行且可供档案部门参照。而现在较为迫切的是档案机构在网络信息档案化管理中相应权利与义务没有明确的情况下，可以通过不断地在管理创新、全面保障和树立特色等方面突破，去主张和扩大应有的归档权利。[①]

7.2.5.2　档案资产组织、加工及集成机制的转变

（1）档案资产的组织单位应细化到"件"

档案信息资源在组织方式上有着自身特色，习惯采用以"卷"为单位的组织形式。出于安全控制、保密管理的考虑，"卷"作为保管单位一直发挥着独特的作用。但是在档案信息向档案资源、档案资产转化的背景下，公开、利用、加工、转让相应权利的目的不太容易实现，相反容易以兼顾不同主体的信息秘密、档案秘密等权利为由忽视公民利用档案的相应权利。此外，在资产登记或财务确认的过程中推行以"件"为基本组织单位也是必要手段，或者当前档案管理改革中推行的立散卷的组织形式或许

---

① 周毅：《信息资源开放与开发问题研究——基于信息权利全面保护的视域》，科学出版社，2012，第 129 页。

可以在某种程度上缓和相关主体难以保障用户权利、难以财务资产登记等相应问题。

（2）档案资产的加工方式应该"智能化"

"智能化"是相对于"实体化"管理加工而言的，档案管理步骤中一向注重实体的上架排列等工作，但是实体分类、加工、整合的单一性无法适应用户需求的多样性和多边性。解决这一问题只有通过提取实体之中的信息内容、深化信息智能控制来实现，并相应简化实体控制的程度和步骤。只要保证档案信息资源处于"可控"和"可利用"的前提下即可，加工的重点也应该放在数字化加工上。例如，建立健全档案信息检索工具体系，提供多元检索途径和深层次检索基础，并逐步推进档案内容的增值开发加工服务。对于政府机制如何发挥作用这一问题，笔者认为应该在政府信息公开和民主政治建设的宏观背景下，着力主导建立一个高效、跨界、全国性的档案检索体系平台，或者在国家档案行政管理部门的领导下整合各省市已有档案数据库系统，打通彼此之间的数据壁垒和机构之间的数字鸿沟。

（3）档案资产的集成形态应该"虚拟化"

档案资源建设过程中，目标导向以保存和积累文化遗产为多年来的奋斗目标。馆藏评估大多以实际拥有档案资源客体为基本前提，进入数字时代后仍然强调对外有形载体的控制，归档大多以物理归档为主以逻辑归档为辅，这就意味着如此集成的档案资源仍然是实体化的。这与前文第四章所阐述的"数字化是档案资产化转型的必要条件"是相违背的，即在一定程度上阻碍了数字形态的档案进入资产运营的轨道。那么网络技术的进一步深入运用，数字档案、网络信息越来越多进入档案部门控制、占有或管理的范畴中，利用网络平台、数据库技术集成建立的虚拟档案馆藏已经不再可能走回头路，必须加强研究和深化实践。在虚拟环境下尽可能帮助用户开发利用档案资源，将分布于不同地点、不同馆藏、不同机构的数字档案资源以网络化方式加以互联共享。这种"占有"的想法已经突破了"实体拥有"的局限性，强调的是对档案资源的动态存取资格或权利。能够在多大程度上实现共享取决于权利转让的谈判、档案资产化的程度，在充分尊重档案相应主客体、用户各方面权利基础上自由"存取"档案，才是对档案资产价值的最大实现。

7.2.5.3　档案资产公布、利用及服务机制的转变

在过去的档案提供利用工作中，档案原件的凭证、借阅等内容服务还是一项中心工作，但是以原件内容为基础拓展的档案信息管理和档案信息分析服务存在较大发展空间。如今的社会公众对信息机构尤其是公共信息机构的服务需求是多元化的，服务机制也应该随之灵活变化，尤其是将公益性档案资产的服务机制从组织内部向全社会转变。从档案资源到档案资产的转变，体现在服务机制上，尤以公布为先，因为档案法律体系在立法点上是以国家权利和公民义务为导向的。正因为如此，才有前文所提及的公民档案权利意识如此淡薄，档案资源没有公布，公民无权利去获取以实现其价值，而将其登记为资产。对于公共档案馆的公益性档案资产，或私营企业的经营性档案资产，用户或许有如财产权等去主张档案资产的相应权利以实现自身的经济价值。以"资产"迫使档案部门不得不公布档案资源，因为这不只是档案，更是全社会的档案资产，是最大化实现为全体公民利益服务的资产。

既然如此，档案资产的公布、利用及服务机制在信息服务的实际运行过程中，既要秉持保存历史文化遗产和重视档案的历史服务功能，也要认识记录社会现存记忆和重视档案的现实服务功能；既要一如既往地重视档案为党、为政府、为国家服务的功能，也要认识到档案来自公众的社会实践和重视服务民生的功能。在信息分析的实际运行过程中，档案管理部门以及信息分析人员要站在"客户端"的角度思考其工作的重点、难点以及对档案的需求点，以此有针对性地开展档案信息管理和分析服务。比如针对政府有关部门的舆情监测需求，档案部门可以根据自身已经掌握的舆情档案加上正在建档的舆情网页，与相关信息部门联合进行网络舆情信息分析服务，档案部门最终供给的"产品"是花了大力气、花了大成本的，想用户之所想、需用户之所需，生产过程中可能与其他机构联合或直接向其付费，也可能购买自己所不掌握的信息产品，而"产品"的终极形态一定是一种通过对社会各个信息碎片（包括自己掌握的档案在内）进行加工整合形成的增值产品或增值服务。

政府机制显然不适合直接投身此类商业性开发活动，但是在引导档案部门的服务机制逐渐实现社会化转型上，还是可以有所作为的。比如，长期以来，我国信息资源管理及其开发利用工作都是由机构自己的某个部门

或员工来完成，而运作之后形成的产品或服务也是面向机构自身的。社会化转型就是引导其在服务取向、服务主体、服务选题、服务成果、服务手段等各个方面的社会化。例如，在服务取向上，实现从封闭的政治、机要服务转为社会、开放服务，从单纯为党和国家机构服务转为为社会团体、人民群众服务；服务主体的社会化，包括服务手段的社会化，改变以往的档案信息产品"生产"机构过于单一的模式，逐步在政策上、法律上放开，吸引社会多方力量参与到档案信息资源开发以及档案资产运营上来。在主体多元化之后，各个主体自然也就会运用各自的开发手段、技术和方法。例如，市场主体就擅长于发掘市场需求，整合出营利性产品，而公益性组织就擅长于"眼光朝下"发掘那些弱势群体、小众的免费需求。随之，服务选题的社会化、服务宣传的社会化都将因为主体的多元化而逐渐渗透到社会各个热点话题、各个活动、各种技术平台中。

7.3　档案资产运营的市场机制

政府机制运作的基本考量是在"国有产权"或"国家所有"的基础上进行的，即在法律上将其认定为政府受全体人民委托而形成所有权及其相关权利。追根溯源的话，政府只是代理人，全体人民或公众才是法律意义上档案资源或档案资产的最终所有者。但是实际情况是公众是法律抽象意义的群体，很难以个体形式出现，不可能成为真正法律意义上的初始委托人，也无法获得参与所有权的确认、转让、谈判等程序，就无法从根本上以法之名规范、制约和监督政府运作档案资产的行为。所以政府机制运营档案资产是否有效率、效率高低以及服务质量好坏都是一个纯粹的自主行为。此外，政府机制运作的特点是通过层级的纵向管理体制，即下级受上级"委托"而形成所有权及其相关权利。基层或实际承担档案资产保值增值以及档案资源有效配置责任的机构或人员，由于层层"委托"难以找到有针对性的法律责任或风险管理责任并予以制衡，或者说层级太多导致代理关系链过长，这也意味着即使相关法律规范颁布了也鞭长莫及，而最终损害的是档案资产的用户权利以及阻碍经济等价值的实现。因为这些层级复杂的政府机制即使做出服务效率和服务质量的承诺，如果没有达到，大可以互相推诿、不了了之。

从公共物品供应的理论上来讲，政府机制在供应档案资源、运营档案资产上具有不可比拟的优势。但是如果档案资源和档案资产在后续的整合过程中实现从纯公共物品向准公共物品转化后，政府机制就可能出现失灵的情况。比如因能力和意愿问题而导致的供应失灵，比如因政府对于市场机制的调控力度和范围把握不够导致的干预失灵，要么干预过度、要么干预错误，如不合理的法律法规、限制过多的规章制度、政府直接投资的比重过大等，都会挤占本应市场机制发挥作用的领域。所以适时引入市场机制是很有必要的。市场机制，是指在明确政府档案服务责任的前提下，把私营企业的运作手段和激励机制引入档案资源开发服务之中，以追求档案资产运营管理的有效性，其主要表现方式是企业化经营方式、市场主体的引入和市场资源的运用，让营利性企业和市场资本参与到档案资产的运营中去。档案文化产业、档案内容产业或档案资产运营毕竟不是一个完全的市场，更与市场化程度很高的信息产业有着较大的区别，而且只有在政府机制运转不灵或失效时才有介入契机，所以有必要在分析市场机制在档案资产运营中发挥作用的动力、条件、原则、困境的基础上再探讨对策。

7.3.1 档案资产市场化运营的动力

（1）市场主体在档案资产运营中对于利润的追逐

政府缺乏足够的能力和意愿供应档案资源，同时在市场需求或社会需求无法被自然满足的情况下，应该允许相应主体以市场的方式进入。企业获取最大化的经济利润、需求获得最大化的满足、政府赢得最大化的成本节约，自然是最为理想的情形，该情形的前提就是介入档案资源供给和档案资产运营的边际收益大于其边际成本，市场主体就有了追逐利润的空间和动力。例如，关于档案资源的定向咨询服务以及专题数据服务，档案行政部门或是政府下属其他信息部门没有眼睛"朝下"关注市场、敏锐发掘需求的洞察力。也许多年来形成的按部就班式的工作方式能够应付被动的上门服务，应对需求导向、市场导向的智能型服务只能是"呼吁多年的转被动服务为主动服务，只听楼梯响、不见人下来"。关于市场不同用户的档案法律援助、档案管理评估、重大项目建档、科技档案鉴定、档案资产评估等，政府机制的作用就是适当地进行政策引导和控制、预算安排和经济刺激，吸引利润驱动的市场主体参与其中。又如档案的休闲文化利用近年来被社会所认同，但是市面上供应的相应产品只是局限于公共档案机构以已有的馆藏举办一些教育性、休闲性、政治性的专题讲座、展览和陈列活动为主，而且围绕的主题大多与国家大政方针贴近，与社会民生关系不大，最终导致政府直接运营档案资产和供应档案产品的方式要么效率低下、要么质量不高。本应形式多样、贴近文化旅游、开辟休闲文化产品的文化休闲业总是被形式单一、政治色彩浓厚的档案宣传教育活动所取代，对该领域，政府机制或许采取间接供应的方式更为合适。应与相关意向企业签订展览合作协议、授予专利研发权利、适当给予政府补贴，市场上专业化的运作展览的私营企业只要有足够的利润驱使，完全可以凭借自身的展览组织经验和专门知识，发挥出最大的积极性和效率去适应各种规模、各种形式的休闲文化展览活动。

对于公益性国有档案资产，市场机制受益于政府机制的间接供应；对于经营性国有档案资产，市场主体只要在相应法律、政策和条件允许范围内，对涉及民族文化、家族故事、企业经营、科技专利、娱乐文化、经贸营销等本身就具有商业价值的档案资产以纯粹商业化方式运营和供给，真正意义上实现市场机制在对档案资产运营中赚取商业利润的多赢局面。

（2）市场主体在档案资产运营中受到市场需求的刺激

市场主体能够在档案资产运营中赚取利润，来源于市场需求的刺激。档案资源的需求或者档案资产的市场需求有其特殊性。因为在分析档案资源市场供给的必要性时，用户对于政府机制供应档案资源的那部分超额需求是关键因素，毕竟档案需求从一开始是以公共需求或免费供应的面貌出现的，只有在政府机制的能力、意愿之外的供应所带来的原有需求的溢出，方能形成纯公共需求之外的市场需求。试想一下，政府机制如能满足所有档案需求，比如简单的需求和复杂的需求，那还有谁愿意付费呢？市场机制还有何用武之地？

事实刚好相反，无论是从政府承担的应有责任还是具备的实际能力看，在提供基础类的档案资源产品或服务方面，如馆藏的古籍善本展览、部分编史修志、珍贵图谱修裱等，基本满足了社会公众最基本的公共档案需求，但是再进一步深入分析、加工、整合、入库形成档案资源的增值产品（比如专题数据库）可能就属于偶然事件，至于最终形成具有核心竞争力的档案资产或产品，那在国内档案界就属于凤毛麟角了。

随着政治民主化进程加快，在信息文化逐渐引领社会潮流的背景下，社会公众也好、市场用户也好，他们对于政府档案部门占有的以及部分企业、个人所有的档案资源的"好奇心"越来越强，尤其是针对某些档案的特殊需求，相比较于档案部门已经公开的档案需求而言，这部分是超前需求、超额需求，而政府机制下形成的程序化、标准化的方式难以满足这种需求。在多数用户愿意为此付费的情况下，这就为市场参与加工、整合、供应等档案资产运营提供了需求基础，各种企业以自身的实力和市场的方式运营这类档案增值产品，既满足了市场和社会对于特定档案资产的超额需求，弥补了政府机制的供给不足，又最终赚取了所需利润。例如，美国一些出版公司经常关注政府发布的各种信息，尤其是一些不具有版权约束的书籍著作，将其重新包装后出售以赚取利润，这类企业能够得以生存，可能是因为它刚好扮演了营销者的角色，把政府信息精准推送至需求者手中，相比较于政府信息传统的漫天撒网式发布，其更有效率。这也可能是因为政府没有精力去预测此类用户群体的需求，也不愿意采取有效措施及时地推送相关信息至市场用户面前，或者可能因为相关法律法规不允许政府从中赚取利润，不管哪种原因，导致的结果就是企业凭借敏锐的嗅觉察觉到因政府机制缺失而留下真空地带形成的商机去运营这类公益性档案资产，最终企业、政府、用户都达到各自目的。

7.3.2 档案资产市场化运营的条件

（1）档案资产外部性问题的妥善解决

外部性问题在政府机制运营档案资产过程中可能不会过于显现出来，但是作为公共物品或准公共物品的混合公共物品性质的产品，在市场机制运营过程中必须得到妥善解决，否则就会出现市场失灵的情况，具体有三点。

一是判断档案资产的公共物品属性在排他性和竞争性的表现程度。对于纯公共物品性质的档案资源，例如，档案馆提供的原件凭证及其服务，是具有完全非排他性和非竞争性的，必须具备相应的资源规模、高昂的前期投入、广泛的受众群体等。如果市场主体来组织、整理和供应，成本太高难以承受，而政府具有先天的体制优势和规模优势来完成。所以市场机制运营一定要定位准确——具有一定竞争性和排他性的准公共物品性质的档案资产。既然原生态的档案资源适合于政府机制的供应和运营，那么市场机制完全可以避开。对于档案资源的开发利用，以市场手段和社会力量介入进行深层次挖掘，形成适应市场和社会需求的档案内容产品、档案文化产品、档案知识产品和档案休闲产品，其可行性就在于"档案原件是纯公共物品，原件中的内容却是外部性可以正负转化的准公共物品"。

二是解决档案资产利用消费过程中排他性的技术问题。技术性排他，有一个前提，就是避开完全的非排他性产品。例如，公共档案馆占有的档案馆藏资源是一种纯公共物品，它开展档案珍品展览具有完全的非排他性和非竞争性，这是一项免费服务，很难排除参观展览过程中的档案消费搭便车行为，所以档案馆只能是根据自身的馆藏和已有的软硬件设施条件开展此类档案展览、档案编研等活动。明确这一前提之后，将"档案展览""编史修志"等活动的出现形式、发布内容、营销方式改变一下，例如，中国银行（闽粤地区）完全可以委托当地公共档案馆、博物馆、图书馆甚至民间个人收藏家等各种性质的机构个人联合举办侨批档案展览宣传活动，以纪念、传承中国银行多年来就已开展的海外汇票等活动历史记忆。举办该活动可以在一定范围内形成排他性，虽不以收费产品的形态出现，但对于中国银行的全球化品牌战略是有推进意义的。又如某一家族想借助上述各种信息服务机构的馆藏资源整合成享有私人著作权的回忆录或家族族谱之类的知识产品，出版商可以在技术上处理好法律问题和制定相关权益保护措施，并在权益归属、利润分配上处理好家族、信息机构与出版商之间的关系，即实现技术性排他。

三是对档案资产的竞争性程度做经济学意义上的细分。对事业单位性质进行细分，解决好行政与服务的关系；对档案资产进行竞争性程度的细分，解决好市场经营主体的效率问题以实现更持久、更高效的资产运营、产品供给和服务供给。毕竟企业等经营性组织更倾向于选择具有强竞争性的档案资产保值增值产品或服务，细分之后的准公共物品性质的档案资产根据强弱程度的差异可以推荐不同的供给主体或者采用不同的供给机制，或许竞争性偏弱的产品更适合于公益性性质的社会机制。

（2）档案资产运营市场机制的建立健全

建立档案资产运营的市场机制，不是把档案信息资源全部投放市场，这是违背档案事业公共性质的，而是承认市场因素和市场力量的积极作用，运用市场手段管理和配置档案信息资源，形成各式档案产品，如专门档案馆、企事业单位档案馆以及社会上的档案中介、代存代管机构等，均可按照市场规律供应国家档案信息资源，根据市场需求灵活调整供应的品种、数量和结构，甚至是以产业链的供给方式开发建设公共档案信息资源数据库，这样的市场机制需要从三个方面做起。

一是建立市场需求导向的合准公共物品属性的档案产品的供求机制。作为档案信息资源市场配置的行为主体，档案服务公司、档案中介公司、信息咨询机构、档案寄存代管中心、档案文件管理公司、档案数据库开发公司等，必须全程关注合准公共物品属性的档案产品市场的供求变化，根据需求的变动调节供应的产品与服务的数量与种类，使市场供应的规模、品质、替代品等与市场需求尽可能达到平衡。

二是建立调节档案产品市场需求的合理价格机制。档案产品及服务价格的波动必然引起档案信息资源在流动方向、需求趋势与未来供应量上的变动。例如，曾经备受争议的档案馆有偿服务，讨论的视角一般放在公共服务的定位上，而没有涉及价格机制能否渗入公共信息资源的开发利用这一问题的关键。其实，部分公共信息产品的有条件免费使用同样也是价格机制发挥作用的特殊形式，例如，争取免费使用或充当数据库生产商已经开始成为图书馆网络信息资源配置的有效方式[①]，"有偿与否"或"收费高低"属于同一个命题，都是价格高低的一种反映形式，更是价格机制发挥作用的重要表现形式，因此建立调节市场需求的价格机制，必然要求档案产品价格由成本与供求这两方面共同决定。

三是建立激励档案产品市场配置主体的竞争机制。上海大学档案学系和深圳市档案局联合组成的"档案中介机构理论与实践"课题组在调研中发现，"多数档案中介机构其实名不副实，官办色彩较浓"。[②] 此类"市场主体地位不明确"的问题，实际上反映了目前的竞争机制有待于完善，尚不具备由公平竞争关系来决定资源配置过程的能力，从而也丧失了以供求变化调节来促使档案产品在全社会范围内合理配置的基础。因此竞争机制的建立，必须要求档案产品投资、研发、生产、推广、销售的主体可以自

---

① 夏义堃：《公共信息资源的多元化管理体制研究》，博士学位论文，武汉大学，2005，第55～56页。

② 李国庆：《档案中介机构理论与实践研究》，中国档案出版社，2006，第48～49页。

主灵活地运作和管理，以自身判断的市场需求为导向，决定是以政府合作、承包和承租的方式还是以独立承担的方式开发档案信息资源产品。在与其他市场主体的公平竞争与合作中不断改进经营管理策略以获得成本价格优势，使投入档案信息资源配置上的资金、信息、技术、人力等各种生产要素在资源总体有限的情况下实现效用的最大化。①

7.3.3 档案资产市场化运营的原则

（1）实现均衡配置。均衡配置②，不仅仅包括城乡之间、地区之间、用户之间的均衡，而且要综合涉及国有档案信息资源配置的各层次利益主体对其效益的追求目标来实现均衡配置，即把档案用户的效益、档案服务机构的效益、国家档案事业的效益、社会整体的效益综合考虑在内。例如，用户效益既要考虑用户现实的档案需求，又要考虑潜在的档案需求；档案服务机构的效益既要考虑满足用户需求的程度，又要考虑机构自身的费用消耗指标；国家档案事业的效益既要最大限度满足用户日益增长与经常变化的多元化需求，又要减少国家档案系统内部各要素可能出现的重复用力和系统内耗；社会整体效益既要考虑到文化社会效益，又要考虑经济社会效益（如避免出现档案信息资源在地区分布上的严重失衡和资源流动中的"马太效应"），还要考虑环境社会效益（档案作为信息的一种，在其运营过程中不能以牺牲信息环境为代价）。

（2）优化经济效益。从经济效益的一般理解来看，无外乎投入与产出、费用与效果的关系，以国有档案资产为例，其投入和费用不仅包括劳动耗费（即人力、物力的耗费），而且包括劳动占有（已有固定资产的情况），虽然国有档案资产由于长期保护甚至永久保存的特性而无法计算损耗，而且"资产"的概念并未纳入档案保护和管理范畴，使得档案领域没有"固定资产折旧"的经济学概念一说。但是这并不代表国家如此巨大的档案馆藏就不是一笔巨大的投入，其产出和效用不仅包括一定数量和质量的国有档案信息资源，而且包括资源配置的产出要符合社会档案需要。从

---

① 王小云：《档案价值论嬗变下的档案信息资源市场化配置》，《浙江档案》2013年第2期，第10~13页。

② 王小云：《档案信息资源多元化配置的复合研究》，《档案学研究》2013年第2期，第13~17页。

经济效益的不同层次来看，其包括基于机构个体的微观经济效益和基于国家层面的宏观经济效益，前者提高经济效益的措施包括以下几个方面，一是要通过内部管理和运作的完善，增加投入产出比，二是以用户需求为导向，把产出变为个体效益；后者提高经济效益的措施包括以下几个方面，一是协调档案事业内部各个主体关系，以达到降低社会总成本而增加社会总产出的目标，二是提高国家整体资源总量与社会整体档案需求的契合程度，缓解国家总信息系统中国有档案信息资源的短缺与滞存现状。

（3）优化社会效益。如果国有档案信息资源配置的优化经济效益原则是效率体现的话，那么优化社会效益原则则是公平的体现，而且必须遵循"公平是目标，效率为手段"的原则，这也是对档案信息资源在国家经济社会发展中综合贡献力的有力保障。优化社会效益原则之一，是要创造各个社会活动主体（包括机构和个人）公平利用国有档案信息资源的机会和平等发展的机会，这种机会平等不仅意味着满足不同主体不同层次的档案需求和发展诉求，而且还影响着社会经济发展和经济竞争的公平；优化社会效益原则之二，将国有档案资产的运营融入国家创新体系中去，因为档案也是信息和文化的重要形式之一，对其的配置实质上不只是信息和知识如何扩散和流动的问题。例如，"如何处理国有的与非国有的、机构保有的和民间散存的、保存在国内和流失在海外的等档案信息资源的归属与流向，是以核心信息资源——档案为基础进行国家知识创新的重要前提"；也是将档案作为国家文化遗产，如何对其进行文化传承和文化创新的问题，例如，有学者指出档案是社会文化的物质存在和记忆工具，而且凭借档案的历史本质及其属性，应该占据着文化"主产品"的社会地位，而不总是"认为档案就是人类社会活动的副产品"之类的偏见。①

7.3.4　档案资产市场化运营的困境

（1）档案资产市场化运营的内在困境

西方经济学认为市场是配置社会资源的一种有效经济运行方式，既然笔者认为档案资产可以市场化方式运营，那也承认档案资源是存在市场的，即围绕着档案内容产品、档案文化产品、档案休闲产品等的生产、加

---

① 王英玮：《档案文化论》，中国人民大学出版社，1998，第60～79页。

工、服务、消费等全套运营流程，反映出以档案资源的社会价值及经济价值全面实现为目的而形成的供求关系的综合体。党的十八大以来"加强市场在资源配置中的基础性作用"的提法越来越深入人心，对于档案资源以及档案资产运营能否以市场的方式调节其内在的价格、竞争、供求关系，从而在经济效率和社会效益上达到一种公平、高效的分配效果，答案是肯定的。但是这种"高效的运营"必须是以市场机制的充分发挥来实现的，然而现实情况下许多前提条件并未充分实现以及市场机制本身的天生缺陷等各种影响因素的存在，导致了"这只看不见的手几乎在任何国家或地区的任何时候都不存在绝对不失灵的情况"。[①] 处理不好市场机制与政府机制的关系或放任市场机制单一运营档案资产，必然会出现产出的社会、经济效率水平偏离预定规定和市场失灵等问题，主要体现在三个方面。

一是"搭便车"或"公地悲剧"式的市场机制失灵。王运彬副教授在分析国有档案信息资源的市场化配置时认为，既然市场机制定位于生产、加工、供应和运营准公共物品性质的、具有保值增值潜力的档案资源，那么自然在纯公共物品和纯私人物品之间进行选择和调节，但是会遇到一个难以解决或十分头疼的问题：该物品含有各种不同的信息和知识，非竞争性和非排他性的程度也存在差异，也可能被复制和扩散，作为运营者很难标准化或一劳永逸地解决消费监督的难题，难以执行标准化的收费额度和收费方式，如此一来，没有付费的用户也有可能享受对应的产品或服务，最终影响到市场主体投入档案资源开发与档案资产运营的积极性，以及应由市场机制供应的那一部分档案资源因为"社会分配不公和市场方式低效"故意缺失了，造成"搭便车"式的市场失灵。

为了避免此类失灵问题的出现，政府机制多年来实际上已经提供了很多近似于免费开放的公共档案资源服务，如现行文件公开、历史档案的定期开放。市场主体当然是尽可能获取更多现实经济利益或社会效益，通过开发新的资源产品、服务类型和数据库系统，在类似于付费即时浏览的网络平台或移动互联终端上收获运营新产品、新服务和新系统的收益。如果两者不是沿着两条平行线渐行渐远式地发展，即政府机制越来越偏重于公益性供应，而市场机制偏重于商业化开发，相应的档案资源产品消费市场

[①] 查先进：《信息市场失灵与政府干预》，《中国图书馆学报》2000年第4期，第50页。

并未及时跟上，无法使得每一个市场主体获取预期收益，就会导致部分市场主体对档案资源的掠夺式开发——因为知识产权保护和网络付费的便利性逐渐缩小共享的范围，用户需求的垃圾产品越来越多，与市场机制运营档案资产的初衷——"供应多元化的档案资源与服务、满足多元化的档案用户需求"相去甚远，或者是本该政府供应的纯公共档案资源因为其产权确定的模糊最终导致市场参与者在激烈市场竞争中损害公共利益，如将与普通公众密切相关的房地产档案查询权转让给经营性的私人企业，这就是"公地悲剧"式的市场失灵。上述两种失灵情形的出现，表明在档案资产的运营上市场机制不是万能的，要么因为市场需求不足、利润水平达不到社会平均水平而退出该领域，影响档案资源的有效供给，要么因为利润太高而进行权力寻租、掠夺公共利益进而影响社会公平。

　　二是市场自由竞争发展为垄断，导致市场失灵。在市场需求正常、利润正常、竞争充分的情形下会形成市场垄断，导致市场机制的失灵。假设市场机制能完全发挥作用，营利性组织因追逐市场利润而投身于档案资源开发与档案资产运营活动，且竞争是充分和自由的，自然就有了优胜劣汰的局面，经营良好的企业凭借其已经占有的市场份额、资金实力以及与档案部门建立的良好合作关系、用户支持等多方面的优势形成垄断地位；假设市场机制并未充分发挥作用，市场竞争不是充分自由的，就像一些档案行政管理部门或档案馆为了保证档案资源开发与档案资产运营在名义上的公平与公益，在引入市场主体参与时设置准入门槛，实际上限制了一些企业参与竞争的机会，只允许一些半官半民或者官办的中介公司进入，这些企业获取到一定期限的档案资源增值开发服务的经营权之后就很容易形成对该领域的市场垄断。

　　两种垄断的形成原因不尽相同，但是其造成市场机制对于档案资产运营调节失灵的后果是一样的，即影响了档案资源开发与供给的市场主体的积极性和最终效果。例如，档案资源经过多方整合之后最终面市的产品，是要经过档案行政部门直接或指定第三方机构进行验收和评估的。而产品的研发、加工、整合和供应的流程却是企业的自主经营行为。如果验收评估的标准、程序和结果统一、公开、透明，那么整个竞争环境是良性的和自由的。但是事实情况有时刚好相反，那些通过各种途径已经获取垄断地位的组织总是能够获得档案行政管理部门的"青睐"，缺乏先天优势的企业也许能够通过疏通关系等解决，但并不是靠规范、标准和程序来解决，那么除此之外的企业想要凭借纯粹的产品、服务与成本控制获取市场份额和用户支持就变得非常困难。

设置相应准入门槛的初衷是提高参与企业的资质与服务水平，但是也间接打击了无法进入该领域的企业的积极性，导致官办与民办企业的竞争不公平，加上门槛设置存在模糊性，更使得已经进入的企业尤其是民营企业难以适应，甚至产生这个市场的培育和发展是不健康的想法。例如，一些地方性档案行政管理部门和企业专业系统内档案部门（如电力、城建、基建等）对于项目验收标准、程序的评判不一、变化莫测、模糊隐晦，被验收和评判企业之间的竞争总是取决于所属领导单位之间的竞争结果，即所谓的"神仙打架"，就像一些民营企业负责人说的那样"自己四面八方都是裁判，谁都可以说我违规"。① 市场机制发挥作用的条件——充分的竞争面临着有限或失效的局面，导致了档案资源充分开发利用以及档案资产的市场化运营失灵情形——已有档案资源没有充分开发、必需产品和服务得不到有效供给、既有产品和服务的效率停滞不前。

三是价格机制相对复杂，造成市场失灵。市场价值发挥作用需要灵敏的价格机制。档案资源的产品或服务形态具有很强的非同质性和消费体验性，从运营前期来看，此类产品的运营流程相对较长，尤其是用户定制式或问题导向型的服务产品和项目存在个体性的、难以像普通商品一样制定一个可以参考的价格模式；从运营后期来看，其消费体验性使得档案资产被用户完全消费之后方能够以货币形式表现，无法通过像普通商品那样以消费前的价格信号提前预判和调节市场机制的供应，呈现市场机制调节包括档案在内的信息资源类产品与服务的滞后性和盲目性。两个方面重叠起来，加重了市场主体对该领域的投资风险。

（2）档案资产市场化运营的外在困境

发挥市场机制在调节档案资源开发与档案资产运营方面的作用，还需要一个健康、完善和配套的外在环境，如档案行政管理部门的市场观念、档案资源市场运营主体的档案观念、档案用户的市场意识和社会意识等观念环境，又如关于信息资源产业、档案文化产业、档案内容产业的政策、

---

① 李国庆、宗培岭：《档案中介机构理论与实践研究》，中国档案出版社，2006，第55页。

法律、法规等组织的制度环境，再如市场健康发展必需的档案资源与信息技术环境、市场运营主体发展水平、信息用户的培育程度和消费意识等。信息服务业一直是中央大力倡导和鼓励的，尤其是强调市场在信息资源配置中所起到的作用应该得到提升，那么作为信息内容产业之一的档案资源以资产化的形态进入、以市场化的方式运营将是大势所趋。具体到档案自身的独特性以及档案部门观念的特殊性，往往会造成投身于产业发展的时间、范畴和程度的差异，进而易造成档案资源开发利用和档案资产运营管理的发展水平并不均衡、服务水平并未改善、服务产品并无创新（高端服务产品，如问题导向型的咨询服务、档案数据库专题建设、用户体验式的休闲服务等缺乏）的结果，具体来说，外在困境主要体现在观念环境与制度环境两个方面。

一是观念环境依旧过于保守。中共中央办公厅、国务院办公厅《关于加强信息资源开发利用工作的若干意见》强调指出"对具有经济和社会价值、允许加工利用的政务信息资源，应鼓励社会力量进行增值开发利用"，要"积极发展信息资源市场，积极发挥市场对信息资源配置的基础性作用"[1]，但是业界和学界以档案的"特殊性"（事业性、公益性等）为由将其视为"旁门左道"，将本可资产化、产品化、市场化甚至产业化的档案资源开发利用当作自己部门的经济利益，只许"衍生"的官办或亦官亦民的服务机构经营运作，而以"公益事业不能、不许产业发展"之名反对市场主体的自由介入和竞争，具体有以下两种类型。

其一，偏执于将档案资源开发作为公益事业，必须以政府或公益的途径来完成。例如，学界有观点普遍认为，"档案信息是一种特殊的信息，它自形成之日起对外有一段时间的封闭期，某些档案信息的机要保密性还很强，而档案事业归根结底还是一种社会公益事业，追求的主要是社会效益，然后才兼顾经济效益"[2]。作为社会公益事业这是不容置疑的，但是也有档案实践部门"故意将档案事业的安全保密需求加以泛化，进而反对与安于现状相悖的一切变革"，尤其是反对以市场方式进行的多元主体的多

---

[1] 转引自王运彬《国有档案信息资源的多元化配置研究》，中国人民大学博士学位论文，2014，第 68~69 页。

[2] 肖文建：《走出"档案产业化"的误区——与"档案产业化"论者商榷》，《档案学研究》2004 年第 2 期，第 57~61 页。

途径开发和利用①；又如类似于"纯粹的档案事业公益性质应该以社会效益为本"的思维定式而导致社会效益被有意放大、经济效益被无端忽视的局面②，尤其是认为即使发展"档案文化产业"或"档案内容产业"，也应该先进行档案资源开发、改进档案信息服务和创新档案文化，其次才是资产、产品、市场或产业之类的发展途径③。显然，档案事业"是什么"和档案事业"怎么办"的问题被等同或混淆，同时市场机制作为档案资源开发利用、档案资产有效运营、发展档案事业以及繁荣档案文化的手段措施，其必要性和可行性被有意无意地忽视了。

其二，偏执于档案资源开发利用的社会化而忽视产业化动力机制。档案的"社会化"编研、"社会化"鉴定等研究成果在学界较为普遍，因为在信息资源产业发展背景下倡导以档案馆的社会化程度和档案服务的社会化水平提升来进行档案资源的开发、利用和共享，核心要素在于以深刻的、广阔的社会视角来实现档案资源的共享，推广并扩大档案事业在全社会的受益面。这种理解是不容置疑的，但是社会化的发展途径只是动力之一，而市场化、产业化提供的动力作为更有效的途径被忽视，结果只能是公益事业发展的有效供给不足。例如，档案界的数字档案馆建设进度、水平和开放程度一直落后于数字图书馆，并不是因为经费投入欠缺，而是最终的投入产出比达不到社会认可的程度，总是以行政驱使而不是市场方式建构一个可持续发展的运作模式，致使数字档案馆的建设规划、建设中期以及维护后期都没有成本概念、没有需求导向、没有社会监督；又如一些档案机构以强化档案馆的公共服务职能为由重视公共需求、普遍需求式的被动服务，却轻视个性需求、市场需求式的主动服务，结果只能是档案资源开发利用的水平、能力无法提升，档案库成了"沉睡"之库的代名词④，档案部门依然停留在提供档案凭证服务、提供档案查询服务等"长期以

---

① 覃兆刿：《档案信息产业化之辩》，http：//www. kmcenter. org/html/zhuanlan/qinzhaogui/201012/01－12082. html，访问时间：2010 年 12 月 12 日。

② 王运彬：《国有档案信息资源的多元化配置研究》，中国人民大学博士学位论文，2014，第 55～58 页。

③ 郭东升：《档案馆大可不必视档案文化产业为禁区》，《北京档案》2005 年第 4 期，第 16～19 页。

④ 赵喜红：《发展档案信息产业的优势、障碍及对策》，《兰台世界》2005 年第 7 期，第 7～8 页。

来、也有可能长此以往"的较低层次服务状态。如果档案从业人员没有以自身的智力劳动创新档案文化产品、档案内容产品，以主动的服务推动提升档案服务品质、吸引更多用户，那么"社会化"无论是作为途径还是作为目标，都是一句空话。显然，档案事业"怎么办"的问题被惯性思维确定为"只能如此、别无他法"，市场机制作为档案资源开发利用、档案资产有效运营、发展档案事业以及繁荣档案文化的有效驱动，其必要性和可行性再次被有意无意地忽视。

二是制度环境依旧有待改善。目前《商标法》、《知识产权法》、《专利法》、《关于加快发展第三产业的决定》、《互联网信息服务管理办法》、《关于加强信息资源开发利用的若干意见》、《档案法》及其实施办法、《行政许可法》、《政府信息公开条例》等法律法规从宏观政策和国家法律层面为档案资源的开发利用和档案资产的市场运营提供了总体支持。但是具体而言，由于档案文化产业和档案内容产业的市场投入、产品研发、财政扶持、税收优惠、金融政策上的配套相对落后而无法建设成一个完善的市场制度体系，尤其是关于档案资源研发的知识产权、企业改制时国有档案资产管理、档案资源数据库权利、档案信息的资产化服务、档案服务业的市场准入标准等方面的制度建设尚处于初级阶段，具体表现在三个方面。

其一，政府职能的转变与放权。档案行政管理者作为"裁判员"，认为适当拓展档案资源的服务领域、丰富档案资源的供应种类等可以解决社会各方面对档案资源的需求问题，也是扩大档案部门社会影响力的重要举措。但是认为只有档案馆这一个"运动员"可以胜任，担心档案资源的市场运作会扰乱正常的档案馆业务或者破坏档案事业的公共性质，其他"运动员"尤其是市场主体总是被拒之门外，故而把所有的微观职能诸如档案原件整理、档案信息加工、档案内容提炼、档案数据整合、保护技术咨询、档案教育培训、档案评估鉴定等一揽子事宜全部指定由档案馆执行，因为当前实行的是局馆合一管理体制，"裁判员"和"运动员"实际上就是一个主体，上述情况其实就是职能没有转变过来而不愿放权的体现。不愿放权的另一个表现形式，就是目前的档案需求培育和档案资源市场发展水平较低、成熟度不高，已有的体制内、半官半民的一些档案服务型企业尚可以应付，但不太愿意体制外的企业来竞争和瓜分这块本来就不大的蛋糟，同时也不允许体制内的这些企业"放飞"而真正走上市场。

其二，监管职能的明确与改善。因为档案资源的公共物品属性是存在差异的，因而影响到外部性表现的强弱，尤其是正外部性与负外部性的区别，一旦准许市场化介入和供给档案资源及其服务，那么就必须做好分类管理的相关工作。例如，关系到档案资源的安全保管、质量鉴定和保密利用的服务，政府监管必须事前确立主体资格认定和全程确立监督执行办法，关系到档案资源的一般性数字化录入、档案数据库建设、档案应用软件开发的服务事项，加强事后监督和验收即可。但是现实情况是不仅模糊不清、没有细分标准，还存在监管"打架"的矛盾，例如，对于工程档案整理的服务验收与考核，地方档案行政管理部门与城建档案管理部门各自出台符合自身利益、有利于自己下属企业的标准，造成市场上无背景、公平竞争的企业难以适从的局面。所以，首先是要建立一个由各行政主管部门联合执法或联合评议的仲裁机构，并且要适当吸纳社会用户代表以及参与企业代表，保证处理市场服务纠纷有一个公平、公开、公正的申诉和裁决之处；其次是对档案资源及其服务领域的细分，联合制定监管标准以及理顺各个监管主体的关系，让参与该领域服务的企业真正有"法"可依。

其三，企业制度的规范与改善。现在探讨耕耘于档案资源开发和档案资产运营领域的企业建立现代企业制度仍为时尚早，而大多数从事档案资源市场开发的企业还处在政府"不愿放权"的庇护之下，处理好与档案行政管理和档案馆的关系，就可以源源不断地接到订单和赚取利润。所以鉴于档案服务企业大多规模较小、专职人员不多、客户较为单一、服务领域狭窄等特点，企业内部至少建立起目标导向、权责明确、利益平衡的管理制度，在拓宽市场的进程中逐渐建立起诚实守信的价值理念、公平公正的收费服务、标准规范的服务流程，建设一支富有服务意识、创新意识、营销意识和开拓精神的人才队伍。

7.3.5　档案资产市场化运营的策略

档案资产市场化运营，是指在一定的市场环境中，市场主体以营利性为目的，在一定的动力刺激和条件允许下，将自身的资本或政府的补贴作为成本对档案资源进行"加工"，从而产出或提供适应市场需求的准公共物品及服务。组织这一运行机制有五个方面，一是市场主体在整个市场档案资产的运营过程中，以什么样的策略或方式参与其中，是业务承接承租的外包方式，还是基于产业链的联盟战略或其他形式；二是市场主体的动力，以营利性为目的的市场主体之所以愿意参与，来源于政府机制无法满足的超额需求以及由此带来的经营利润，其之所以能够参与，来自配套的市场机制的建立健全以及政策上的优惠和刺激；三是市场主体的原材料和成本，以档案信息资源为对象，投入市场的可以是企业的自由资本，也可以是来自政府对一些项目的财政补贴；四是对市场主体的约束，营利性动机和追逐市场利润的本性，难以保证企业在服务供给中不偏离准公共物品供给的方向，因此整个行业和企业必须承担一定的公共责任，并以行业规范、法律规范、公众监督和政府调控的形式来约束；五是市场主体提供的最终产品，包括档案文化产品、档案内容产品、档案咨询服务和档案教育培训等。为保证这一机制有效运行，具体而言有四点策略。[①]

（1）完善企业档案资产运营的市场环境

档案资产运营的市场环境，包括宏观层面的体制环境，如市场体制改革，以及微观层面的机制环境，如市场机制建设。只有进行持续不断的经济体制改革，才能培育出成熟的信息资源市场，配套建设的市场机制才能发挥应有作用，才能为市场机制调节档案资源开发利用和档案资产运营管理提供必需的经济基础和制度条件，才能吸引更多的档案服务机构和数据公司等参与到档案资源的供给中来，达到增加档案资源产品供给数量、改善档案资源服务结构质量、提升档案资源供给效率和效益的目的。目前对于档案资产市场运营而言，稍显紧迫的主要是市场准入退出机制和市场监管机制的建立健全。

准入退出机制，主要是针对档案资源开发利用的市场参与主体的身份认定和资质审查的问题，因为档案资源的市场化程度并不高、参与主体的竞争性观念并不强，纯粹商业化运作的公司企业、半官半民的中介服务机构或行业协会下属单位以及体制内的事业单位同时存在，机构之间性质差别较大但运作模式差别似乎不大，公益与商业服务区分不明显，有偿还是

---

① 王小云：《档案价值论嬗变下的档案信息资源市场化配置》，《浙江档案》2013 年第 2 期，第 10～13 页。

无偿使用模糊不清，公共服务、公益服务和市场服务界限不清，没有依据加工的深度来区分收费的高低，导致了档案资产的价值认定尚不明确、关于档案资产的权利保障尚不明确，进而导致各种主体在档案资源私有化或国有档案资产流失等现象面前反应迟钝，或者导致一些体制内机构借助市场主体之壳加上行政垄断之躯对档案资源市场形成垄断。退出机制，就是对半官半民的、体制内的企业实施清理和退出处置方案，从根本上保证档案资源市场竞争的充分性和市场价格的传导性。而市场监管机制，除了对已经进入的企业进行产品监管、服务监管和安全监管之外，还要重点解决档案资源的安全、保密和质量问题，以及由于档案资产在产品加工、服务整合、数据集成、宣传销售等过程中产生的内容违法侵权问题。据信息资源市场政府监管的研究人员介绍，目前的监管制度仍旧存在监管措施单一、效力有限、机构混乱、人员素质不高等问题，笔者认为需要坚持长效管理和集成管理相结合，法制监督、社会监督和行业自律相结合的综合监管体系①，对于重点领域，如国有档案管理办法、国有企业资产管理办法等规章制度中应明确指出国有档案资产的监督管理措施。

（2）培育社会公众档案资产消费意识

长期以来档案资源的提供利用都被视作绝对的公共服务而与免费服务、无偿利用等同。在这种情况下，培育社会公众尤其是市场用户对档案资产产品或服务消费、付费的利用意识，不是短期内就能实现的。但是供需关系理论表明，没有一定规模的需求就不可能吸引公司企业、非营利性组织参与档案资源的研发、投入与供给。对于档案资源各种形态的需求是推动多元主体参与的必要前提，而将这种需求转变为直接的消费意识和消费行为，还需要社会档案意识的普遍提高以及公众信息素养的提升，也需要大的信息产业、信息资源产品与服务的成熟。当务之急是为作为市场主体的公司企业参与档案资源开发利用、档案资产运营管理创造需求环境，需求方既可以是公民个人或社会团体，也可以是公司企业或政府机构，尤其是政府机构可以刺激、提供、创造大规模的、高层次的、定制性的档案需求来引领消费意识，毕竟政府机构拥有资源拥有者和资源需求者的双重身份，它们也需要对自身的档案资源进行加工，也需要获取原生态至上的

---

① 朱雪宁：《我国信息资源市场的政府监管研究》，世界图书出版公司，2011，第31～36页。

集成数据库，政府下属部门、公立高等院校、医院医疗单位等都可能出现档案资源需求的外溢，或采取业务外包的形式转为直接的消费，或将档案资源开发服务项目纳入政府采购清单。政府之外的市场组织和社会组织作为加工方、供给方和营销者，大可以政府或市面已经有的成熟产品和服务项目为对象，进行消费也好，进行再加工也好，都可以改善自身的资源状况、提高运营效率和提升盈利水平，实现档案需求培育、档案资产供应、档案产品消费的无缝衔接。在此基础上，社会公众个体将面临更多的产品或服务项目选择，档案原件凭证类原生态的基本服务，或者经过深加工、内容集成、形态丰富的多元且富有个性化的档案资源产品和服务，"物品极大丰富之时，便是公众愿意消费之日"。

（3）鼓励市场主体介入档案等各类信息资产的开发

就目前档案资源市场化运作的探索实践而言，比较具有发展前景的有两种方式，一是站在政府的视角，政府与企业联合供给，其中的典型是行政扶持、市场运作模式下的业务外包；二是站在企业的视角，由企业独立供给，其中的典型是政策支持、市场竞争模式下的产业化。但无论是哪一种，鼓励尽可能多的具备资质、信用良好、服务完善的市场主体介入档案等各类信息资产的开发都是必要的。

从档案馆业已实施的外包业务种类来看，几乎遍及非核心和非保密的各个业务领域，如档案库房的日常管理和维护、特藏档案的保护与修复、联合汇编史志和档案资料、档案数字化、档案网站建设等。从外包业务的实施策略来看，也已经有了较为全面的可行性论证方案和较为系统的操作流程图，① 对档案馆开展业务外包可能存在的风险和弊端也有了相关的研究。业务外包策略，对档案信息资源配置有着较大的优势，对于资源供应者之一——档案馆而言，强化了工作绩效意识，节省了成本支出，避免了投资风险，集中优势力量于核心档案业务。对于资源供应者之二——企业而言，解决了档案工作任务繁重与档案人员、设备、库房配备不足的矛盾，集中主要力量于经济核心竞争力的提高。对于需求方——广大的公众而言，普遍需求、特殊需求等多元需求都能通过不同途径得到满足。对于

---

① 黄力、李圭雄：《档案馆业务外包策略研究》，《档案学通讯》2004 年第 4 期，第 86 ~ 88 页。

资源宏观调控者——国家或档案行政管理部门而言，集中精力做好档案事业的统筹规划、组织协调、统一制度、监督指导的工作①，而不是对所有具体的档案管理、教育、宣传、科研、服务等统包统揽。

产业化，不是将档案本身发展成产业，也不是将"档案产业"（也有称之为档案信息产业、档案信息服务业、档案文化产业等的）并列于"档案事业"甚至代替"档案事业"，而只是将其作为档案资源开发利用市场配置的手段选择。例如，"将档案信息资源从产品化和服务两方面进入'产业'，成为一种经济发展要素"②，或者在开发数字档案信息资源及其服务方面采用商业化运作模式以获得经济效益的同时更好地满足用户的多元化需求，即将档案事业中相当一部分剥离甚至独立出来实现产业化和市场化的经营，是未尝不可的。③ 当然在鼓励各方主体参与时，专家们建议应通过建构科学的档案资源产权权利结构、实行档案资源所有权与持有权的分离、增值产权实行有区别的产权归属制度、许可证使用制度和档案资源所有权与经营权的分离等制度，营造社会各类主体参与档案资源增值开发的健康环境。④ 周毅教授则直接认为为了全面推进我国档案资源开发利用的深化，国家或有关著作权行政管理部门可以对参与档案资源开发利用的主体进行广泛授权，综合档案馆或专业档案馆、专业信息开发组织或非营利性组织、专业的数据库开发商等均可以成为档案资源开发服务的主体，具体授权有关主体在参与档案资源开发时，可以通过设定"目的限制"原则来约束保证档案资源增值开发的有序进行。⑤

（4）在确认不同产权性质基础上进行档案资源开发利用

产权性质的明晰，是提高档案资源开发利用效率的前提，也是合理解决可持续发展档案资源价值问题的症结所在。产权性质的确认，存在两个层次，一是产权性质如何划定，二是划定后如何利用"产权"进行档案资

---

① 冯惠玲、张辑哲：《档案学概论》（第二版），中国人民大学出版社，2006，第71页。
② 冯惠玲：《档案信息资源在国家经济社会发展中的综合贡献力》，《档案学研究》2006年第3期，第13~16页。
③ 王小云：《档案价值论嬗变下的档案信息资源市场化配置》，《浙江档案》2013年第2期，第10~13页。
④ 何建邦：《地理信息资源产权研究》，科学出版社，2010，第10~13页。
⑤ 周毅：《信息资源开放与开发问题研究——基于信息权利全面保护的视域》，科学出版社，2012，第184~185页。

源开发利用。第一个层次笔者在第五章已经阐述得十分详细，在此主要说明第二个层次的问题。

一是国有档案资产的开发利用——"合理使用"仍需慎重。合理使用是指为了扩大作品的广泛传播、发挥作品的公共利益，在《著作权法》规定的某些情况下使用作品时，可以不经著作权人允许，不向其支付报酬，但前提是不得侵犯著作权人依照《著作权法》享有的其他权利，比如署名权等。合理使用的具体表现为保存版本、陈列等方式，合理使用的目的不能是直接或间接获得经济收益等，应该说大多数国有档案资产都属于合理使用范畴。但是，档案资源开发利用的重要方式是利用网络进行传播，这显然已超出"合理使用"的限定范围。有趣的是，《著作权法》规定，为学校课堂教学、科学研究等目的，为特殊人群服务，为盲人出版等属于合理使用范围，这至少说明出于非商业目的的国有档案资产的开发利用方式是可以"松动"的，是可能超出"保存版本、陈列"等限定方式的。

二是国有档案资产的开发利用——"合同许可"大有可为。《著作权法》规定许可方式有法定许可和合同许可两种基本类型。法定许可有五种情形：第一种情形，为实施九年制义务教育和国家教育规划而编写出版教科书，除作者声明不许使用的著作，可以不经许可在教科书中汇编使用该作品，但应当按照规定支付报酬，指明作者姓名、作品名称，并且不得侵犯著作权人依照《著作权法》享有的其他权利；第二种情形，作品在报刊刊登后，除著作权人声明不得转载、摘编的外，其他报刊可以转载或者作为文摘、资料刊登；第三种情形，录音制作者使用他人已经合法录制为录音制品的音乐作品制作录音制品，可以不经著作权人许可，但应当按照规定支付报酬，著作权人声明不许使用的不得使用；第四种情形，广播电台、电视台播放他人已发表的作品；第五种情形，广播电台、电视台播放已经出版的录音制品，可以不经著作权人许可，但应当支付报酬，当事人另有约定的除外。以上五种情形，主要针对著作而言，其许可的对象是创作内容，对档案资产这类形式复杂多样的原始记录资源而言，显然不适用，例如，刊物出版，档案资产并不会直接被刊登，如果有档案编纂作品刊登，那么也不能算作档案资产，而是档案资产开发的产品，因此对档案资产而言这种情形也不适用。合同许可对国有档案资产而言，在不改变产权归属的条件下，被许可使用人可以在约定的时间、指定的范围、规定的方式等情形下使用国有档案资产以及各种国有档案资产产品。例如，人事档案、婚姻档案、气象档案、地理测绘档案、房地产档案等诸多专门档案均可采用此种方式，因为专门档案的经济价值显著但容易牵涉隐私权、利用权、知情权等问题，"合理使用"的限制又相对苛刻，因此合同许可私人定制的灵活性、便于追责等特点就能比较好地屏蔽传统国有档案资源开发中权责不清、动力不足等问题。

三是企业和个人档案资产的开发利用——"合同许可"前景明朗。对于企业和个人档案资产而言，合同许可方式更为灵活多样，是否改变产权归属以及采用何种档案资产开发利用方式完全根据档案资产产权人意愿，将合同双方或多方利益最大化是开发利用的基本原则。值得注意的是，公共档案馆中的寄存档案、捐赠档案如何开发利用，关键还是得明晰这部分档案产权归属和充分尊重著作权人的权益和意愿。

四是完全无权利争议的开放档案资产的开发利用——"开放获取"重在增值。完全无权利争议的开放档案资产，一是完全无任何权利争议，如已过了著作权保护期、档案资产所有人获得了该资产的完整的著作权、档案内容也不会涉及他人隐私等争议；二是属于档案开放范围，档案公布不会损害国家和公共利益。"开放获取"理念最早由美国提出，主要指在数字化、在线服务等过程中较少受著作权限制以及免费为公众提供信息的一种权利，它强调在保留作者对内容所有权的前提下力求恢复作品的公共产品特征，促进作品在更大范围和更长时间内传播、交流和共享。对于此类型档案资产，充分利用网络环境为用户提供便捷、亲民服务是基础，做好此类档案资产的集成化、系统化服务，以此为基础为用户提供个性化增值产品才能更好地发挥其"资产"价值。

7.4 档案资产运营的社会机制

档案资产运营的社会机制，是指由社会第三部门参与、从事档案资源开发利用服务以及档案资产运营活动。第三部门，是相对于政府（第一部门）和市场（第二部门）而言的，包括为社会提供公共信息服务和准公共信息服务的民间非营利性企业，向社会提供无偿公益信息服务的民间公益组织，或者带有成本收费性质的民间社会组织，如档案中介组织和非营利性信息咨询机构等[①]；向组织成员提供互益性公共信息服务的社会团体和行业组织，如高校研究机构，侨批档案研究的一些组织肩负整合侨文化档案资源为协会成员服务、参考、决策等的重任。

吸纳社会机制参与档案资源开发利用以及档案资产运营管理，是在其志愿性、公益性等基础上立足公共服务动机的目标，是存在开展档案资源开发利用服务及资产运营工作的可行性的，主要体现在三个方面。一是档案资源开发利用具有广泛的社会效应，那么各类社会组织都是可以广泛参与进来的；二是各种社会组织参与此项服务工作是社会志愿行为；三是各种社会组织参与此项服务工作纯粹为了公益，具有非营利性，即便是收费，也仅仅局限于成本性收费。

社会机制在档案资产运营管理中理应扮演愈来愈重要的角色，但是在实际情况中所发挥的作用以及与政府机制、市场机制之间的关系处理并不是想象中那样简单，实现档案资产的社会化运营，必须解决相应理论基础薄弱、现实条件不成熟等问题，以合适的动力机制和方式介入，针对当前困境为社会机制发挥效应提供有效措施。

7.4.1　档案资产社会化运营的理论基础

公共管理学理论认为把社会组织简单划分为政府部门和市场组织（非公即私或相反）的两分法过于简单且没有尊重事实——公与私之间存在着大量的社会组织，它们从事着政府部门和市场组织不愿意做、没能力做的公共服务，被称为"第三部门"，发挥作用的方式就是社会机制。从社会学[②]、公共管理学等视角研究档案学的国内学者的主要阵地在公共信息资源配置、政府信息资源供给等领域，其典型学者有夏义堃、程万高等。考虑到档案学理论研究很少以"第三部门"指称业内的公益性公共服务机构，笔者谨以"社会机制"或"社会组织"等名词代替。

社会组织存在于档案资源的公共服务领域（包括开发利用、资产化运

---

① 夏义堃：《政府信息资源管理与公共信息资源管理比较分析》，《情报科学》2006 年第 4 期，第 531～536 页。
② 社会学知名学者郑杭生教授没有直接用"第三部门"概念，而是以政府、市场、社会三维模式构建社会资源配置框架，即以"公益性和志愿性的社会主体"来代表第三部门。参见郑杭生《中国人民大学中国社会发展研究报告》，中国人民大学出版社，2013，第 56～58 页。

营）等，也存在于现代社会需求的各种类型的公共物品领域，这些领域的政府机制和市场机制都存在不同程度的失灵情况，因而需要社会组织的介入和参与。该组织存在的基本理念不是为了积累私有财富而是为了公共服务，即使存在盈利也是用于进一步发展公共事业。它的加入形成了政府机制、市场机制和社会机制共同参与档案资源开发利用和档案资产运营的资源配置格局，因为各自的运营方式、作用机制和能力范围均存在较大的差异，所以三元配置格局并不是均等地分割档案资源的开发利用，而是有着自己既定的领域范畴，这种介入如图 7-1 所示。

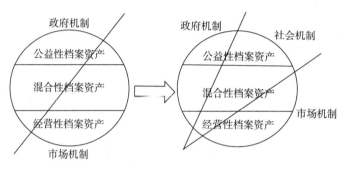

图 7-1　档案资产多元运营机制

这种情形得以发展，与国家民主政治进程有密切关系，也与市场在资源配置中的作用愈加凸显有密切联系，但关键在于公民社会的各种需求给予政府本身的压力，而这恰恰可以通过社会组织提供的公共物品表现出与政府、市场不同质的内容和更高效的服务。经济学家斯蒂格利茨则直接指出，社会组织进入公共物品领域，是因政府和市场的无暇顾及和不断增长的公共需求而生的。①

7.4.2　档案资产社会化运营的现实条件

30 多年的体制改革反映到档案事业领域，即代表公民个人权益、家族族谱、族群认同、民生休闲等的档案资源因为受到社会更加广泛的关注而

---

①　斯蒂格利茨认为：对那些提议对市场失灵和收入分配不平等采取政府干预的人们，经济学家提醒他们不要忘记政府与私人市场一样是有缺陷的。政府并不是某种具有良好意愿的计算机，总是能够做出对整个社会有益的无私决策。参见〔美〕斯蒂格利茨《经济学》（上册），中国人民大学出版社，1997，第 24 页。

被提到更加重要的地位，而以往反映国家机构、企业经营、事业单位的档案资源因为需求升级而对服务的质量提出更高的要求。换言之，私人档案需求在增加、公共档案需求在转型，这种变化趋势与正在建设的国家档案资源体系、利用体系与安全体系是否存在矛盾之处呢？或者以政府机制为一元主体配置档案资源的格局能否适应这种变化趋势呢？显然，近些年来中央深化改革部署以及地方省市着力推进的试验情况表明，社会结构日益分散化、利益主体日益多元化，需要转变政府主导型、多层次参与的公共物品供给格局，这也意味着从国家层面认识到原先由政府机制一元供给的档案资源和服务，转变为市场机制、社会机制同步参与和有机结合的社会综合运营和供给，是切合时代发展要求的。

首先，社会机制参与档案资源的开发利用及资产运营有了宏观社会条件。长期以来政府机制完全占据着档案资源的开发利用领域，不可避免地导致了档案资源建设在城乡分布、地区分布上失衡，档案资源产品供给以及服务项目在中西部地区、镇乡村地区非常薄弱，档案行政机构主导和供应的档案公共服务与城乡居民档案需求的差距越来越大。再加上这些地区的政府财政无法对公共服务项目进行足够的投入，同时这些地区的经济发展程度又不足以催生市场化、商业化运营的公司企业参与到档案公共服务事项中去。在此情形下，社会机制因其筹措社会资金、动员各方力量参与、招募志愿者、协调沟通关系等方面的能力优势，以及可以面向小众群体、弱势群体解决具体问题的理念，只要与政府机制形成有益的调控互联、职能互补、管理互动的模式，其生存空间和发展潜力都是巨大的。西方国家因为市场经济成熟、社会网络发育完善，所以这种社会协调管理模式扮演着重要的角色。我国政府管理部门也注意到这种契机和潜力，在政府机构改革中尤其是事业单位的分类改革中已经设想将具有独立性和部分具有行政管理职能的公共机构转变为去行政化、强服务性的纯公共事业单位，从而协助政府加强公共事务的宏观管理，削弱公共事务微观服务的职能。这也在某种程度上解决了笔者最大的困惑——对于公共档案馆而言，究竟是划分在政府机制之中，还是划分在社会机制之中，在这种改革趋势下，是否应该从前者转型为后者，即中观制度条件也在逐渐形成。

其次，社会机制参与档案资源的开发利用及资产运营有了中观制度条件。公共档案馆的提法并不是近些年才有的，国家档案馆向公共档案馆的转变，也不是一蹴而就的，其一旦成型，便是中观制度条件的具备和成熟。市场经济体制建设和政府行政职能的转变都要求建成"小政府、大社会"的理想架构，以调整政府、市场和社会组织的关系。政府机制把经济唱戏的主角让给市场，把社会调节的主角还给社会，自己"既不是营利性组织的替代者，也不是非营利性组织的替代者，而是作为服务营利性组织、支持非营利性活动并使之得以发展壮大的最重要慈善家"。① 对社会组织而言，政府机制应该重点发展、培育和支持其参与档案资源的公共服务与产品供给，目前业已开展的实践政策可以尝试创建一批社会组织，可以在不同利益主体和社会阶层中培育利益集团式的社会组织，也可以根据社会转型的结构分化情况，从公共领域或私人领域中孕育社会组织。不管哪种形式，政府组织既可以与社会组织平行发展——各自提供档案资产开发利用服务，各自有经费来源，各自有自身自主性；也可以与社会组织合作发展——政府供应资金，社会组织实际从事档案资源开发与档案资产增值服务；还可以让社会组织主导发展——社会组织自己提供资金、提供服务、自主根据需求及变化情况创新服务产品和内容。档案事业发展中的公共服务社会化，可以从政府承担的公共服务领域中孕育，采取政府机制和社会机制合作发展的方式进行，在公共档案馆还不是真正意义上社会组织的实际情形下，有着现实可行性，笔者将在培育社会机制的路径选择时再度阐述。

最后，社会机制参与档案资源的开发利用及资产运营有了微观功能条件。我国当前社会结构由政府和市场两大系统组成，但是公益性质的档案资源服务机构凭借多年开展的服务事项，已经在两者之间搭建起了协调、沟通和补充的桥梁，从微观功能条件来看，业已具备。一方面通过征集政府机构、经营企业和社会公众的需求、建议和方案，以影响政府在制定、修订档案相关法律政策时朝着有利于市场、有利于公众的方向调整；另一方面协助、推广档案法律法规的落实，例如，一些国有企业、事业单位对

① 非营利性组织类似于慈善机构，政府不能替代这些慈善机构去直接面向公众服务，而是要做面向非营利性组织的慈善家，即"慈善家的慈善家"。参见何增科《公民社会与第三部门》，社会科学文献出版社，2000，第35～38页。

系统内部档案管理有着一定的自主权限，但是宏观上仍然受到国家层面档案法律法规的约束，而如何协调、沟通以及上传下达的微观功能，社会组织刚好具备。除此之外，全国性、地方性的档案学会、档案协会、文化研究机构、公共信息咨询机构等，在解决经济利益多元化格局下的利益冲突、纷争与矛盾，以及协调、沟通、代理、组织和整合各方的研究力量、物资实力等方面具有不可替代的作用，在某种程度上说社会组织就是商业开发档案资源需求和利益的商业机构、政府机构和社会个人的综合代理人，由它们去监督政府、制约政府、协助政府和联通政府。

7.4.3　档案资产社会化运营的动力

首先，政府机制的失灵给予了社会化运营的适当空间。既然政府机制在档案资源的有效开发和高效运营上缺乏足够的能力和意愿，加上行政垄断式的管理与服务方式排除了其他部门供应同类资源和服务的可能性，同时政府自身、社会公众或者第三方机构，都难以对其进行绩效评估或检验监督，那么来自社会、民间的社会化组织以非营利性的方式、志愿者的姿态出现，将是可能且是必要的。例如，国企改革中档案资产流失与流向控制问题，国有资产管理办法以及国有企业档案管理办法均没有直接关于国有档案资产的监控表述，但是在现实中破产以及产权变更的档案越来越多，综合档案馆仅仅负责其中具有永久保存价值的党建、文化、人事之类的档案，而科技型、经营性、专利性、商业性档案蕴含更为复杂的经济价值和相应权利，政府机制对此难以应付。如果政府档案行政部门牵头成立一个专门针对地区范围的企业档案管理的社会组织，名称上叫档案馆也好、文件中心也罢抑或其他，只要在性质上定位于非营利性和非官办，在运作中可以吸纳市场组织和社会力量，就可致力于解决问题复杂、难以赢利、不管不行的档案资源转让、流失、估价等问题。

其次，市场机制的失灵给予了社会化运营的适当时机。除去档案原件的提供利用工作之外，档案资源的编纂加工等后续的二次、三次成果都不能完全称为纯公共物品，其外部性特征出现了程度不同的形式，让纯粹的市场机制来开发利用和运营管理，可能导致成本难以回收而经营困难的情形。此外，档案资源无论是产品形态还是知识服务形态，都难以进行标准化的鉴别和评价致使消费者的权利在市场机制中无法完全保障，出现市场失灵。国企改革初期"抓大放小"的政策导向，使得大量的小型国有企业破产和转制，其形成的档案因为来源单位的级别不高、影响不大、效益低下而无法得到综合档案馆的青睐，公司企业以及档案中介机构从中无法获取高额利润，社会组织可以为其提供开发利用服务，只需从政府财政或公司企业获取少量成本性的补贴和赞助即可。一些名人后代或者家族出于写名人传记或编修族谱的需求，渴望从档案馆获取较为系统的、专题性的档案及其关联资料，并对其进行整合、加工、编研、出版等后续活动，这种需求仅仅为了家族精神寄托、追根溯源等目的，难以向专业性的信息机构或数据公司支付高额费用，而政府官办的档案馆只供应原生态的或者面向全社会的、政治性的服务，社会组织可以为其提供开发利用服务，其只需支付基本费用即可。

最后，社会机制的利他性给予了社会化运营的公民认可。社会性组织通常规模小、办事灵活、扎根民众，有着天然的"公益人"行为导向[1]，与政府下属的专业性公共信息机构如公共档案馆、文献情报中心有着业务往来关系，并具有类似的信息加工整合能力，与社会民众、弱势群体等有着紧密联系且熟悉他们的档案需求，能够从政府、企业、个人那里获取一定的公益性的慈善补贴或赞助，最终以契约外包服务、获取特许经营、志愿服务行动等各种形式进行档案资源的开发利用工作，或渗透到企业内部的档案管理，或参与政府部门的档案整理，或扮演档案馆与企业用户的协调人等，其在某种程度上也是一种合法性的资源供给者[2]，能较易获得公众的广泛认可。

7.4.4 档案资产社会化运营的介入方式

王运彬副教授在其博士学位论文中介绍，我国目前涉及档案资源开发、供给、服务的机构大多数产生于体制内，由各地档案行政管理部门推

---

① 即成员的行为动机存在着一种"公益人"假设，组织成员参与非营利性组织的目的之一，是自愿、自主和自发地追求公共利益，他们的行为存在着一种主观上"利他"的倾向。参见程万高《基于公共物品理论的政府信息资源增值服务供给机制研究》，博士学位论文，武汉大学，2010，第100~101页。

② 这里将"合法性"也当作一种资源，它不是靠传统、个人影响，也不是靠政府自身提供，而是来自广大社会公众的共同支持，合法性基础是法律制度，提供其基础的是公众对法律制度的认同，而广大的第三部门扎根社会基层，是供给这种资源的最好代表之一。

动而成立，或挂靠在档案局馆名下，或挂靠档案学会，甚至是档案局馆干部兼任这些机构的法人代表，官办色彩几乎遮蔽了民营化或公益化①，所以档案资产的社会化运营必须在尊重现实的基础上介入。

如果是新建社会组织，例如，政府机构主导、社会组织筹建，开展协调性质的、沟通性质的中介服务，作为原有综合档案馆业务的社会化延伸，可以延伸至政府机构的档案服务，也可以延伸至公司企业的档案整理，但是行政化的官办色彩依然浓厚，服务的领域不免取决于"政府主导"。如果是筹建隶属于一定公共范围（比如行业性的、阶层性的、集团性的）的档案资源服务机构，由相应的公司企业、组织机构、社会团体围绕自身的档案资源开发利用以及信息数据库建设需求而组建社会组织，作为原有专门档案馆业务的社会化延伸，主要延伸至指定的范围，当然也可以通过协商付费的方式延伸至市场领域和其他社会领域。如果是自我孕育和需求催生的社会组织，政府机构改革释放越来越多的公共服务领域，而市场逐渐成熟、企业不断发展催生更多的档案资源需求，介于公共领域和私人领域之间的需求就会催生和孕育出社会组织，专门应对公共服务和公共事务。

相比较而言，三种方式都有其存在的土壤和发展的必要，但是最切合现实的仍然是对已有事业单位的分类管理改革，将隶属于政府行政管理职能和政府改革服务职能的机构剥离开来，形成脱离行政管理色彩的社会公共服务组织，即真正意义上的公共档案馆。依旧停滞在体制内和行政化上，或者简单的市场化和产业化，都是行不通的，只有社会化、公共化，才是契合其性质定位的，不再以完成行政任务为导向，而转为以社会任务为目标，不是公务员身份，转为志愿服务者角色，转变之后可以通过以下方式开展档案资产运营工作。

第一，以协议、合同的方式承接政府、企业的档案资源开发利用项目。这与熟知的档案馆业务外包有些相似，但不同的是承包主体从档案馆之外的机构变为公共档案馆本身，业务内容从原有档案馆业务拓展为政府的档案业务或企业的档案业务，档案馆从以前的发包方变为承包方，行政

---

① 王运彬：《国有档案信息资源的多元化配置研究》，中国人民大学博士学位论文，2012，第86~88页。

机构或公司企业以签订契约合同的方式将其转让给档案馆。这样一来不免出现档案馆业务量激增和人手不够的问题，那么档案馆以前下属的一些自收自支的事业单位便可以发挥作用。第二，以志愿服务的方式提供档案资源管理服务。例如，负责联络、协调、组织地域性的档案服务企业和中介机构进行行业业务交流，开展一些公益性的、志愿者形式的档案咨询服务。第三，以特许经营的方式承担一些成本较高的档案资源整合业务，用户方的档案业务较为复杂、成本较高，可以通过一定程度的付费完成。第四，财政补贴，降低社会组织包括档案馆在内的业务成本，降低用户消费档案业务的购买价格。

7.4.5 档案资产社会化运营的现实困境

首先，社会组织的自身失灵。档案馆一旦脱离行政机构的"庇护"，其招募社会资金的能力尚不足以弥补财政预算缺失留下的巨大缺口，就算是档案馆下属的档案寄存中心、行业协会组织都能或多或少地从政府获取经费。但是随着社会业务的拓展和专业化，普通志愿者与专业技术人员的差距恐怕通过较低的补贴难以弥补，那么机构正常运作、薪金正常发放，就可能开辟一些经营性业务而偏离公益性轨道，表现为以下两点。

一是公益性失灵。就算是真正意义上的公共档案馆，也不可能脱离政府经费的财政依赖或者摆脱经营性行为的盈利诱惑，更不用提那些行业系统内部、服务于既定范围的档案需求的社会组织，为了狭隘的"公益"而置广义的"公益"不顾，服务对象有选择、服务方式有定向、服务费用内部化，"公益"的成色不免大打折扣。

二是独立性失灵。理论上独立于政府机构、独立于市场主体之外的社会组织，也是国家发展服务业的政策导向，但是也透露出现实的困境，建立独立公正、规范运作的专业化中介服务机构在实践中遇到诸多障碍，在既没有财政投入也没有市场利润且慈善捐助在我国并不盛行的背景下，只能仍然依靠政府补贴和企业赞助，这个过程就很难保证社会组织的服务不被政府和市场影响和干预，甚至形成资助者间接"绑架"代理人的情况。档案行业内部涌现过公益性的社会组织，但是资金、人员、资源都严重依赖于局馆合一的档案馆，独立性不够，所以公共档案馆建立与否，也关系到其他参与档案资源开发利用的社会组织的独立性。

其次，社会运营的环境制约。社会组织筹建、运营需要健康、配套的环境，不仅有法律制度环境，而且有社会观念环境。档案资源开发利用和档案资产运营管理，对于社会组织来讲，在法制上的制约表现有两点。一是筹建的法制障碍，根据《社会团体登记管理条例》和《民办非企业单位登记管理暂行条例》的许可批准制度，成立一个致力于档案资源开发利用的民办非企业，需要满足的限制条件、成立的手续及管理的烦琐都是很大的障碍；二是管理的法制障碍，《中华人民共和国公益事业捐赠法》、《中华人民共和国信托法》、《档案法》、《档案法实施办法》和《档案中介机构管理办法》以及各地方政府、各行业系统的档案管理办法并没有明确指出该领域社会组织的管理办法，甚至各个法律规章之间相互矛盾之处常有，也缺乏全局性的档案领域社会组织管理办法。

最后，观念环境上的制约也是影响社会组织正常参与档案资源开发利用和档案资产运营管理的障碍。档案事业的公益性质，在业界和学术界都已经达成共识，但是否真正以公益服务和公共供给的方式来完成，政府、公众和社会还未达成普遍共识，尤其是档案行政管理部门对于档案资源公益开发和资产运营的认识还停留在以政府机制一元解决的老路子上。至于局馆分离的提法或者培育鼓励社会其他力量投入的热情都是不够的，这造成社会公众对于自己的档案需求都寄希望于政府包办到底，有没有社会组织，公众不知道，档案馆是公共性的还是政府性的，公众也不知道。

7.4.6 档案资产社会化运营的应对策略

文件服务中心、档案寄存中心、档案行业协会、档案学会等致力于推动档案事业发展的公益性组织，会因为体制障碍、观念约束、能力限制和经费紧张等各种各样的困境形成志愿失灵、独立失灵、公益失灵等情况，加上前文阐述的政府失灵和市场失灵，意味着档案资源的开发利用以及档案资产的运营管理不可能单独依赖于其中的某一种机制。各种机制都有着各自的作用边界、优势限定，以及对应的需求和作用。当然每一机制都可以高效地开发利用档案资源和运营档案资产，而档案资源分布广、涉及服务需求多、开发利用流程长等特点决定了三种机制应该发挥各自优势，尤其是发展偏弱的社会组织要积极融入和适应政府机制和市场机制，方可有生存和发展空间。

毕竟当前无论是档案领域还是其他领域，都没有严格意义上的非营利性社会组织，可行的办法就是将公益性质的档案服务机构暂时归入社会组织，并逐渐向公益性、独立性、志愿性社会组织转型。例如，前文所讲的局馆分离形成真正意义上的公共档案馆，以及在此基础上推行档案行业协会、档案学会组织、档案寄存服务机构、档案中介服务机构、文件服务中心等的公益性转型。在转型中，一是要做好相关的法律法规服务，抓住当前事业单位非营利性和分类改革契机，推动档案行政管理部门放权和放飞一批下属的社会组织，直至档案馆的真正公共化；二是要从政策上引导社会组织的业务选择和内部管理，促使其完善法人治理结构，逐渐限制其滥用社会公信力从事档案资源的营利性开发和商业化利用，以适当减免税收、金融低息贷款等方式吸引其参与公益性质的免费开发和服务项目。

社会机制的有效运作，最终还要落实在社会组织自身的健康发展中，即始终保持对社会公众及公益事业的责任感、保持开发利用档案资源、合理运营档案资产的专业化和规范化。作为社会组织，如果是脱胎于政府部门的档案中介机构、文件管理中心或行业档案馆，都不能以"第二政府"角色自居，应该以公益档案资源服务及公益性运营档案资产为己任，为社会公众尤其是小众需求、弱势群体提供档案资源服务；如果是诞生于市场发展或公益需求中，可以适当借鉴现代企业管理制度、企业经营中的创新精神和服务理念，做到以用户为中心、善待用户、服务专业、成本核算等，以科学的管理提高组织内部的凝聚力和创造力，以公益服务提高社会组织在社会上的公信力和声誉度。

结　语

　　档案资产论研究，以经济学方法论为分析框架，该框架包括：视角、参照和分析工具。

　　以"市场在资源要素配置中起基础性作用"为时代背景，从资产视角切入，是当前档案学理论解决档案资源有效配置时缺失的可能途径。那么什么是资产，即资产的构成要件成为档案资产论的研究起点。资产的概念本身面临诸多争议，国际会计标准理事会和美国财务会计准则理事会于2004年启动了"概念框架联合项目"并于2010年对资产做出了新的定义，即资产是主体对其拥有排他性的权利或者其他权益的现时经济资源。该定义明显与经济学、法学对资产的认识一致，因此迅速在全球范围内获得了广泛认可。

　　从资产的定义出发，资产客体扩张理论（也可简单理解为资产概念的变化发展规律）、档案价值理论（与定义中预设的经济资源有关）以及档案权利理论（与定义中预设的权利有关）就自然而然地成为档案资产论的理论参照。对资产客体扩张理论而言，无论是资产本身在历经的从生存价值到预期价值、从狭义物之权利到法律物之权利、从实体资产到新型资产、从有形资产到无形资产扩张的趋势和状态，还是资产客体扩张的拟制性、指向性、内生性特点，都说明资产客体扩张是一个自然而然的过程，档案进入资产的视野，抑或是档案成为资产都必须紧追资产客体扩张的趋势来建构。对档案价值理论而言，把握档案价值的概念内涵、明晰档案价值的产生机理、厘清档案价值的外延边界以及尊重档案价值的运动规律，是及时、准确、深度地发掘和有效益地开发档案价值的基础，也是利用档案价值进行档案资产正当性论证的必要前提之一。对档案权利理论而言，把握档案权利的概念内涵、明晰档案权利的产生机理以及档案权利的构成内容，是确保档案价值得以全面实现的必要基础，也是档案资产正当性证成的必要前提之二。

档案资产的实现，其实质就是档案的资产化，其资产化的过程已经且必然，也必将经历一个较长的历史时期，其实现的过程，需要以档案价值与档案权利的实现为分析工具，或者说档案资产是否会因为档案价值的有效实现与档案权利的有效保障而得以良好运营。档案价值与档案权利的实现是档案资产实现的两个方面，缺一不可，撇开档案权利谈档案价值的实现，档案资产的实现就只能是纸上谈兵，档案资产的运营就会因为缺乏实践土壤而寸步难行；撇开档案价值谈档案权利，档案资产的实现就只能是空中楼阁，档案资产的运营就会因为缺乏理论根基而裹足不前。

在厘清了档案资产论建构的分析框架后，该理论的形成，同样也遵循引论（引出问题）—文献综述与研究架构（概述问题、搭建问题架构）—理论建构与概念阐释（分析支撑问题的基础理论，提出档案资产核心概念及阐释）—理论建构的实现（档案资产理论建构的核心内容）这一研究线索。

正是源于价值与权利的内在变化及其相对应的外在发现，而出现了文件与档案在"时间轴"、"内容轴"以及"影响面"三个方面的变化，从而说明档案资产的正当性证成，必然从档案馆室的档案管理阶段延伸至档案现象的全程，即文件阶段依然被纳入档案资产的视野中这一背景。这与档案资产论的文献研究结果刚好契合，国外研究表明，文件作为资产或信息资产或知识资产，抑或是电子文件作为资产或信息资产或知识资产已在国际上得到广泛认可，并通过制定政策、标准和法规等来建构科学合理的文件管理体系从而确保和促进文件资产价值的实现；对档案的经济价值及其计量有较成熟的研究；信息资产、数字资产、知识资产、企业资产结构等在近些年得到了充分发展，档案资产观研究的国际环境及其他学科领域的理论成果等都相对成熟，国外的成功案例也从侧面说明档案信息资源的资产化运营具有现实可行性。国内研究主要划分为两个阶段，第一阶段为大争论时期（1996~2003年），分为认可或否认档案是资产两方，该时期双方都有有影响力的代表作，但最终都因为档案资产观没有引起国内会计学、经济学、信息学、知识管理学、政府信息资源管理学等相关领域甚至国外相关领域的联动反应而不了了之；第二阶段为确认时期（2004年至今），代表观点为文件/电子文件/档案是资产，抑或是文件或档案是信息资产、知识资产等，这些观点在图情、企业界、资产管理局等得到了广泛认可，以政府电子文件为核心的政府信息资源的资产运作更是从理论迈向实践。但档案资产观以摸索居多，由此跟上档案前端控制对象——文件的发展脚步，不要让档案"沉睡"，既是信息资源管理领域对档案学的新要求，更是档案学科自身科学发展的必经之路。在此基础上，笔者提出，档案资产是主体对档案拥有排他性的权利或者其他权益的经济资源，其内涵包括三点，档案资产的本质是档案是经济资源，档案资产在法律中的认定通过"产权"（对象为特定法律关系主体），档案资产会计化通过"资产"的确认而确认（符合会计定义标准）。档案资产具有非物质性、非排他性、时效性、累积性、高附加值、高依附性、复杂性的特征。档案资产的形态，从是否具有实物形态看，档案资产主要是因为其信息的经济资源属性而成为资产的，应属于无形资产。

　　至于档案资产的实现，对档案价值的实现而言，首先通过档案载体与信息的分离使得档案信息的独立表达成为常态、档案信息加工使得档案信息更加独立与价值提升、档案信息独立存在成为利益载体三个方面的层层推进来实现档案信息的独立存在，这是档案资产的实现前提；其次通过档案的工具化、产品化、产业化三个阶段的发展来提升档案的价值，这是档案资产的实现过程；再次从档案资源到档案资产再到档案资本的形态变化来阐述档案资产的实现方式；最后通过档案文化产品档案内容产品的成功案例，论证作为档案资产运动的先驱和典型——档案文化产品及档案内容产品是成功的，档案资产也可以继承其正当性，亦可以成功。档案资产的价值实现反映出利益尤其是经济利益是其本质特征，但是这种本质特征是建立在权利基础之上的，从而为资产获益能力提供保障，笔者甚至认为资产不过是一种资源与权利的综合体，正是因为权利之力才使得权利客体中所包含的各种利益能够为主体所拥有和控制，资产的经济利益本质属性不应该把权利排除在外，因而，档案资产的权利实现，成为档案资产论建构的必要路径。这种权利实现，通过档案所有权、档案利用权、档案信息开发权以及档案安全权四个方面予以说明。对档案所有权而言，笔者认为档案的"公共产权"特性是法律认可的，是清晰的，只是围绕"公共产权"的其他权利特别是关于档案资产的权利还未得到充分保障，但这不应妨碍国有档案是国有资产或者国家资产、社会资产的认定。对档案利用权而言，档案利用权的缺失，与档案馆档案开放权、档案公布权的过度"强化"直接相关，只有真正"还"档案利用权于民，档案才能成为公众真正意义上有用的东西，档案的资产特征也才能得以较好显现。对档案信息开发权而言，国家可以对参与档案信息资源开发的主体进行广泛授权，档案馆、专业信息开发机构、第三部门等非营利性机构甚至企业、个人等均可成为开发主体，可以尝试通过许可合同、转让合同等方式实现相关信息资源开发权的转移；在开发内容上，可以在公众档案信息需求较为强烈的领域率先进行档案信息的增值开发，如科技档案、气象档案、艺术档案、地理信息档案等。对档案安全权而言，从档案资产运营风险控制以及结合档案安全保护的传统来看，可以将档案分为保密型（不予公开）、公共型（可以公开）和增值型（可以公开的档案中最具市场开发价值的部分），这将大大提高公共型和增值型档案信息的开发、加工、整合等服务；对私主体受保护的档案种类和范围的确定将十分有利于私主体档案资产的开发、活跃档案资本市场，也有利于界定公主体与私主体档案以及档案信息的边界，这也是档案产品开发、档案产业形成的基础条件。

总的来说，笔者只是力求将档案资产论正当性证成的理论工具既作为观察档案现象的望远镜能够由近及远，让我们从资产观的发展中有所收获、分得其中一杯羹；也能作为探究档案价值与权利的显微镜能够以小见大，从档案价值的认知与转型以及档案权利的保障与实现中发现档案资产的魅力与价值。两个过程同时进行，不分彼此，这也意味着档案资产论研究的序幕才刚刚拉起。

因为无论是对档案资产本身的内涵阐释，还是将档案资产解剖为档案价值与档案权利的实现，其作为理论问题和研究方法的探索，都不能脱离信息社会与市场经济的大环境，也不能脱离档案学理论诞生以来"历史主义"之魂的恪守与沿革，更不能脱离产生理论之魂的中国档案管理这一实践的土壤。所以本书在以档案资产作为原则与制度具体落实到实践土壤中时，就不得不反思：信息社会与市场经济这一技术与制度的高度融合体成为新的历史背景时，档案资产理论能否适应这一变化？档案资产理论如何适应这一变化？适应了新变化后的档案资产理论，又怎样才能继续向前，抑或是止步不前？我们究竟是会继续固守档案的社会价值，为档案经济价值的发挥蒙上面纱，还是会稍微转身，走向实现档案资产价值的快车道？我们究竟是会让档案资产生存的土壤因为公权的滥用而愈发贫瘠还是会通过私权的合理扩充而愈发肥沃？

至少，在三个方面的问题上，笔者进行了探索。一是如何优化配置和合理使用作为国有资产的档案、提高档案资产运行效率从而实现与国有档案相关的公共利益最大化，仍然是一个需要高度关注的理论问题，也是值得警醒的实践问题。具有公共产权的国有档案资产运营，是大有可为但也难度颇大的现实问题，是不积极运作就会产生极大损失的经济问题。二是不管是国有企业还是一般企业、个人，只要是基于市场价值形态以及与之对应的档案权利尤其是档案所有权相对而言还是比较明确的，其档案是资产、档案的资产化运营在社会实践中都是普遍存在的，但是运营的效果却不十分理想，解决问题的关键在于应该区分不同类型的企业，传统实体产业、数字内容产业以及数字化转型企业在档案及其相关内容资源的资产化转型的方式、比例和效益中扮演着重要的角色。三是在组织机构层面和国家宏观层面如何着手档案资产运营，笔者分别阐述了具体策略和宏观机制，尤其是分析了政府机制、市场机制和社会机制各自的优势、困境、动力以及介入方式等，但是对于公共档案馆这样一个实实在在的调控主体而言，究竟是将其归类为实际起作用的政府机制，还是回归到社会机制以充分发挥其公益服务的作用呢？本书认为这也是资产化转型的方向之一。

最后，限于笔墨和水平，许多问题还需加大研究力度，如何使档案资产论更好地从中国档案事业实践的肥沃土壤中吸取养分，将诸如档案数据库资产、数字档案馆资产、档案网站资产等与档案资产论联系紧密的实践问题联系起来，让档案资产论的研究结出更多的"理论价值"之果，回馈档案管理实践，将是笔者今后重点研究和亟须解决的问题，也期盼各位同人赐教。

参考文献

1. 马克思主义经典著作

［1］《马克思恩格斯全集》（第 3 卷），人民出版社，1974。

［2］《马克思恩格斯全集》（第 25 卷），人民出版社，1974。

［3］马克思:《资本论》（第 1 卷），人民出版社，1975。

2. 中文著作

［1］王英玮:《知识经济时代档案部门生存与发展策略》，中国人民大学出版社，2011。

［2］王英玮:《档案文化论》，中国人民大学出版社，1998。

［3］胡鸿杰:《中国档案学的理念与模式》，中国人民大学出版社，2005。

［4］冯惠玲等:《电子文件风险管理》，中国人民大学出版社，2008。

［5］张斌:《档案价值论》，中央文献出版社，2000。

［6］周毅:《信息资源开放与开发问题研究——基于信息权利全面保护的视域》，科学出版社，2012。

［7］覃兆刿:《中国档案事业的传统与现代化——兼论过渡时期的档案思想》，中国档案出版社，2003。

［8］黄霄羽:《文件、信息商业化服务机构建设研究》，中国人民大学出版社，2014。

［9］丁华东:《档案与社会记忆研究》，人民出版社，2016。

［10］赵廉慧:《财产权——从契约的视角分析》，知识产权出版社，2005。

［11］陆小华:《信息财产权——民法视角中的新财富保护模式》，法律出版社，2009。

［12］郑万青：《全球化条件下的知识产权与人权》，知识产权出版社，2006。

［13］刘家真：《文献遗产保护》，高等教育出版社，2005。

［14］刘家真：《拯救数字信息——数据安全存储与读取策略研究》，科学出版社，2004。

［15］尹田：《法国物权法》，法律出版社，1998。

［16］周枏：《罗马法原论》，商务印书馆，1994。

［17］石浒泷等：《论档案与生产力的关系》，中国档案出版社，1996。

［18］冯惠玲、张辑哲：《档案学概论》，中国人民大学出版社，2006。

［19］浙江省档案局（馆）编《走进档案——浙江省档案利用100例》，浙江大学出版社，2014。

［20］国家档案局技术部编《档案信息资源开发利用试点经验汇编》，中国档案出版社，2007。

［21］王改娇：《公民利用档案权利研究》，世界图书出版公司，2012。

［22］国家档案局经科司、沈阳市档案局编《开发利用科技档案所创经济效益计算方法》，中国档案出版社，1994。

［23］覃兆刿：《企业档案的价值与管理规范》，中国出版集团、世界图书出版公司，2014。

［24］王利明：《人格权法研究》，中国人民大学出版社，2005。

［25］李晓辉：《信息权利研究》，知识产权出版社，2006。

［26］乌家培等：《信息经济学》，高等教育出版社，2002。

［27］娄策群：《信息经济学通论》，中国档案出版社，1998。

［28］宋刚：《交换经济论》，中国物资出版社，2007。

［29］王庆仁：《资产配置理论》，上海财经大学出版社，2009。

［30］上海国家会计学院主编《资产经营管理》，经济科学出版社，2011。

3. 中文译著

［1］〔美〕卡尔·夏皮罗、哈尔·瓦里安：《信息规则：网络经济的策略指导》，张帆译，中国人民大学出版社，2000。

［2］〔英〕巴里·尼古拉斯：《罗马法概论》，黄风译，法律出版社，2000。

［3］〔意〕桑德罗·斯契巴尼：《物与物权》，范怀俊译，中国政法大学出版社，1999。

［4］〔美〕萨缪尔森、诺德豪斯：《经济学》（第17版），萧洁译，华夏出版社，2005。

［5］〔英〕大卫·李嘉图：《政治经济学及赋税原理》，周洁译，华夏出版社，2005。

［6］〔美〕迈克尔·布隆伯格：《布隆伯格就是布隆伯格》，雷鸣、顾矾译，中国商业出版社，2003。

［7］〔美〕德沃金：《自由的法》，刘丽君译，上海人民出版社，2001。

［8］〔美〕伯顿：《法律和法律推理导论》，张志铭、解兴权译，中国政法大学出版社，1998。

［9］〔美〕A. 爱伦·斯密德：《财产、权力和公共选择》，黄祖辉等译，上海人民出版社，1999。

［10］〔美〕T. R. 谢伦伯格：《现代档案——原则与技术》，黄坤坊等译，中国档案出版社，1983。

4. 中文期刊文献

［1］冯惠玲、周毅：《论公共信息服务体系的构建》，《情报理论与实践》2010年第7期。

［2］陆小华：《信息的财产化进程》，《中国政法大学学报》2009年第1期。

［3］葛家澍：《财务会计的本质、特点及其边界》，《会计研究》2003年第3期。

［4］张世林：《档案所有权理论与实践问题研究》，《北京航空航天大学学报》（社会科学版）2011年第5期。

［5］周毅：《转型中的政府信息资源规划：现状与构想》，《情报资料工作》2011年第4期。

［6］周毅、储伯欣：《市场经济环境下档案部门的行为目标》，《档案与建设》1995年第9期。

［7］王运彬：《基于客观环境的档案用户需求变化规律研究》，《档案学通讯》2010年第3期。

［8］葛家澍：《会计、信息、文化》，《会计研究》2012年第8期。

［9］冯惠玲：《档案信息资源在国家经济社会发展中的综合贡献力》，《档案学研究》2006年第3期。

[10] 何帅等：《基于数据资产理念的海上油气设施工程信息数字化建设》，《档案学研究》2013 年第 2 期。

[11] 任平：《把档案作为资产来经营》，《四川档案》2004 年第 5 期。

[12] 方海林：《充分发挥企业档案资产的作用》，《档案与建设》1997 年第 7 期。

[13] 梁卫：《传承企业记忆，发挥企业档案资产价值》，《南方论刊》2013 年第 3 期。

[14] 李扬新：《对"企业档案资产性"争论的反思》，《云南档案》2001 年第 3 期。

[15] 安小米：《电子文件资产管理：概念、动议与原则》，《档案学研究》2010 年第 3 期。

[16] 梅先辉：《对企业档案"资产性质"的质疑》，《档案学研究》1997 年第 3 期。

[17] 郑明祥：《关于对企业档案资产的认识》，《档案与建设》1996 年第 9 期。

[18] 叶新疆：《关于国有档案资产管理的几点看法》，《中国科技信息》2005 年第 14 期。

[19] 马素萍：《关于国有企业档案资产及其特性探讨》，《档案与建设》1997 年第 6 期。

[20] 肖正德：《关于企业档案资产性质的若干思考》，《档案与建设》1997 年第 3 期。

[21] 熊洁：《国有企业档案的资产与产权问题浅析》，《四川档案》2006 年第 2 期。

[22] 郭树龙、张洪庆：《国有企业档案资产的产权界定与定价》，《山东档案》2003 年第 4 期。

[23] 郑艳梅：《建立现代企业制度必须加强档案资产管理》，《档案与建设》1997 年第 5 期。

[24] 贺真：《科技档案资产化管理初探》，《档案学研究》1996 年增刊。

[25] 王新立：《企业档案的资产确认和类别归属》，《山西档案》1997 年第 5 期。

[26] 宗培岭：《企业档案的非资产性与企业档案工作的资产管理性》，《上

海档案》1999 年第 3 期。

[27] 丁华东：《企业档案经济效益的实质及其相关问题》，《中国档案》
2002 年第 4 期。

[28] 王恩汉：《企业档案与企业资产》，《档案学研究》1999 年第 1 期。

[29] 朱江：《企业档案与无形资产》，《档案与建设》1997 年第 5 期。

[30] 古宁：《企业档案资产：改革引出的话题》，《档案与建设》1997 年
第 1 期。

[31] 翁元锋：《企业档案资产的归属与评估》，《档案与建设》1997 年第 4
期。

[32] 马素萍：《国有企业档案资产及其特性分析》，《北京档案》2008 年
第 3 期。

[33] 董必荣：《无形资产信息披露不足的产权渊源》，《生产力研究》2007
年第 2 期。

[34] 潘连根：《"企业档案资产评估"质疑》，《档案与建设》1997 年第
10 期。

[35] 陈作明：《"档案资产评估"献疑》，《中国档案》1996 年第 2 期。

[36] 陈作明：《"档案资产评估"再研究 兼论"档案使用权"评估》，
《中国档案》1997 年第 5 期。

[37] 刘良惠：《电子商务环境下数字资产的会计确认、计量和核算》，《财
会研究》2002 年第 10 期。

[38] 李慧：《浅谈出版社数字资产的管理》，《出版发行研究》2008 年第 9
期。

[39] 龚莉：《数字化资产与出版社发展》，《出版发行研究》2002 年第
9 期。

[40] 汪洋、王旭立：《知识经济、知识资本对会计的挑战》，《中央财经大
学学报》2000 年第 8 期。

[41] 岳彦芳：《网络时代会计确认与计量的改变》，《中央财经大学学报》
2000 年第 12 期。

[42] 葛家澍、刘峰：《论企业财务报告的性质及其信息的基本特征》，《会
计研究》2011 年第 12 期。

[43] 卢泰宏、黄胜兵、罗纪宁：《论品牌资产的定义》，《中山大学学报》

（社会科学版）2000 年第 40 卷。

［44］吴丰军：《全新的世界，全新的媒体资产管理思路——国际电视资料联合会 2009 北京年会综述》，《中国广播电视学刊》2009 年第 12 期。

［45］黄华：《图书馆无形资产评估论》，《情报理论与实践》2010 年第 4 期。

［46］毛赣鸣：《图书馆社会无形资产及其评估》，《图书馆论坛》2004 年第 2 期。

［47］王志淑：《图书馆无形资产的构成及其管理》，《图书馆工作与研究》2011 年第 4 期。

［48］夏义堃：《美国公共信息资源管理体制结构分析》，《图书情报知识》2007 年第 5 期。

［49］黄霄羽：《商业性文件中心的专业优势、形象优势和社会价值》，《档案学研究》2011 年第 1 期。

［50］黄霄羽：《国外商业化文件信息服务业的保障途径》，《中国档案》2011 年第 9 期。

［51］张世林：《档案利用活动中的法律问题研究》，《档案学通讯》2004 年第 2 期。

［52］郭红解：《档案事业与文化产业》，《中国档案》2004 年第 2 期。

［53］阿昆：《众说档案文化产业（之一）》，《北京档案》2003 年第 11 期。

［54］归吉官：《论档案信息资源的正确估价》，《云南档案》2009 年第 7 期。

［55］黄申：《资产概念之法学研究》，《审计与经济研究》2006 年第 1 期。

［56］徐涤宇：《历史地、体系地认识物权法》，《法学》2002 年第 4 期。

［57］杨立人：《档案所有权的保护与限制》，《档案学通讯》2007 年第 3 期。

［58］王运彬、郝志军：《档案信息资源的稀缺性研究》，《档案学通讯》2012 年第 6 期。

［59］王恩汉：《企业档案与企业资产》，《档案学研究》1999 年第 1 期。

［60］邓辉：《论知识资产的产权安排》，《财经理论与实践》2000 年第 4 期。

［61］朱毅凯：《网络环境下基于智库理念的档案信息资源增值开发利用研究》，《档案与建设》2012 年第 6 期。

［62］杨冬权：《谈档案与文化建设》，《档案学研究》2012 年第 6 期。

［63］刘左：《关于企业档案工作的思考》，《机电兵船档案》2015 年第

5 期。

［64］刘左：《加强档案资源建设提升档案工作为集团公司服务能力》，《机电兵船档案》2011 年第 3 期。

［65］张强：《知识资产概念的经济学解析》，《学术月刊》2005 年第 5 期。

［66］王英玮、史习人：《档案价值相对论》，《档案学研究》2013 年第 2 期。

［67］方鸣：《城市化大潮中城建档案工作的使命与任务》，《中国建设信息》2012 年第 21 期。

［68］周毅：《政府信息资源及其运营策略研究》，《情报理论与实践》2009 年第 6 期。

［69］齐爱民：《论信息财产的法律概念和特征》，《知识产权》2008 年第 2 期。

［70］夏义堃：《竞争与合作：政府信息资源多元化获取与利用模式新探》，《情报理论与实践》2010 年第 3 期。

［71］汪洋、王旭立：《知识经济、知识资本对会计的挑战》，《中央财经大学学报》2000 年第 8 期。

［72］魏斌：《我国档案信息增值开发模式研究》，《档案学通讯》2011 年第 3 期。

［73］杨年合：《试析占有概念的性质及占有制度在我国物权立法中应有的地位》，《法学》2001 年第 4 期。

［74］孟勤国：《占有概念的历史发展与中国占有制度》，《中国社会科学》1993 年第 4 期。

［75］王彪：《我国行政事业单位国有资产管理研究的几个问题》，《中国行政管理》2009 年第 5 期。

［76］张建文：《公物法视角下的国有档案所有权解读》，《北京档案》2010 年第 1 期。

［77］刘国荣：《资产—所有权—工作形式：企业档案工作的三个热点》，《中国档案》1999 年第 5 期。

［78］张世林：《企业档案资产和所有权分析》，《档案学通讯》2011 年第 2 期。

［79］张瑞菊、李伟婧、宋熙东：《病历档案的所有权——共有说》，《档案管理》2007 年第 2 期。

［80］ 朱江：《档案利用与公民权利》，《上海档案》1997 年第 2 期。

［81］ 李杨新：《论正确行使档案利用权》，《浙江档案》2001 年第 4 期。

［82］ 谢京辉：《国有文化资产管理探索及改革方向——以上海为例》，《探索与争鸣》2009 年第 8 期。

［83］ 罗宗奎、王芳：《知识产权法体系下开发利用非物质文化遗产档案的优势和基本原则》，《档案学通讯》2012 年第 2 期。

［84］ 田涛：《不做"翻牌公司"——公益性资产与经营性资产剥离初探》，《传媒》2006 年第 4 期。

［85］ 李媛：《数字档案馆隐私权保护问题考量》，《山西档案》2008 年第 4 期。

［86］ 李林启：《档案开放利用中隐私权的法律保护》，《档案》2011 年第 4 期。

［87］ 石敦良：《档案馆无形资产的开发利用刍议》，《中国档案》2010 年第 8 期。

［88］ 肖贵洞：《博物馆无形资产的评估与流失》，《中国博物馆》1998 年第 4 期。

［89］ 任仲：《来自特藏室建设的调研报告》，《中国档案》2003 年第 6 期。

［90］ 张丽：《浅议企业档案管理》，《档案学研究》2013 年第 4 期。

［91］ 企业档案资产评估课题组：《关于企业档案资产评估及其相关情况的调查报告》，《北京档案》1999 年第 12 期。

［92］ 詹灵仙：《国有企业档案的资产与产权问题浅析》，《机电兵船档案》2008 年第 2 期。

［93］ 刘越男：《当代机构文件管理的趋势分析》，《档案学通讯》2008 年第 2 期。

［94］ 张汝潮：《浅析企业档案资产和企业档案资产评估》，《浙江档案》1996 年第 4 期。

［95］ 唐艳芳、史寒君：《企业产权变动中的档案资产评估》，《档案时空》2007 年第 6 期。

［96］ 侯纲：《广播影视媒体资产管理研究》，《浙江档案》2013 年第 4 期。

［97］ 张虹、王亚：《从宣传档案到媒体资产节目资料管理的飞跃》，《中国传媒科技》2010 年第 3 期。

[98] 宋卿、张鹏洲：《媒体资产的生命周期管理》，《中国传媒科技》2010年第4期。

[99] 孙晓东：《报业内容资源资产化探讨》，《青年记者》2011年第3期。

[100] 解伟娜：《企业档案资产问题研究的现状及反思》，《兰台世界》2015年第8期。

[101] 袁峥：《媒体声像档案资产化管理的价值凸现》，《档案与建设》2015年第7期。

[102] 崔红：《做好企业档案工作的思考》，《山东档案》2015年第5期。

[103] 罗秀丽：《档案信息化安全体系的策略与研究》，《经营管理者》2015年第4期。

[104] 李乐平：《企业档案如何突破现有瓶颈》，《海南档案》2015年第1期。

[105] 王凤英：《会计档案在档案管理工作中的重要作用》，《机电兵船档案》2015年第6期。

[106] 闫晓艳：《探讨与研究企业档案管理体制与模式的重要意义》，《机电兵船档案》2015年第3期。

[107] 阿木：《医院档案工作的重要性及实施对策》，《档案天地》2015年第2期。

[108] 王秀娥：《浅谈勘察设计档案管理的重要性》，《城建档案》2015年第12期。

[109] 何庆芬：《浅谈如何加强医院科研档案的管理》，《黑龙江档案》2015年第2期。

[110] 付君：《加强电视台声像档案管理刍议》，《城建档案》2015年第10期。

[111] 赵新宇：《切实做好项目档案管理和验收工作服务地震灾后恢复重建》，《云南档案》2015年第8期。

[112] 郑静：《高校档案改革创新》，《办公室业务》2015年第21期。

[113] 张洪宇：《浅谈档案工作创新》，《科研》2015年第50期。

[114] 唐华：《做好档案管理工作》，《农业发展与金融》2015年第4期。

[115] 魏松岩：《9号令后国有企业档案接收新思维》，《上海档案》2015年第4期。

[116] 霍春芳：《档案在煤炭企业生产经营中的作用分析》，《煤炭与化工》2015年第6期。

[117] 吕圣飞：《论医院科技档案管理工作中存在的问题及对策》，《黑龙江档案》2015年第3期。

[118] 王辉、聂威、刘芳：《如何做好供电企业档案编研工作》，《兰台世界》（上旬）2015年第2期。

[119] 龙建强：《企事业单位档案管理工作应做到"五个一"》，《机电兵船档案》2015年第3期。

[120] 戴佳颖：《医学病理档案信息化管理模式分析》，《浙江档案》2015年第5期。

[121] 张海英：《如何强化企业档案管理推进企业文化建设》，《兰台世界》（上旬）2015年第S3期。

[122] 刘东平：《境外国有企业档案监管工作体制与模式探略》，《机电兵船档案》2015年第6期。

[123] 王海辉：《小议企业档案工作面临的新形势、新常态》，《黑龙江档案》2015年第4期。

[124] 佚名：《国际奥林匹克委员会：视听档案保管项目获奖》，《中国档案》2015年第8期。

[125] 娄承浩：《从档案管理到知识管理——悉地国际设计集团图档工作探索》，《上海档案》2015年第1期。

[126] 王瑞博：《关于档案信息化建设的几点建议》，《兰台世界》2015年第S3期。

[127] 史跃华：《浅谈如何做好人事档案保密工作》，《中小企业管理与科技》（中旬刊）2015年第8期。

[128] 梅龙：《探索企业档案管理工作的新思路》，《中小企业管理与科技》2015年第33期。

[129] 周佳宁：《探索企业档案管理工作的新思路》，《企业改革与管理》2015年第5期。

[130] 高晓霞：《试谈企业档案的信息利用价值》，《兰台内外》2015年第1期。

[131] 陈芳：《学习〈企业档案工作规范〉的几点认识》，《办公室业务》

2015 年第 7 期。

[132] 张岩：《如何做好境外档案管理工作：以中国铁建国际集团档案工作现状为例》，《国际工程与劳务》2015 年第 7 期。

[133] 钱晓岚：《城市公园档案管理工作实践与思考——以常熟市城市古迹名胜区管理处为例》，《城建档案》2015 年第 11 期。

[134] 唐薇：《文书档案整理过程中遇到的问题及解决方法》，《商业故事》2015 年第 26 期。

[135] 王辉、聂威、刘芳：《浅谈如何做好电力企业的档案管理工作》，《兰台世界》2015 年第 S2 期。

[136] 鄢琼：《浅谈档案管理在现代企业管理中的创新》，《经营管理者》2015 年第 24 期。

[137] 王玉萍：《论开放大学学籍档案管理与服务创新》，《天津商务职业学院学报》2015 年第 3 期。

[138] 段莉莉：《关亏文书档案管理工作中的几点思考》，《时代报告》（学术版）2015 年第 9 期。

[139] 杨卫平：《对勘测设计单位科技档案保密工作的策略探讨》，《经营管理者》2015 年第 2 期。

[140] 廖端秀：《浅析新时期水电站档案管理工作》，《低碳世界》2015 年第 17 期。

[141] 左宏伟：《如何在创新中完善企业档案管理工作》，《资治文摘》2015 年第 11 期。

[142] 袁天骄：《依托人性化管理理念实现医院行政档案管理的优化》，《智富时代》2015 年第 8X 期。

[143] 赵喜民：《浅谈工会档案管理工作中存在的主要问题及应对措施》，《科学中国人》2015 年第 33 期。

[144] 田凯、潘莉：《基于网络环境下工程机械企业档案信息化建设的对策》，《工程机械文摘》2015 年第 3 期。

[145] 冯磊：《澳大利亚：颁布 2016 年中期数字化信息管理框架》，《中国档案》2015 年第 12 期。

[146] 科斯腾·弗格森·布舍、妮可·康弗瑞、何为：《云端的信息存储（下）》，《上海档案》2015 年第 3 期。

[147] 赵金凤、马倩:《知识资产视角的企业档案价值分析》,《才智》2016年第17期。

[148] 高青:《浅谈企业档案与民生的作用》,《中国管理信息化》2016年第23期。

[149] 张旸:《档案数字化工作的实践与思考》,《决策与信息》2016年第24期。

[150] 张伟、朱亚楠、王志娇:《科研档案管控实践》,《中国档案》2016年第11期。

[151] 田亚萍:《挖掘档案文化价值,促进企业发展》,《现代国企研究》2016年第6期。

[152] 刘成军:《浅析企业信用档案管理》,《林业科技情报》2016年第3期。

[153] 倪代川、戚颖:《数字档案资源研究综述》,《档案管理》2016年第2期。

[154] 梅杰、宋玉萍:《企业档案管理的保密工作》,《中国有色金属》2016年第13期。

[155] 彭梅:《知识管理中档案价值的重新发现》,《科学中国人》2017年第6期。

[156] 张颖:《加强档案保密管理促进企业经济发展》,《科学中国人》2016年第23期。

[157] 钟文玉:《高速公路运营企业档案安全保障体系建设探讨》,《城建档案》2016年第8期。

[158] 周皓然、欧阳骏:《现代企业档案信息化之路探索》,《档案与建设》2016年第1期。

[159] 昝莹:《PDCA专业技术档案管理机制探索》,《中国档案》2016年第7期。

[160] 邓东:《企业重组期档案处置方略》,《机电兵船档案》2016年第1期。

[161] 王瑛子:《我与审计档案的不解之缘》,《天津档案》2016年第3期。

[162] 马丽:《简论强化档案管理的有效对策》,《科研》2016年第7期。

[163] 何所惧:《企业档案管理模式及对策研究》,《兰台内外》2016年第

5 期。

[164] 迟春玉：《浅谈档案信息资源的开发与利用》，《黑龙江档案》2016年第 3 期。

[165] 李霞：《浅析事业单位人事档案的用途与研究》，《经济技术协作信息》2016 年第 15 期。

[166] 马丽萍：《档案信息资源的有效开发利用探讨》，《城建档案》2016年第 10 期。

[167] 黄虹：《知识经济时代的企业档案管理》，《现代交际》2016 年第 1 期。

[168] 柳慧超：《加强档案管理工作的几点思考》，《才智》2016 年第 13 期。

[169] 张敏：《事业单位档案管理的改革与创新初探》，《办公室业务》2016年第 7 期。

[170] 李惠勇：《浅谈加强档案管理工作的意义与途径》，《科技视界》2016年第 7 期。

[171] 杨荷：《关于现代企业档案管理创新的思考》，《科技与创新》2016年第 13 期。

[172] 王静：《企业档案管理工作的现状及对策》，《办公室业务》2016 年第 6 期。

[173] 段如鑫：《浅析电力工程档案信息化管理》，《档案时空》2016 年第 8 期。

[174] 付莹：《企业档案数字化技术探究》，《经济技术协作信息》2016 年第 3 期。

[175] 朱丽：《企业档案管理发展趋势及对策研究》，《兰台内外》2016 年第 3 期。

[176] 肖玲：《知识管理对企业档案管理的要求》，《中国管理信息化》2016年第 4 期。

[177] 褚凤华、胡梅芬：《国企档案资源管理创新方式探析》，《现代商贸工业》2016 年第 21 期。

[178] 张华：《中央企业档案管理的困境与解决途径》，《科技与企业》2016年第 9 期。

[179] 韩云惠：《企业档案助力企业品牌记忆的建构》，《中国档案》2016

年第 5 期。

[180] 吴青霞：《云技术视域下档案信息资源开发路径选择》，《档案时空》2016 年第 4 期。

[181] 楼甜甜：《档案管理制度体系的构建及优化思路研究》，《企业文化》2016 年第 23 期。

[182] 胡京津：《浅析民营企业档案管理信息化建设》，《档案天地》2016 年第 5 期。

[183] 陆芹芹：《关于道路运输档案管理的几点思考》，《中国道路运输》2016 年第 8 期。

[184] 水赟诚：《新时期企业船机档案的全过程管理》，《机电兵船档案》2016 年第 5 期。

[185] 胡桂珍：《论现代企业信息化档案管理工作》，《现代商业》2016 年第 35 期。

[186] 刘萍：《解谈高校档案信息管理系统统一性》，《科学中国人》2016 年第 3 期。

[187] 文秀娟：《建立健全医院电子档案管理体系的若干对策》，《办公室业务》2016 年第 17 期。

[188] 常丽伟：《新形势下事业单位档案管理的改革》，《决策与信息》2016 年第 3 期。

[189] 李静波：《档案信息化管理的优势及安全问题探析》，《决策与信息》2016 年第 32 期。

[190] 贺丽：《坚持科学发展观指导档案管理工作》，《中国石油和化工》2016 年第 S1 期。

[191] 吴筱贞：《大数据时代高校档案信息资源建设的途径》，《黑龙江档案》2016 年第 3 期。

[192] 常金玲、宋鹏杰：《面向知识管理的企业档案管理创新发展》，《兰台世界》2016 年第 23 期。

[193] 苑静娜：《浅析档案工作对企业发展的支撑作用》，《工业 C》2016 年第 2 期。

[194] 杨秀艳：《电网建设项目档案端到端归档初探》，《中国档案》2016 年第 8 期。

［195］张凤丽：《做好股份制企业档案工作的几点思考》，《兰台内外》2016年第4期。

［196］肖绿绿：《试论如何强化医院医学科研档案的管理工作》，《人才资源开发》2016年第16期。

［197］赵迎红：《"两个体系"建立与青年档案工作者的责任》，《兰台世界》2016年第S1期。

［198］黄韵佳：《完善供水企业档案管理　促进供水事业的健康发展》，《决策与信息》2016年第2期。

［199］颜凤兰：《如何做好地勘档案资料的保密工作》，《兰台内外》2016年第4期。

［200］亓宝贵：《医院档案信息化建设中多媒体技术的应用》，《办公室业务》2016年第3期。

［201］杨杰：《广播电视台档案管理信息化发展措施探讨》，《城建档案》2016年第11期。

［202］许兰：《新形势下县级供电企业档案规范化管理工作的探讨》，《企业文化》2016年第32期。

［203］继卫：《企业档案》，《档案天地》2017年第3期。

［204］沪东中华造船（集团）有限公司党委宣传部：《以史为鉴知兴替，寂寂兰台自芬芳》，《机电兵船档案》2017年第1期。

［205］杨秀艳：《电力企业实体档案安全管控实践》，《中国档案》2017年第3期。

［206］凌金梅：《医学档案管理中存在的问题与对策》，《办公室业务》2017年第4期。

［207］〔日〕夏井高人：Information Asset：Implications in Legal Context，《明治大学社会科学研究所纪要》2014年第52期。

5. 外文文献

［1］Peter B. Hirtle，"Archives or Assets？" *American Archivist* 66：2（Fall-Winter，2003）：235 – 247.

［2］Susan Crean，"National Archives Blues is a Precious Canadian Asset being Digitized to Death？" *Literary Review of Canada* 1（2011）：20 – 21.

［3］ Yakel Elizabeth, "Archives and Manuscripts: Digital Assets for the Nest Millennium," *International Digital Perspectives* 20: 3 (2004): 102 – 105.

［4］ Paul Sutcliffe, "Building the Corporate Memoty in the Environment," *Records Management Journal* 13: 2 (2003): 51 – 53.

［5］ Sarah Horton, "Social Capital, Government Policy and Public Value: Implications for Archive Service Delivery," *Aslib Proceedings* 58: 6 (2006): 502 – 512.

［6］ Wendy M. Duff, Andrew Flinn, Karen Emily Suurtamm, David A. Wallace, "Social Justice Impact of Archives: A Preliminary Investigation," *Archival Science* 13 (2013): 317 – 348.

［7］ Prahalad, C. K., Hamel G, "The Core Competences of the Firm," *Harvard Business Review* (1990): 79 – 91.

［8］ Hartman J. C., "Multiple Asset Relacement Analysis under Variable Utilization and Stochastic Demand," *European Journal of Operational Research* 1 (2004): 145 – 165.

［9］ Oliver Wendell Holmes, *The Common Law* (Harvard University Press, 1963): 32.

［10］ Harold P. Anderson, "Business Archives: A Corporatr Asset," *American Archivist* 45: 3 (1982): 264 – 266.

［11］ Kathleen, Eagle, "Digital Archiving Practices in Audiovisual Archives: An Exploration of the Use of Media Asset Management Systems in Television Broadcasting Organizations," *Digital Archiving* (2012).

［12］ Gunter Vasold, *GAMS: More than a Digital Asset Management System Cultural Heritage Creative Tools And Archives* (Cultural Heritage Creative Tools & Archives, 2013): 58 – 67.

［13］ Quyen L. Nguyen, *Archival Asset Package Design Concept for an OAIS System* (Roadmap for Digital Preservation Interoperability Framework Workshop, 2010): 1 – 10.

［14］ J. Wheeler, K. Benedict, "Functional Requirements Specification for Archival Asset Management: Identification and Integration of Essential Properties of Services-Oriented Architectual," *Journal of Map & Geography*

Libraries 11：2（2015）：155 – 179.

［15］ Neumeier, Lori, "'The Mess is There'：Digital Asset Management System Use in Non-Academic Archival Repositories," *Master's Papers*, 2014：88 – 102.

［16］ Deborah Kaplan, "Choosing a Digital Asset Management System That's Right for You," *Journal of Archival Organization* 7：1（2009）：33 – 40.

［17］ G. Bak, P. Armstrong, "Points of Convergence：Seamless Long-term Access to Digital Publications and Archival Records at Library and Archives Canada," *Archival Science* 8：8（2008）：279 – 293.

［18］ D. L. Hellesen, *Information Asset Value Quantification*（Conference Paper, April 2008）.

［19］ Analide, F. Silva, Cesar, "Information Asset Analysis：Credit Scoring and Credit Suggestion," *International Journal of Electronic Business* 9：3（2011）：203 – 218.

［20］ N. Evans, J. Price, "Barriers to the Effective Deployment of Information Assets：An Executive Management Perspective Interdisciplinary," *Journal of Information Knowledge & Management* 7（2012）：177.

［21］ J. Ladley, *Making Enterprise Information Management（EIM）Work for Business：A Guide to Understanding Information as an Asset*（Morgan Kaufmann Publishers Inc, 2010）：108 – 119.

［22］ Mayo E., Steinberg T., "The Power of Information：An independent review," 2014-09-10, http：//www. Ops. igov. uk/advice/poi/power-of-information-review 6（2007）：22 – 30.

［23］ A. Pujari, P. Pai, "Newspaper Archives ：a Knowledge Asset," *Iaslic* 5：3（2005）：172 – 180.

［24］ F. Garaba, P. Ngulube, "A Framework for an Investigation into the Management of Former National Liberation Movements' Records and Archives by National and Private Archival Institutions in Eastern and Southern Africa," *Esarbica Journal：Journal of the Eastern and Southern Africa Regional Branch of the International Council on Archives* 27（2008）：147 – 170.

［25］ Landgraf G., "Library of Congress to Archive Twitter," *American Librar-*

ies 23 （2010）: 128.

[26] Lih-Yau Song, Ko-Chiu Wu, "The Subject Classification of the National Archives in the Urban Development （1949 – 2000）: A Macro-Appraisal Analysis," *Journal of Educational Media & Library Sciences* 47: 4 （Summer 2010）: 459 – 497.

[27] Digitiliti, Inc. , "Digitiliti Announces the Release of Its Breakthrough Information Management and Control Solution-DigiLibe," *Information Technology Newsweekly* （2010）: 60 ~65.

[28] Alberto Bacchelli, Marco D'Ambros, Michele Lanza, "Are Popular Classes More Defect Prone," in Proceedings of FASE 2010 （13th Conference on Fundamental Approaches to Software Engineering）: 59 – 73.

[29] Ernst, Katharina, Hofmann, Rainer, "Forderung Der Normungsarbeit Fur Die Deutschen Archive," *Archivar* （2011）: 355.

[30] A. Katifori et al. , "The Papyrus Digital Library: Discovering History in the News," *Springer Berlin Heidelberg* 6966 （2011）: 465 – 468.

[31] Jerzy Adamczyk, "The Canonical Aspect of Church Archives," *Annals of Juridical Sciences* 3 （2012）: 165 – 189.

[32] 〔日〕村岡正司:《公文書管理法への対応に向けた適正な公文書管理のあり方: 今後の自治体の文書管理改善の課題とその方策》,《レコード·マネジメント: 記録管理学会誌》2012 年, 第 39 ~56 页。

[33] Salem, Nahed, Abdul-Wahab, Sabah, Ali, Sappurd, "Environmental Assessment in Manuscripts Library and Storages of Semi-Active Record at Sultanate of Oman," *IGI Global* 9: 3 （2013）: 65 – 81.

[34] Cho, Byung-Chul, Yuk, Hyun-Seung, "The Role of Archive as cultural memory in the age of Big Data," *Geographical* 12: 2 （2014）: 1 – 10.

[35] Timothy R. Tangherlini, Peter M. Broadwell, "Sites of （re） Collection: Creating the Danish Folklore Nexus," *Journal of Folklore Research An International Journal of Folklore & Ethnomusicology* 51: 2 （2014）: 223 – 247.

[36] Mark Bourrie, "The War on Brains," *Toronto Star* （Canada, 2015）.

[37] Diana L. H. Chan, Edward F. , Spodick, *Transforming Libraries from Physical to Virtual* （Elsevier Inc, 2016）, pp. : 103 – 116.

［38］ Xiaomi An，Wenlin Bai，Hepu Deng，Shuyang Sun，Wenrui Zhong，
Yu Dong，"A Knowledge Management Framework for Effective Integration
of National Archives Resources in China," *Journal of Documentation* 73：
1 （2017）：18 – 34.

6. 博士学位论文

［1］ 陈永生：《档案合理利用研究——从档案部门的角度》，博士学位论文，
中国人民大学，2006。

［2］ 王运彬：《国有档案信息资源的多元化配置研究》，博士学位论文，中
国人民大学，2012。

［3］ 张小红：《智力资本及其管理研究》，博士学位论文，中国人民大学，
2007。

［4］ 杨少刚：《跨国公司无形资产转让定价税务问题研究》，博士学位论文，
中国人民大学，2007。

［5］ 陈仲威：《企业资产结构研究》，博士学位论文，中国人民大学，2010。

［6］ 欧阳淞：《国有资产管理体制的法律问题研究》，博士学位论文，中国
人民大学，2008。

7. 网络资源

［1］《民法通则》，http：∥fgk. chinalaw. gov. cn/article/flk/198604/19860400_
267347. shtml。

［2］《中华人民共和国档案法》，http：∥www. saac. gov. cn/xxgk/2010-02/08/
content_1704. htm。

［3］《中华人民共和国档案法实施办法》，http：∥www. saac. gov. cn/xxgk/
2010-02/05/content_1541. htm。

［4］《档案馆工作通则》，http：∥da. linyi. gov. cn/Static/Article/2011/4/11/
article_175_1. html。

［5］《行政单位国有资产管理暂行办法》，http：∥www. gov. cn/gongbao/con-
tent/2007/content_660528. htm。

［6］《事业单位国有资产管理暂行办法》，http：∥gzc. ypi. edu. cn/s/29/t/29/
11/7c/info4476. htm。

［7］《关于加强信息资源开发利用工作的若干意见》，http：∥www. 360doc. com/content/14/0423/09/93013_371318685. shtml。

［8］《关于加强档案信息资源开发利用工作的意见》，http：∥www. ycxy. com/cn/da/ShowArticle. asp？ ArticleID = 23743。

［9］《科学技术研究档案管理暂时规定》，http：∥www. chinalawedu. com/fal-vfagui/fg22598/35295. shtml。

［10］《国家科技计划项目科学数据汇交暂行办法》，http：∥wenku. baidu. com/link？ url = cvQoSO6fEgeP1F3UYdX2E2PHzjhvmRbr3VA774QN3xxz TeqTFMXSBxJ3dTJjuRcTvRzdKcawEHbqFAtZNe2abYqtAlB1VWqyyKvK9 SSuhxO。

［11］《国家基础地理信息数据使用许可管理规定》，http：∥www. sbsm. gov. cn/article/zcfg/bmgz/200709/20070900000640. shtml。

［12］《关于国家科研计划项目研究成果知识产权管理的若干规定》，http：∥www. most. gov. cn/tztg/200205/t20020521_8723. htm。

［13］《关于进一步加强中央企业档案工作的意见》，http：∥www. docin. com/p-1187227856. html。

［14］《中华人民共和国著作权法》，http：∥baike. baidu. com/link？ url = 0gl q5a5pfIZ9UPrmVUI4aTg5XXmMsZ_iuZRTW4XNfYw66tFBgc-Ax_HzF_ mqxCNHbowrcQzNsVMEgewM2UVucSNSIyOIvoYXk0MXyw7S_Ae。

致　谢

　　每当听朋友们说起写博士学位论文的过程是如何艰辛时，自己总会想"有那么难吗？"至 2015 年 12 月底，自己几乎"脱了几层皮"，终于完稿顺利毕业，再至 2017 年底多次修改完成此书稿后，才知道此书的分量之于我，用"艰辛"二字是远远无法形容的。

　　在我攻读博士期间，一波三折是最真切的写照。从终于考上我心仪已久的档案学的最高殿堂——中国人民大学时的激动、欣喜与感恩，到突然得知生了重病生怕因为休学一年而耽误毕业的惶恐与失落，以及会连累恩师的内疚与不安，再到终于病愈踏上学习之路的坦然、对家里的牵挂和总是担心病情会复发的困扰，求学之路逐渐敞亮、宽广。在大家都以为小云可以顺利毕业之时，感谢所有，小家伙来临啦，所以，毕业又往后延了延……

　　之所以有这么多美好的事物来临，要感谢我的恩师——王英玮先生。先生治学的严谨、学识的高深、处事的豁达对我毕生都产生了极大的影响。在我于生病低谷之时、人大求学之际、工作生活之余，先生的鼓励、关心、宽容、笑容时刻伴随着我。此时此刻，任何语言都表达不了我对先生的敬重与感谢，学生唯有勿忘师恩。

　　感谢中国人民大学信息资源管理学院的冯惠玲教授、胡鸿杰教授、张斌教授、张美芳教授、黄霄羽教授、唐跃进教授、徐拥军副教授、张全海博士等，感谢诸位老师在课堂上、开题中、交流时的真知灼见、无私相授。感谢胡鸿杰老师在学业和生活中给予我的帮助，您的鞭策，是我论文能完成的源源动力。感谢黄霄羽教授对我博士学位论文的多次点拨、教导，您的观点与建议给予我极大的启发，您对学术的要求、做学问的态度让我动容。感谢班主任徐拥军老师对我的指点、照料和帮助，您的学识、幽默、品行均是我学习的楷模。感谢李洁老师、付羽老师对我博士学习生活的安排与照顾。

感谢中国人民大学信息资源管理学院 2011 级和 2012 级所有的博士同学们；感谢室友隋鑫、高露娜、张庆莉、张颖，因为你们，博士生活显得特别有趣；感谢两届班长魏扣、陈建，因为你们，博士生活显得特别省心；感谢张艳欣、熊朗羽、马晴、白文琳、王建亚、吴琼、刘红霞、张秀梅、孙大东、吴向波、王家军、崔洪铭、谭军、王新、陈磊等同学，因为你们，博士生活显得特别温暖。

感谢中国档案学会秘书长方鸣研究员、中国兵器工业档案馆馆长刘左研究员、北京市档案局马素萍研究员在我答辩时提出的真知灼见与悉心指导，三位老师对档案资产理论的领悟深度和对档案资产实践的了解使我受益终生。

感谢中山大学的陈永生教授、湖北大学的覃兆刿教授，我虽已从中山大学硕士毕业和湖北大学学士毕业多年，但两位恩师一直关心、帮助我，让我感知师恩的无私与伟大。

感谢福建师范大学的樊如霞教授，无论我处于怎样的境地，您始终是我前行的坚实后盾，您的理解、宽容、教导、帮助……让我在福州过得舒心、踏实。感谢福建师范大学的丁春梅教授、杨立人副教授、钟文荣老师等，在我读博期间给予的工作上的帮助。感谢福建师范大学档案学的学生杨岚、林朗、朱莉莉、张苏媛、谢咏含等，帮我校对资料、核实数据等。

感谢社会科学文献出版社的编辑赵慧英老师、张真真老师，你们的严谨、认真，才能让本书及时出版。

感谢我的爱人王运彬，从 2000 年我们认识始，十几年的时间犹如昨天，生活中的几多磨难、学业中的几多困难、工作中的几多挫折，无论何时何地，我们微笑面对、携手度过，感谢你的大度、悉心、体贴；感谢你的幽默、笑容、俏皮；亦感谢你头顶的稀发、脸上的细纹和腿上的伤疤。感谢我们的儿子柚凡，你的一颦一笑、举手投足，是我生活的味道、学习的魅力和工作的芬芳。感谢我的父亲母亲、公公婆婆，感谢我的弟弟，你们永远是我停歇的最最温暖的港湾。

王小云

2017 年于福州闲人书斋

图书在版编目（CIP）数据

　　基于价值实现和权利保障的档案资产论建构研究／
王小云著. -- 北京：社会科学文献出版社，2018.4
　　（福建省社会科学规划项目博士文库）
　　ISBN 978 - 7 - 5201 - 2228 - 3

　　Ⅰ.①基… Ⅱ.①王… Ⅲ.①档案信息 - 资产管理 -
研究 Ⅳ.①G272

　　中国版本图书馆 CIP 数据核字（2018）第 028900 号

福建省社会科学规划项目博士文库
基于价值实现和权利保障的档案资产论建构研究

著　　者／王小云

出 版 人／谢寿光
项目统筹／王　绯
责任编辑／赵慧英　张真真

出　　版／社会科学文献出版社·社会政法分社（010）59367156
　　　　　　地址：北京市北三环中路甲 29 号院华龙大厦　邮编：100029
　　　　　　网址：www. ssap. com. cn
发　　行／市场营销中心（010）59367081　59367018
印　　装／三河市龙林印务有限公司

规　　格／开　本：787mm × 1092mm　1/16
　　　　　　印　张：23.75　字　数：387 千字
版　　次／2018 年 4 月第 1 版　2018 年 4 月第 1 次印刷
书　　号／ISBN 978 - 7 - 5201 - 2228 - 3
定　　价／118.00 元

本书如有印装质量问题，请与读者服务中心（010 - 59367028）联系